Bernadette Kell

Grundbuch – Rechte in Abt. II

AUSBILDUNGSREIHE FÜR
NOTARFACHANGESTELLTE

HERAUSGEGEBEN VON DER
NOTARKASSE A.D.Ö.R., MÜNCHEN

Grundbuch – Rechte in Abt. II

3. Auflage

von

Bernadette Kell,
Berlin

DeutscherNotarVerlag

Weitere Titel der Ausbildungsreihe für Notarfachangestellte

Michael Bernauer/Nora Ziegert/
Hans-Joachim Vollrath
Familienrecht, 2. Auflage
(ISBN 978-3-95646-256-6)

Michael Gutfried
Grundschulden, 3. Auflage
(ISBN 978-3-95646-322-8)

Franz Heitzer
Notarkosten, 3. Auflage
(ISBN 978-3-95646-277-1)

Judith Junk
Erbrecht, 2. Auflage
(ISBN 978-3-95646-253-5)

Sonja Karl Pelikan
Grundbuch lesen und verstehen, 2. Auflage
(ISBN 978-3-95646-254-2)

Jens Neie
Überlassungsvertrag, 3. Auflage
(ISBN 978-3-95646-371-4)

Holger Sagmeister
Anmeldungen zum Registergericht, 3. Auflage
(ISBN 978-3-95646-284-9)

Valentin Spernath
Grundstücksrecht Spezial, 3. Auflage
(ISBN 978-3-95646-311-2)

Andreas Bosch/Benedikt Strauß
Berufs- und Beurkundungsrecht, 3. Auflage
(ISBN 978-3-95646-336-5)

Jens Haßelbeck
Wohnungs- und Teileigentum, 3. Auflage
(ISBN 978-3-95646-278-8)

Anja Heringer/Franz Heitzer/
Hans-Joachim Vollrath
Prüfungswissen kompakt, 2. Auflage
(ISBN 978-3-95646-306-8)

Martin Jurkat
Büroorganisation, 3. Auflage
(ISBN 978-3-95646-307-5)

Christian Esbjörnsson
Gesellschaftsrecht, 3. Auflage
(ISBN 978-3-95646-323-5)

Sonja Karl Pelikan
Basiswissen im Notariat, 3. Auflage
(ISBN 978-3-95646-310-5)

Markus Sikora
Vollmachten, Genehmigungen, Zustimmungen, Beglaubigungen, 3. Auflage
(ISBN 978-3-95646-279-5)

Michael Volmer
Vollzug von Kaufverträgen, 3. Auflage
(ISBN 978-3-95646-280-1)

Melanie Falkner
Grundstückskaufvertrag, 3. Auflage
(ISBN 978-3-95646-313-6)

Hinweis
Die Formulierungsbeispiele in diesem Buch wurden mit Sorgfalt und nach bestem Wissen erstellt. Sie stellen jedoch lediglich Arbeitshilfen und Anregungen für die Lösung typischer Fallgestaltungen dar. Die Eigenverantwortung für die Formulierung von Verträgen, Verfügungen und Schriftsätzen trägt der Benutzer. Autor und Verlag übernehmen keinerlei Haftung für die Richtigkeit und Vollständigkeit der in dem Buch enthaltenen Ausführungen und Formulierungsbeispiele.

Umschlaggestaltung: gentura, Holger Neumann, Bochum
Satz: PMGi – Agentur für intelligente Medien GmbH, Hamm
Druck: Hans Soldan Druck GmbH, Essen
ISBN 978-3-95646-328-0

Bibliografische Information der Deutschen Bibliothek
Die Deutsche Bibliothek verzeichnet diese Publikation in der Deutschen Nationalbibliografie; detaillierte bibliografische Daten sind im Internet über http://dnb.d-nb.de abrufbar.

Geleitwort

Hinter jedem guten Notar stehen seine Mitarbeiter, die den reibungslosen Ablauf im Notariat sicherstellen.

Der Beruf der Notarfachangestellten ist ein spannender und vielfältiger Beruf, der in Anforderung und Verantwortung weit über einen „gewöhnlichen" Bürojob hinausgeht. Immobilienkäufe, Testamente, Unternehmensgründungen, Eheverträge, Scheidungsvereinbarungen und einiges mehr – über die ganze Bandbreite notarieller Tätigkeiten müssen auch Sie als Mitarbeiter im Notariat tiefgehende Kenntnisse haben. Nur mit Ihrer Unterstützung kann der Notar sein Büro erfolgreich führen.

Wie kann man Sie möglichst gezielt und effizient unterstützen, um eine bestmögliche Ausbildung zum Notarfachangestellten zu absolvieren? Diese Frage haben wir uns als Notarkasse gemeinsam mit Autoren aus der Praxis, nämlich Notarinnen und Notare, Notarassessoren und Büroleitern gestellt. Zusammen mit dem Deutschen Notarverlag wurde die *„Ausbildungsreihe für Notarfachangestellte"* ins Leben gerufen. Wir haben uns zum Ziel gesetzt, Auszubildende während ihrer anspruchsvollen Ausbildungszeit und Berufsanfänger bei ihrem Einstieg in den komplexen Büroalltag zu unterstützen. Auch für Quereinsteiger zur Vermittlung von Grundlagen und für den erfahrenen Notarfachangestellten als Nachschlagewerk ist die Reihe gut geeignet.

Pro Band vermitteln die Autoren dieser Reihe anschaulich die komplette Bandbreite eines notariellen Fachgebiets von den Grundlagen bis hin zu komplexeren Fallgestaltungen. Um Ihnen die Anwendung des Erlernten zu erleichtern, enthält jedes Buch ein Kapitel zur Wissensüberprüfung. Die Lösungsvorschläge verbinden bereits einzelne Fachgebiete miteinander und geben so Gelegenheit zur Vertiefung der gewonnenen Fähigkeiten.

Bernadette Kell, hat ihren Weg als Notarassessorin bei der Landesnotarkammer Bayern begonnen. Im Bundesministerium der Justiz und für Verbraucherschutz hat sie sich über acht Jahre u.a. als Leitung des Innovations- und Datenlabors für einen digitalen Staat eingesetzt und auch an der Erarbeitung von Gesetzesentwürfen mitgewirkt. Nunmehr folgt sie ihrem Traum und fliegt Verkehrsflugzeuge aus der Schweiz. Dem juristischen Arbeiten bleibt sie jedoch durch ihre Autoren- und Beratungstätigkeit weiter erhalten. Seit ihrem Referendariat setzt sie sich für verständliche und gut zugängliche Ausbildungsinhalte ein. Als Angehörige einer „Lehrerfamilie" liegen ihr das lebenslange Lehren und Lernen, als Leitung einer Transformationseinheit die Kraft des Wandels im Blut. Somit kann sie gar nicht anders, als stetig weiter Verbesserungen der Ausbildungsstrukturen anzuregen und mit diesem Buch auch selbst dafür zu sorgen. Ihre Überzeugung, dass viele Probleme gar nicht mehr schwierig sind, wenn man sie nur verständlich erklärt, spricht aus jeder der vorliegenden Seiten.

Dr. Helene Ludewig

Präsidentin der Notarkasse A.d.ö.R., München

Vorwort

Wie jeder, fängt auch ein späterer Notarassessor oder Notar in seiner Ausbildung irgendwann *„bei Null“* an. So waren auch meine ersten Schritte in eine neue Materie häufig mit dem Wunsch verbunden, die Thematik *„in leicht verständlichen Worten“* erklärt zu bekommen. Als ich erfahren habe, dass die Notarkasse A.d.ö.R. eine ganze Ausbildungsreihe unter dieser Zielsetzung herausgeben möchte, war ich von der Idee sofort begeistert: Denn was nützt das beste Lehrbuch, wenn man es nicht versteht?! Gleichzeitig sind die notariellen Praxisfragen häufig aber auch Detailfragen – oder anders gesprochen: Was hilft‘s, wenn ich den Beteiligten nur die Grundlagen erklären kann, die diese gerade *nicht* interessieren?

Dieser Problematik nähert sich dieses Buch in zweierlei Weise: Es vermittelt die Grundlagen der Rechte in Abteilung II des Grundbuchs und verbindet diese „Basics“ mit (notgedrungen detailverliebten) Praxistipps und weiterführenden Informationen zur Vertiefung. Es soll somit nicht nur den Einstieg in die Materie ermöglichen, sondern auch dem fortgeschrittenen Leser zu späteren Zeitpunkten der Ausbildung und als Nachschlagewerk in der täglichen Praxis zur Seite stehen. Deshalb folgt der praktische Teil auch der Überzeugung, dass sich Gelerntes am besten verfestigt, wenn man selbst die Anwendung der Theorie ausprobieren kann. Neben einfachen Wiederholungsfragen enthält der Übungsteil auch komplizierte Fälle, die – mit einem leichten Augenzwinkern – beispielhaft für die Komplexität in der gelebten notariellen Praxis stehen.

Inhaltlich liegt der Schwerpunkt auf den „klassischen“ Rechten in Abteilung II des Grundbuchs, die z.B. bei der Besprechung eines Überlassungsvertrags von Bedeutung sein können: Dienstbarkeiten, Reallast, Nießbrauch und Vorkaufsrechte. Um die Thematik leichter zu erschließen und die Gemeinsamkeiten (die folglich nur einmal gelernt werden müssen!) zu unterstreichen, folgt die Darstellung der Rechte jeweils dem gleichen Aufbau. Neben dieser vertieften Darstellung blickt das Werk inhaltlich auch über den Tellerrand und vermittelt Grundzüge zu weiteren Eintragungen in Abteilung II, wie der Vormerkung oder den diversen Vermerken (z.B. Insolvenz- oder Nacherbenvermerk).

So wie dieses Buch Ihnen als Lesern den Zugang zur Materie der „Rechte in Abteilung II des Grundbuchs“ eröffnen soll, durfte auch ich als Autorin auf wertvolle Unterstützung bei der Ausarbeitung zurückgreifen: Ich danke an dieser Stelle zunächst ganz herzlich Herrn Notar a.D. Dr. *Hermann Amann* und Herrn Notar Dr. *Markus Sikora*. Letzterer hat mir freundlicherweise ein von Herrn Notar a. D. Dr. *Hermann Amann* begründetes und von ihm fortgeschriebenes Skriptum zur gleichen Thematik zur Quellenarbeit im Vorfeld zur Verfügung gestellt. Ein ebenso herzliches Dankeschön geht an Herrn Notar *Michael Volmer*, der mir mit einem von ihm ausgearbeiteten Werk zu Grunddienstbarkeiten ebenfalls wertvolle Vorbereitungsarbeit ermöglichte. In der Phase der Überarbeitung des Skriptums war mir mein Kollege *Markus Pflieger* von unschätzbarem Wert, der sich trotz seiner vielfältigen anderen Verpflichtungen die Zeit genommen hat, umfangreich Korrektur zu lesen und mich mit allerlei kritischen Fragen vor der allgegenwärtigen Gefahr der *„Betriebsblindheit“* zu bewahren. Vielen lieben Dank für Deine tollen Anregungen und die ständige Bereitschaft zur Diskussion, auch *„zur Unzeit“*! Last, but not least geht ein großes Dankeschön an meine liebe Freundin *Sarah Weigel*, die mir sowohl motivatorisch als auch als Kreativ-Sparringspartner (*„Lieber ‚Ignaz‘ oder ‚Johann‘ Ochsensepp?!“*) stets zur Seite gestanden hat und mich nie den Spaß an der Sache hat verlieren lassen.

Bernadette Kell

Berlin, im September 2025

Inhaltsverzeichnis

Geleitwort ... 5
Vorwort ... 7
Musterverzeichnis ... 17
Literaturverzeichnis ... 19

§ 1 Einführung – Oder auch: Warum braucht es dieses Buch und was bringt es mir? ... 21

A. Inhaltliches ... 21
B. Arbeit mit dem Buch ... 21
I. Allgemein ... 21
II. Arbeit am Gesetz und nützliche Helferlein ... 21
III. Lesen Sie das Gesetz! ... 22
IV. Welches Gesetz soll ich denn lesen? ... 22
V. (...) und wie liest es sich möglichst einfach? ... 22
C. Grundbegriffe (*) ... 23
I. Abteilung II, Abteilung III – Was ist das? (*) ... 23
II. Dingliche Rechte – schuldrechtliche Rechte – beschränktes dingliches Recht (*) ... 24
III. Formelles – materielles Recht (*) ... 24
IV. Was ist eine Verfügung? (*) ... 25
D. Alles PASTA – oder was? (*) ... 26
I. Allgemein (*) ... 26
II. Publizitätsprinzip (*) ... 26
III. Absolutheitsgrundsatz (*) ... 27
IV. Spezialitäts- und Bestimmtheitsgrundsatz (*) ... 27
V. Typenzwang (*) ... 28
VI. Abstraktions- und Trennungsprinzip (*) ... 29

§ 2 Rechte in Abteilung II ... 33

A. Dienstbarkeiten (*) ... 33
I. Wie unterscheide ich dieses Recht? (*) ... 33
1. Keine primäre Leistungspflicht (*) ... 33
2. Keine umfassende Nutzung (*) ... 34
II. Grunddienstbarkeit (*) ... 35
1. Allgemeines (*) ... 36
2. Die Beteiligten wollen eine Grunddienstbarkeit bestellen – was tun? (*) ... 37
3. Inhalt der Grunddienstbarkeit (*) ... 39
a) Duldung der Nutzung in einzelnen Beziehungen (*) ... 40
b) Unterlassung eines tatsächlichen Tuns (*) ... 40
c) Ausschluss der Rechtsausübung (*) ... 40
d) Gewährung eines Vorteils durch die Grunddienstbarkeit, § 1019 BGB (*) ... 41
e) Örtlicher Ausübungsbereich (*) ... 41
aa) Unterscheide: Ausübungsbereich und Belastungsgegenstand (*) ... 41
bb) Belastungsgegenstand = Ausübungsbereich (*) ... 43
cc) (Ursprünglicher) Belastungsgegenstand > Ausübungsbereich (*) ... 43
(1) „Zuschneiden“, § 7 GBO ... 43
(2) Bestimmung eines beschränkten Ausübungsbereichs (*) ... 44
(a) Voraussetzungen (*) ... 44

(b) Folgen der Bestimmung des Ausübungsbereichs 45
(aa) Verlegung 45
(bb) Abschreibung (*) 46
f) Sachlicher Ausübungsbereich 47
g) Mitbenutzung durch den Eigentümer des dienenden Grundstücks? (*) . 48
h) Dauer des Rechts: Bedingung – Befristung (*) 49
aa) Allgemein (*) 49
bb) Aufschiebende Bedingung/Befristung (*) 49
cc) Auflösende Bedingung/Befristung (*) 51
4. Nebenpflichten („Begleitschuldverhältnis") (*) 52
a) Unterhaltungs- und Verkehrssicherungspflicht (*) 52
aa) Allgemein (*) 52
bb) Gesetzliche Regelungen 53
(1) § 1020 BGB 53
(2) § 1021 BGB 53
(3) § 1022 BGB 54
(4) Fazit 55
b) Kostentragung (*) 55
5. Weiterer Inhalt der Dienstbarkeitsbestellungsurkunde (*) 56
a) Materiell-rechtliche Erklärungen (*) 56
aa) Allgemein (*) 56
bb) Rechtsgeschäftlicher Erwerb (*) 56
cc) Einigung zwischen Verpflichtetem und Berechtigtem (*) 56
dd) Eintragung im Grundbuch (*) 57
ee) Einigsein (*) 57
ff) Berechtigung (*) 57
b) Grundbuchrechtliche Erklärungen (*) 58
aa) Allgemein (*) 58
bb) Schlagwortartige Umschreibung des Dienstbarkeitsinhalts (*) 58
cc) Herrschvermerk (*) und Vorlöschungsklausel 58
dd) Angabe des Berechtigungsverhältnisses (*) 59
c) Rangbestimmung (*) 60
aa) Verhältnis zu Rechten in Abt. III (*) 61
bb) Verhältnis zu Rechten in Abt. II (*) 62
d) Schuldrechtliche Vereinbarungen 62
6. Belastungsgegenstand (*) 63
a) Grundstück als Belastungsgegenstand (*) 64
aa) Unterschiedliche Grundstücksbegriffe (*) 64
bb) Grundstück im rechtlichen Sinne als Belastungsgegenstand der Grunddienstbarkeit (*) 64
b) Grundstücksteil als Belastungsgegenstand 65
aa) Realer Grundstücksteil 65
bb) Miteigentumsanteil 65
(1) Was ist ein Miteigentumsanteil? (*) 66
(2) Kann ein Miteigentumsanteil mit einer Grunddienstbarkeit belastet werden? 66
c) Wohnungs- und Teileigentum als Belastungsgegenstand (*) 66
aa) Was ist das eigentlich? (*) 66
(1) Grundsätzliches (*) 66
(2) Sondereigentum (*) 67
(3) Gemeinschaftseigentum (*) 67
(4) Sonderfall Sondernutzungsrecht (*) 67

bb) Kann das mit einer Dienstbarkeit belastet werden? (*) 68
(1) Sondereigentum (*) 68
(2) Gemeinschaftseigentum (*) 68
d) Grundstücksgleiches Recht als Belastungsgegenstand: Beispiel Erbbaurecht 69
aa) Was ist das eigentlich? (*) 69
bb) Kann das mit einer Dienstbarkeit belastet werden? 69
7. Berechtigter der Grunddienstbarkeit (*) 70
a) Jeweiliger Eigentümer eines herrschenden Grundstücks als Berechtigter (*) 70
aa) Allgemein (*) 70
bb) Miteigentumsanteil am herrschenden Grundstück 70
cc) Inhaber eines Nutzungsrechts am herrschenden Grundstück 70
dd) Eigentümergrunddienstbarkeit: Personenidentität zwischen dem Eigentümer des dienenden und des herrschenden Grundstücks (*). 71
ee) Mehrzahl herrschender Grundstücke 71
b) Eigentümer von Wohnungs- und Teileigentum als Berechtigter des herrschenden Grundstücks 72
c) Erbbaurecht 72
8. Übertragung des Rechts (*) 72
9. Beendigung des Rechts (*) 73
a) Allgemein (*) 73
b) Wegfall des Vorteils gemäß § 1019 BGB und Unmöglichkeit der Ausübung (*) 73
c) „Löschung“ bzw. Aufgabeerklärung durch den Berechtigten (*) 73
III. Beschränkt persönliche Dienstbarkeit (*) 75
1. Allgemeines (*) 76
2. Beteiligte wollen beschränkt persönliche Dienstbarkeit bestellen – was tun? (*) 76
3. Inhalt der beschränkt persönlichen Dienstbarkeit (*) 77
a) Inhaltsgleichheit mit der Grunddienstbarkeit (*) 77
b) Ausnahme: Keine Vorteilsgewährung nach § 1019 BGB erforderlich (*) 77
4. Nebenpflichten („Begleitschuldverhältnis“) 77
5. Weiterer Inhalt der Dienstbarkeitsbestellungsurkunde (*) 78
a) Materiell-rechtliche Erklärungen (*) 78
b) Grundbuchrechtliche Erklärungen (*) 78
aa) Antrag und Bewilligung, Herrschvermerk, schlagwortartige Bezeichnung und Berechtigungsverhältnis (*) 78
bb) Rangbestimmung (*) 78
cc) Vorlöschungsklausel (*) 80
dd) Schuldrechtliche Erklärungen 82
6. Sonderfall Wohnungsrecht (*) 82
a) Wie unterscheide ich diese Rechtsform? (*) 83
b) Beteiligte wollen Wohnungsrecht bestellen – was tun? (*) 84
c) Inhalt des Wohnungsrechts und Begleitschuldverhältnis (*) 84
aa) Wohnen als Hauptzweck (*) 84
bb) Unter Ausschluss des Eigentümers (*) 85
cc) Mitbenutzung durch Dritte (*) 85
dd) Mitbenutzung der gemeinschaftlich genutzten Anlagen durch den Berechtigten 87
ee) Begleitschuldverhältnis: Verweisung auf die Nießbrauchsvorschriften (*) 87
(1) Unterhaltungspflicht/Verkehrssicherungspflicht und Kostentragung hierfür (*) 87

(2) Lastentragung 88
ff) Weiterer Inhalt der Dienstbarkeitsbestellungsurkunde (*) 88
7. Belastungsgegenstand (*) 88
8. Berechtigter der beschränkt persönlichen Dienstbarkeit (*) 89
a) Allgemein (*) 89
b) Natürliche Person als Berechtigter (*) 89
c) Juristische Person, Personengesellschaft, Wohnungseigentümergemeinschaft und sonstige grundbuchfähige Personenvereinigungen als Berechtigter (*) 90
d) Mehrzahl von Berechtigten (*) 91
9. Übertragung des Rechts (*) 92
10. Beendigung des Rechts (*) 93
a) Allgemein (*) 93
b) Beendigung durch den Wegfall des Berechtigten (*) 95
IV. Nießbrauch (*) 95
1. Allgemeines (*) 96
2. Beteiligte wollen Nießbrauch bestellen – was tun? (*) 97
3. Inhalt des Nießbrauchs (*) 99
a) Allgemein (*) 99
b) Umfang des Nießbrauchs bei vollständiger Belastung eines Grundstücks (*) 100
c) Örtlicher Ausübungsbereich (*) 102
d) Sachlicher Ausübungsbereich 102
e) Mitbenutzung durch den Eigentümer des Belastungsgegenstandes? 103
f) Dauer des Rechts: Bedingung – Befristung (*) 103
4. Nebenpflichten („Begleitschuldverhältnis") (*) 103
a) Unterhaltungspflicht des Nießbrauchers: „Erhaltungspflicht" (*) 103
b) Lastentragung (*) 104
c) Verkehrssicherungspflicht 105
5. Weiterer Inhalt der Nießbrauchsbestellungsurkunde (*) 105
a) Materiell-rechtliche Erklärungen (*) 105
b) Grundbuchrechtliche Erklärungen (*) 105
aa) Antrag und Bewilligung, Herrschvermerk, schlagwortartige Bezeichnung und Berechtigungsverhältnis (*) 105
bb) Rangbestimmung (*) 106
cc) Vorlöschungsklausel (*) 106
dd) Schuldrechtliche Erklärungen 106
6. Belastungsgegenstand (*) 107
a) Grundstück im rechtlichen Sinne als Belastungsgegenstand des Nießbrauchs (*) 107
b) Grundstücksteil als Belastungsgegenstand 107
c) Sondereigentum oder grundstücksgleiche Rechte als Belastungsgegenstand (*) 107
7. Berechtigter des Nießbrauchs (*) 107
a) Allgemein (*) 107
b) Natürliche Person als Berechtigter (*) 108
c) Juristische Person, Personengesellschaft, Wohnungseigentümergemeinschaft und sonstige grundbuchfähige Personenvereinigungen als Berechtigter (*) 108
d) Mehrzahl von Berechtigten (*) 108
8. Übertragung des Rechts (*) 109
9. Beendigung des Rechts (*) 110
a) Allgemein (*) 110
b) Schicksal eines Mietverhältnisses bei Beendigung des Rechts 111

B. Reallast (*) 112
I. Wie unterscheide ich dieses Recht? (*) 113
II. Beteiligten wollen Reallast bestellen – was tun? (*) 113
III. Inhalt der Reallast (*) 115
1. Allgemein (*) 115
2. Leistungen (*) 115
3. Wiederkehrend (*) 116
4. Bestimmbarer Leistungsumfang (*) 116
a) Allgemein 116
b) Automatische Anpassung von Leistungen, Wertsicherungsklausel 117
c) Dauer des Rechts: Bedingung – Befristung (*) 118
IV. Folgen der Bestellung einer Reallast (*) 118
1. Dinglicher Anspruch auf Einzelleistungen mit Zwangsvollstreckungsmöglichkeit (*) 118
2. Persönliche Haftung des Verpflichteten für die Einzelleistungen (*) 119
V. Weiterer Inhalt der Reallastbestellungsurkunde (*) 120
1. Materiell-rechtliche Erklärungen (*) 120
2. Grundbuchrechtliche Erklärungen (*) 121
a) Antrag und Bewilligung, schlagwortartige Bezeichnung und Berechtigungsverhältnis (*) 121
b) Herrschvermerk und Vorlöschungsklausel (*) 122
c) Zwangsvollstreckungsunterwerfung 123
3. Rangbestimmung (*) 124
4. Schuldrechtliche Vereinbarungen 125
VI. Belastungsgegenstand (*) 125
1. Grundstück im rechtlichen Sinne als Belastungsgegenstand der Reallast (*) 125
2. Grundstücksteil als Belastungsgegenstand 125
3. Sondereigentum oder grundstücksgleiche Rechte als Belastungsgegenstand (*) 126
VII. Berechtigter der Reallast (*) 126
1. Subjektiv-dingliche Reallast (*) 126
2. Subjektiv-persönliche Reallast (*) 127
a) Allgemein (*) 127
b) Natürliche und juristische Person, Personengesellschaft, Wohnungseigentümergemeinschaft und sonstige grundbuchfähige Personenvereinigungen als Berechtigter (*) 127
c) Mehrzahl von Berechtigten 128
VIII. Übertragung des Rechts (*) 128
1. Subjektiv-dingliche Reallast (*) 129
2. Subjektiv-persönliche Reallast (*) 129
IX. Beendigung des Rechts (*) 130
1. Allgemein (*) 130
2. Besonderheiten bei der subjektiv-persönlichen Reallast 130
3. Erlöschen durch Ablösung 132
4. Erlöschen aufgrund Zuschlags 132
C. Dingliches Vorkaufsrecht (*) 132
I. Wie unterscheide ich diese Rechtsformen? (*) 133
II. Beteiligten wollen Vorkaufsrecht bestellen – was tun? (*) 133
III. Inhalt des Vorkaufsrechts (*) 135
1. Allgemein (*) 135
2. Wirksamer Grundstückskaufvertrag mit einem Dritten (*) 136
a) Grundsatz (*) 136

b) Gesetzliche Ausnahmen (*) ... 137
aa) § 470 BGB: Verkauf an gesetzliche Erben mit Rücksicht auf ein künftiges Erbrecht (*) ... 138
bb) Verkauf im Wege der Zwangsvollstreckung oder aus der Insolvenzmasse ... 139
3. Bestellung für einen oder mehrere Verkaufsfälle (*) ... 140
4. Örtlicher Ausübungsbereich (*) ... 141
5. Umfang des Vorkaufsrechts, § 1096 BGB (= „sachlicher Ausübungsbereich“) ... 142
6. Dauer des Rechts: Bedingung – Befristung (*) ... 142
IV. Ausübung des Vorkaufsrechts ... 142
1. Wie hat die Ausübung zu erfolgen? ... 142
2. Was sind die Folgen der Ausübung? (*) ... 144
a) Kaufvertrag zwischen Verpflichtetem und Berechtigtem (*) ... 144
b) Verhältnis zwischen Verpflichtetem und Drittem ... 145
c) Verhältnis zwischen Berechtigtem und Drittem ... 145
d) Vormerkungswirkung (*) ... 145
V. Weiterer Inhalt der Vorkaufsrechtsbestellungsurkunde (*) ... 146
1. Materiell-rechtliche Erklärungen (*) ... 146
2. Grundbuchrechtliche Erklärungen (*) ... 146
a) Antrag und Bewilligung, schlagwortartige Bezeichnung und Berechtigungsverhältnis (*) ... 146
b) Herrschvermerk und Vorlöschungsklausel (*) ... 147
3. Rangbestimmung (*) ... 149
4. Schuldrechtliche Vereinbarungen ... 150
VI. Belastungsgegenstand (*) ... 150
1. Grundstück im rechtlichen Sinne als Belastungsgegenstand des Vorkaufsrechts (*) ... 150
2. Grundstücksteil als Belastungsgegenstand ... 151
3. Sondereigentum oder grundstücksgleiche Rechte als Belastungsgegenstand (*) ... 151
VII. Berechtigter des Vorkaufsrechts (*) ... 151
1. Subjektiv-dingliches Vorkaufsrecht (*) ... 151
2. Subjektiv-persönliches Vorkaufsrecht (*) ... 152
a) Allgemein (*) ... 153
b) Natürliche und juristische Person, Personengesellschaft und sonstige grundbuchfähige Personenvereinigungen als Berechtigter (*) ... 153
c) Mehrzahl von Berechtigten ... 153
VIII. Übertragung des Rechts (*) ... 155
IX. Beendigung des Rechts (*) ... 156
1. Allgemein (*) ... 156
2. Erlöschen durch Erlassvertrag (*) ... 157
3. Erlöschen durch Nichtausübung in den definierten Vorkaufsfällen (*) ... 157
4. Besonderheiten beim subjektiv-persönlichen Vorkaufsrecht (*) ... 157
D. Dauerwohn- und Dauernutzungsrecht ... 158
E. Erbbaurecht (*) ... 160
F. Leibgeding (*) ... 161
G. Vormerkung (*) ... 162
I. Allgemein (*) ... 162
II. Relative Unwirksamkeit beeinträchtigender Verfügungen (*) ... 164
III. Insolvenzschutz (*) ... 164
IV. Rangwahrung (*) ... 165
H. Vermerke (*) ... 165
I. Widerspruch (*) ... 165

II. Insolvenzvermerk, Nacherbenvermerk, Zwangsversteigerungsvermerk, Testamentsvollstreckervermerk (*) ... 166
1. Insolvenzvermerk ... 166
2. Zwangsversteigerungsvermerk ... 167
3. Testamentsvollstreckervermerk ... 167
4. Nacherbenvermerk ... 167

§ 3 Prüfe dein Wissen ... 169

A. Prüfe dein Wissen – so geht's ... 169
B. Allgemeines ... 169
C. Dienstbarkeiten ... 171
I. Verständnisfragen ... 171
II. Beispielsfall 1: „Bauvorhaben unter Fußballfreunden" ... 180
1. Sachverhalt ... 180
2. Fragen ... 180
3. Lösungen ... 180
III. Beispielsfall 2: „Das finanzschwache Yogastudio" ... 183
1. Sachverhalt ... 183
2. Fragen ... 184
3. Lösungen ... 184
D. Reallast ... 192
I. Verständnisfragen ... 192
II. Beispielsfall 1: „Crazy Catlady" ... 197
1. Sachverhalt ... 197
2. Fragen ... 198
3. Lösungen ... 198
E. Vorkaufsrecht ... 204
I. Verständnisfragen ... 204
II. Beispielsfall: „Die ortsgebundene Alpakaherde" ... 208
1. Sachverhalt ... 208
2. Fragen ... 209
3. Lösungen ... 209

Stichwortverzeichnis ... 215

Musterverzeichnis

§ 2 Rechte in Abteilung II

2.1 Beispiel Geh- und Fahrtrecht 35
2.2 Sportwarengeschäftsrecht und Gewerbebetriebsbeschränkung 75
2.3 (Penthouse-)Wohnungsrecht 82
2.4 Nießbrauch 95
2.5 Heckenbepflanzungs- und Unterhaltungsverpflichtung 112
2.6 Subjektiv-persönliches Vorkaufsrecht 132

Literaturverzeichnis

Beck'scher OK zum Bürgerlichen Gesetzbuch, 75. Edition, Stand 1.8.2025

Beck'scher OGK zum Bürgerlichen Gesetzbuch, Sachenrecht, Stand 1.1.2025

Beck'scher OK zur Grundbuchordnung, 57. Edition, Stand 1.6.2025

Beck'sche Online-Formulare: Vertrag, 73. Edition, 2025

Dombek/Kroiß, FormularBibliothek Vertragsgestaltung, 4. Auflage 2023

Falkner, Grundstückskaufvertrag, 3. Auflage 2024

MüKo zum Bürgerlichen Gesetzbuch, 9. Auflage 2023

Grüneberg, Bürgerliches Gesetzbuch, 84. Auflage 2025

Schöner/Stöber, Grundbuchrecht, 16. Auflage 2020

Schulze/Grziwotz/Lauda, Bürgerliches Gesetzbuch, Kommentiertes Vertrags- und Prozessformularbuch, 5. Auflage 2024

Ulshöfer, Das sogenannte gesetzliche Begleitschuldverhältnis – Ansprüche bei der Grunddienstbarkeit, 1. Auflage 2015

§ 1 Einführung – Oder auch: Warum braucht es dieses Buch und was bringt es mir?

A. Inhaltliches

Beispiele: 1

- Ein Stromkonzern stellt einen Strommast auf ein fremdes Grundstück. Kurze Zeit später baut der Eigentümer ihn zur Verwunderung des Stromkonzerns wieder ab.
- Die gemeindliche Wasserversorgung verlegt Wasserleitungen über ein fremdes Grundstück. Einige Stunden später sind die in dem Grundstück verlaufenden Wasserleitungsteile aus dem Grundstück und dem Versorgungsnetz entfernt. Das Wasser versickert an der offenen Rohrstelle im Erdboden anstatt in der Gemeinde aus dem Wasserhahn zu sprudeln.
- Eine betagte ältere Dame überschreibt ihr Häuschen, in dem sie seit Jahrzehnten lebt, an ihre Tochter. Einige Zeit später steht die Tochter mit dem Gerichtsvollzieher vor der Tür und lässt die alte Dame in das Altenheim „zwangsräumen".

Den zugegebenermaßen völlig überspitzten Beispielen ist eines gemeinsam: Sie würden sich unter anderem durch den **richtigen Einsatz von Rechten in Abt. II des Grundbuches verhindern** lassen. Dieses Buch behandelt zwar notgedrungen rechtliche Theorie, diese aber löst ganz erhebliche, lebensnahe Probleme. Da diese Probleme auch auf Dauer gelöst bleiben müssen, verbleiben die Rechte in Abt. II teilweise Jahrzehnte und länger im Grundbuch, wie z.B. im Falle der Strom- oder Wasserversorgung.[1] 2

B. Arbeit mit dem Buch

I. Allgemein

Die Gründe, weswegen Sie dieses Buch gekauft haben, können verschieden sein: 3

- der Beginn der Ausbildung als Notarfachangestellter/in,
- der Wiedereinstieg im Notariat nach einer beruflichen Pause,
- die Wissensvertiefung oder -auffrischung,
- die Vorbereitung auf die notarielle Fachprüfung oder
- sogar die Inspektorenprüfung bei der Notarkasse A.d.ö.R.

All diesen Zielen gemein ist jedoch der Wunsch nach Fortbildung. Auf dieser Reise möchte ich Sie im Themenbereich „*Rechte in Abt. II*" begleiten, und sie Ihnen gleichzeitig so leicht wie möglich machen.

Sie werden bald merken, dass das Buch die Thematik ausführlich behandelt. Das soll Ihnen ermöglichen, das Buch auch einmal zum Nachschlagen eines Einzelproblems verwenden zu können. Mitnichten muss man alle im Buch aufgeführten Details ständig auswendig parat haben. Um den Einstieg zu erleichtern, sind daher an den Bereichen des Buches, die sog. **Basics** vermitteln, in der Überschrift Sterne angebracht (*). Die Ausführungen, die eher zur Vertiefung gedacht sind, sind mit „*Exkurs*" oder „*Zur Vertiefung*" gekennzeichnet. 4

II. Arbeit am Gesetz und nützliche Helferlein

Im Notariat arbeiten Sie mit Vorschriften, die ihre Grundlage im Gesetz haben. Dies gilt auch für das vorliegende Buch: Es erklärt rechtliche Regelungen, die ihre Basis in Gesetzesvorschriften haben. 5

1 Das Grundbuch ist ein bei den Amtsgerichten geführtes Register, in dem Grundinformationen zu einem Grundstück wie Lage und Größe, der Eigentümer sowie die Belastungen, d.h. die auf dem Grundstück verzeichneten Rechte mit weiteren Informationen wie Berechtigter, Dauer o.Ä., niedergeschrieben sind; Näheres zum Umgang mit dem Grundbuch siehe *Pelikan*, Grundbuch lesen und verstehen, ebenfalls ein Band dieser Ausbildungsreihe.

6 In der notariellen Fachprüfung oder der Inspektorenprüfung dürfen Sie als Hilfsmittel Gesetzestexte benutzen und auch im täglichen Arbeitsalltag ist der Blick ins Gesetz natürlich nicht verboten. Vielmehr kann er Ihnen, wenn richtig angewandt, erheblich die Arbeit erleichtern. Denn alles, was im Gesetz geschrieben ist, müssen Sie nicht lernen oder auswendig wissen, wenn Sie es nur im rechten Moment schnell auffinden können. Anders gesagt: Das **Gesetz** ist in der Prüfung ein vollkommen **legaler „Spickzettel“**!

7 Der erste Schritt zur Arbeit mit diesem Buch ist daher, wenn Sie nicht bereits ein Gesetz besitzen, eines zu erwerben. Natürlich können (und sollten) Gesetzesnormen, wenn es einmal schnell gehen muss, auch online über z.B. *https://www.gesetze-im-internet.de/* oder *https://dejure.org/* eingesehen werden. Zudem wird unter *testphase.rechtsinformationen.bund.de* eine einheitliche Plattform für den Zugang u.a. zu Gesetzen, Verordnungen, Gerichtsentscheidungen erprobt. Da Sie aber in Prüfungen kein internetfähiges Gerät benutzen dürfen, sollten Sie auf jeden Fall überwiegend mit den Gesetzesmaterialien arbeiten, die Sie später auch in der Prüfung verwenden.

III. Lesen Sie das Gesetz!

8 Unsere Erinnerung an die gesetzliche Formulierung ist in der Regel nicht so genau, wie der tatsächliche Text. So schleichen sich in einer Prüfung oder – schlimmer – in der echten Fallbearbeitung für Kunden im Notariat, leicht Fehler aufgrund unsauberer Gesetzesanwendung ein. Lesen Sie daher die Regelung nach, wenn Sie sie anwenden. In diesem Buch wird Ihnen dies erleichtert, indem die Gesetzesvorschriften im Text abgedruckt sind.

IV. Welches Gesetz soll ich denn lesen?

9 Die in der notariellen Praxis wichtigsten Vorschriften finden sich in der Habersack Loseblattsammlung.[2] Wie der Name schon sagt, besteht diese Gesetzessammlung aus vielen losen Blättern. Das hat das Ziel, dass bei Gesetzesänderungen, die bei einer Sammlung von vielen Gesetzen schnell einmal eines davon treffen, nicht gleich das ganze Buch veraltet und ausgetauscht werden muss, sondern nur einzelne Seiten. Zum Schönfelder hinzu können sog. Nachlieferungen bestellt werden, die die auszutauschenden Seiten in praktischen kleinen Paketen per Post oder zur Abholung im Buchhandel liefern. Gleichzeitig bedeutet das aber natürlich den Abschluss eines (kostenpflichtigen) Nachlieferungsabonnements, genauso wie regelmäßiges „Nachsortieren“, d.h. das Auswechseln der losen Seiten.

Wem das am Anfang zu viel ist, gerade wenn er sich vielleicht noch unsicher ist, ob er bei dem Beruf bleiben möchte, kann auf **gebundene Gesetzesausgaben** zurückgreifen, muss sich aber bewusst sein, dass diese ggf. nicht ganz aktuell sein könnten.

V. (...) und wie liest es sich möglichst einfach?

10 Beim ersten Blick in die Gesetzestexte sieht man das, was sicher viele von einem juristischen Beruf erwarten: endlose Seiten in Schriftgröße 9 (wenn überhaupt), vorne und hinten mit Text und Paragrafen bedruckt. Das dient auch dazu, die Gesetzesbände nicht noch schwerer zu machen, als sie ohnehin schon sind. Trotzdem muss der Anwender mit diesen Texten erst einmal zurechtkommen.

11 Es hilft daher ungemein, den Text durch Markierungen und Unterstreichungen (sog. **Kommentierungen**) zu strukturieren. Möchten Sie mit Ihrem Gesetz allerdings auch in einer Prüfung arbeiten, dürfen Sie natürlich nicht beliebige Eintragungen am Gesetz vornehmen, da unzulässige Eintragungen in der Prüfung als Unterschleif, als Schummeln, gewertet werden können.

2 *Habersack*, Deutsche Gesetze von C.H. Beck. Das Werk ist erhältlich in juristischen Fachbuchhandlungen und häufig auch im größer sortierten Allgemeinbuchhandel.

Im Rahmen der Ausbildung sowie bei der Abschlussprüfung zum/zur Notarfachangestellten gilt folgende Regelung zu den zugelassenen Hilfsmitteln: 12

> *Die Verwendung von Einklebezetteln ist nur insoweit zulässig, als die eingeklebten Zettel das Auffinden von Gesetzestexten (z.B. BGB, GBO, GNotKG etc.) oder von einzelnen Abschnitten innerhalb des jeweiligen Gesetzes (z.B. Sachen-, Familien- oder Erbrecht im BGB) erleichtern. In den Gesetzestexten selbst ist es (neben Unterstreichungen) zulässig, Verweisungen auf andere Paragraphen vorzunehmen oder kurze Schlagwörter als Randvermerke anzubringen. Unzulässig ist demgegenüber jedoch beispielsweise das Anbringen von Schaubildern oder systematischen Zusammenstellungen, sowohl im Text selbst wie auch auf Einlageblättern oder Einklebezetteln.*[3]

Sie dürfen also das Gesetz durch Reiter, die Ihnen das Auffinden der einzelnen Gesetzesvorschriften erleichtern, vorstrukturieren. Sie können diese auf Einklebezetteln selbst schreiben oder für die wichtigsten Normen bereits vorbereitet im (Fach-)Buchhandel kaufen (sog. **Dürckheimer Register**). Zudem dürfen Sie Unterstreichungen vornehmen und andere Paragrafen oder kurze Schlagwörter am Rand vermerken. Nachfolgend erhalten Sie im Buch selbstverständlich **unverbindliche Kommentierungshinweise.** So sind die im Text zitierten Gesetzesnormen mit **Unterstreichungen** versehen, die Sie gerne in Ihr Gesetz übernehmen können.

C. Grundbegriffe (*)

I. Abteilung II, Abteilung III – Was ist das? (*)

> **§ 29 Abs. 1 S. 1 GBO:** Eine Eintragung soll nur vorgenommen werden, wenn die **Eintragungsbewilligung** oder die sonstigen zu der Eintragung erforderlichen Erklärungen durch **öffentliche oder öffentlich beglaubigte** Urkunden nachgewiesen werden. (...) 13
>
> **§ 15 Abs. 3 GBO**: Die zu einer Eintragung erforderlichen Erklärungen sind vor ihrer Einreichung für das Grundbuchamt von einem Notar auf Eintragungsfähigkeit zu prüfen. (...)

Ein Notar wird in der Regel nur dann tätig, wenn das **Gesetz die notarielle Tätigkeit anordnet**. Ein Bereich, in dem das Gesetz die Einhaltung der notariellen Form verlangt, ist das Grundbuchrecht. § 29 Abs. 1 S. 1 GBO ordnet an, dass u.a. eine Bewilligung zur Eintragung im Grundbuch in öffentlicher oder öffentlich beglaubigter Form abgegeben werden muss. Nach § 15 Abs. 3 GBO muss der Notar zudem Eintragungsbewilligungen vor ihrer Einreichung inhaltlich auf Eintragungsfähigkeit prüfen. Solche gesetzlichen Regelungen führen dazu, dass der Notar zur Beglaubigung oder Beurkundung von Erklärungen, die in das Grundbuch eingetragen werden, tätig wird.

Die hier näher zu behandelnden Rechte in Abt. II sind solche im Grundbuch eingetragenen Rechte und fallen somit in den Bereich der notariellen Tätigkeit. Die Unterscheidung in **Rechte in Abt. II und Abt. III** ergibt sich aus der **Aufteilung des Grundbuchs**. Dieses ist eingeteilt in 14

- **das Bestandsverzeichnis**: Hierbei handelt es sich um den Bereich, in dem die Grundstücke, das Wohnungs- oder Teileigentum oder die grundstücksgleichen Rechte (z.B. Erbbaurecht, selbstständiges Fischereirecht o.Ä.) verzeichnet sind. Ebenfalls finden sich dort Vermerke wie der Aktiv- oder Herrschvermerk;
- **Abt. I**: In Abt. I ist der jeweilige Rechtsinhaber verzeichnet, bei Grundstücken der Eigentümer, bei Wohnungs- und Teileigentum der Wohnungs- und Teileigentümer und bei Erbbaurechten der Erbbauberechtigte;
- **Abt. II**: In Abt. II des Grundbuchs sind alle Belastungen und Beschränkungen des im Bestandsverzeichnis eingetragenen Gegenstandes verzeichnet, die nicht ausdrücklich in Abt. III eingetragen werden müssen. So lautet die Überschriftszeile in Abt. II des Grundbuchs auch auf „**Lasten und Beschränkungen**". Ein Eigentümer oder Berechtigter darf sein Eigentum bzw. den Gegenstand seiner Berechtigung grundsätzlich im Rahmen der Gesetze

3 Mitteilung der Notarkasse A.d.ö.R. auf Nachfrage, Stand 18.9.2025.

nach seinem Belieben frei nutzen. Belastungen sind Rechte, die diese Befugnis zur freien Benutzung zugunsten des jeweiligen Berechtigten des belastenden Rechts einschränken.

> *Beispiel:*
>
> Herrn Meier gehört ein Grundstück, an dem in Abt. II des Grundbuchs als Belastung ein Vorkaufsrecht zugunsten von Herrn Müller eingetragen ist. Herr Meier möchte das Grundstück nun an Frau Bayer verkaufen.
>
> Wäre keine Belastung im Grundbuch eingetragen, könnte Herr Meier aufgrund seiner freien Verfügungsbefugnis als Eigentümer ohne weiteres an Frau Bayer verkaufen. Durch die Eintragung der Belastung (Vorkaufsrecht in Abt. II des Grundbuchs) hat nun Herr Müller das Recht zum Vorkauf, d.h., wenn er möchte, kann er anstelle von Frau Bayer das Grundstück zu den gleichen Konditionen erwerben. Herr Meier wäre aufgrund der eingetragenen Belastung gezwungen, das zu akzeptieren und könnte sich nicht dagegen wehren.

Die **Rechte**, die in Abt. II eingetragen werden können, sind Gegenstand dieses Buches.

- **Abt. III**: In Abt. III des Grundbuchs werden ebenfalls Belastungen des im Bestandsverzeichnis verzeichneten Grundstücks, Sondereigentums oder grundstückgleichen Rechts verzeichnet. Ausweislich der Überschriftszeile im Grundbuch können in Abt. III jedoch nur **Hypotheken, Grundschulden und Rentenschulden** vermerkt werden. Es handelt sich somit um ausgewählte Belastungen, die statt in Abt. II in Abt. III verzeichnet werden und ihrem Berechtigten, häufig einer Bank, das Recht geben, die Zwangsversteigerung in den belasteten Grundbesitz zu betreiben.

15 Die Bezeichnung als Recht in Abt. II oder in Abt. III ist somit kein Hexenwerk, sondern folgt dem Aufbau des Grundbuchs und bezeichnet die Stelle im Grundbuch, an der das jeweilige Recht eingetragen ist.

II. Dingliche Rechte – schuldrechtliche Rechte – beschränktes dingliches Recht (*)

16 Das Sachenrecht regelt, wie der Name schon sagt, die Rechte an Sachen oder auch „Dingen". Die Regelungen, die zum Sachenrecht gehören, lassen sich auch gut anhand des Inhaltsverzeichnisses des BGB erkennen: Dort ist das Sachenrecht als eigenes „**Buch 3: Sachenrecht**" aufgeführt. Ein **dingliches Recht** ist somit nichts anderes als ein Recht, das nach dem Sachenrecht besteht, für das also die ganzen unter Rdn 24 ff. dargestellten Grundsätze gelten und das somit im Gesetz geregelt sein muss, da es dem sachenrechtlichen Typenzwang unterfällt (siehe hierzu auch Rdn 33 f.).

17 Das dingliche Hauptrecht, das dem Berechtigten die Befugnis zur beliebigen Nutzung eines Gegenstandes gewährt, die nur durch die Gesetze beschränkt wird, ist das **Eigentum**. Alle anderen Rechte gewähren nur einen **Ausschnitt der Befugnisse des Eigentümers**. Sie werden daher auch „*beschränkt dingliche Rechte*" genannt. Davon zu unterscheiden sind die schuldrechtlichen Rechte oder Ansprüche. Diese zählen zum Schuldrecht, das im BGB im Inhaltsverzeichnis anhand der Überschrift „**Buch 2: Recht der Schuldverhältnisse**" identifiziert werden kann (siehe hierzu auch Rdn 24) und unterliegen nicht den strengen Grundsätzen des Sachenrechts, sondern der freien Grundregel der Privatautonomie. Dafür sind die schuldrechtlichen Rechte und Ansprüche aber auch nicht von jedermann zu beachten.

III. Formelles – materielles Recht (*)

18 Eine weitere Unterscheidung, die Ihnen in diesem Skript häufiger begegnen wird, ist die Unterscheidung zwischen dem **materiellen Recht** und dem **formellen Recht.** Das materielle Recht regelt die **Materie** eines Rechts in Abt. II, d.h.

- seinen Inhalt,
- seine Entstehung,
- seine Änderung,

- seine Übertragung,
- seine Belastung und
- sein Erlöschen.

Das formelle Recht regelt die **Formalien,** welche Formvorschriften gegenüber dem Grundbuchamt und anderen Stellen eingehalten werden müssen, damit die materiellen, d.h. die inhaltlichen Rechtswirkungen entstehen oder nach außen sichtbar werden.

Beispiel: 19

Eine Grunddienstbarkeit soll bestellt werden. Materiell-rechtlich gibt es verschiedene Voraussetzungen, die alle eingehalten werden müssen, damit das Recht entsteht (Vorliegen eines Rechtsgeschäfts, Einigung der Betroffenen, Eintragung ins Grundbuch, Einigsein der Betroffenen bei Eintragung, Berechtigung desjenigen, der die Belastung vornimmt, dies tatsächlich zu tun; siehe hierzu auch nachfolgend § 2 Rdn 79 ff.). Das formelle Recht hingegen regelt, welche Erklärungen abgegeben werden müssen, damit das Grundbuchamt die Eintragung des Rechts vornimmt (Antrag und Bewilligung in grundbuchfähiger Form, siehe hierzu § 2 Rdn 89 ff.).

Im Grundbuchrecht regelt das **formelle Recht** also die **(Unter-)Voraussetzungen**, die wiederum erforderlich sind, dass eine einzige materiell-rechtliche Voraussetzung, die Eintragung im Grundbuch, eintritt.

Lerntipp! 20

Eine einfache **Faustformel** zur Unterscheidung von materiellem und formellem Recht ist der jeweilige Standort im Gesetz. Steht eine Regelung vorne in Ihrem Schönfelder im BGB (Bürgerliches Gesetzbuch), so wird es sich in der Regel um eine materielle Regelung handeln. Steht eine Regelung weiter hinten in Ihrem Schönfelder, z.B.in der GBO (Grundbuchordnung), so wird es sich in der Regel um eine formelle Regelung handeln.

IV. Was ist eine Verfügung? (*)

Rechtsänderungen im Sachenrecht erfolgen u.a. im Weg der sog. **Verfügung**. Eine Verfügung 21
kann die **Aufhebung**, die **Übertragung**, die **Inhaltsänderung** oder die **Belastung** eines Rechts sein.

Beispiele: 22

Auf dem Grundstück von Herrn Huber soll ein Wasserleitungsrecht (= Recht in Abt. II) zugunsten der örtlichen Wasserversorgung eingetragen werden. Die Bestellung dieses Rechts in Abt. II ist eine **Belastung** des Eigentums.

Einige Jahre später soll plötzlich und unerwartet neben der existierenden Wasserleitung eine weitere Wasserleitung zugunsten der örtlichen Wasserbetriebe in den Boden eingebracht werden. Zu diesem Zweck wird das eingetragene Recht von Herrn Huber und den Wasserbetrieben beim Notar erweitert, damit es auch die zweite Wasserleitung umfasst. Bei dieser nachträglichen Erweiterung der durch die Grunddienstbarkeit gewährten Nutzungen handelt es sich um eine **Inhaltsänderung**.

Neben dem Wasserleitungsrecht wurde der örtlichen Wasserversorgung auch ein übertragbares Vorkaufsrecht an dem Grundstücksstreifen eingeräumt, in dem die Wasserleitungen verlegt sind. Nunmehr wechselt der Betreiber der örtlichen Wasserversorgung, sodass das Vorkaufsrecht auf ein anderes Unternehmen übertragen wird. Hierbei handelt es sich um die **Übertragung** eines Rechts.

Wiederum einige Jahre später soll die Wasserleitung an einer anderen Stelle der Ortschaft neu verlegt werden. Bei einer Routineüberprüfung in diesem Zusammenhang fällt auf, dass die eingetragenen Rechte noch dem alten Betreiber der Wasserversorgung zustehen. Man beschließt, die Rechte im Grundbuch zu löschen. Diese Löschung eines Rechts in Abt. II ist eine **Aufhebung** eines Rechts.

23 *Lerntipp!*

Es gibt eine einfache Art und Weise, sich die Bestandteile einer Verfügung zu merken: das Bild einer Hochzeitsnacht.

Der überglückliche Bräutigam möchte seine holde Angetraute in seine Armen über die Schwelle der gemeinsamen Wohnung tragen. Er hebt sie somit auf („**Aufhebung**") und trägt sie über die Türschwelle („**Übertragung**"). Leider stolpert er beim Überschreiten der Türschwelle so unglücklich, dass unser nicht ganz leichtgewichtiger Bräutigam zusammen mit ihr nach vorne stürzt und auf sie hinauffällt („**Belastung**"). Der Sturz erfolgt so unglücklich, dass die Braut sich dabei den Fuß bricht („**Inhaltsänderung**").

D. Alles PASTA – oder was? (*)

I. Allgemein (*)

24 Die **Rechte in Abt. II** gehören zu einem Teil des Zivilrechts, der **Sachenrecht genannt** wird. Wenn Sie später bei der Benutzung dieses Skriptums mit Ihrem Gesetz arbeiten, werden Sie feststellen, dass alle Rechte, die hier behandelt werden im Gesetz im „**Buch 3: Sachenrecht**" verzeichnet sind. Gut lässt sich das erkennen, wenn Sie in das Inhaltsverzeichnis ihres Gesetzes schauen und sich beispielsweise die Überschrift „**Buch 3: Sachenrecht**" unterstreichen. Das Sachenrecht unterscheidet sich von anderen Bereichen des Zivilrechts darin, dass es sehr streng geregelt ist und Grundsätzen folgt, die sich als Eselsbrücke unter dem Schlagwort PASTA[4] zusammenfassen lassen:

- **P** – ublizitätsprinzip
- **A** – bsolutheitsprinzip
- **S** – pezialitäts- und Bestimmtheitsprinzip
- **T** – ypenzwang des Sachenrechts
- **A** – bstraktions- und Trennungsprinzip

II. Publizitätsprinzip (*)

25 Das **Publizitätsprinzip** ist eng verbunden mit dem **Absolutheitsgrundsatz**. Der Name leitet sich aus dem Lateinischen ab und bedeutet so viel wie „Öffentlichkeitsprinzip". Die Rechte, die das Sachenrecht begründet, sind von jedermann zu beachten (Absolutheitsgrundsatz, dazu sogleich Rdn 28). **Beachtung** kann aber nur ein Recht erhalten, dessen **Existenz bekannt oder zumindest ermittelbar** ist. Etwas Unbekanntes zu beachten stellt hingegen ein Ding der Unmöglichkeit dar. Hier knüpft das Publizitätsprinzip an. Es verlangt, dass für jedes Recht, dass das Sachenrecht begründet, einem Dritten grundsätzlich öffentlich erkennbar sein muss, ob das Recht existiert und wem es zugeordnet wird.

26 Bei beweglichen Gegenständen wird diese Öffentlichkeit durch den **Besitz einer Sache** hergestellt. Besitz als rechtlicher Begriff wird dabei nicht so verstanden wie im allgemeinen Sprachgebrauch. Der Begriff **„Besitz"** im rechtlichen Sinne ist **nicht gleichzusetzen mit „Eigentum"**, sondern bedeutet, dass eine Person (der „Besitzer") die Möglichkeit hat, auf die Sache tatsächlich einzuwirken (§ 854 BGB), was in der Regel eine gewisse räumliche Nähe mit sich bringt, diese aber nicht voraussetzt, und dass es auch dem Willen der Person entspricht, die Sache sich zuzuordnen.

Beispiel:

Die Eigentümerin einer Damenhandtasche kann auf die darin enthaltenen Gegenstände unschwer zugreifen und möchte sie sich auch zuordnen. Sie ist somit auch Besitzerin.

27 Bei **unbeweglichen Gegenständen** wie Grundstücken und dinglichen Rechten, also auch den hier behandelten Rechten in Abt. II, die als theoretisches Konstrukt in der Natur nicht existie-

4 Wikipedia, zitiert in *Hamann,* Eselsbrückensammlung, 1.6.2016, S. 5 (Nr. 6–3).

ren, stellt das **Grundbuch** die erforderliche Öffentlichkeit her. Das Grundbuch, das für **jedermann bei lediglich berechtigtem Interesse einsehbar** ist (§ 12 Abs. 1 S. 1 GBO), verzeichnet

- die Grundstücke und ihre Eigentümer,
- die grundstücksgleichen Rechte und ihre Berechtigten,
- das Sondereigentum und seine Sondereigentümer und
- die Rechte in Abt. II und III einschließlich ihrer Berechtigter (siehe hierzu auch Rdn 14).

Das Grundbuch und die Eintragungen darin dienen somit der Herstellung der erforderlichen Öffentlichkeit und der Erfüllung des Publizitätsgrundsatzes.

III. Absolutheitsgrundsatz (*)

Der **Absolutheitsgrundsatz** erhält seinen Namen davon, dass dingliche Rechte **absolut, d.h. von jedermann** und nicht nur relativ, d.h. von einem bestimmten Personenkreis, zu beachten sind. Das Eigentum eines anderen z.B. muss jeder achten. Wird gegen diese Pflicht verstoßen, z.B. indem eine in fremdem Eigentum stehende Sache weggenommen wird, sieht das Gesetz **Sanktionen** vor, wie z.B. die Bestrafung wegen Diebstahls. Durch diese Absolutheit seiner Rechte unterscheidet sich das Sachenrecht vom Schuldrecht, dem Recht der Verträge. Ein Vertrag gilt grundsätzlich immer **nur zwischen den Parteien, die ihn unterschreiben**, ein Dritter muss diesen nicht beachten. 28

> *Beispiel:*
>
> Herr Huber schließt einen Vertrag mit dem Serienstreamingdienst Ideflix ab, in dem der Dienst ihm gegen die Zahlung eines monatlichen Entgelts erlaubt, sein Streamingangebot zu nutzen. Diesen Vertrag müssen Herr Huber und Ideflix beachten, indem Herr Huber die monatlichen Zahlungen leistet und Ideflix die Streamingleistungen erbringt. Weitere Dritte sind hiervon unberührt, d.h. niemand sonst muss das monatliche Entgelt bezahlen oder sich darum kümmern, dass das Streamingangebot bereitsteht.
>
> Vereinbart ein Dritter mit Herrn Huber, dass er das vereinbarte Entgelt in Zukunft nicht mehr bezahlen soll, ist dies grundsätzlich möglich, ohne dass den Dritten eine Sanktion, schon gar nicht strafrechtlicher Natur, trifft. Sehr wohl wird Herrn Huber jedoch eine Sanktion treffen.

IV. Spezialitäts- und Bestimmtheitsgrundsatz (*)

Der **Spezialitätsgrundsatz** und der „**Bestimmtheitsgrundsatz**" sind zwei Grundsätze, die zunächst so eng miteinander verbunden sind, dass sie häufig sogar als ein Grundsatz verstanden werden und die zum anderen in enger Verbindung mit den Grundsätzen der Publizität und der Absolutheit stehen. 29

Wenn jedermann ein Recht beachten muss (Absolutheitsgrundsatz), muss es für jedermann im Grundsatz ersichtlich sein, wem dieses Recht zugeordnet ist (Publizitätsgrundsatz) und worauf sich dieses Recht genau erstreckt (Spezialitätsgrundsatz).

Der **Spezialitätsgrundsatz** besagt, dass Eigentum und Rechte grundsätzlich an einem jeden eigentumsfähigen (hierzu siehe § 2 Rdn 250) Gegenstand gesondert und einzeln, d.h. **„speziell"** bestehen. Das zeigt sich insbesondere, wenn mehrere Gegenstände verkauft und übereignet werden. Nach dem Spezialitätsgrundsatz geht das Eigentum auch bei einer Menge an Gegenständen für einen jeden Gegenstand gesondert, d.h. einzeln oder „speziell" über. Statt einer Übereignung erfolgen also bei 1.000 verkauften Büchern tatsächlich 1.000 Übereignungen. Dadurch soll sichergestellt werden, dass die Eigentumsverhältnisse für jeden Gegenstand einzeln stets ersichtlich sind. 30

Der **Bestimmtheitsgrundsatz** verlangt sodann die Angabe, **welcher Gegenstand oder welche Gegenstände** der vielen Einzelgegenstände **genau** übertragen werden. Während es im Schuldrecht ausreichen würde zu vereinbaren *„liefere mir ein Paar der gleichen Schuhe von Christopher Louboution"*, muss im Sachenrecht genau bestimmt werden, welches der glei- 31 chen Paare das Eigentum wechseln soll, also *„übereigne mir das im schwarzen Schuhregal ganz links stehende Paar der Schuhe von Christopher Louboution“*. Der Bestimmtheitsgrundsatz verlangt somit, dass der Inhalt einer sachenrechtlichen Vereinbarung oder eines sachenrechtlichen Rechts so genau und detailliert (= wie „bestimmt“) gefasst sein muss, dass keinen Raum für Verwechslungen besteht.

> *Beispiel:*
>
> Herr Banteng möchte an Herrn Müller ein Grundstück verkaufen. Herrn Banteng gehören die Grundstücke Nummer 1, 2 und 3 im Grundbuch der Gemarkung Bayernstadt. Schließt Herr Banteng nun mit Herrn Müller einen Vertrag, in dem lediglich vereinbart wird, dass Herr Banteng Herrn Müller *„ein Grundstück“* verkauft und übereignet, ist nicht klar, welches Grundstück gemeint ist. Es ist für niemanden ersichtlich, welches Grundstück nach der Kaufpreiszahlung Herrn Müller gehören wird. Ebenso wüsste das Grundbuchamt nicht, bei welchem Grundstück es nun Herrn Müller in das Grundbuch eintragen müsste.
>
> Die Vereinbarung, mit der das Eigentum übertragen werden soll, ist daher wegen Verstoßes gegen den sachenrechtlichen Bestimmtheitsgrundsatz unwirksam. Möchten Herr Banteng und Herr Müller das Eigentum wirksam übertragen, so muss das Grundstück unzweifelhaft, d.h. am besten unter Angabe von zuständigem Grundbuchamt, Gemarkung, Grundbuchblattstelle und Flurnummer, in der Vereinbarung bezeichnet werden. In diesem Fall ist klar bestimmt, welches Grundstück in Zukunft im Eigentum von Herrn Müller stehen wird und an welchem Grundstück daher das Grundbuchamt in Zukunft Herrn Müller als Eigentümer verzeichnen wird.

32 Wer sich jetzt besorgt überlegt, ob beim Eigentumsübergang von 1.000 Büchern jedes einzelne Buch aufgeschrieben werden muss, um der sachenrechtlichen Bestimmtheit zu genügen, kann jedoch beruhigt werden: Um bei **großen Mengen** von Gegenständen **keinen übertriebenen Aufwand** entstehen zu lassen, ist es zulässig, einen Oberbegriff zu verwenden, wenn eine eindeutig bestimmte Abgrenzung sichergestellt ist. Das ist anerkannt für sog. **Raumsicherungsklauseln**, wenn also alles, was sich in einem Raum, typischerweise einem Warenlager, befindet, den Eigentümer wechseln soll.

> *Beispiel:*
>
> Eine Ladung Plastikbadeenten soll verkauft werden. Alle betroffenen Badeenten befinden sich in einem Lkw. In diesem Fall kann, um dem Bestimmtheitsgrundsatz zu genügen, jede Badeente einzeln mit einer Identifikationsnummer versehen werden, die dann einzeln im Übereignungsvertrag aufgeführt wird. Genauso möglich ist die Bezeichnung über den Oberbegriff *„alle Badeenten im Lkw xy“*, da sich die betroffenen Badeenten durch den sie umgrenzenden Lkw ebenfalls für jedermann ersichtlich feststellen lassen.
>
> Wichtig ist, dass alle Badeenten im Lkw vom Eigentumswechsel umfasst sein müssen. Ist nur eine einzige Ausnahme geplant, greift die Raumsicherungsklausel nicht mehr und es ist auf Einzel- oder Ausnahmebezeichnungen (*„alle Badeenten bis auf die mit der Identifikationsnummer 156783“*) zurückzugreifen.

V. Typenzwang (*)

33 Schuldrecht und Sachenrecht unterscheiden sich stark in ihrer Herangehensweise. Der allesdefinierende Grundsatz des Schuldrechts ist die „**Privatautonomie**“. Das lässt sich mit *„erlaubt ist alles, was nicht verboten ist“* umschrieben werden kann. Auch im Schuldrecht regelt das Gesetz zwar einige Vertragstypen, dem Erfindungsreichtum der Bürger ist aber jenseits dieser geregelten Vertragstypen nur durch gesetzliche Verbote eine Grenze gesetzt: Sie können einfach weitere Vertragstypen entwickeln, die nicht im Gesetz geregelt sind oder die aus einer Kombination verschiedener Elemente gesetzlicher Verträge bestehen. Der Gestaltungsfreiheit sind (fast, bis auf gesetzliche Verbote) keine Grenzen gesetzt.

Das Sachenrecht hingegen ist in ein enges Korsett geschnürt und funktioniert nach dem allesdefinierenden Grundsatz: „*Was nicht ausdrücklich erlaubt ist, ist verboten*“. Das Sachenrecht beschränkt also seine Anwender auf die im Gesetz geregelten Rechte und Rechtsverhältnisse, es **zwingt** ihnen bestimmte Rechtsformen (oder „**-typen**“) auf. Daher resultiert auch der Name des „**Typenzwangs**“. Erfindungsreichtum ist nicht erlaubt: Alles was nicht im Gesetz steht, ist unzulässig. 34

Dabei ist der Grundsatz des Typenzwangs eine logische Folge aus dem Grundsatz der Absolutheit. Wenn die Rechte gegenüber jedermann gelten sollen und ihre Verletzung sogar bis hin zum Strafrecht sanktioniert werden soll, dann muss klar und bestimmt sein, um welche Rechte es sich handelt. Die Sanktionsmöglichkeiten wären uferlos und für die Beteiligten nicht mehr vorhersehbar, wenn ständig ein neues Recht erfunden werden könnte, das dann im schlimmsten Falle strafbewehrt zu beachten ist.

VI. Abstraktions- und Trennungsprinzip (*)

Das **Trennungsprinzip** und das **Abstraktionsprinzip** hängen eng zusammen und bauen aufeinander auf. 35

Zunächst ist zu erläutern, dass das deutsche Recht grundsätzlich für jede Veränderung der Rechtslage (mindestens) **zwei Rechtsgeschäfte** (= ein Oberbegriff von „*Vertrag*“) benötigt. Zum einen das sog. **Verpflichtungsgeschäft**, mit dem sich eine Person verpflichtet, etwas zu tun. Zum anderen, das sog. **Erfüllungsgeschäft** (das häufig auch „**Verfügung**“, „**Verfügungsgeschäft**“ genannt wird, obwohl die Begriffe nicht ganz deckungsgleich sind), mit dem die Verpflichtung tatsächlich erfüllt wird.

Beispiel:

Bei einem Grundstückskaufvertrag werden zwei Verträge geschlossen: der Kaufvertrag, in dem sich der Verkäufer verpflichtet, dem Käufer das Eigentum an dem Kaufgegenstand zu verschaffen (= Verpflichtungsgeschäft). Mit Abschluss des Kaufvertrags bestehen jedoch nur **einklagbare Verpflichtungen**, die Eigentumsverhältnisse haben sich noch nicht geändert. Es ist weiterhin der Verkäufer Eigentümer des Kaufgegenstandes und noch nicht der Käufer.

Um den Eigentumswechsel zu vollziehen, braucht es einen zweiten Vertrag: die Übereignung (= Erfüllungsgeschäft). Mit der Übereignung wird das Eigentum tatsächlich vom Verkäufer auf den Käufer übertragen. Ist die Übertragung erfolgreich gewesen, ist die Verpflichtung aus dem Kaufvertrag erfüllt.

Das **Trennungsprinzip** besagt, dass die beiden Rechtsgeschäfte, das Verpflichtungs- und das Erfüllungsgeschäft, getrennt zu betrachten und zu behandeln sind. 36

Das **Abstraktionsprinzip** knüpft an dieser getrennten Betrachtung an und regelt, dass ein Mangel an einem Rechtsgeschäft (z.B. Unwirksamkeit des Verpflichtungsgeschäfts) nicht den anderen Vertrag berührt. Die beiden Rechtsgeschäfte sind vielmehr voneinander unabhängig, was im „Juristendeutsch“ als „**abstrakt**“ bezeichnet wird.

Beispiel:

Herr Hofbräu sitzt mit Herrn Nüchtern in der Kneipe und beschließt nach dem Genuss einer Unmenge alkoholischer Getränke, sein Auto an Herrn Nüchtern für einen Spottpreis zu verkaufen. Herr Nüchtern, der selbst nichts getrunken hat und völlig klar ist, sieht das als gute Gelegenheit an, lässt Herrn Hofbräu sofort einen Kaufvertrag unterschreiben und gibt ihm auch gleich das Geld.

Als Herr Hofbräu wieder zu Sinnen kommt, ärgert er sich über den Vertrag, denkt aber, nunmehr verpflichtet zu sein, Herrn Nüchtern das Auto zu übereignen, sodass er Herrn Nüchtern einige Tage später Auto, Autopapiere und Schlüssel übergibt. Im Nachhinein stellt sich heraus, dass Herr Hofbräu so sehr betrunken war, dass der Kaufvertrag wegen seiner mangelnden Einsichtsfähigkeit unwirksam war.

Der Kaufvertrag als Verpflichtungsgeschäft hat in diesem Beispiel also einen Mangel: Es ist unwirksam. Das Erfüllungsgeschäft hinsichtlich des Autos hingegen wurde einige Tage später, als Herr Hofbräu nicht mehr betrunken war, vorgenommen und ist also grundsätzlich wirksam (= getrennte Betrachtung der beiden Rechtsgeschäfte nach dem Trennungsprinzip). Das Abstraktionsprinzip besagt nun, dass die Unwirksamkeit des Verpflichtungsgeschäfts nicht auch zur Unwirksamkeit des Erfüllungsgeschäfts führt. Vielmehr gibt es andere rechtliche Konstruktionen, die es Herrn Hofbräu ermöglichen, sein Auto zurückzubekommen, schließlich hat er es übereignet, ohne jemals dazu verpflichtet gewesen zu sein.

Exkurs:

In dem Beispiel gäbe es noch ein weiteres Erfüllungsgeschäft, nämlich die Zahlung des Kaufpreises. Auch hier wird eine Verpflichtung durch Übereignung des Geldes erfüllt.

37 *Lerntipp!*

Das **Abstraktionsprinzip** bedeutet also **Unabhängigkeitsprinzip**, d.h., die getrennt zu betrachtenden Rechtsgeschäfte beeinflussen sich grundsätzlich nicht gegenseitig, sind also voneinander unabhängig.

Der Begriff „Unabhängigkeitsprinzip“ ist aber nicht gebräuchlich, d.h., er dient nur dazu, sich den Inhalt des Abstraktionsprinzips besser zu merken.

38 Dieses Buch konzentriert sich auf das zweite der (mindestens) zwei Rechtsgeschäfte: das Erfüllungs- oder häufig auch Verfügungsgeschäft. Wird nachfolgend von der Bestellung eines Rechts gesprochen handelt es sich um eine **Verfügung** (zum Begriff genauer siehe oben Rdn 21 ff.), z.B. weil das Eigentum oder ein anderes Grundstücksrecht **belastet** wird. Das bedeutet jedoch nicht, dass der erste der (mindestens) zwei Verträge, das Verpflichtungsgeschäft, nicht genauso vorliegen muss.

Beispiel:

Die Nachbarn Lofthans und Einfachjet sind beide begeisterte Modellflieger. Auf dem Grundstück von Herrn Lofthans befindet sich ein Hügel, auf dem besonders gute Windkonditionen herrschen, sodass von dort aus das Modellfliegen besonders gut funktioniert. Sie vereinbaren, dass auch Herr Einfachjet diesen Hügel nutzen darf, wenn er Herrn Lofthans einen einmaligen Geldbetrag entrichtet. Im Gegenzug soll die Befugnis zur Hügelbenutzung in das Grundbuch eingetragen werden.

In diesem Beispiel gibt es ein Verpflichtungsgeschäft, in dem sich Herr Lofthans verpflichtet, das Recht im Grundbuch einzuräumen und Herr Einfachjet, den Geldbetrag zu entrichten.

Daneben gibt es das Erfüllungsgeschäft, mit dem die Bestellung des Rechts im Grundbuch tatsächlich vorgenommen wird durch Einigung und Eintragung über den Rechtsinhalt (= Erfüllung der Verpflichtung das Recht zu bestellen, siehe hierzu nachfolgend § 2 Rdn 79 ff. und 89 ff.).

Zum anderen gibt es das Erfüllungsgeschäft, mit dem die Erfüllung der Zahlungsverpflichtung vorgenommen wird (= Erfüllung der Verpflichtung, die Geldzahlung zu leisten).

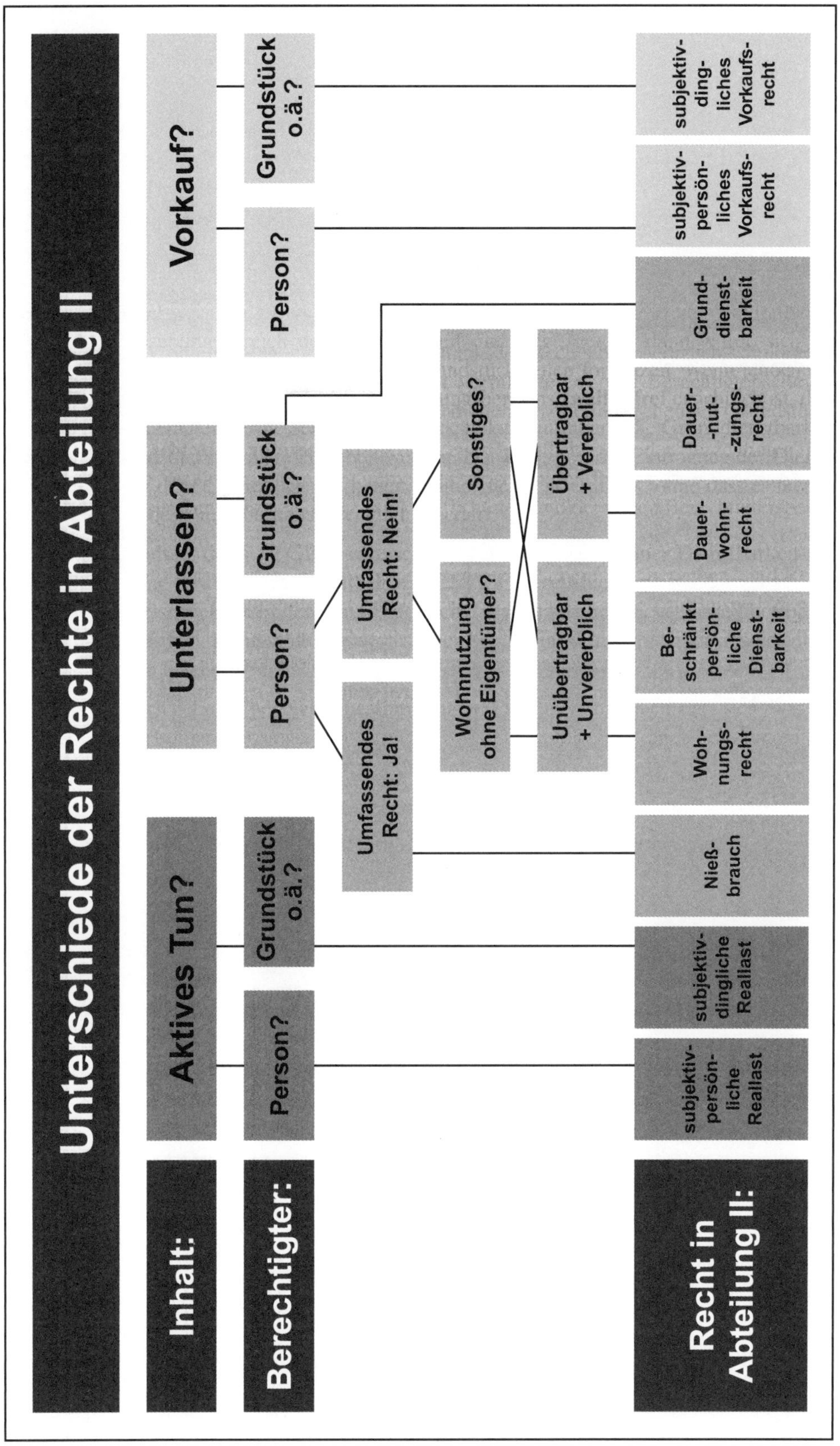
Unterschiede der Rechte in Abteilung II
Inhalt:
Aktives Tun?
Unterlassen?
Vorkauf?
Berechtigter:
Person?
Grundstück o.ä.?
Person?
Grundstück o.ä.?
Person?
Grundstück o.ä.?
Umfassendes Recht: Ja!
Umfassendes Recht: Nein!
Wohnnutzung ohne Eigentümer?
Sonstiges?
Unübertragbar + Unvererblich
Übertragbar + Vererblich
Recht in Abteilung II:
subjektiv-persönliche Reallast
subjektiv-dingliche Reallast
Nießbrauch
Wohnungsrecht
Beschränkt persönliche Dienstbarkeit
Dauerwohnrecht
Dauer-nutzungsrecht
Grunddienstbarkeit
subjektiv-persönliches Vorkaufsrecht
subjektiv-dingliches Vorkaufsrecht

§ 2 Rechte in Abteilung II

A. Dienstbarkeiten (*)

Das BGB kennt drei Formen von Dienstbarkeiten: 1

- die Grunddienstbarkeit (§§ 1018 ff. BGB),
- den Nießbrauch (§§ 1030 ff. BGB) und
- die beschränkt persönliche Dienstbarkeit (§§ 1090 ff. BGB).

Daneben besteht noch das Dauerwohnungs- bzw. Dauernutzungsrecht im Wohnungseigentumsgesetz (§§ 31 ff. WEG).

> *Lerntipp!*
>
> Das Inhaltsverzeichnis des BGB ist ein einfacher Weg, sich zu merken, was alles zu den Dienstbarkeiten zählt. Dort beginnt bei § 1018 BGB der „Abschnitt 4 – Dienstbarkeiten" unterteilt in „Titel 1: Grunddienstbarkeiten", „Titel 2: Nießbrauch" und „Titel 3: Beschränkte persönliche Dienstbarkeiten".
>
> Dies kann im Inhaltsverzeichnis farblich markiert werden.

I. Wie unterscheide ich dieses Recht? (*)

Die drei Formen von Dienstbarkeiten, die das BGB kennt (Grunddienstbarkeit (§§ 1018 ff. 2 BGB), Nießbrauch (§§ 1030 ff. BGB) und beschränkt persönliche Dienstbarkeit (§§ 1090 ff. BGB) unterscheiden sich von anderen, ebenfalls in diesem Buch behandelten dinglichen Rechten in Abt. II in den Merkmalen

- keine primäre Leistungspflicht und
- keine umfassende Nutzung.

1. Keine primäre Leistungspflicht (*)

Wenn ein Recht keine primäre Leistungspflicht auferlegt, bedeutet dies, dass sein **Kern niemals** sein kann, eine **Leistung**, d.h. ein aktives Tun vom Dienstbarkeitsverpflichteten zu verlangen. Die Dienstbarkeit kann ihm **nur das „Nichtstun"** auferlegen, sei es durch eine Duldungs- oder eine Unterlassungspflicht. 3

Ein zulässiger Dienstbarkeitsinhalt wäre also nicht die Verpflichtung, *„Pflanze drei Bäume"*, aber die Verpflichtung *„Dulde, dass eine dritte Person drei Bäume pflanzt"*. Eine **Ausnahme** von diesem Prinzip besteht nur für **Nebenpflichten** (§§ 1021, 1022 BGB), also solche Pflichten die **nicht den Kern** der Dienstbarkeit darstellen und sich somit von der Hauptpflicht – dem Kern der Dienstbarkeit, der nie ein aktives Tun beinhalten kann – unterscheiden.

> *Beispiel:*
>
> Ein Wegerecht ist die Verpflichtung eines Grundstückseigentümers zu dulden, dass Dritte über sein Grundstück gehen oder fahren (= Duldungsverpflichtung, Primärpflicht). Neben der Duldung der Nutzung des Weges ist jedoch auch zu klären, wer sich um die Instandhaltung und Verkehrssicherung des Weges kümmert, z.B. wer Schlaglöcher ausbessert oder im Winter Schnee räumt. Dies ist eine Nebenpflicht, also eine Pflicht, die ohne die Hauptpflicht nicht bestehen würde und diese unterstützt. Die Instandhaltung und Verkehrssicherung des Weges beinhaltet jedoch ein aktives Tun („Schneeräumen") und kann nur als Inhalt der Nebenpflicht Bestandteil einer Dienstbarkeit sein.

Der dargestellte Sachverhalt, dass die Dienstbarkeit als primäre Leistungspflicht kein aktives Tun beinhalten kann, ist der **Hauptunterschied im Vergleich zur Reallast** (siehe hierzu Rdn 293 ff.), die gerade in ihrer primären Leistungspflicht auf ein aktives Tun gerichtet ist.

Diese Unterscheidung zwischen Dienstbarkeit und Reallast ist häufig aber lediglich eine **Frage der geschickten Formulierung**. So kann eine aktive Leistungspflicht wie *„der Eigentümer* 4 *verpflichtet sich, auf dem Grundstück ein Altenheim zu benutzen und zu betreiben*" (nur als Reallast vereinbar) auch in eine Unterlassungspflicht umformuliert werden:

> *Formulierungsbeispiel: Unterlassungspflicht*
>
> Der Eigentümer verpflichtet sich, das Grundstück in keiner anderen Weise zu nutzen, als auf dem Grundstück ein Altenheim zu benutzen und zu betreiben.
>
> (*Als Dienstbarkeit vereinbar*).

Eine Eintragung diesen Inhalts wird häufig erforderlich, um behördliche Auflagen, die in einer Baugenehmigung gemacht werden, dinglich am Grundstück abzusichern.

Diese Absicherung könnte grundsätzlich sowohl durch Eintragung einer Reallast als auch Eintragung einer Dienstbarkeit erfolgen. Wenn das Bauvorhaben, wie häufig, kreditfinanziert ist, können sich jedoch **Vorteile bei der Vereinbarung einer Dienstbarkeit** ergeben. Denn die **Reallast** ist, anders als die Dienstbarkeit, ein **Verwertungsrecht**. Das bedeutet, dass der Inhaber der Reallast in der Zwangsversteigerung genauso wie die finanzierende Bank zu berücksichtigen wäre. Dies führt in der Regel dazu, dass die kreditfinanzierende Bank es nicht wünscht, eine Reallast im Rang vor ihrer Grundschuld eingetragen zu sehen, wohingegen eine Dienstbarkeit häufig im Rang vorgehen darf.

2. Keine umfassende Nutzung (*)

5 **§ 1018 BGB:**

*Ein Grundstück kann (...) in der Weise belastet werden, dass dieser das Grundstück **in einzelnen Beziehungen benutzen** darf oder dass auf dem Grundstück **gewisse Handlungen nicht vorgenommen** werden dürfen oder dass die **Ausübung eines Rechts ausgeschlossen** ist, das sich aus dem Eigentum an dem belasteten Grundstück dem anderen Grundstück gegenüber ergibt (Grunddienstbarkeit).*

6 Nach der gesetzlichen Regelung des § 1018 BGB, kann eine Dienstbarkeit drei unterschiedliche Varianten haben:

- **Variante eins:** einem Berechtigtem zu erlauben, das Grundstück des Verpflichteten in einzelnen Beziehungen zu benutzen (= **Duldung einer Nutzung**);
- **Variante zwei:** dem Verpflichteten zu untersagen, auf dem Grundstück gewisse Handlungen vorzunehmen (= **Unterlassung eines tatsächlichen Tuns**);
- **Variante drei**: dem Verpflichten zu untersagen, auf dem Grundstück ein gewisses Recht auszuüben (= **Ausschluss der Rechtsausübung**).

> *Lerntipp!*
>
> Die oben im Gesetzestext (§ 1018 BGB) vorgenommenen Unterstreichungen dienen als Kommentierungsbeispiele, d.h. als Beispiel, wie Sie in Ihrem Gesetz Unterstreichungen vornehmen könnten. Diese Unterstreichungen sollen Ihnen helfen, die Varianten besser zu verinnerlichen und in der Prüfungssituation besser zu erinnern.

7 Allen diesen drei Varianten ist gemeinsam, dass sie dem Dienstbarkeitsverpflichteten noch einen **gewissen Spielraum belassen**. Wenn der Verpflichtete also eine bestimmte Nutzung dulden muss, so kann er immer noch andere Nutzungen selbst vornehmen. Wenn er ein gewisses tatsächliches Tun unterlassen muss, darf er immer noch andere tatsächliche Handlungen vornehmen, etc.

8 Hier unterscheidet sich die Dienstbarkeit vom Nießbrauch, der nach der gesetzlichen Regelung des § 1030 BGB ein **umfassendes Nutzungsrecht** gewährt.

Exkurs:

Genauer betrachtet, ist der Unterschied aber oftmals nicht so deutlich und war daher schon häufiger Gegenstand gerichtlicher Streitigkeiten. So ist es selten, dass ein Berechtigter wirklich alle denkbaren Nutzungen eines Grundstücks für sich beansprucht. Auch wenn es sich um einen umfangreichen Nutzer handelt, würde dieser in der Regel auch nur viele Nutzungen, nicht jedoch absolut alle wünschen. Ist dies der Fall, wäre es ebenfalls denkbar, **statt ein umfassendes Nutzungsrecht** wie den Nießbrauch zu vereinbaren, **jede einzelne gewünschte Nutzung** (auch wenn es viele sind) **aufzuzählen**. Dies wäre ein zulässiger Inhalt einer Dienstbarkeit.

Diese Variante kann **bei kreditbelasteten Grundstücken relevant** werden: Nach den Belastungsrichtlinien einer finanzierenden Bank darf ein Nießbrauch in der Regel nicht dem Finanzierungsgrundpfandrecht im Rang vorgehen. Bei einer so gestalteten Dienstbarkeit (oder Dienstbarkeiten) bestünde aber die Chance, die erste Rangstelle zu erhalten.

Das Abgrenzungsmerkmal „*keine umfassende Nutzung*" könnte als Kehrseite auch anders formuliert werden als „*kein vollständiger Ausschluss des Eigentümers*": Schließlich ist es denklogisch nicht möglich, dass ein Eigentümer von jeglicher Nutzung ausgeschlossen ist, wenn ihm noch Nutzungen verbleiben. 9

Zu beachten ist, dass das Merkmal **keine umfassende Nutzung/kein vollständiger Ausschluss des Eigentümers** weit interpretiert wird, was aber auch immer einmal wieder zu Streitigkeiten vor den Gerichten führt: So reicht es nach der herrschenden Meinung (also der überwiegend in der Literatur oder der Rechtsprechung vertretenen Meinung) für die Erfüllung dieses Merkmals bereits aus, wenn dem verpflichteten Eigentümer eine lediglich theoretische Nutzungsmöglichkeit verbleibt. Es soll also nicht erforderlich sein, dass ihm noch eine echte, wirtschaftlich sinnvolle Nutzungsmöglichkeit zusteht. Diese Meinung ist jedoch nicht unbestritten (d.h., der Grundsatz wird nicht immer von jedem Gericht anerkannt). 10

Praxistipp:

In einem solchen Fall ist es also sinnvoll, entweder die genau geplante Gestaltung im Vorfeld mit dem zuständigen Grundbuchamt zu klären und die dort praktizierte rechtliche Praxis zu erfragen oder von vorneherein auf alternative Gestaltungen, so möglich, auszuweichen.

II. Grunddienstbarkeit (*)

▼ 11

Muster 2.1: Beispiel Geh- und Fahrtrecht

Dionysios Zauderbein, geb. am 15.2.1975, (nachfolgend „Grundstückseigentümer")

belastet den im **Grundbuch des Amtsgerichts Olympdorf** Blatt 25 vorgetragenen Grundbesitz der Gemarkung Olympdorf, Flurstück-Nummer 18 (= *hier zeigt sich der Spezialitäts- und Bestimmtheitsgrundsatz durch genaue Bezeichnung der Grundbuchstellen, siehe* § 1 Rdn 29 ff.) (nachfolgend „Belastungsgegenstand")

zugunsten

des jeweiligen Eigentümers des im Grundbuch des Amtsgerichts Olympdorf Blatt 24, vorgetragenen Grundbesitzes der Gemarkung Olympdorf, Flurstück-Nummer 17, (nachfolgend „Berechtigter")

wie folgt:

Der Grundstückseigentümer räumt dem Berechtigten auf Dauer das Recht ein, die auf einer Breite von 4 Metern parallel zur gesamten Westseite des Belastungsgegenstands auf diesem verlaufende, befestigte Fläche, zum **Fahren und zum Gehen**, insbesondere zum Rangieren mit landwirtschaftlichen Maschinen zu benutzen (= *Festlegung der Duldung der Nutzung in einzelnen Beziehungen, hier: Fahren und Gehen u.a., siehe* Rdn 21 f.). Das Abstellen und Lagern von Gegenständen und Fahrzeugen aller Art ist dem Berechtigten nicht gestattet, außer zum vorübergehenden Ein- und Aussteigen sowie Be- und Entladen. Das Fahren ist nur mit **landwirtschaftlichen Fahrzeugen aller Art** (= *Festlegung eines sachlichen Ausübungs-*

bereichs, hier: Fahren nur mit landwirtschaftlichen Fahrzeugen, siehe Rdn 49 ff.) gestattet. Die betroffene Fläche ist im anliegenden Lageplan, auf den verwiesen wird, rot gekennzeichnet.

(*Alternativ bei Beurkundung*: Der Lageplan wurde den Beteiligten zur Durchsicht vorgelegt und von ihnen genehmigt.)

Die Ausübung des Geh- und Fahrtrechts ist auf die im Lageplan **eingezeichnete Fläche beschränkt** (= *Festlegung eines örtlich beschränkten Ausübungsbereichs, siehe* Rdn 30 ff.).

Der Grundstückseigentümer ist zur **Mitbenutzung** der dem Geh- und Fahrtrecht unterliegenden Fläche berechtigt (= *Regelung der Mitbenutzung durch den Eigentümer des dienenden Grundstücks, siehe* Rdn 52 ff.).

Die **Unterhaltung und die Verkehrssicherungspflicht** (= *Regelung der Nebenpflichten, siehe* Rdn 65 ff.) für die dem Geh- und Fahrtrecht unterliegende Fläche, einschließlich der Pflicht, die Fläche zu reinigen, übernehmen der Grundstückseigentümer und der Berechtigte zu gleichen Teilen. Hierfür anfallende Kosten sind im gleichen Verhältnis zu tragen.

Es wird **bewilligt und beantragt**, (= *formell-rechtliche/grundbuchrechtliche Erklärungen, siehe* Rdn 89 ff.)

a) am Belastungsgegenstand eine Grunddienstbarkeit (Geh- und Fahrtrecht) für den Berechtigten mit dem vorstehenden Inhalt an erster **Rangstelle** einzutragen, (= *Rangbestimmung, siehe* Rdn 101 ff.)
b) alle zur Herstellung dieser Rangstelle zweckdienlichen Löschungen, **Rangrücktritte** und Freigaben zu vollziehen (= *Regelungen zur Erlangung der Rangstelle, insbesondere Rangrücktritte, siehe* Rdn 101 ff.) und
c) das Recht bei dem berechtigten Grundstück zu **vermerken**. (= *Festlegung eines Herrschvermerks, siehe* Rdn 93 ff.)

Die Eintragung an vorerst nächstoffener Rangstelle ist zulässig.

Die Kosten der Eintragung trägt ______.

▲

12 **§ 1018 BGB:**

Ein Grundstück kann zugunsten ***des jeweiligen Eigentümers eines anderen Grundstücks*** *in der Weise belastet werden, dass dieser das Grundstück in einzelnen Beziehungen benutzen darf oder dass auf dem Grundstück gewisse Handlungen nicht vorgenommen werden dürfen oder dass die Ausübung eines Rechts ausgeschlossen ist, das sich aus dem Eigentum an dem belasteten Grundstück dem anderen Grundstück gegenüber ergibt (Grunddienstbarkeit).*

1. Allgemeines (*)

13 Eine Grunddienstbarkeit ist, wie der Name und die erste obige Unterstreichung zeigen, ein **mit Grundbesitz verknüpftes Recht**. Es steht, anders als die beschränkt persönliche Dienstbarkeit, nicht einer bestimmten Person zu, sondern „*dem jeweiligen Eigentümer eines anderen Grundstücks*", also **jedem, der Eigentümer des berechtigten Grundstücks** ist (zu Ausnahmen siehe die Ausführungen zu den Berechtigten der Grunddienstbarkeit in Rdn 146 ff.). Ein wesentliches Merkmal der Grunddienstbarkeit ist somit, dass diese **dem berechtigten Grundstück zugeordnet** ist. Eine Person erhält nur solange die Vorteile der Dienstbarkeit, wie sie Eigentümer des Grundstücks ist, an dem die Dienstbarkeit hängt. Veräußert die Person das berechtigte Grundstück, erhält der Erwerber des berechtigten Grundstücks fortan die Rechte aus der Grunddienstbarkeit.

14 Welche **Berechtigungen** durch Grunddienstbarkeiten einem Grundstück zustehen, ist nicht immer einfach herauszufinden, da die Berechtigung nicht im Grundbuch des berechtigten (des sog. **herrschenden Grundstücks**) Grundstücks eingetragen werden muss, sondern nur eingetragen werden kann. Erfolgt eine solche Eintragung (ein sog. **Aktivvermerk** oder auch **Herrschvermerk**), so ist sie im Bestandsverzeichnis des Grundbuchs bei der laufenden Nummer des Grundstücks mit der Bezeichnung „zu 1", wobei die Zahl die laufende Nummer des Grundstücks ist, gebucht.

Von der Grunddienstbarkeit **belastet** wird ebenfalls **Grundbesitz**. Dies ist jedoch keine Besonderheit der Grunddienstbarkeit, sondern allen Rechten in Abt. II gleich: Sie sind Belastungen von Grundstücken und als solche in Abt. II des Grundstücks (Überschrift: „*Lasten und Beschränkungen*") einzutragen. Verpflichteter des Rechts ist also analog zur Berechtigung grundsätzlich immer der **jeweilige Eigentümer** des verpflichteten Grundstücks (zu Details und Ausnahmen siehe Rdn 119 ff.). 15

Ob ein Grundstück belastet ist, wiegt für die betroffenen Eigentümer in der Regel schwerer als die Frage, ob es berechtigt ist. Daher und wegen des **Publizitätsgrundsatzes** ist die Belastung eines Grundstücks mit einer Grunddienstbarkeit **immer im Grundbuch eingetragen**. Zudem entstehen Grunddienstbarkeiten rechtlich erst, wenn sie neben weiteren Voraussetzungen im Grundbuch eingetragen sind (dazu unten in Rdn 79 ff. mehr).

Grunddienstbarkeiten schaffen „ewiges Recht", da sie nach ihrer Eintragung prinzipiell auf Ewigkeit bestehen bleiben können, weil berechtigte Grundstücke (sog. **herrschende Grundstücke**) anders als z.B. natürliche Personen bei der beschränkt persönlichen Dienstbarkeit nicht versterben, also auch ewig bestehen können. 16

Selbstverständlich ist es immer der Anspruch in der notariellen Praxis so präzise Regelungen wie irgend möglich zu schaffen. Bei potenziell ewigen Rechten ist dies aber natürlich von besonderer Wichtigkeit, da sich vielleicht in hundert Jahren Menschen den Kopf zerbrechen, wie eine Regelung gemeint war.

> *Praxistipp:*
>
> Es ist also genau darauf zu achten, dass die Regelungen **klar und bestimmt** sind. Zudem können vorsorglich Regelungen aufgenommen werden, die eine **Anpassung** ermöglichen, da es nicht möglich ist, einen potenziell ewigen Zeitraum im Vorhinein zu überblicken.

2. Die Beteiligten wollen eine Grunddienstbarkeit bestellen – was tun? (*)

> *Fallbeispiel:* 17
>
> Ein Ehepaar erscheint unangemeldet im Notariat und erklärt, dass sie ihrem Nachbarn gerne die Zufahrt auf sein Grundstück über ihr Grundstück erlauben möchten. Sie würden gerne hierzu beraten werden.
>
> Der Notar ist auf einem Auswärtstermin.

Die Grunddienstbarkeit ist ein **dingliches Recht**. Sie ist von jedermann (= Absolutheitsgrundsatz) zu beachten und besteht im Grundsatz dauerhaft. Ein Zufahrtsweg ist ebenfalls auf Dauer angelegt und soll einem unbestimmten Personenkreis (z.B.: Nachbar, Freunde des Nachbarn, Postbote etc.) offenstehen. Eine Dienstbarkeit wäre für das Anliegen der Beteiligten folglich geeignet. Sie bieten den Beteiligten eine Beratung an.

In dieser Situation sind die folgenden Schritte zu durchlaufen: 18

- **Gedankliche Vorüberlegung: Ist eine einseitige Besprechung in Ordnung?** Der Notar hat, anders als der Rechtsanwalt, der die Interessen seines Mandanten wahrnehmen soll, **unabhängig und neutral** zu sein. Um eine gleichberechtigte Beratung der Beteiligten sicherzustellen, ist daher in der Regel auf eine **gemeinsame Besprechung** mit allen Beteiligten (Berechtigten und Verpflichteten eines Rechts) hinzuwirken. Dienstbarkeiten können jedoch, wenn sie nicht im Rahmen einer Beurkundung bestellt werden, nur durch notarielle Beglaubigung der Unterschrift der Verpflichteten, also **ohne Teilnahme der Berechtigten am notariellen Termin**, ins Grundbuch eingetragen werden. In so einem Fall ist häufig aus Vereinfachungs- und Kostengründen von Seiten der Beteiligten die Anwesenheit der Berechtigten nicht gewünscht. Würden diese Wünsche einer unabhängigen und neutralen Behandlung der Beteiligten entgegenstehen, wären sie abzulehnen und eine gemeinsame Besprechung zu verlangen. Im konkreten Fall sind jedoch die Verpflichteten, d.h. die Personen, die aus der Dienstbarkeitsbestellung einen Nachteil haben und somit naturgemäß höheren Beratungsbedarf haben, anwesend. Zudem sind keine Konflikte zwischen den Beteiligten ersichtlich. Eine einseitige Beratung ist daher vertretbar.

- **Notar oder erfahrenen Mitarbeiter hinzuziehen:** Die Beratung ist Aufgabe des Notars. Im Rahmen der Büroorganisation mag Ihr Notar im Einzelfall Beratungen auch Mitarbeitern übertragen haben; für die Rechtssuchenden muss jedoch immer die Möglichkeit bestehen, auch den Notar direkt zu sprechen. Ist der Notar vor Ort, sollten Sie, vorbehaltlich einer anderweitigen Anweisung, keinesfalls selbstständig beraten, sondern Ihren Notar hinzuziehen. Da Ihr Notar nicht immer Zeit haben wird, weil er sich z.B. gerade in der Beurkundung befindet oder abwesend ist, ist es bei komplexeren Angelegenheiten empfehlenswert, mit den Beteiligten einen Besprechungstermin zu einem anderen Zeitpunkt zu vereinbaren. Ist der Notar wie im gewählten Beispiel abwesend, die Vereinbarung eines weiteren Besprechungstermins aber nicht zwingend erforderlich, sollten Sie einen erfahrenen Mitarbeiter hinzubitten.

  Viele der nachfolgend dargestellten Schritte werden somit Ihr Notar oder ein erfahrener Mitarbeiter vornehmen. Trotzdem sind sie Teil dieses Buches, da Ihre Ausbildung natürlich dem Ziel dient, eines Tages selbst Teile oder alle dieser Aufgaben übernehmen zu können.
- **Unterlagen vorbereiten:** Sie sollten zur Vorbereitung der Besprechung eine **Grundbucheinsicht** sowohl des Grundstücks, das belastet werden soll (= dienendes Grundstück) als auch des Grundstücks, das berechtigt sein soll (= herrschendes Grundstück) vornehmen und einen **amtlichen Lageplan** des zu belastenden Grundstücks anfordern. Die Grundbucheinsichten dienen dazu, die Eintragungen am Belastungsgegenstand beurteilen zu können, in der Besprechung Aussagen zum Rangverhältnis am Belastungsgegenstand machen zu können und um Verwechslungen hinsichtlich des herrschenden Grundstücks auszuschließen. Mithilfe des amtlichen Lageplans können die Beteiligten in der Besprechung genau den Ausübungsbereich des beabsichtigten Rechts einzeichnen. Dieser Lageplan mit Einzeichnung kann später zur Bestimmung des Ausübungsbereichs, neben einer sprachlichen Beschreibung in der Dienstbarkeitsurkunde, mit der Dienstbarkeitsbestellungsurkunde verbunden werden. Die Dienstbarkeit wird auf dem belasteten Grundstück im Grundbuch eingetragen. Es ist also wichtig, die bereits im Grundbuch eingetragenen Belastungen dieses Grundstücks zu kennen, da nur so geklärt werden kann, wie der gewünschte Rang des Rechts erreicht werden kann.

  > *Praxistipp:*
  >
  > Die Beteiligten sollten immer kurz informiert werden, dass Grundbucheinsicht und Lageplanabruf **Kosten auslösen**. Wenn die Beteiligten den Eindruck machen, sie wollen sich erst noch „ganz generell" informieren, ist es vertretbar, auf den Lageplan zu verzichten. Ohne die Grundbucheinsichten hingegen wird eine Beratung am konkreten Einzelfall schwierig. Möchte man trotzdem bereits eine Übersichtskarte vorlegen, kann man im Portal zum Abruf des Lageplanes auch eine kostenlose Vorschaukarte anzeigen lassen und diese ausdrucken. Sie ist kein amtlicher Lageplan und auch nicht so gut aufgelöst wie der amtliche Lageplan, aber sie ermöglicht einen ersten Blick auf die Grundstücksverhältnisse.

- **Gewünschtes Recht erfragen:** Den Beteiligten sind die juristischen Begriffe wie „Dienstbarkeit" nicht geläufig. Im Gespräch ist daher zu erfragen, welches Recht die Beteiligten tatsächlich wünschen. Hierzu werden die in diesem Buch jeweils unter „*Wie unterscheide ich dieses Recht?*" oder „*Allgemein*" dargestellten Abgrenzungskriterien abgefragt:
  - **Nichtstun** (Dienstbarkeit) oder **aktives Tun** des Verpflichteten gewünscht (Reallast)? Hier: Es soll lediglich der Weg zur Verfügung gestellt werden, über den der Nachbar fahren können soll. Es ist somit die Duldung einer Nutzung gewünscht.
  - **Umfassendes Nutzungsrecht** (Nießbrauch) oder **Nutzung in einzelnen Aspekten** (Dienstbarkeit) gewünscht? Hier: Ein Teil des Grundstücks des Ehepaars soll als Zu-

fahrt verwendet werden, nicht aber z.B. bebaut oder bepflanzt werden. Es ist also nur eine von vielen Grundstücksnutzungen als Rechtsinhalt beabsichtigt.
  - Soll der **jeweilige Eigentümer berechtigt** sein (Grunddienstbarkeit) oder soll nur **eine bestimmte Person** berechtigt sein (beschränkt persönliche Dienstbarkeit)? Hier: Bei einem Zufahrtsrecht ist in der Regel gewünscht, dass die Zufahrt, auch wenn der Nachbar das Grundstück einmal veräußern sollte, vom neuen Erwerber ebenso benutzt werden kann. In diesem Fall darf die Berechtigung also nicht dem Nachbarn als Person zustehen, sondern muss mit dem Eigentum verknüpft werden.
- **Genauen Inhalt des Rechts erfragen:** Eine Grunddienstbarkeit beinhaltet neben der **Hauptpflicht** („*Nutzung als Weg*") auch viele **Nebenpunkte,** die (in der Regel im sog. Begleitschuldverhältnis) geregelt werden müssen. Einen abschließenden Fragenkatalog hierfür zu erarbeiten, ist aufgrund der Vielzahl der möglichen Nutzungen natürlich nicht möglich. Empfehlenswert ist, die Beteiligten berichten zu lassen, wie sie sich das Rechtsverhältnis vorstellen und hieraus Anhaltspunkte für die Ausgestaltung zu gewinnen. Wichtige Punkte, die, falls sie die Beteiligten nicht selbst aufbringen, im Übrigen angesprochen werden sollten, sind:
  - **Mitbenutzung**: Soll die Nutzung dem Berechtigten allein zustehen oder darf der Verpflichtete mitbenutzen?
  - **Instandhaltung**: Wer bessert den Weg aus?
  - **Verkehrssicherungspflicht**: Wer kümmert sich, dass der Weg sicher ist, d.h. z.B., wer räumt die vielen rutschigen Bananenschalen weg?
  - **Kostentragung**: Wenn Instandhaltung und Verkehrssicherung etwas kosten, wer trägt die Kosten? Falls mehrere, in welchem Verhältnis?
  - **Beendigung**: Sollen Regelungen für den Wegfall des Rechts aufgenommen werden, z.B. Verpflichtung zur Aufhebung des Rechts für den Fall, dass die Zufahrt über eine öffentliche Straße möglich wird?

3. Inhalt der Grunddienstbarkeit (*)

Eine Grunddienstbarkeit ist eine Dienstbarkeit, sie kann also den Inhalt einer Dienstbarkeit 19
haben. Man unterscheidet drei Kategorien:

- **Variante eins:** einem Berechtigten zu erlauben, das Grundstück des Verpflichteten in einzelnen Beziehungen zu benutzen (= **Duldung einer Nutzung**);
- **Variante zwei:** dem Verpflichteten zu untersagen, auf dem Grundstück gewisse Handlungen vorzunehmen (= **Unterlassung eines tatsächlichen Tuns**);
- **Variante drei**: dem Verpflichten zu untersagen, auf dem Grundstück ein gewisses Recht, das das Grundstück gewährt, auszuüben (= **Unterlassung der Rechtsausübung**).

Aufgrund des Typenzwangs des Sachenrechts können auch nur diese Kategorien Inhalt einer 20
Grunddienstbarkeit sein. Eine Tätigkeit, die nicht zu diesen Kategorien zählt, kann also nicht Inhalt einer Grunddienstbarkeit sein. Wird dieser „falsche Inhalt" trotzdem in der Bestellungsurkunde einer Grunddienstbarkeit vereinbart, ist die Urkunde falsch und die Eintragung der falschen Grunddienstbarkeit wird vom Grundbuchamt zurückgewiesen werden.

Es ist somit für die notarielle Praxis von großer Bedeutung, die Merkmale der einzelnen Kategorien zu kennen. Allerdings muss eine Dienstbarkeit nicht nur einer dieser Kategorien zugeordnet werden. Es ist der Regelfall, dass der Inhalt einer Dienstbarkeit mehrere dieser Kategorien kombiniert:

> *Beispiel:*
>
> Der Nachbar A (= der Berechtigte) möchte seine Wasserleitung durch das Grundstück des Nachbarn B (= der Verpflichtete) verlegen. Um sicherzustellen, dass die Wasserleitung unbeschädigt und funktionstüchtig bleibt, soll zudem die Stelle, an der sie verläuft, nicht bebaut werden.

Nachbar A muss also zum einen die Nutzung seines Grundstücks durch die Wasserleitung dulden (Leitungsrecht, Variante 1) und gleichzeitig unterlassen, einen bestimmten Teil seines Grundstücks zu bebauen (Pflicht zur Unterlassung eines tatsächlichen Tuns, Variante 2).

a) Duldung der Nutzung in einzelnen Beziehungen (*)

21 Eine Grunddienstbarkeit, die die Duldung einer Nutzung durch den Berechtigten zum Inhalt hat, ist die bei weitem **häufigste Form der Grunddienstbarkeit**. Eine Nutzung im Sinne der Vorschrift des § 1018 BGB ist jeder Gebrauch, der nicht nur einmalig erfolgt.[1] Die Nutzung muss jedoch eine tatsächliche und keine rein rechtliche Nutzung sein. Eine Grunddienstbarkeit, die den jeweiligen Eigentümern des Nachbargrundstücks die **Vermietung** eines Gebäudes auf dem dienenden Grundstück erlaubt, wäre somit unzulässig, da es sich um eine rechtliche Nutzung handelt. Eine Grunddienstbarkeit, die die **Gebäudenutzung** erlaubt, wäre jedoch zulässig.

Das Beispiel zeigt, dass diese Abgrenzung häufig eher eine Frage der richtigen Formulierung ist.

22 Die dem Berechtigten der Grunddienstbarkeit gewährte Nutzung darf ferner nur eine **Nutzung in einzelnen Beziehungen** sein. Hier findet sich also wieder der Anknüpfungspunkt zur Abgrenzung zum Nießbrauch. *„In einzelnen Beziehungen"* bedeutet nicht, dass **nur eine Nutzung** zulässig wäre. **Mehrere Nutzungen** können ebenfalls tauglicher Inhalt einer Grunddienstbarkeit sein, **nicht** jedoch **alle.** Beispielsweise wurde die Formulierung *„beliebige Nutzung"* als Inhalt einer Grunddienstbarkeit abgelehnt.[2]

Beispiele:

Geh- und Fahrtrecht, Leitungsrecht, Brunnennutzungsrecht.

b) Unterlassung eines tatsächlichen Tuns (*)

23 Ein Eigentümer darf auf einem Grundstück **im Rahmen der Gesetze** alles tun und lassen, was er möchte. Enthält die Dienstbarkeit eine Unterlassungspflicht, ist der Eigentümer verpflichtet, ein tatsächliches Tun, das er nach diesem Prinzip eigentlich vornehmen dürfte, nicht vorzunehmen. Die rechtliche Verfügungsfreiheit über das Grundstück kann dem Eigentümer jedoch nicht verboten werden, d.h., auch hier ist es nicht möglich, als Inhalt der Grunddienstbarkeit zu vereinbaren, dass der Eigentümer ein „rechtliches Tun" wie z.B. die Vermietung oder die Aufteilung in Wohnungseigentum unterlassen soll.

Die Unterlassungspflicht kann sowohl **sichtbare als auch unsichtbare** Nutzungen umfassen. Sie kann z.B. darauf gerichtet sein, eine Fläche nicht zu bebauen.

Beispiele:

Abstandsflächendienstbarkeit, Ausgleichsflächendienstbarkeit.

c) Ausschluss der Rechtsausübung (*)

24 In dieser Kategorie verpflichtet die Grunddienstbarkeit den Eigentümer des belasteten Grundstücks entweder dazu, ein positives Recht, das ihm sein Grundstück gegenüber dem berechtigten Grundstück gewährt, nicht auszuüben oder von einem Abwehrrecht, das ihm sein Grundstück gegen das berechtigte Grundstück gewährt, keinen Gebrauch zu machen.

Beispiel: Immissionsduldung

Eine Immission ist Lärm, Geruch, Staub oder eine sonstige Einwirkung. Für solche Einwirkungen definiert das Gesetz Grenzwerte. Unter dem Grenzwert ist die Einwirkung erlaubt (= **positives Recht**, das das Grundstück gegenüber dem berechtigten Grundstück ge-

1 Grüneberg/*Herrler*, § 1018 BGB Rn 14.
2 MüKo-BGB/*Mohr* § 1018 BGB Rn. 31.

währt), über dem Grenzwert ist die Einwirkung verboten und der von der Einwirkung Betroffene kann gegen den Einwirkenden einen Abwehranspruch geltend machen (= **Abwehrrecht**, das ihm sein Grundstück gegen das berechtigte Grundstück gewährt).

Mithilfe der Dienstbarkeit kann nun geregelt werden, dass eine dem Eigentümer eigentlich erlaubte Geruchseinwirkung auch nicht mehr zulässig ist (= Verbot der Ausübung eines positiven Rechts), d.h., die **Grenzwerte werden verschärft**. Oder es kann geregelt werden, dass der Eigentümer, auch wenn er ein Abwehrrecht hätte, weil der Berechtigte die Grenzwerte überschreitet, von diesem keinen Gebrauch macht (= Verbot der Ausübung eines Abwehrrechts), d.h., die **Grenzwerte werden abgeschwächt**.

Nur die Ausübung eines **Rechts, dass das Grundstück gewährt**, kann als zulässiger Inhalt einer Grunddienstbarkeit untersagt werden. Die Untersagung der Ausübung vertraglicher Rechte des verpflichteten Eigentümers kann nicht tauglicher Inhalt einer Dienstbarkeit sein. Auch hier spiegelt sich die Abgrenzung zwischen den „tatsächlichen“ (bzw. aus dem Grundstück entstehenden) und den „rechtlichen“ (bzw. in diesem Fall „vertraglichen“, „nicht aus dem Grundstück entstehenden“) Nutzungen. 25

Die Frage, was genau noch tauglicher Inhalt einer Grunddienstbarkeit ist, die auf den Ausschluss eines Rechts gerichtet ist, kann im Einzelfall sehr schwierig sein. Hilfreich ist, sich Fallgruppen zu merken: Rechte und Ansprüche aus 26

- dem **Immissionsrecht**,
- dem **Nachbarrecht**,
- dem **Bergbaurecht** und
- (teilweise) dem **öffentlichen Baurecht**

können tauglicher Dienstbarkeitsinhalt sein.

d) Gewährung eines Vorteils durch die Grunddienstbarkeit, § 1019 BGB (*)

§ 1019 S. 1 BGB: 27

Eine Grunddienstbarkeit kann nur in einer Belastung bestehen, die für die Benutzung des Grundstücks des Berechtigten Vorteil bietet. (…)

Eine Regelung, die tauglicher Inhalt einer Grunddienstbarkeit sein soll, muss nicht nur eine der drei Kategorien siehe Rdn 21–26 erfüllen. Die Nutzung, Unterlassung oder der Rechtsausschluss muss dem Berechtigten auch **irgendeinen Vorteil** gewähren. Die Art des Vorteils ist gleich: Es kann ein materieller Vorteil („*Profit*“), ein immaterieller Vorteil („*Erhalten des freien Ausblicks*“), ein privater oder öffentlicher Vorteil etc. sein. 28

Das Fehlen dieses Merkmals ist selten, da bereits irgendein Vorteil ausreicht. Denkbar ist ein späteres Wegfallen, wenn die Dienstbarkeit dem berechtigten Grundstück **sicher** weder **aktuell noch in Zukunft** Vorteile bringt. 29

Beispiel:

Eine Dienstbarkeit, die untersagt, einen Wald abzuholzen, wenn kein Wald mehr besteht und die ganze Fläche so bebaut ist, dass auch nach menschlichem Ermessen kein Wald mehr entstehen kann.

e) Örtlicher Ausübungsbereich (*)

aa) Unterscheide: Ausübungsbereich und Belastungsgegenstand (*)

Wenn man verstehen möchte, was der Ausübungsbereich einer Dienstbarkeit genau bedeutet, ist es wichtig, ihn vom Belastungsgegenstand zu unterscheiden. 30

Der **Belastungsgegenstand** ist das Grundstück, der Grundstücksteil**,** das Sondereigentum oder das grundstücksgleiche Recht (z.B. Erbbaurecht, dazu unter Rdn 119 ff., insb. Rdn 141 ff. mehr), das mit der Dienstbarkeit belastet ist. Die Belastung ergibt sich u.a. durch die Eintragung im Grundbuch, sodass Belastungsgegenstand (mit einer Ausnahme, § 7 Abs. 2 GBO) **grundsätzlich nur** sein kann, **was** ohne weitere Schritte wie z.B. Vermessung **unter einer eige-**

nen laufenden Nummer im Bestandsverzeichnis des Grundbuchs eingetragen sein kann. Für ein Grundstück oder grundstücksgleiches Recht ist dies unproblematisch, da sie im Bestandsverzeichnis verzeichnet sein können. Ein Grundstücksteil hingegen kann nur im Bestandsverzeichnis eingetragen sein, wenn er selbstständig vermessen ist (§ 7 Abs. 1 GBO).

Der **Ausübungsbereich** hingegen bestimmt, wo auf dem Belastungsgegenstand die Ausübung der Dienstbarkeit erfolgen darf. Wenn keine Regelung zum Ausübungsbereich getroffen ist und sich auch kein Ausübungsbereich aus der tatsächlichen Nutzung der Dienstbarkeit ableiten lässt, entspricht der Ausübungsbereich dem gesamten Belastungsgegenstand. Ist hingegen eine solche Regelung getroffen, oder ergibt sich ein Ausübungsbereich aus der Nutzung, so kann die Dienstbarkeit nicht mehr auf dem gesamten Belastungsgegenstand, sondern nur mehr auf der Teilfläche des Belastungsgegenstandes ausgeübt werden, die vom Ausübungsbereich erfasst ist. Diese Teilfläche muss, weil sie gerade nicht Belastungsgegenstand ist, nicht vermessen sein. Der **Ausübungsbereich** kann also auch **Flächen** umfassen, die ohne weitere Maßnahmen wie die Vermessung **nicht im Bestandsverzeichnis** eingetragen werden könnten (und nicht von der Ausnahme des § 7 Abs. 2 GBO erfasst sind).

31 *Lernzusammenfassung:*

Grundsätzlich kann nur das, was ohne weitere Schritte unter einer eigenen laufenden Nummer im Grundbuch im Bestandsverzeichnis eingetragen sein kann (Ausnahme: § 7 Abs. 2 GBO), Belastungsgegenstand sein.

Der Ausübungsbereich hingegen kann dem Belastungsgegenstand entsprechen oder eine kleinere Teilfläche dessen erfassen, die (aktuell), weil sie z.B. unvermessen ist, nicht im Bestandsverzeichnis eingetragen sein könnte.

32 *Beispiel:*

Ein Ehepaar möchte einen 100 m breiten Streifen an der Ostgrenze seines Grundstücks dem jeweiligen Nachbarn als Wendefläche für seine landwirtschaftlichen Maschinen zur Verfügung stellen.

Ihnen ist wichtig, dass nur diese Fläche genutzt wird und keine weitere.

Der Wunsch kann durch eine Grunddienstbarkeit zugunsten des Nachbargrundstücks umgesetzt werden. Um die Beschränkung auf den 100 m breiten Streifen an der Ostgrenze des Grundstücks zu erreichen, gibt es zwei Möglichkeiten:

- **Entweder: Wahl lediglich eines Grundstücksteils als Belastungsgegenstand:** In diesem Fall müsste der 100 m breite Streifen, wenn nicht die Ausnahme des § 7 Abs. 2 GBO greift, vermessen und im Grundbuch als selbstständiges Grundstück (d.h. unter einer eigenen laufenden Nummer im Bestandsverzeichnis) eingetragen werden. Dieses könnte sodann mit der Dienstbarkeit ohne Bestimmung eines weiteren Ausübungsbereichs belastet werden, d.h. der Ausübungsbereich der Dienstbarkeit entspräche dem Umfang des Belastungsgegenstandes.
- **Oder: Belastung des gesamten Grundstücks mit Beschränkung des Ausübungsbereichs auf den 100 m breiten Streifen an der Ostgrenze:** In diesem Fall kann das existierende Grundstück mit der Grunddienstbarkeit belastet werden, ohne dass eine weitere Vermessung notwendig ist. Zur Bestimmung des Ausübungsbereichs reicht aus, diesen textuell in der Dienstbarkeitsurkunde zu beschreiben und/oder einen Lageplan, aus dem der Ausübungsbereich eindeutig ersichtlich ist, der Dienstbarkeitsbestellungsurkunde beizufügen.

33 Ein wesentlicher Unterschied zwischen dem Belastungsgegenstand „Grundstücksteil“ und dem Belastungsgegenstand „ganzes Grundstück“ mit beschränktem Ausübungsbereich ist also, dass man sich bei der zweiten Variante die **Vermessung und ihre Kosten spart**. Ferner ist ausgeschlossen, mit dem Grundbuchamt über das Merkmal der „Verwirrung“ diskutieren zu müssen (siehe hierzu die nachfolgenden Ausführungen in Rdn 36 ff.).

bb) Belastungsgegenstand = Ausübungsbereich (*)

Der Ausübungsbereich kann mit den Grenzen des Belastungsgegenstandes identisch sein. Er kann diese Grenzen aber nicht überschreiten. Der Ausübungsbereich ist jedoch nur dann mit dem Belastungsgegenstand identisch, wenn 34

- **keine** anfängliche oder nachträgliche **Festlegung des Ausübungsbereichs** in der Dienstbarkeitsbestellungs- oder einer Nachtragsurkunde erfolgt ist,
- sich **keine Bestimmung** des Ausübungsbereichs **aus der tatsächlichen Nutzung** der Dienstbarkeit durch den Berechtigten ergibt,
- sich auch **keine anderen Abreden** über den Ausübungsbereich feststellen lassen, die nicht Inhalt der Dienstbarkeitsbestellungs- oder Nachtragsurkunde sind.

Häufig wird daher ein örtlicher Ausübungsbereich, der die Grenzen des Belastungsgegenstandes unterschreitet, bestimmt sein. Die Pflicht, eine solche Bestimmung vorzunehmen gibt es jedoch nicht.[3]

cc) (Ursprünglicher) Belastungsgegenstand > Ausübungsbereich (*)

Die weitaus häufigere Variante ist daher, dass der Ausübungsbereich die Grenzen des zu belastenden Grundstücks unterschreitet und eine Beschränkung auf eine Teilfläche des Grundstücks auch vorgenommen werden soll. Dies kann wie unter Rdn 32 im Beispiel gezeigt, auf zwei Wegen erfolgen: 35

- „Zuschneiden“ des ursprünglichen Belastungsgegenstandes (= gesamtes Grundstück) auf einen Teilbelastungsgegenstand (= Grundstücksteil), der dem Ausübungsbereich entspricht;
- Belastung des vollständigen Grundstücks mit auf eine Teilfläche dieses Grundstücks beschränktem Ausübungsbereich.

(1) „Zuschneiden“, § 7 GBO

> § 7 **Abs. 1 GBO**: 36
>
> *Soll ein Grundstücksteil mit einem Recht belastet werden, so ist er von dem Grundstück **abzuschreiben** und als **selbstständiges Grundstück** einzutragen.*

§ 7 Abs. 1 GBO regelt den Fall, wenn ein Grundstücksteil Belastungsgegenstand sein soll. Dieser Grundstücksteil muss vermessen werden, abgeschrieben und im Grundbuch als eigenes Grundstück im Bestandsverzeichnis eingetragen werden. Auf diesem neuen Grundstück kann dann die Eintragung der Dienstbarkeit ohne weitere Beschränkung des Ausübungsbereichs erfolgen, da ja bereits das neue (Teil-)Grundstück dem Ausübungsbereich entspricht.

> § 7 **Abs. 2 GBO**: 37
>
> *Ist das Recht eine **Dienstbarkeit**, so kann die Abschreibung unterbleiben, wenn hiervon Verwirrung nicht zu besorgen ist. In diesem Fall soll ein von der für die Führung des Liegenschaftskatasters zuständigen Behörde erteilter beglaubigter Auszug aus der amtlichen Karte vorgelegt werden, in dem der belastete Grundstücksteil gekennzeichnet ist. Die Vorlage eines solchen Auszugs ist nicht erforderlich, wenn der Grundstücksteil im Liegenschaftskataster unter einer besonderen Nummer verzeichnet ist.*

§ 7 Abs. 2 GBO regelt für **Dienstbarkeiten** eine Ausnahme. Die kostenpflichtige Vermessung und Abschreibung des Grundstücksteils können unterbleiben, wenn **Verwirrung nicht zu besorgen** ist.

Der Begriff der Verwirrung ist nicht immer leicht greifbar und kann von Grundbuchamt zu Grundbuchamt unterschiedlich ausgelegt werden, was einer der Gründe ist, warum auch diese Variante in der Praxis nicht häufig verwendet wird. Schließlich ist im Sinne der Beteiligten eine schnelle und reibungslose Eintragung das Ziel. In der Regel ist der Begriff der Verwirrung im Zusammenhang mit Verwertungsrechten, also solchen Rechten, die die Zwangsvoll-

3 BGH DNotZ 2002, 721.

streckung in das Grundstück gewähren, zu sehen. Im Rahmen der Zwangsversteigerung muss schließlich völlig klar sein, welche im Grundbuch eingetragenen Rechte beim Zuschlag in der Versteigerung bestehen bleiben und falls nicht, welche Rechte in Geld zu entschädigen sind. Ist nicht das gesamte Grundstück belastet, ergeben sich hier Probleme.

> *Lerntipp!*
>
> Als Faustformel ist daher zu merken: Die Eintragung einer Dienstbarkeit unter Nutzung der Ausnahme des § 7 Abs. 2 GBO im **Rang nach oder im Gleichrang** mit einer Grundschuld oder einem ähnlichen Verwertungsrecht wird in der Regel dazu führen, dass das Grundbuchamt die Eintragung wegen der Besorgnis der Verwirrung ablehnt.

38 Ist Verwirrung nicht zu besorgen, ist **anstelle der Abschreibung** des neuvermessenen Grundstücksteils lediglich ein vom Liegenschaftsamt **beglaubigter Auszug aus einer amtlichen Karte** vorzulegen, in der der Grundstücksteil eingezeichnet ist, ohne dass für ihn bereits eine eigene Flurstücknummer bestehen muss. Auch eine amtliche Karte muss nicht vorgelegt werden, wenn der Grundstücksteil *„unter einer besonderen Nummer verzeichnet ist"*. Damit ist gemeint, dass bereits eine Flurstücknummer für eine Fläche besteht, diese also schon vermessen ist, sie jedoch (noch) nicht als selbstständiges Grundstück (= Grundstück im Rechtssinne) im Grundbuch gebucht ist (= es hat keine eigene laufende Nummer im Bestandsverzeichnis).

Wird der Ausübungsbereich „zugeschnitten" stellt sich die Frage seiner Verlegung, anders als nachfolgend in Rdn 39 ff., bei gleichbleibender Größe nicht, da er in seinen Grenzen dem Belastungsgegenstand entspricht. Es müsste in diesem Fall ein neues Recht bestellt werden. Lediglich eine Verkleinerung des Ausübungsbereichs wäre denkbar.

(2) Bestimmung eines beschränkten Ausübungsbereichs (*)

(a) Voraussetzungen (*)

39 **§ 1023 Abs. 1 S. 1 BGB**:

> ***Beschränkt*** *sich die jeweilige* ***Ausübung*** *einer Grunddienstbarkeit auf einen Teil des belasteten Grundstücks, (…).*

§ 1023 Abs. 1 S. 2 BGB:

> *(…) Dies gilt auch dann, wenn der Teil des Grundstücks, auf den sich die Ausübung beschränkt,* ***durch Rechtsgeschäft bestimmt*** *ist.*

40 Als weitere Variante kann ein **beschränkter Ausübungsbereich** bestimmt werden. Dies erfolgt entweder

- durch **anfängliches oder nachträgliches Rechtsgeschäft**: §§ 873 (= anfängliche Bestimmung), 877 BGB (= nachträgliche Bestimmung), § 1023 Abs. 1 S. 2 BGB (= Regelung, die zeigt, dass eine Bestimmung durch Rechtsgeschäft möglich ist),
- durch die **tatsächliche Ausübung**: § 1023 Abs. 1 S. 1 (= Regelung, die zeigt, dass eine Bestimmung durch tatsächliche Ausübung möglich ist) oder
- sonstige, nicht zum Dienstbarkeitsinhalt gemachte **Abreden**.

41 Da Dienstbarkeiten „ewiges Recht" darstellen, ist es sinnvoll, Streitigkeiten über ihren Inhalt und Umfang möglichst zu vermeiden. Es ist daher immer zu raten, eine ausdrückliche Bestimmung des Ausübungsbereichs vorzunehmen, wenn denn ein solcher existiert. Anders wäre es natürlich, sollten die Beteiligten ausdrücklich die Flexibilität wünschen, die ganze Fläche eines Grundstücks nutzen zu können.

Eine rechtsgeschäftliche Bestimmung des Ausübungsbereichs kann bereits durch **textuelle Beschreibung** des Ausübungsbereichs in der Dienstbarkeitsurkunde erfolgen. Im Sinne einer bestmöglichen Bestimmtheit ist es jedoch zu empfehlen, der Dienstbarkeitsbestellungsurkunde einen **amtlichen Lageplan**, in dem der Ausübungsbereich eingezeichnet ist, beizufügen und ggf. zusätzlich den Ausübungsbereich sprachlich zu beschreiben. Zu beachten ist natürlich, dass sich beide Darstellungen nicht widersprechen.

Exkurs: Beurkundungsrecht – Wie wird der amtliche Lageplan einer beurkundeten Dienstbarkeitsurkunde richtig beigefügt? 42

§ 9 Abs. 1 S. 2 und 3 BeurkG: *„Erklärungen in einem Schriftstück, auf das in der Niederschrift* ***verwiesen*** *und das dieser* ***beigefügt*** *wird, gelten als in der Niederschrift selbst enthalten. S. 2 gilt entsprechend, wenn die Beteiligten unter Verwendung von Karten, Zeichnungen oder Abbildungen Erklärungen abgeben."*

§ 13 Abs. 1 S. 1 Hs. 2, S. 2 BeurkG: *„Die Niederschrift muß in Gegenwart des Notars den Beteiligten vorgelesen, von ihnen* ***genehmigt*** *und eigenhändig unterschrieben werden; soweit die Niederschrift auf Karten, Zeichnungen oder Abbildungen verweist, müssen diese den Beteiligten anstelle des Vorlesens zur* ***Durchsicht vorgelegt*** *werden. In der Niederschrift soll festgestellt werden, daß dies geschehen ist."*

Wird eine Dienstbarkeit beurkundet, d.h., nicht durch Unterschriftsbeglaubigung bestellt, so muss die Urkunde für die richtige Beifügung des Lageplans folgende Zauberwörter enthalten:

„Auf den Lageplan wird ***verwiesen****, er wurde den Beteiligten zur* ***Durchsicht vorgelegt*** *und von diesen* ***genehmigt****."*

Die **Verweisung** im Text der Bestellungsurkunde, der vor den Unterschriften der Beteiligten steht, dient dazu, den Lageplan, der erst hinter der Unterschriftsseite mit der Urkunde verbunden ist, ausdrücklich als Bestandteil der Urkunde zu kennzeichnen.

Das **Vorlegen zur Durchsicht** ersetzt das Verlesen. In der Beurkundung wird der Text der Urkunde vom Notar verlesen. Ein Lageplan enthält jedoch nicht verlesungsfähigen Inhalt, sodass das „Ansehen" durch die Beteiligten anstelle des Verlesens tritt.

Zudem müssen die Beteiligten mit dem Lageplan einverstanden sein, ihn also **genehmigt** haben. Die Unterschrift unter die Bestellungsurkunde auf der Unterschriftsseite deckt auch den hinter der Unterschriftsseite beigefügten Lageplan. Dieser müsste also nicht gesondert unterschrieben werden. Viele Notare lassen die Beteiligten den Lageplan trotzdem zusätzlich unterschreiben. Dies kann zu einem späteren Zeitpunkt als Beweis verwendet werden, dass die Beteiligten den Lageplan tatsächlich zu Gesicht bekommen haben.

(b) Folgen der Bestimmung des Ausübungsbereichs

(aa) Verlegung

§ 1023 Abs. 1 BGB: 43

Beschränkt sich die jeweilige [Ergänzung der Autorin: ***tatsächliche]*** ***Ausübung*** *einer Grunddienstbarkeit auf einen Teil des belasteten Grundstücks, so kann der Eigentümer die* ***Verlegung der Ausübung*** *auf eine andere, für den Berechtigten ebenso geeignete Stelle verlangen, wenn die Ausübung an der bisherigen Stelle für ihn besonders beschwerlich ist; die Kosten der Verlegung hat er zu tragen und vorzuschießen.* ***Dies gilt auch dann****, wenn der Teil des Grundstücks, auf den sich die Ausübung beschränkt,* ***durch Rechtsgeschäft bestimmt*** *ist.*

§ 1023 Abs. 1 BGB zeigt, dass ein einmal bestimmter Ausübungsbereich nicht für alle Zeiten „zementiert" ist, sondern verlegt werden kann. Da Dienstbarkeiten eine lange Zeitspanne umfassen, ist es nicht unwahrscheinlich, dass zu irgendeinem Zeitpunkt in der Zukunft ein Bedürfnis zur Veränderung des Ausübungsbereichs entstehen wird.

Wie die Verlegung des Ausübungsbereichs vorzunehmen ist, richtet sich danach, wie der Ausübungsbereich ursprünglich bestimmt wurde.

- **Rechtsgeschäftliche Bestimmung des Ausübungsbereichs**: Verlegung des Ausübungsbereichs erfolgt durch Inhaltsänderung der Dienstbarkeit. Dies bedeutet, dass eine Nachtragsurkunde beurkundet oder beglaubigt wird, die Beteiligten sich über die Inhaltsänderung einigen müssen (häufig erfolgt dies ausdrücklich oder konkludent, d.h. aus den Umständen ersichtlich, in der Urkunde), §§ 873, 877 BGB. Eine solche Inhaltsänderung kann aufwändig sein, da nach den §§ 876, 877 BGB materiell-rechtlich die **Zustimmung** aller von der Inhaltsänderung nachteilig betroffener **Rechtsinhaber** (z.B. eine kreditfinanzierende Bank am herrschenden Grundstück) am dienenden Grundstück und am herrschenden Grundstück erforderlich ist. Formell-rechtlich muss die Zustimmung dem Grundbuchamt zwar nur bei eingetragenem Herrschvermerk nachgewiesen werden, das ändert aber natürlich nichts daran, dass sie vorliegen muss (siehe hierzu Rdn 93 ff.). Die rechtsgeschäftliche Bestimmung des Ausübungsbereiches vermeidet also Streitigkeiten, kann aber bei der Verlegung des Ausübungsbereichs aufwändiger sein.

- **Bestimmung des Ausübungsbereichs durch tatsächliche Nutzung**: Eine einseitige Verlegung einfach durch andere tatsächliche Nutzung der Dienstbarkeit ist (wohl) nicht möglich, vielmehr müssen sich der Verpflichtete und der Berechtigte formlos einigen. Die Vorschriften der §§ 873 Abs. 1, 876, 877 BGB müssen anders als bei der rechtsgeschäftlichen Bestimmung des Ausübungsbereichs nicht eingehalten werden. Insbesondere ist somit keine aufwändige Beteiligung von dritten Rechtsinhabern am dienenden oder herrschenden Grundstück notwendig.
- **Bestimmung des Ausübungsbereichs durch formlose Abrede**: Die Verlegung des Ausübungsbereichs ist auch in diesem Fall wie bei dem durch tatsächliche Nutzung bestimmten Ausübungsbereich durch formlose Abrede möglich.

44 Trotz der gezeigten Unterschiede ist die rechtsgeschäftliche Beschränkung des Ausübungsbereichs vorzuziehen, da auch die nachträgliche formlose Verlegung des tatsächlich oder formlos bestimmten Ausübungsbereichs bei zweitem Besehen weiter die Rechtsunsicherheit, d.h. die Gefahr von Streitigkeiten über den genauen Verlauf des Ausübungsbereichs fördert.

(bb) Abschreibung (*)

45 **Exkurs: Kleine Handreiche zum Grundbuchrecht**

Um ins Grundbuch eine Eintragung zu bewirken, braucht es auf formell-rechtlicher Seite immer mindestens zwei Bausteine: **Antrag** und **Bewilligung.**

§ 13 Abs. 1 GBO: *„Eine* ***Eintragung*** *soll, soweit nicht das Gesetz etwas anderes vorschreibt,* ***nur auf Antrag*** *erfolgen.* ***Antragsberechtigt*** *ist jeder, dessen Recht* ***von der Eintragung betroffen*** *wird oder* ***zu dessen Gunsten*** *die Eintragung erfolgen soll."*

Das Gesetz schreibt also vor, dass das Grundbuchamt grundsätzlich nur auf Antrag tätig werden soll („**Antragsgrundsatz**"). Diesen Antrag kann bei der Grunddienstbarkeit sowohl der Verpflichtete, also der, dessen Grundstück und somit dessen Recht betroffen ist, als auch der Berechtigte, also der, zu dessen Gunsten die Eintragung erfolgen soll, stellen.

Gäbe es jedoch nur den Antrag, könnte der Berechtigte einfach eine Grunddienstbarkeit für sich eintragen lassen, ohne dass der Verpflichtete, also der, der den Nachteil aus der Eintragung hat, dem jemals zugestimmt hätte.

Um dies zu verhindern, bedarf es des zweiten Bausteins, der Bewilligung:

§ 19 GBO: *„Eine Eintragung erfolgt, wenn* ***derjenige sie bewilligt,*** *dessen* ***Recht von ihr betroffen*** *wird."*

Der Verpflichtete muss also ausdrücklich erlauben, dass die Eintragung erfolgt („**Bewilligungsgrundatz**").

Diese zwei Bausteine sind grundsätzlich für jede Form von Eintragung erforderlich, also auch für die Inhaltsänderung oder Aufhebung eines Rechts.

46 Eine weitere positive Folge der (rechtsgeschäftlichen) Bestimmung des Ausübungsbereichs ist die Möglichkeit der **Abschreibung ohne Bewilligung des Berechtigten**, § 1026 BGB, § 22 Abs. 1 S. 1 GBO:

§ 1026 BGB:

Wird das belastete Grundstück geteilt, so werden, wenn die Ausübung der Grunddienstbarkeit auf einen bestimmten Teil des belasteten Grundstücks beschränkt ist, die Teile, welche außerhalb des Bereichs der Ausübung liegen, von der Dienstbarkeit frei.

§ 22 Abs. 1 S. 1 GBO:

*Zur Berichtigung des Grundbuchs bedarf es der **Bewilligung nach § 19 nicht**, wenn die **Unrichtigkeit nachgewiesen** wird.*

Eine rechtsgeschäftliche Bestimmung des Ausübungsbereichs enthält eine genaue Bestimmung des Ausübungsbereichs, z.B. durch eine Einzeichnung in einem amtlichen Lageplan.

Wird nun beispielsweise ein Grundstück, bei dem nur ein 50 m breiter Streifen an der Nord- **47** grenze dem Ausübungsbereich der Dienstbarkeit unterliegt, geteilt, dann würde sich die Grunddienstbarkeit grundsätzlich an beiden Grundstücksteilen fortsetzen. Wenn jedoch aus der Einzeichnung oder Beschreibung des Ausübungsbereichs **zweifelsfrei** ersichtlich ist, dass dieser nicht auf dem neu vermessenen Grundstücksteil verläuft, kann die Grunddienstbarkeit an diesem Grundstücksteil abgeschrieben werden. Das bedeutet, die Eintragung der Dienstbarkeit wird aus dem Grundbuch des neuen Grundstücksteils entfernt, ohne dass es hierfür der Bewilligung des Dienstbarkeitsberechtigten bedarf.

Nach dem Grundsatz des § 19 GBO wäre schließlich die Löschung einer Dienstbarkeit nur durch Bewilligung des Berechtigten möglich. § 22 GBO regelt hiervon eine Ausnahme, die auch Sinn macht, schließlich ist der Grundstücksteil gar nicht von der Dienstbarkeit betroffen, d.h., der Berechtigte hat kein schützenswertes Interesse an einer Eintragung hinsichtlich einer nicht betroffenen Fläche.

Vorsicht ist jedoch geboten bei **Nebenbestimmungen**: Es ist nicht unüblich, dass sich zwar die **48** Primärpflicht („Brunnennutzungsrecht“ am Lageort des Brunnens) auf einen bestimmten Bereich eines Grundstücks beschränkt, aber häufig nicht die Nebenpflicht (z.B. das Recht, das Grundstück zur Instandhaltung des Brunnens zu betreten). In so einem Fall kann die Dienstbarkeit nicht abgeschrieben werden und es ist die Freigabebewilligung des jeweiligen Eigentümers des herrschenden Grundstücks erforderlich.

f) Sachlicher Ausübungsbereich

Der sachliche Ausübungsbereich einer Dienstbarkeit ist der Umfang der erlaubten Nutzung **49** der Dienstbarkeit für das herrschende Grundstück. Wie beim örtlichen Ausübungsbereich kann auch der Umfang der erlaubten Nutzung genau bestimmt oder nicht abschließend geregelt sein.

Ist der Nutzungsumfang **genau bestimmt**, haben die Beteiligten die Sicherheit, dass **keine** **50** **nachträgliche Änderung** des Nutzungsumfangs lediglich durch tatsächliche Änderung der Nutzung eintreten kann. Es ist zu raten, die Bestimmung so schlagwortartig und genau wie nach den Wünschen der Beteiligten möglich vorzunehmen. Denn auch in diesem Fall wird es viele Formulierungen zum Nutzungsumfang geben, die eine gewisse **Nutzungsspanne** erlauben. Dies ist dann bereits Inhalt des Nutzungsumfangs und nur eine jenseits der Nutzungsspanne liegende Erweiterung des Nutzungsumfanges ist ausgeschlossen.

> *Beispiel:*
>
> Bei der Formulierung „*Einmal in der Woche mit einem Traktor zu befahren*“ ist bereits das zweimalige wöchentliche Befahren unzulässig. Bei der Formulierung „*Mit Traktoren zu befahren*“ wäre das zweimalige wöchentliche Befahren mit einem oder mehreren Traktoren zulässig, nicht jedoch, wenn das Befahren mit einem Pkw erfolgen würde.

Ist der **Nutzungsumfang hingegen nicht abschließend geregelt**, richtet er sich nach den Be- **51** dürfnissen des herrschenden Grundstücks, d.h. nicht allein (aber auch) nach den **historischen Verhältnissen** bei Bestellung der Dienstbarkeit („*Wie war die Nutzung damals*?“). Genauso bedeutsam ist jedoch der für die Ausübung der Dienstbarkeit äußerlich für jedermann sichtbare Charakter des herrschenden Grundstücks nach der Verkehrsauffassung (also beurteilt aus der Sicht eines objektiven Dritten) sowie der im Dienstbarkeitsinhalt festgehaltene Nutzungsumfang („*Wie ist die Nutzung jetzt*?“).[4] Der Charakter des herrschenden Grundstücks kann sich mit der Zeit ändern.

> *Beispiel:*
>
> Das herrschende Grundstück war zunächst ein landwirtschaftliches Grundstück. Auf dem dienenden Grundstück ist ein Geh- und Fahrtrecht eingetragen. Dieses wurde früher zu gelegentlichem Übergehen durch landwirtschaftliches Personal mit Sensen und ähnlichem Gerät und zum Überfahren mit dem einen oder anderen Pferdefuhrwerk genutzt. 50 Jahre später wird es aufgrund des wirtschaftlichen und technischen Fortschritts zu Überfahrten mit landwirtschaftlichen Maschinen genutzt. Nunmehr wird auf dem berechtigten Grundstück ein Supermarkt errichtet.
>
> Das Bedürfnis des herrschenden Grundstücks hat sich dadurch vom „*gelegentlichen Begehen durch landwirtschaftliches Personal*“ über das „*gelegentliche Befahren mit landwirtschaftlichen Maschinen*“ zum „*Befahren mit jeglichen Verkehrsmitteln im Umfang des üblichen Publikums- und Lieferverkehrs eines Supermarktes*“ gewandelt.

Das Beispiel zeigt, dass ein nicht abschließend geregelter Nutzungsumfang die Tür für eine Erweiterung des Nutzungsumfangs einer Grunddienstbarkeit öffnen kann. Nach der Rechtsprechung ist jedoch nur eine **quantitative (automatische) Erweiterung** der Nutzung zulässig, d.h. eine infolge der technischen und wirtschaftlichen Entwicklung entstehende Fortentwicklung gleichbleibender Nutzungsbedürfnisse[5] – um im Beispiel zu bleiben also die Wandlung der Nutzung vom „*gelegentlichen Begehen durch landwirtschaftliches Personal und Befahren mit Pferdefuhrwerken*“ zum „*gelegentlichen Befahren mit landwirtschaftlichen Maschinen*“.

Eine **qualitative Erweiterung** des Nutzungsumfangs führt hingegen nur dann zur automatischen Erweiterung des Dienstbarkeitsumfangs, wenn diese **bei Rechtsbestellung vorhersehbar** war.[6] Es käme also bei der Errichtung des Supermarktes darauf an, ob diese zukünftige Entwicklung schon bei Bestellung der Dienstbarkeit erkennbar war. Versucht man mit dieser qualitative und quantitative Nutzungsänderungen unterscheidenden Formel einzelne der Nutzungen abzugrenzen, stellt man schnell fest, dass sie schwer handhabbar ist und häufig nicht sicher angewandt werden kann.

g) Mitbenutzung durch den Eigentümer des dienenden Grundstücks? (*)

52 Ein Aspekt, der ungeregelt zu Streitigkeiten führen kann, ist auch, ob der Eigentümer des dienenden Grundstücks die der Dienstbarkeit unterliegende Fläche der Anlage **mitbenutzen** darf. Anders als beim Wohnungsrecht (§ 1093 Abs. 1 S. 1 BGB: „*Als beschränkte persönliche Dienstbarkeit kann auch das Recht bestellt werden, ein Gebäude oder einen Teil eines Gebäudes* ***unter Ausschluss des Eigentümers*** *als Wohnung zu benutzen.*“) ist der Ausschluss des Eigentümers **nicht Wesensinhalt der Grunddienstbarkeit**,[7] d.h., die Mitbenutzung ist grundsätzlich zulässig.

53 Nach der Rechtsprechung[8] ist bei einer Dienstbarkeit, die kein Wohnungsrecht ist, die Mitbenutzung der Regelfall, d.h. der Eigentümer des dienenden Grundstücks bleibt, wenn keine ausdrückliche Regelung getroffen wird, zur Mitbenutzung berechtigt. Die Aufgabe der notariellen Tätigkeit ist jedoch, **klare Verhältnisse** zu schaffen, sodass eine ausdrückliche Regelung in der Bestellungsurkunde einem Vertrauen auf diesen Grundsatz ohne Regelung in der Bestellungsurkunde vorzuziehen ist.

4 DNotI-Gutachten Nr. 135601 vom 21.7.2014.
5 BGH NJW-RR 2003, 1235, 1236.
6 BGH NJW-RR 2003, 1235, 1236.
7 OLG Frankfurt DNotI-Report 2011,190.
8 OLG Frankfurt DNotI-Report 2011,190.

h) Dauer des Rechts: Bedingung – Befristung (*)

aa) Allgemein (*)

Grunddienstbarkeiten können „ewiges Recht" begründen: Bei unveränderten Umständen bleibt ihre Wirksamkeit auf Dauer erhalten, es sei denn der Berechtigte des herrschenden Grundstücks gibt sie freiwillig auf („Löschung"; Genaueres zur Beendigung der Grunddienstbarkeit siehe Rdn 165 ff.). Diese Aufgabe zu erlangen, kann im Einzelfall sehr schwierig sein. Wenn gleichzeitig absehbar ist, dass die Grunddienstbarkeit nicht auf Dauer angelegt sein sollte, kann daher durch Vereinbarung einer auflösenden Bedingung oder Befristung ein Beendigungsautomatismus geschaffen werden. Gleiches gilt für den Beginn des Rechtes, der durch Vereinbarung einer aufschiebenden Bedingung oder Befristung in die Zukunft verschoben werden kann. 54

Exkurs: Terminologie 55

- **Was ist eine Bedingung**? Eine Vereinbarung steht unter einer Bedingung, wenn sie von einem künftigen Ereignis abhängig gemacht wird, dessen Eintritt **ungewiss** ist. Bei einer Bedingung ist es also nicht möglich, vorherzusagen, ob sie eintreten wird oder nicht.
- **Was ist eine Befristung**? Eine Vereinbarung ist befristet, wenn sie von einem künftigen Ereignis abhängig gemacht wird, dessen Eintritt **sicher** ist, aber noch nicht erfolgt ist. Eine Befristung wird also durch Zeitablauf eintreten.
- **Was ist eine aufschiebende Bedingung/Befristung**? Eine aufschiebende Bedingung/Befristung ist eine Regelung, die den Beginn einer Vereinbarung vom Unterschriftsdatum aus in die Zukunft „aufschiebt".
  - Beispiel aufschiebende Bedingung: Ein am 1. Mai unterschriebener Vertrag soll nur wirksam werden, wenn am 1. Juni die Sonne scheint.
  - Beispiel aufschiebende Befristung: Ein am 1. Mai unterschriebener Vertrag soll erst am 1. Juni wirksam werden.
- **Was ist eine auflösende Bedingung/Befristung**? Eine auflösende Bedingung/Befristung ist eine Regelung, die das Ende einer Vereinbarung festlegt, d.h., die „Auflösung" dieser Vereinbarung ggf. vor Ablauf ihrer eigentlichen Vertragsdauer regelt.
  - Beispiel auflösende Bedingung: Der aktuell gültige Vertrag endet, wenn am 1. Juni die Sonne scheint.
  - Beispiel auflösende Befristung: Der aktuell gültige Vertrag endet am 1. Juni.

Die Vereinbarung einer Bedingung unterliegt **nicht dem sachenrechtlichen Typenzwang**, d.h., es kann grundsätzlich jedes ungewisse Ereignis vereinbart werden. Allerdings greift auch hier der **sachenrechtliche Bestimmtheitsgrundsatz**, sodass eine zu unbestimmte Bedingung nicht Gegenstand einer Grunddienstbarkeit sein kann. 56

bb) Aufschiebende Bedingung/Befristung (*)

§ 925 Abs. 2 BGB: 57

Eine Auflassung, die unter einer Bedingung oder einer Zeitbestimmung erfolgt, ist unwirksam.

§ 925 Abs. 2 BGB regelt für die Auflassung, d.h. die Einigung über den Eigentumsübergang, dass diese nicht bedingt und befristet werden darf. Dies erlaubt den Schluss, dass wenn das Gesetz **nur für den Eigentumsübergang** die **Bedingung/Befristung verbietet**, dies **in anderen Fällen** der Bestellung dinglicher Rechte **erlaubt** sein soll (= „Umkehrschluss", d.h., es wird aus einer nicht allgemeinen Teil-Regelung geschlossen, dass für den nicht geregelten übrigen Teil das Gegenteil gilt).

Soll eine Grunddienstbarkeit erst zu einem späteren Zeitpunkt Wirkungen entfalten, so kann sie unter einer aufschiebenden Bedingung/Befristung bestellt werden. 58

Beispiel:

Schaun Schafsgruber möchte gerne seine Schafe im Garten von Leon Gartenzwerg weiden lassen. Herr Gartenzwerg hat grundsätzlich nichts dagegen, möchte aber seinen Garten für einen Sommer noch ungestört nutzen. Herr Schafsgruber möchte hingegen gerne das Weiderecht jetzt schon regeln, um die Sicherheit zu haben, nicht kurzfristig andere Flächen hinzupachten zu müssen.

Beide Seiten können in diesem Fall, um bereits Sicherheit über die Regelung zu erlangen, eine Grunddienstbarkeit mit dem genannten Inhalt auf dem Grundstück des Herrn Gartenzwerg zugunsten des jeweiligen Eigentümers des Grundstücks, das derzeit im Eigentum von Herrn Schafsgruber steht, vereinbaren. Diese Grunddienstbarkeit wird mit einer aufschiebenden Befristung verbunden, dass sie erst z.B. zum 1. Januar des Folgejahres Wirkung entfaltet.

59 Die Grunddienstbarkeit wird sofort im Grundbuch eingetragen; aus ihrer Eintragungsbewilligung und der ausdrücklichen Eintragung im Grundbuch (eine reine Bezugnahme im Grundbuch auf die Eintragungsbewilligung reicht hier nicht aus) ergibt sich jedoch die Befristung. Sie entsteht aufgrund ihrer sofortigen Eintragung mit dem **Rang der Eintragung** und nicht mit dem des Bedingungseintritts (anders wäre es nur, wenn die Beteiligten den Notar anweisen würden, die Dienstbarkeit erst bei Bedingungseintritt dem Grundbuchamt vorzulegen, siehe Rdn 60). So kann mithilfe der Eintragung einer aufschiebend bedingten oder befristeten Dienstbarkeit auch, ähnlich wie beim Rangvorbehalt, ein bestimmter Rang gesichert werden, wenn z.B. schon eine weitere Eintragung absehbar ist und klar ist, dass die Dienstbarkeit eigentlich erst nach dieser weiteren Eintragung Wirkungen entfalten soll: Die Dienstbarkeit wird bereits jetzt eingetragen, um den Rang vor der absehbaren weiteren Eintragung zu sichern, entfaltet ihre Wirkungen aber erst zu dem eigentlich gewünschten Zeitpunkt. Der Unterschied zum Rangvorbehalt besteht dabei darin, dass letzterer bei der „späteren Eintragung" vermerkt wird, während die bedingte/befristete Dienstbarkeit bereits zu einem früheren Zeitpunkt eingetragen werden kann.

60 **Exkurs: Anweisungslösung**

Praxistipp: Soll ein Recht erst später Wirkungen entfalten, ist in der Praxis auch eine Lösung über eine **Anweisung an den Notar** denkbar. Der Notar ist grundsätzlich verpflichtet, von ihm beglaubigte oder beurkundete Anträge und Bewilligungen, wenn sie vollzugsreif sind, unverzüglich zu bearbeiten. Eine Ausnahme hiervon besteht dann, wenn alle Betroffenen ihn zu einem anderen Vorgehen anweisen und diese Anweisung nicht gegen Amtspflichten des Notars verstößt.

Beispiel: Eine Grunddienstbarkeit soll und darf auch erst im August in das Grundbuch eingetragen werden. Die Beteiligten wünschen also ausdrücklich keine frühere Eintragung unter einer auf den 1. August aufgeschobenen Befristung. Gleichzeitig sind die Beteiligten jedoch den ganzen August im Sommerurlaub im Ausland, sodass sie nur sehr umständlich und zeitaufwändig (z.B. Unterschriftsbeglaubigung im Konsulat) die Bestellung der Grunddienstbarkeit in Gang bringen könnten. Hier hilft die Anweisungslösung: Die Beteiligten unterschreiben die Dienstbarkeitsbestellungsurkunde bereits vor ihrem Urlaub im Juli, weisen den beglaubigenden oder beurkundenden Notar jedoch an, die Urkunde erst zum 1. August zum Grundbuchamt einzureichen. Der Notar veranlasst die Einreichung zum Grundbuchamt am 1. August, das Grundbuchamt trägt die Dienstbarkeit kurze Zeit später ein.

Mithilfe der Anweisungslösung kann somit ebenfalls eine aufschiebende Wirkung, ähnlich wie bei der aufschiebenden Bedingung, erzielt werden. Allerdings unterscheidet sich die Anweisung an den Notar von der aufschiebenden Bedingung/Befristung dadurch, dass gerade noch **keine Eintragung (eines bedingten Rechts)** im Grundbuch unverzüglich nach Beglaubigung/Beurkundung erfolgt, sondern dass ein **unbedingtes Recht** nach Erfüllung der Anweisung **später** im Grundbuch eingetragen wird. Da die Eintragung später erfolgt, kann sie, anders als die bedingte Eintragung, keinen Eintragungsrang reservieren. Ferner kann die Überwachung einer komplizierten Anweisung („Auflage") **zusätzliche Gebühren** auslösen. Die Lösung über die Anweisung ist somit nur dann sinnvoll, wenn ausdrücklich keine vorherige Eintragung im Grundbuch gewünscht ist und die Beteiligten auch mit den weiteren Nachteilen einverstanden sind.

cc) Auflösende Bedingung/Befristung (*)

Die Vereinbarung einer auflösenden Bedingung/Befristung führt als Gegenstück zur aufschiebenden Bedingung/Befristung zur **Beendigung des Rechts „vor der Zeit"**, d.h. zu einem Zeitpunkt, zu dem es, wäre nicht die Bedingung/Befristung vereinbart, weiterbestanden hätte. 61

Beispiel:

Über das Grundstück von Herrn Rudi Redlich ist ein Geh- und Fahrrecht zugunsten des Grundstücks des Herrn Zacharias Zasterlaster vereinbart. Nunmehr wird das Grundstück des Herrn Zasterlaster auf einem anderen Weg an die öffentliche Straße angeschlossen, sodass er den Weg über das Grundstück von Herrn Redlich nicht mehr bräuchte. Herr Zasterlaster findet es aber toll, nun zwei Zuwege zu haben und möchte den Weg über das Grundstück von Herrn Redlich auf keinen Fall aufgeben. Herr Redlich hätte sein Grundstück gerne frei vom Geh- und Fahrrecht.

Eine (Aufgabe- und) Löschungserklärung des Herrn Zasterlaster wird nicht zu erlangen sein. Gleichzeitig ist die Dienstbarkeit auch nicht durch Wegfall des Vorteils beendigt (§ 1019 BGB), da Herr Zasterlaster ja weiterhin einen Vorteil durch den zweiten Weg hat. Helfen würde an dieser Stelle nunmehr, wenn eine auflösende Bedingung der Dienstbarkeit für den Fall vereinbart worden wäre, dass das Grundstück des Herrn Zasterlaster an das öffentliche Straßennetz angeschlossen wird.

Der Eintritt der auflösenden Bedingung oder Befristung löst einen **Automatismus** aus, der schlichtweg mit Eintritt der Bedingung/Befristung zum Erlöschen des Rechts führt, ganz egal was die Umstände sind. Dieser Automatismus kann von Vorteil sein, wenn Schwierigkeiten vorhersehbar sind, eine Aufgabeerklärung des Berechtigten zu erlangen. 62

Hierbei ist jedoch zu bedenken, dass die Grunddienstbarkeit, auch wenn sie materiell-rechtlich mit Eintritt der Bedingung/Befristung automatisch erlischt, auch im **Grundbuch gelöscht** werden muss, um keinen falschen Anschein des Weiterbestehens des Rechts zu erwecken. Die Löschung im Grundbuch erfolgt aber auch in diesem Fall nach den allgemeinen grundbuchrechtlichen Regelungen, d.h. grundsätzlich auf Antrag und Bewilligung, es sei denn es greift eine Ausnahme.

Die Erleichterung des § 22 Abs. 1 S. 1 GBO greift nur, wenn der **Bedingungseintritt** in der **Form des § 29 GBO nachweisbar** ist. Bei der Befristung gibt es dieses Problem nicht, da die Erreichung eines gewissen Zeitpunkts offensichtlich ist. Beim obigen Beispiel (siehe Rdn 61) könnte der Nachweis des Anschlusses an das öffentliche Straßennetz z.B. durch eine gesiegelte Bescheinigung der Gemeinde erfolgen. 63

Ist der **formgerechte Nachweis nicht möglich**, ist die **Berichtigungsbewilligung** des jeweiligen Eigentümers des herrschenden Grundstücks erforderlich (§ 22 Abs. 1 S. 1, 19 GBO). Hierauf hat der Eigentümer des dienenden Grundstücks einen Anspruch, d.h. der Eigentümer des herrschenden Grundstücks muss, auch wenn er nicht möchte, seine Unterschrift zur Löschungsbewilligung leisten. Weigert er sich trotzdem, kann der Eigentümer des dienenden Grundstücks ihn verklagen, mit dem Ziel, dass das Gericht die Unterschrift ersetzt (§§ 894 BGB, 894 S. 1 ZPO).

Der **Erlöschensautomatismus** einer Bedingung/Befristung hat jedoch nicht nur Vorteile. Es sind Fälle denkbar, in denen die Beteiligten gerne noch einmal die konkrete Situation betrachten wollen, bevor sie sich für das Erlöschen oder Fortbestehen des Rechts entscheiden. 64

Bei der Vereinbarung einer Bedingung/Befristung ist dieses „noch-einmal-kurz-überlegen" nicht möglich. Wünschen die Beteiligten aber genau dies, kann alternativ eine **rein schuldrechtliche Aufhebungspflicht** vereinbart werden. Diese verpflichtet den Berechtigten, in einer bestimmten Konstellation die Löschung des **unbedingt und unbefristet bestellten Rechts** zu bewilligen und die materiell-rechtliche Aufgabenerklärung abzugeben. Bei Eintritt der Konstellation greift der Anspruch. Die Grunddienstbarkeit erlischt aber nur, wenn die Löschung tatsächlich bewilligt wird und die materiell-rechtliche Aufgabenerklärung abgegeben wird. Ist die Löschung aus Sicht der Beteiligten nicht mehr situationsangemessen, können sie in diesem Fall den Anspruch auch einfach aufheben oder verjähren lassen.

Zu beachten ist jedoch, dass eine solche schuldrechtliche Aufhebungspflicht immer nur gegenüber derjenigen Person greift, mit der sie vereinbart wurde, sodass zusätzlich die Vereinbarung einer Weitergabeverpflichtung erforderlich ist.

4. Nebenpflichten („Begleitschuldverhältnis") (*)

65 Neben der Grunddienstbarkeit als dinglichem Recht besteht ein **gesetzliches Schuldverhältnis** (oder auch „**Begleitschuldverhältnis**") zwischen Berechtigtem und Verpflichtetem, also ein „Vertrag" der allein durch das Gesetz (und nicht etwa eine Vertragsunterzeichnung) zustande kommt, sobald man Berechtigter oder Verpflichteter einer Grunddienstbarkeit ist.

Das gesetzliche Schuldverhältnis hat eine „Zwitterstellung" dahingehend, dass es ein Schuldverhältnis (= eine Art durch die Dienstbarkeit begründete vertragliche Beziehung) zwischen dem Eigentümer des dienenden und dem Eigentümer des herrschenden Grundstücks ist, und trotzdem nicht wie ein Schuldverhältnis beim Wechsel des Berechtigten oder Verpflichteten auf den neuen Berechtigten oder Verpflichteten weitergegeben werden muss. Es **geht** mit der Dienstbarkeit **automatisch**, d.h. wie ein dingliches Recht, **über**.

a) Unterhaltungs- und Verkehrssicherungspflicht (*)

aa) Allgemein (*)

66 Die Frage der **Unterhaltungs- und Verkehrssicherungspflicht** ist eine Frage, die die Beteiligten, wenn sie darauf in der Vorbesprechung angesprochen werden, häufig sehr stark beschäftigt.

Diese Pflichten umschreiben die Frage, wie z.B. bei einem Geh- und Fahrrecht der dem Recht unterliegende Weg **in gutem Zustand** (Unterhaltungspflicht) und **sicher** (Verkehrssicherungspflicht: „Wer räumt die vielen rutschigen Bananenschalen weg?") bleibt. Da diese Maßnahmen wirtschaftlich sehr eng zusammenhängen, zählt nach der Rechtsprechung des BGH auch die Verkehrssicherungspflicht zur Unterhaltungspflicht.[9]

> *Beispiel:*
>
> Ein Weg in schlechtem Zustand ist auch weniger sicher.

67 „Unterhaltung" kann also
- die Instandsetzung, d.h. die Wiederherstellung des vorherigen Zustandes bei Defekten,
- die Unterhaltung, d.h. die Erhaltung im aktuellen Zustand und
- die Erhaltung der Verkehrssicherheit sein.

Ein wichtiger Aspekt, der mit den Beteiligten in diesem Zusammenhang ebenfalls besprochen werden sollte, ist die **Wartung**. Häufig wird der Berechtigte des herrschenden Grundstücks die Wartung nicht selbst ausführen wollen, sondern, z.B. bei Leitungsrechten, Brunnenrechten o.ä., eine Fachfirma damit beauftragen. Um Streitigkeiten zu vermeiden, ist es zu empfehlen neben der allgemeinen Regelung der Unterhaltungspflicht noch weitere Detailregelungen zu treffen, wie und von wem das dienende Grundstück zu Zwecken der Wartung betreten, ggf. verändert werden darf und wie und von wem es in seinen ursprünglichen Zustand zurückversetzt wird, einschließlich der Frage, wer jeweils die Kosten der Maßnahmen trägt.

9 BGH DNotZ 2005, 617.

Beispiel:

Aufgraben des dienenden Grundstücks, um an eine im Boden verlegte Leitung zu Wartungs- oder Reparaturzwecken zu gelangen.

bb) Gesetzliche Regelungen

Das Gesetz trifft im Bereich der Unterhaltungs- und Verkehrssicherungspflicht Regelungen, die Raum für Gestaltung lassen, wenn sie auch nicht jede denkbare Regelung zulassen. 68

(1) § 1020 BGB

§ 1020 BGB: 69

Bei der Ausübung einer Grunddienstbarkeit hat der ***Berechtigte*** *das Interesse des Eigentümers des belasteten Grundstücks tunlichst zu schonen. Hält er zur Ausübung der Dienstbarkeit auf dem belasteten Grundstück eine Anlage, so hat er sie in* ***ordnungsmäßigem Zustand*** *zu erhalten, soweit das Interesse des Eigentümers es erfordert.*

§ 1020 S. 2 BGB regelt eine **Unterhaltungspflicht** des Berechtigten, d.h. des jeweiligen Eigentümers des herrschenden Grundstücks. Diese Pflicht besteht unabhängig davon, ob dem Eigentümer des dienenden Grundstücks (wie häufig) ein Recht zur Mitbenutzung der jeweiligen der Dienstbarkeit unterliegenden Anlage zukommt oder ob dem Berechtigten ein ausschließliches Nutzungsrecht zusteht.[10]

Sobald eine Mitbenutzung besteht, liegt die Problematik in der **Aufteilungsfrage**, also welcher der beiden mitbenutzenden Eigentümer wie viel der Kosten trägt. Ist keine Regelung getroffen, sind die Kosten entsprechend dem Umfang der gegenseitigen Nutzung bzw. entsprechend der Verursachung bestimmter konkreter Schäden aufzuteilen.[11] Hieraus ist auch der Grundsatz für den Fall der Nichtmitbenutzung zu erkennen. Der jeweilige Eigentümer muss sich nicht an der Unterhaltung beteiligen, wenn er die Anlage (z.B. bei einem Geh- und Fahrtrecht den Weg) tatsächlich nicht mitbenutzt, ganz egal ob er zur Nutzung berechtigt wäre oder nicht.[12]

Freilich ist es leicht vorstellbar, dass sich der „**Umfang der tatsächlichen Nutzung**" im konkreten Einzelfall schwer exakt feststellen lässt. Schließlich protokolliert bei einem Geh- und Fahrtrecht z.B. üblicherweise niemand die genauen Benutzungszeiten. Um Streitigkeiten unter den Beteiligten zu vermeiden, ist daher das Verhältnis der Kostentragung genau zu regeln. 70

Ebenfalls kann es ratsam sein, den Inhalt der Unterhaltungspflicht genauer zu bestimmen. Hierbei ist jedoch zu beachten, dass die sich bereits aus dem Gesetz ergebenden Pflichten des Begleitschuldverhältnisses nach der Rechtsprechung nicht neuerlich im Begleitschuldverhältnis normiert werden können, da dies als inhaltsleer angesehen wird.[13] Wenn § 1020 S. 2 BGB bereits eine Unterhaltungspflicht des Berechtigten regelt, ist also bei der Aufnahme von Regelungen zur Unterhaltungspflicht des Berechtigten Zurückhaltung zu üben und darauf zu achten, dass ein „Mehr" als der gesetzliche Inhalt geregelt wird oder ausdrücklich auf die Geltung der gesetzlichen Regelung verwiesen wird.

(2) § 1021 BGB

§ 1021 BGB: 71

(1) Gehört zur Ausübung einer Grunddienstbarkeit eine Anlage auf dem ***belasteten Grundstück****, so kann bestimmt werden, dass der* ***Eigentümer dieses Grundstücks*** *die Anlage zu unterhalten hat, soweit das Interesse des Berechtigten es erfordert. Steht dem Eigentümer das* ***Recht***

10 Grüneberg/*Herrler*, § 1020 Rn 3; BGH DNotZ 2005, 617.

11 Grüneberg/*Herrler*, § 1020 Rn 3.

12 BGH NJW 2011, 1351.

13 OLG Hamm FGPrax 2015, 55; *Amman* MittBayNot 2021, 99/01; OLG München MittBayNot 2021, 121; 2021, 123.

zur ***Mitbenutzung*** *der Anlage zu, so kann bestimmt werden, dass der* ***Berechtigte die Anlage zu unterhalten*** *hat, soweit es für das Benutzungsrecht des Eigentümers erforderlich ist.*

(2) Auf eine solche Unterhaltungspflicht finden die Vorschriften über die Reallasten entsprechende Anwendung.

Während § 1020 S. 2 BGB schon kraft Gesetzes eine Unterhaltungspflicht des Berechtigten vorsieht, gibt § 1021 Abs. 1 S. 1 BGB nur die Möglichkeit, eine **Unterhaltungspflicht des Verpflichteten** zu regeln. Hier besteht also keine Gefahr, durch die Aufnahme einer Unterhaltungspflicht des Verpflichteten lediglich das Gesetz wiederzugeben, da das Gesetz eine solche Pflicht nicht festlegt.

Ist nichts geregelt, hat der Verpflichtete keine Unterhaltungspflicht (auch wenn er ggf., sollte er die Anlage tatsächlich mitbenutzen, sich an den Kosten beteiligten muss, Rdn 69 f.). Die Regelungsmöglichkeit des Gesetzes umfasst die ganze Spanne denkbarer Gestaltungen: von der Auferlegung der vollständigen Unterhaltungspflicht über die teilweise Unterhaltungspflicht zu einer lediglich kostenmäßigen Beteiligung.

Was genau gewünscht ist, ist im Gespräch mit den Beteiligten zu erörtern.

72 § 1021 Abs. 1 S. 2 BGB gibt eine Möglichkeit, eine **Unterhaltungspflicht des Berechtigten** zu regeln. Zunächst erscheint dies befremdlich, schließlich wurde gerade zu § 1020 S. 2 BGB ausgeführt, dass bereits kraft Gesetzes eine Unterhaltungspflicht des Berechtigten geregelt ist und diese nicht als Inhalt des Begleitschuldverhältnisses der Grunddienstbarkeit wiedergegeben werden könne.

§ 1021 Abs. 1 S. 2 BGB trifft jedoch eine Spezialregelung zur Unterhaltungspflicht des Berechtigten **bei Mitbenutzung durch den verpflichteten Eigentümer** zur Erhaltung und Schonung des Mitbenutzungsrechts des verpflichteten Eigentümers. Auch in diesem Fall legt das Gesetz jedoch keine Unterhaltungspflicht fest, sondern gibt lediglich die Möglichkeit, eine solche zu vereinbaren: Ist also nichts geregelt, besteht auch keine auf die Erhaltung des Mitbenutzungsrechts des verpflichteten Eigentümers gerichtete Unterhaltungspflicht, sondern lediglich die Grundpflicht aus § 1020 S. 2 BGB.

73 Der Urzustand des § 1021 BGB ist somit, dass bei Mitbenutzung weder verpflichteter Eigentümer noch Berechtigter irgendeine Unterhaltungsmaßnahme durchführen müssen und der Berechtigte lediglich rücksichtsvoll mit dem Grundstück des Eigentümers umgehen muss. Oder anders formuliert: Wenn Schnee auf dem Weg liegt, muss der räumen, der den Weg befahren will. Da ein solches Regelungsvakuum streitanfällig ist, sind konkrete Regelungen der Pflichten vorzuziehen.

§ 1021 Abs. 2 BGB regelt eine Besonderheit der Vereinbarungen im Begleitschuldverhältnis: Die Unterhaltungspflichten des § 1021 BGB sind reallastbewehrt. Das bedeutet, dass bei Nichterfüllung der jeweiligen vereinbarten Unterhaltungspflicht die finanziellen Mittel zur Erfüllung der Unterhaltungspflicht zwangsweise durch Zwangsvollstreckung in das jeweilige betroffene Grundstück erlangt werden können.[14]

(3) § 1022 BGB

74 **§ 1022 BGB:**

Besteht die Grunddienstbarkeit in dem Recht, auf einer baulichen Anlage des belasteten Grundstücks eine bauliche Anlage zu halten, so hat, wenn nicht ein anderes bestimmt ist, der Eigentümer des belasteten Grundstücks seine Anlage zu unterhalten, soweit das Interesse des Berechtigten es erfordert. Die Vorschrift des § 1021 Abs. 2 gilt auch für diese Unterhaltungspflicht.

§ 1022 BGB regelt eine weitere gesetzliche Unterhaltungspflicht, diesmal des verpflichteten Eigentümers für den Fall, dass der Berechtigte *„eine bauliche Anlage auf einer baulichen Anlage des Grundstücks hält.“*

14 MüKo-BGB/*Mohr*, § 1021 BGB Rn 9.

Beispiel:

Der jeweilige Eigentümer des Nachbargrundstücks darf eine Photovoltaikanlage (= bauliche Anlage) auf dem Dach des Wohnhauses des Nachbarn (= bauliche Anlage) anbringen.

Die Photovoltaikanlage ist eine bauliche Anlage auf einer anderen baulichen Anlage im Sinne des § 1022 BGB.

Für diesen Fall regelt § 1022 BGB, dass der verpflichtete Eigentümer seine Anlage, also im 75
Beispiel das Dach des Wohnhauses, soweit es das Benutzungsrecht des Berechtigten erfordert, unterhalten muss.

„*Soweit es das Benutzungsrecht erfordert*" bedeutet, dass der Berechtigte nicht verlangen kann, dass das Haus statt in Grün in Gelb gestrichen wird, weil es ihm besser gefällt. Er kann aber verlangen, dass das Dach ausgebessert wird, damit die Statik seiner angebrachten Photovoltaikanlage nicht beeinträchtigt wird.

Da es sich um eine gesetzliche Unterhaltungspflicht handelt, ist zudem wie zu § 1020 S. 2 BGB bereits ausgeführt, bei der Regelung im Begleitschuldverhältnis zu beachten, dass ein „Mehr" als die reine Wiedergabe der gesetzlichen Regelung vereinbart wird.

(4) Fazit

Im Einzelnen ist umstritten, was genau im Rahmen der §§ 1020 ff. BGB als Inhalt des gesetzli- 76
chen Schuldverhältnisses einer Dienstbarkeit geregelt werden kann.

Lerntipp!

Als Faustformel ist zu merken, dass im Fall der Mitbenutzung des Eigentümers des dienenden Grundstücks weitergehende Regelungen getroffen werden können.

Erfolgen die Regelungen zur Unterhaltungspflicht innerhalb des gesetzlichen Schuldverhältnisses, greifen die §§ 1021 Abs. 2, 1022 S. 2 BGB, d.h., die Unterhaltungspflichten sind reallastbewehrt.

Bei Unsicherheiten mag es trotzdem empfehlenswert sein, die Regelungen zur Unterhaltung nicht in das Begleitschuldverhältnis und somit in die Dienstbarkeit, sondern in eine **gesonderte schuldrechtliche Vereinbarung** aufzunehmen. Damit wird verhindert, dass die Eintragung der Grunddienstbarkeit zunächst wegen unzulässigen Dienstbarkeitsinhalts untersagt wird. Die schuldrechtliche Vereinbarung bedarf der Weitergabeverpflichtung, um im Fall des Eigentümerwechsels auf Verpflichteten- oder Berechtigtenseite mitüberzugehen und ist nicht reallastbewehrt.

b) Kostentragung (*)

Die Frage der Kostentragung ist für die Beteiligten meist von großer Bedeutung („*Beim Geld* 77
hört die Freundschaft auf."), sodass klare Regelungen in diesem Bereich spätere Streitigkeiten vermeiden helfen.

Die **sachgerechte Verteilung der Kostenlast** ist, wie auch die obenstehenden Ausführungen in Rdn 66 ff. zeigen, eng mit der **Frage der inhaltlichen Regelung** der jeweiligen Pflichten verbunden. Wer zur Unterhaltung verpflichtet ist, wird in der Regel auch die Kosten der Unterhaltung zu tragen haben. Zur Erarbeitung sachgerechter Vorschläge zur Kostentragung ist es daher sinnvoll, sich an der geplanten Pflichtenverteilung zu orientieren. So sind Anlagenteile, die ein Eigentümer allein nutzt, auch nur von diesem zu unterhalten, gemeinsame genutzte Teile von beiden Eigentümern und dementsprechend auch die Kosten aufzuteilen. Die Kostenaufteilung bei gemeinsamer Benutzung und Unterhaltung innerhalb der beiden nutzenden Eigentümer müssen diese untereinander sachgerecht aushandeln und regeln.

Auch wenn Unterhaltungs-, Mitbenutzungspflichten und Kostenregelung häufig Hand in 78
Hand gehen werden, ist es selbstverständlich möglich, auch nur **einzelne** von diesen zu regeln. Auf die Regelung zur Kostentragung sollte wenn möglich jedoch nicht verzichtet werden, da

(durchaus auch einmal höher ausfallende) Zahlungspflichten erfahrungsgemäß ein erhöhtes Streitpotential mit sich bringen.

5. Weiterer Inhalt der Dienstbarkeitsbestellungsurkunde (*)

a) Materiell-rechtliche Erklärungen (*)

aa) Allgemein (*)

79 **§ 873 BGB:**

(1) Zur (...) Belastung eines Grundstücks mit einem Recht (...) ist die ***Einigung des Berechtigten*** *und des anderen Teils über den Eintritt der Rechtsänderung und die* ***Eintragung*** *der Rechtsänderung in das Grundbuch erforderlich, soweit nicht das Gesetz ein anderes vorschreibt.*

(2) Vor der Eintragung sind die Beteiligten an die Einigung ***nur gebunden****, wenn die* ***Erklärungen notariell*** *beurkundet oder* ***vor dem Grundbuchamt abgegeben oder bei diesem eingereicht*** *sind oder wenn der Berechtigte dem anderen Teil eine den Vorschriften der Grundbuchordnung entsprechende* ***Eintragungsbewilligung ausgehändigt*** *hat.*

80 Um eine Grunddienstbarkeit nach materiellem Recht entstehen zu lassen, sind die folgenden Voraussetzungen erforderlich:

- Rechtsgeschäftlicher Erwerb,
- Einigung zwischen Verpflichtetem und Berechtigtem,
- Eintragung des Rechts in das Grundbuch,
- Fortbestehen der Einigung im Zeitpunkt der Eintragung („Einigsein"),
- Berechtigung dessen, der das Eigentum belastet.

bb) Rechtsgeschäftlicher Erwerb (*)

81 Die Regelung des § 873 BGB **gilt nur** für den **Rechtserwerb durch Rechtsgeschäft**, d.h. durch einen Erwerb, der durch eine willentliche Entscheidung der Beteiligten begonnen wird. Davon zu unterscheiden sind die automatischen Erwerbsarten, die eintreten, ganz egal ob die Beteiligten es wollen oder nicht: Erwerb kraft Gesetzes (z.B. im Erbfall) und der Erwerb durch Hoheitsakt (= staatliche Maßnahme, z.B. bei der Zwangsversteigerung).

Die soeben (siehe Rdn 80) aufgeführten weiteren Voraussetzungen für die materiell-rechtlichen Erklärungen gelten also für den Fall, dass ein rechtsgeschäftlicher Erwerb vorliegt und § 873 BGB anwendbar ist.

82 In die **Dienstbarkeitsbestellungsurkunde** ist diesbezüglich **nichts aufzunehmen**, da eine willentliche Entscheidung der Beteiligten und somit ein rechtsgeschäftlicher Erwerb entweder vorliegt oder nicht, unabhängig davon, was man in der Urkunde schreiben würde.

> *Lerntipp!*
>
> Bei der Dienstbarkeitsbestellung handelt es sich fast immer um einen rechtsgeschäftlichen Erwerb. Nur in seltenen Ausnahmefällen kann es einmal anders sein (z.B. Erwerb kraft Gesetzes durch Ersitzung, § 900 Abs. 2 BGB). In der Prüfungssituation müssen Sie daher diesen Punkt, wenn nicht besonders danach gefragt wird, nicht zwingend erwähnen.

cc) Einigung zwischen Verpflichtetem und Berechtigtem (*)

83 Verpflichteter und Berechtigter müssen sich einig sein, dass die Grunddienstbarkeit bestellt werden soll. Eine besondere Form für diese Einigung schreibt das Gesetz nicht vor, sodass sie **in jeder beliebigen Form** erfolgen kann. Von der notariell beurkundeten Erklärung über die eigenhändig unterschriebene Erklärung („Schriftform"), die Erklärung per E-Mail („Textform") oder die mündliche Absprache ist alles denkbar. Die Einigung muss noch nicht einmal ausdrücklich mündlich geäußert werden, sie kann sich auch aus den Umständen ergeben („**konkludente Erklärung**").

84 In die **Dienstbarkeitsbestellungsurkunde** kann (neben der formell-rechtlichen Bewilligung siehe hierzu sogleich Rdn 89 ff.) die materiell-rechtliche Einigung aufgenommen werden, ihre Aufnahme ist aber nicht zwingend notwendig. In den überwiegenden Fällen wird sie in der

Praxis zumindest **nicht ausdrücklich schriftlich** in die Dienstbarkeitsbestellungsurkunde aufgenommen, da ihre Aufnahme nachteilige Kostenfolgen haben kann. Trotzdem gibt es immer wieder gerichtliche Entscheidungen, die in die Abgabe der formell-rechtlichen Erklärungen (siehe hierzu nachfolgend Rdn 89 ff.) eine konkludent abgegebene materiell-rechtliche Einigung hineinlesen.

dd) Eintragung im Grundbuch (*)

Für die materielle Rechtsentstehung muss die **Eintragung im Grundbuch** lediglich erfolgt sein, wobei unerheblich ist, ob das Grundbuchamt seine formell-rechtlichen Vorschriften (siehe hierzu nachfolgend Rdn 89 ff.) eingehalten hat oder nicht. 85

Um die Eintragung herbeizuführen, sind die **formell-rechtlichen Grundbucherklärungen** (siehe hierzu nachfolgend Rdn 89 ff.) in die Dienstbarkeitsbestellungsurkunde aufzunehmen.

ee) Einigsein (*)

Die Einigung zwischen Verpflichtetem und Berechtigten muss **im Zeitpunkt der Eintragung** noch **fortbestehen**. Das kann durch tatsächliches Fortbestehen (= beide sind sich weiterhin einig) erfolgen, oder dadurch, dass die Einigung nach § 873 Abs. 2 BGB, also z.B. durch notarielle Beurkundung der Erklärungen, bindend geworden ist, d.h. nicht mehr widerrufen werden kann (= ob sich beide weiter einig sind, ist egal, weil sie nichts mehr ändern dürfen). 86

Soll eine Urkunde diese Bindungswirkung durch notarielle Beurkundung herbeiführen, enthält sie die notarielle Beurkundung der Einigungserklärung nach Rdn 83 f. Im Übrigen werden jedoch in der Regel keine gesonderten Erklärungen zum Punkt „Einigsein im Zeitpunkt der Eintragung" in die Urkunde aufgenommen, da das tatsächliche Fortbestehen der Einigung oder die Herbeiführung der Bindungswirkung durch spätere Maßnahmen wie z.B. das Aushändigen der Bewilligungsurkunde tatsächliche Erfordernisse sind, die vorliegen oder nicht vorliegen und sich in der Dienstbarkeitsbestellungsurkunde, die ja üblicherweise vor der Eintragung unterzeichnet wird, nicht festhalten lassen.

ff) Berechtigung (*)

Die Grunddienstbarkeit kann zudem materiell-rechtlich **nur** entstehen, **wenn derjenige** sie bestellt, der auch dazu **berechtigt** ist. Es kann also grundsätzlich kein Fremder, der nicht Eigentümer oder Verfügungsberechtigter ist, das Grundstück eines anderen belasten, sondern immer nur der, dem das Grundstück gehört (= Eigentümer) oder der, der zur Verfügung über das Grundstück berechtigt ist (= z.B. Insolvenzverwalter, Testamentsvollstrecker). 87

> *Beispiel:*
>
> Grundstück Albertusstraße gehört Eigentümer Albertus, Grundstück Bayernstraße gehört Eigentümer Bayernhuber und Grundstück Captainstraße gehört Eigentümer Captain. Nun soll eine Grunddienstbarkeit auf Grundstück Albertusstraße zugunsten von Grundstück Bayernstraße bestellt werden.
>
> Die Dienstbarkeit entsteht lediglich, wenn der Eigentümer Albertus zusammen mit Bayernhuber sich einigt, da Albertus der Eigentümer und somit der Berechtigte des betroffenen Grundstücks ist. Die Dienstbarkeit entsteht nicht, wenn sich Eigentümer Captain mit Eigentümer Bayernhuber über die Entstehung der Dienstbarkeit auf Grundstück Albertusstraße einigt.

Um die **Berechtigung zu erläutern,** wird in die Dienstbarkeitsbestellungsurkunde häufig der **Grundbuchstand aufgenommen** oder werden sonstige Ausführungen zur Verfügungsberechtigung vorgenommen. Dies ist im Interesse der klaren Information von Grundbuchamt und weiteren interessierten Urkundsadressaten zu empfehlen. 88

Die Darstellung der Berechtigung ist jedoch **lediglich beschreibend**: Es kann wiedergegeben werden, was ist, es kann jedoch nicht durch Aufnahme in die Dienstbarkeitsbestellungsurkunde eine Berechtigung begründet werden, die zuvor nicht bestand.

b) Grundbuchrechtliche Erklärungen (*)

aa) Allgemein (*)

89 **§ 19 GBO:**

*Eine Eintragung erfolgt, wenn **derjenige sie bewilligt**, dessen **Recht von ihr betroffen** wird.*

§ 13 Abs. 1 GBO:

*Eine **Eintragung** soll, soweit nicht das Gesetz etwas anderes vorschreibt, **nur auf Antrag** erfolgen. **Antragsberechtigt** ist jeder, dessen Recht **von der Eintragung betroffen** wird oder **zu dessen Gunsten** die Eintragung erfolgen soll.*

§ 29 Abs. 1 S. 1 GBO:

*Eine Eintragung soll nur vorgenommen werden, wenn die **Eintragungsbewilligung** oder die sonstigen zu der Eintragung erforderlichen Erklärungen durch **öffentliche oder öffentlich beglaubigte Urkunden** nachgewiesen werden. (...)*

90 **Formell-rechtlich** bedarf die Dienstbarkeit der Bewilligung des Verpflichteten (§ 19 GBO: *„derjenige (...), dessen Recht betroffen [ist]"*) und des Antrags des Berechtigten oder des Verpflichteten (§ 13 GBO). Nach der Regelung des § 29 Abs. 1 S. 1 GBO muss die Eintragungsbewilligung (nicht jedoch der Antrag gemäß § 13 GBO) in öffentlicher, d.h. in beurkundeter Urkunde oder in öffentlich beglaubigter, d.h. in von einer öffentlichen Stelle, wie z.B. dem Notar oder der Gemeinde, beglaubigter Urkunde enthalten sein.

Da die materiell-rechtliche Einigung nicht in die Dienstbarkeitsbestellungsurkunde aufgenommen werden muss (siehe hierzu Rdn 83 f.), ist es also möglich, die Eintragung einer Dienstbarkeit **lediglich** durch Abgabe der formell-rechtlichen Erklärungen **von Seiten des Verpflichteten** in einem notariell unterschriftsbeglaubigten Dokument zu erwirken.

91 Selbstverständlich kann die Abgabe dieser Erklärungen jedoch auch in einer **notariell beurkundeten Urkunde** erfolgen. Die Wahl der „höheren Form" steht den Beteiligten immer freiwillig offen. Manchmal ist sie jedoch auch vorgeschrieben. Wenn die Dienstbarkeitsbestellung Teil eines beurkundungspflichtigen Rechtsgeschäfts ist, dann muss sie auch selbst beurkundet werden.

> *Beispiel:*
>
> Verkauf einer Teilfläche, die nach Vermessung keinen Zugang zu einer öffentlichen Straße mehr hat. Um eine Zufahrt zu ermöglichen, wird über das verbleibende Restgrundstück ein Weg geführt. Dieser soll mit einem Geh- und Fahrtrecht, welches im Grundbuch als Grunddienstbarkeit eingetragen wird, abgesichert werden.
>
> In einem solchen Fall ist die Verpflichtung zur Bestellung einer Grunddienstbarkeit Bestandteil des Teilflächenverkaufs, der wie alle Grundstückskaufverträge und Grundstücksüberlassungsverträge beurkundungspflichtig ist.

bb) Schlagwortartige Umschreibung des Dienstbarkeitsinhalts (*)

92 Ferner ist zu beachten, dass die Eintragungsbewilligung jede Nutzung bzw. Unterlassung, die **Primärpflicht** der Dienstbarkeit ist, **schlagwortartig umschreibt** und nicht lediglich die Eintragung einer Dienstbarkeit verlangt.

Viele Rechtsbezeichnungen haben sich über die Zeit eingebürgert (z.B. Geh- und Fahrtrecht, Leitungsrecht). Es ist aber ebenfalls möglich, eine neue Bezeichnung zu wählen, solange sie den wesentlichen Dienstbarkeitscharakter schlagwortartig kennzeichnet.

cc) Herrschvermerk (*) und Vorlöschungsklausel

93 **§ 876 BGB:**

*Ist ein Recht an einem Grundstück mit dem Recht eines Dritten belastet, so ist **zur Aufhebung** des belasteten Rechts die Zustimmung des Dritten erforderlich. Steht das aufzuhebende Recht dem **jeweiligen Eigentümer eines anderen Grundstücks** zu, so ist, wenn dieses Grundstück mit* *dem **Recht eines Dritten** belastet ist, die Zustimmung des Dritten erforderlich, es sei denn, dass dessen Recht durch die Aufhebung nicht berührt wird. (...)*

§ 21 GBO:

*Steht ein Recht, das durch die Eintragung betroffen wird, dem jeweiligen Eigentümer eines Grundstücks zu, so bedarf es der Bewilligung der Personen, deren Zustimmung nach § 876 S. 2 des Bürgerlichen Gesetzbuchs zur Aufhebung des Rechtes erforderlich ist, nur dann, wenn das **Recht auf dem Blatt des Grundstücks** vermerkt ist.*

Der **Herrschvermerk** vermerkt am herrschenden Grundstück, dass diesem eine Grunddienst- 94
barkeit zusteht. Für das Entstehen des dinglichen Rechts ist er ohne Bedeutung, da schließlich auch Grunddienstbarkeiten ohne Herrschvermerk wirksam bestehen können. Er verbessert jedoch die Transparenz der Berechtigungsverhältnisse. Bei einer Grunddienstbarkeit mag dies nicht so bedeutsam sein wie z.B. bei einem dinglichen Vorkaufsrecht, wo die faktische Unkenntnis einer Vielzahl von Berechtigten zu einer faktischen Unverkäuflichkeit eines Grundstücks führen kann, irrelevant ist sie jedoch auch hier nicht.

Nach § 876 S. 2 BGB ist **materiell-rechtlich** für die Aufhebung des Rechts (die Zustimmung 95
der am berechtigten Grundstück eingetragenen Berechtigten erforderlich, wenn ihr Recht durch die Aufhebung bzw. Inhaltsänderung nachteilig berührt wird. Ein solcher „Berechtigter" ist häufig eine kreditfinanzierende Bank, die mit einem Verwertungsrecht am herrschenden Grundstück in Abt. III eingetragen ist. Ähnliches gilt auch für die Inhaltsänderung, § 877 BGB, mit der Maßgabe, dass hier sowohl die Zustimmung der am berechtigten als auch die Zustimmung der am dienenden Grundstück eingetragenen Berechtigten erforderlich werden kann. Um es auf eine Faustformel herunterzubrechen: Es müssen immer die Berechtigten zustimmen, deren Recht nachteilig berührt wird. Diese Zustimmung muss **materiell-rechtlich immer** vorliegen, **formell-rechtlich**, d.h., gegenüber dem Grundbuchamt muss eine solche Zustimmung jedoch nur vorgelegt werden, wenn ein Herrschvermerk im Grundbuch eingetragen ist (§ 21 GBO). Der Herrschvermerk führt also dazu, dass die Zustimmung z.B. der finanzierenden Bank nicht vergessen wird und ist daher häufig von dieser gewünscht.

Die Eintragung des Herrschvermerks führt **jedoch zu erhöhten Kosten** beim Grundbuchamt 96
(Nr. 14160 KV GNotKG: 50 EUR pro Eintragung), weswegen die Beteiligten häufig auf diesen verzichten, wenn er nicht z.B. wegen den genannten Vorteilen von einer kreditfinanzierenden Bank ausdrücklich verlangt wird.

Eine **Vorlöschungsklausel,** d.h. eine Löschungserleichterung, die ermöglicht, bei bestimmten 97
Voraussetzungen die Grunddienstbarkeit ohne Bewilligung des Berechtigten zu löschen (ausführlicher zur Vorlöschungsklausel bei der beschränkt persönlichen Dienstbarkeit, Rdn 187 ff.) ist üblich bei Lebenszeitrechten. Bei der Grunddienstbarkeit ist sie hingegen unüblich, wenn auch theoretisch bei befristeten und bedingten Rechten denkbar, § 24, 23 Abs. 2 GBO (siehe hierzu ausführlicher Rdn 191).

dd) Angabe des Berechtigungsverhältnisses (*)

§ 47 Abs. 1 GBO: 98

*Soll ein Recht für mehrere gemeinschaftlich eingetragen werden, so soll die Eintragung in der Weise erfolgen, daß entweder die Anteile der Berechtigten in **Bruchteilen** angegeben werden oder das für die **Gemeinschaft maßgebende Rechtsverhältnis** bezeichnet wird.*

Das Grundbuchrecht verlangt grundsätzlich die Angabe des Berechtigungsverhältnisses, 99
wenn mehrere gemeinschaftlich berechtigt sind. Die Frage ist für die Grunddienstbarkeit nicht von großer Bedeutung, da der Berechtigte einer Grunddienstbarkeit im Regelfall ein einziges herrschendes Grundstück ist. Eine Angabe des Berechtigungsverhältnisses kommt nur bei mehreren herrschenden Grundstücken im Rahmen einer einheitlichen Grunddienstbarkeit in Betracht. Nicht erforderlich ist die Angabe des Berechtigungsverhältnisses, um die Eigentumsverhältnisse der jeweiligen Eigentümer des einzigen herrschenden Grundstücks darzustellen.

Genauere Ausführungen zum Berechtigungsverhältnis finden sich daher im Abschnitt über eine Mehrzahl herrschender Grundstücke, siehe Rdn 154 ff.

100 Zudem ist zu beachten, dass anstelle der Bestellung einer einheitlichen Grunddienstbarkeit zugunsten mehrerer herrschender Grundstücke, immer auch die Bestellung einzelner gleichrangiger Dienstbarkeiten, die sich gemäß § 1024 BGB gegenseitig beeinträchtigen, möglich ist.

c) Rangbestimmung (*)

101 **§ 879 BGB (= materiell-rechtliche Vorschrift):**

*(1) Das Rangverhältnis unter mehreren Rechten, mit denen ein Grundstück belastet ist, bestimmt sich, wenn die Rechte in derselben Abteilung des Grundbuchs eingetragen sind, nach der **Reihenfolge der Eintragungen**. Sind die Rechte in verschiedenen Abteilungen eingetragen, so hat das unter Angabe eines früheren Tages eingetragene Recht den Vorrang; Rechte, die unter Angabe desselben Tages eingetragen sind, haben gleichen Rang.*

(…)

*(3) Eine **abweichende Bestimmung des Rangverhältnisses** bedarf der **Eintragung** in das Grundbuch.*

§ 45 GBO (= formell-rechtliche Vorschrift):

*(1) Sind in einer Abteilung des Grundbuchs mehrere Eintragungen zu bewirken, so erhalten sie die **Reihenfolge, welche der Zeitfolge der Anträge** entspricht; sind die Anträge gleichzeitig gestellt, so ist im Grundbuch zu vermerken, daß die Eintragungen gleichen Rang haben.*

(2) Werden mehrere Eintragungen, die nicht gleichzeitig beantragt sind, in verschiedenen Abteilungen unter Angabe desselben Tages bewirkt, so ist im Grundbuch zu vermerken, daß die später beantragte Eintragung der früher beantragten im Rang nachsteht.

*(3) Diese Vorschriften sind insoweit nicht anzuwenden, als ein **Rangverhältnis nicht besteht** oder das Rangverhältnis von den **Antragstellern abweichend bestimmt** ist.*

102 Jedes Recht im Grundbuch hat einen Rang, der sich materiell-rechtlich grundsätzlich aus der **Reihenfolge der Eintragungen** ergibt (§ 879 Abs. 1 BGB), wenn nicht etwas anderes vereinbart ist (§ 879 Abs. 3 BGB). Der Rang eines Rechts lässt sich also durch Grundbucheinsicht erkennen, da im Grundbuch die Eintragungsdaten sowie abweichende Rangbestimmungen verzeichnet sind. Auf Seiten des **formellen Rechts** bestimmt § 45 GBO in welcher Reihenfolge die Eintragungen, die das Rangverhältnis bestimmen, zu erfolgen haben.

103 Die Rangbestimmung erfolgt somit wie die Bestellung eines dinglichen Rechts durch das Zusammenspiel materiell-rechtlicher und formell-rechtlicher Kriterien. Die materiell-rechtliche Rangbestimmung wird in der Praxis, genauso wie die materiell-rechtliche Einigung, in der Regel nicht ausdrücklich in die Dienstbarkeitsbestellungsurkunde aufgenommen. Ist eine Rangbestimmung erforderlich, ist es üblich, lediglich die formell-rechtliche Erklärung in der Eintragungsbewilligung abzugeben. Wie bei der materiell-rechtlichen Einigung über die Bestellung einer Dienstbarkeit (siehe hierzu Rdn 84) kann jedoch je nach Einzelfall eine konkludente materiell-rechtliche Erklärung in die formell-rechtliche Erklärung hineingelesen werden.

104 Unterbleibt eine Regelung zum Rangverhältnis in der Urkunde zur Dienstbarkeitsbestellung, so ist das Recht an **nächstoffener Rangstelle** einzutragen. Aus Klarstellungsgründen ist aber auch in diesem Fall zu empfehlen, ausdrücklich in die Urkunde aufzunehmen, dass die Eintragung des Rechts an nächstoffener Rangstelle beantragt wird. So wird vermieden, dass eine eigentlich erforderliche Rangbestimmung einmal vergessen wird und zu einer versehentlichen Eintragung an nächstoffener Rangstelle führt.

105 Eine **ausdrückliche Rangbestimmung** in der Dienstbarkeitsbestellungsurkunde ist immer dann erforderlich, wenn das Recht einen anderen Rang als die nächstoffene Rangstelle erhalten soll. In der Eintragungsbewilligung wird das Verhältnis zu den übrigen in Abt. II und III eingetragenen oder mit der bewilligten Dienstbarkeit einzutragenden Rechten festgehalten.

aa) Verhältnis zu Rechten in Abt. III (*)

Das Rangverhältnis zu den Rechten in Abt. III, d.h. Hypotheken, Grundschulden und Rentenschulden ist von besonderer Bedeutung, da diese Rechte als Verwertungsrechte die Befugnis zur **Zwangsversteigerung** in das Grundstück geben. Erfolgt der Zuschlag in der Zwangsversteigerung erlöschen grundsätzlich alle Rechte, die dem Recht, aus dem die Zwangsversteigerung betrieben wird, im Rang nachgehen. Zwar ist für diesen Fall eine Abfindung in Geld als Ersatz für das Erlöschen des Rechts vorgesehen. Diese Abfindung kann aber nur gezahlt werden, wenn noch ein Versteigerungserlös, d.h. Geld aus der Zwangsversteigerung, nach Bezahlung der im Rang vorgehenden Gläubiger übrig ist. Dies ist häufig nicht der Fall, sodass das nachrangige Recht in diesem Fall ersatzlos erlischt. 106

Exkurs:

Die Zwangsversteigerung ist zwar die bekannteste, aber nur eine der zwei Formen der **Zwangsvollstreckung in Grundstücke**. Ein Grundstück kann daneben auch noch im Wege der Zwangsverwaltung verwertet werden. Während die Zwangsversteigerung dazu führt, dass das Eigentum an dem Grundstück mit Zuschlag in der Zwangsversteigerung wechselt, gibt die Zwangsverwaltung die Befugnis, die Erträge des Grundstücks, also z.B. den Erlös aus einer Vermietung des Grundstücks, zur Begleichung der Schulden zu verwenden.

Aufgrund dieser Gefahren ist ein Notar nach der Rechtsprechung des BGH verpflichtet, entweder zu **verhindern,** dass die Dienstbarkeit im Rang nach einem Verwertungsrecht eingetragen wird oder eindringlich auf die **Risiken hinzuweisen**. Am besten ist es somit, in der Dienstbarkeitsbestellungsurkunde den Rang der Dienstbarkeit vor den eingetragenen Verwertungsrechten in Abt. III zu regeln. 107

Es sind Regelungen aufzunehmen, dass **Rangrücktrittserklärungen** der Berechtigten der vorrangigen Rechte einzuholen sind und wer die Kosten dieser Rangrücktritte trägt. Ebenso sollte mit den Inhabern der Verwertungsrechte vorab geklärt werden, ob die Einholung einer Rangrücktrittserklärung grundsätzlich aussichtsreich wäre. Hilfreich ist es, auch wenn die Erlangung der gewünschten Rangstelle aussichtsreich erscheint, eine „Backup-Regelung" in die Urkunde aufzunehmen, für den Fall, dass der gewünschte Rang doch nicht erreicht werden kann. Dies vermeidet, dass später neuerlich Erklärungen zum Rang gegenüber dem Grundbuchamt abgeben werden müssen, die das Eintragungsverfahren verzögern, falls die Rangstelle nicht erlangt werden kann.

Praxistipp:

Betrifft die Rangrücktrittserklärung Grundpfandrechte, ist neben den üblichen Erklärungen zum Rangrücktritt auch darauf zu achten, dass die ausdrückliche Zustimmung des Grundstückseigentümers zum Rangrücktritt in die Urkunde aufgenommen wird. § 880 Abs. 2 S. 2 BGB („*Soll eine Hypothek, eine Grundschuld oder eine Rentenschuld zurücktreten, so ist außerdem die Zustimmung des Eigentümers erforderlich.*") verlangt die Zustimmung als materiell-rechtliches Erfordernis, das jedoch auch dem Grundbuchamt nachzuweisen ist.

Ist die Erlangung des Vorrangs vor eingetragenen Verwertungsrechten nicht möglich oder von den Beteiligten nicht gewünscht, muss dies in die Urkunde, verbunden mit einem deutlichen Hinweis, der nicht nur auf das Rangverhältnis hinweist, **aufgenommen** werden. Der Hinweis muss in klaren Worten davor warnen, dass eine Zwangsversteigerung zum Erlöschen der nachrangigen Rechte führt, ein Wertersatz nur geleistet wird, soweit vom Versteigerungserlös nach Befriedigung der vorrangigen Gläubiger etwas übrig bleibt und der Fall des mangelnden Versteigerungserlöses schneller eintreten kann, als erwartet, da der Betrag der vorrangigen Rechte aufgrund der eingetragenen Nebenrechte deutlich höher als ihr Nennbetrag ist. 108

(Im Übrigen siehe die Ausführungen in Rdn 186 zur Problematik der Revalutierung eines im Grundbuch eingetragenen Verwertungsrechts, das aktuell keine Kreditforderung absichert).

bb) Verhältnis zu Rechten in Abt. II (*)

109 **§ 1024 BGB:**

Trifft eine Grunddienstbarkeit mit einer anderen Grunddienstbarkeit oder einem sonstigen Nutzungsrecht an dem Grundstück dergestalt zusammen, dass die Rechte nebeneinander ***nicht oder nicht vollständig ausgeübt*** *werden können, und haben die Rechte* ***gleichen Rang****, so kann jeder Berechtigte eine den Interessen aller Berechtigten nach billigem Ermessen entsprechende Regelung der Ausübung verlangen.*

110 Die meisten Rechte in Abt. II sind keine Verwertungsrechte, sodass sich die in Rdn 106 ff. skizzierte Problematik des Erlöschens der Dienstbarkeit durch Zwangsversteigerung nicht stellt. Eine Ausnahme ist die Reallast, für die diese Ausführungen gleichermaßen gelten.

Im Verhältnis zu anderen im Grundbuch eingetragenen Dienstbarkeiten bestimmt der Rang das **Verhältnis der Nutzungsberechtigung**, die die einzelnen Dienstbarkeiten gewähren. Problematisch ist dies immer nur dann, wenn die Dienstbarkeiten Nutzungen regeln, die sich überschneiden. Hier ist im Gespräch mit den Beteiligten zu erörtern, wie sie das Nutzungsverhältnis wünschen.

111 Ein Nutzungsrecht mit einem **höheren Rang geht** dem mit niedrigerem Rang bei Überschneidungen der Nutzungsberechtigung **vor**, d.h., insoweit wird das niederrangigere Recht beschränkt.

Befinden sich die Rechte jedoch im **Gleichrang**, haben ihre Nutzungsberechtigungen grundsätzlich gleichermaßen Gewicht, was jedoch, weil sie sich nicht alle nebeneinander vollständig ausüben lassen, nicht realisierbar ist. Diesbezüglich trifft § 1024 BGB eine Regelung, dass jeder Berechtigte eine für alle angemessene Regelung verlangen kann. In der Regelbedeutet dies, dass sich jeder Berechtigte in einem gerechten Verhältnis in seiner Nutzung einschränken muss, um allen anderen ebenfalls die Nutzung zu ermöglichen.

Ist bereits bei Bestellung einer Grunddienstbarkeit ersichtlich, dass später weitere Dienstbarkeiten im Gleichrang hinzukommen könnten, ist es zudem denkbar, eine solche Verteilung der Nutzung bereits in den Dienstbarkeitsinhalt aufzunehmen.

112 Im Verhältnis zu in Abt. II eingetragenen **Vorkaufsrechten** ist zu unterscheiden:

Geht die Dienstbarkeit im Rang vor, ist sie im Vorkaufsfall mit zu übernehmen. Geht die Dienstbarkeit im Rang nach, ist sie ebenfalls mit zu übernehmen, es sei denn, sie wurde erst nach Eintritt des Vorkaufsfalles ins Grundbuch eingetragen. In diesem Fall ist sie zu löschen.[15] Auch bei vorrangigen Vorkaufsrechten empfiehlt sich somit die Einholung einer Rangrücktrittserklärung, um der Dienstbarkeit Vorrang zu verschaffen. Wenn dies nicht möglich oder nicht gewünscht ist, ist ein Hinweis auf die Risiken verbunden mit der Feststellung, dass eine anderweitige Rangregelung nicht gewünscht war, aufzunehmen.

113 In Abt. II eingetragene **Vermerke,** wie z.B. der Zwangsvollstreckungsvermerk, haben **keinen Rang**. Im Verhältnis zu ihnen kann daher auch keine Rangbestimmung erfolgen.

d) Schuldrechtliche Vereinbarungen

114 Dem sachenrechtlichen Typenzwang, der innerhalb eines dinglichen Rechts nur die Gestaltungen zulässt, die das Gesetz erlaubt, steht auf schuldrechtlicher Seite der Grundsatz der Privatautonomie gegenüber: In vertraglichen Regelungen ist grundsätzlich alles erlaubt, es sei denn, das Gesetz verbietet es. Im Sachenrecht ist hingegen grundsätzlich alles verboten, es sei denn, das Gesetz erlaubt es.

115 Die Aufnahme von **schuldrechtlichen Vereinbarungen** in die Dienstbarkeitsbestellungsurkunde kombiniert diese beiden Grundsätze. Es gibt Regelungen, die aufgrund des sachenrechtlichen Typenzwangs (weil sie auf sachenrechtlicher Ebene „nicht erlaubt sind“) nicht als Inhalt einer Grunddienstbarkeit vereinbart werden können.

15 BGH NJW 1973, 1278, 1281.

Beispiel:

Zahlungspflicht des Berechtigten als Gegenleistung für die Nutzung der Dienstbarkeit.

Die Zahlungspflicht des Berechtigten entspricht keiner der drei genannten Kategorien des Dienstbarkeitsinhalts und ist auch nicht Teil der gesetzlichen Regelungen zum Begleitschuldverhältnis.

Aufgrund des Grundsatzes der Privatautonomie können diese Regelungen jedoch schuld- **116** rechtlich, d.h. auf rein vertraglicher Basis, vereinbart werden. Diese schuldrechtlichen Vereinbarungen sind **nicht Inhalt der Grunddienstbarkeit**, sie werden nur aufgrund inhaltlichen Zusammenhangs bei Gelegenheit der Bestellung der Grunddienstbarkeit in einer Bestellungsurkunde zusammengefasst.

Der Unterschied, ob eine Regelung dinglicher Inhalt des Rechts oder lediglich schuldrechtliche Vereinbarung ist, zeigt sich dann, wenn auf Verpflichteten- oder Berechtigtenseite ein Wechsel eintritt, z.B. durch Eigentumswechsel am dienenden oder herrschenden Grundstück.

Das **dingliche Recht wirkt automatisch** für den neuen Verpflichteten oder Berechtigten. Die **117** **schuldrechtliche Vereinbarung** besteht immer **nur zwischen den Parteien** der Vereinbarung, d.h. sie würde weiterhin zwischen dem alten Verpflichteten und dem alten Berechtigten bestehen.

Soll sie bei einem Berechtigten- oder Verpflichtetenwechsel ebenfalls übergehen, sind Regelungen zu treffen. Der Begünstigte der schuldrechtlichen Vereinbarung (im Beispiel: der Eigentümer des dienenden Grundstücks, der die Zahlung erhält) kann verpflichtet werden (auch wenn er es häufig auch ohne Verpflichtung tun wird), seinen Anspruch an seinen Rechtsnachfolger abzutreten, d.h. weiterzugeben und diesen wiederum zu verpflichten, seinen soeben erhaltenen Anspruch im Fall eines weiteren Begünstigtenwechsels weiterzugeben. Der Verpflichtete der schuldrechtlichen Vereinbarung (im Beispiel: der Eigentümer des herrschenden Grundstücks, der die Zahlung leisten muss) muss sich verpflichten, seine Verpflichtung seinem Rechtsnachfolger weiterzugeben und auch diesem wiederum aufzugeben, diese Verpflichtung bei einem neuerlichen Wechsel in der Stellung des Verpflichteten weiterzugeben („**Weitergabeverpflichtung**").

In manchen Fällen ist auch nur eine der beiden Weitergabeverpflichtungen gewünscht, sodass auch hier der genaue Inhalt der Urkunde mit den Beteiligten besprochen werden muss.

Neben der rein begleitenden schuldrechtlichen Regelung einer Verpflichtung, die nicht **118** Dienstbarkeitsinhalt sein kann, kann der Verpflichtung auch eine Art „Zwitterstellung" verschafft werden. Es ist anerkannt, dass die **Ausübung der Dienstbarkeit unter eine Bedingung** gestellt werden kann, solange diese ausreichend bestimmt ist, selbst wenn der Inhalt der Bedingung isoliert kein Dienstbarkeitsinhalt sein könnte. So kann die Ausübung der Dienstbarkeit z.B. von der Zahlung eines Geldbetrages abhängig gemacht werden. Die Zahlungspflicht selbst ist dann kein Dienstbarkeitsinhalt, aber die Bedingung sorgt dafür, dass die Rechtswirkungen der Dienstbarkeit erst bei Zahlung aufleben.

6. Belastungsgegenstand (*)

Der Belastungsgegenstand ist das **Grundstück**, der **Grundstücksteil**, das **Sondereigentum** **119** oder das **grundstücksgleiche Recht** (z.B. Erbbaurecht, Bergwerkseigentum, selbstständige Gerechtigkeiten nach Landesrecht wie ein selbstständiges Fischereirecht),[16] das mit der Dienstbarkeit belastet ist (dazu in Rdn 136 ff. mehr). Der Belastungsgegenstand ist vom Ausübungsbereich der Dienstbarkeit zu unterscheiden (siehe hierzu oben Rdn 30 ff.).

16 MüKo-BGB/*Mohr*, § 1018 Rn. 20; Vor § 1018 Rn. 17.

Lerntipp!

Faustformel: **Belastungsgegenstand** einer Dienstbarkeit kann im Grundsatz nur sein, was im **Bestandsverzeichnis** unter einer **eigenen Nummer** vorgetragen ist.

Ausnahme: Fälle des § 7 Abs. 2 GBO.

a) Grundstück als Belastungsgegenstand (*)

aa) Unterschiedliche Grundstücksbegriffe (*)

120 Der Begriff „**Grundstück**" kann im Grundstücksrecht verschiedene Bedeutungen haben. Es werden drei Grundstücksbegriffe unterschieden:

1. Grundstück im **tatsächlichen** Sinn oder *„wie es in der Natur aussieht"*: Das Grundstück im tatsächlichen Sinn ist ein rundum abgegrenzter Teil der Erdoberfläche, d.h. die Fläche, die die Eigentümer als „ihr Grundstück" begreifen. Ein Grundstück im tatsächlichen Sinn ist also z.B. ein Haus mit Garage und Garten, das von einem Zaun umgeben ist. Die Grenzen des Grundstücks im tatsächlichen Sinne verlaufen entlang des Zauns, da bei tatsächlicher Betrachtung der durch den Zaun abgegrenzte Bereich als Grundstück der jeweiligen Eigentümer wahrgenommen wird. Im Grundbuch kann ein solches Grundstück im tatsächlichen Sinn jedoch aus vielen verschiedenen Flurstücksnummern, d.h. Grundstücken im katastermäßigen Sinne, oder auch aus verschiedenen Grundstücken im Rechtssinne bestehen, ohne dass es in Natur ersichtlich wäre.
2. Grundstück im **katastermäßigen** Sinn oder *„die Flurnummer im Grundbuch"*: Die Erdoberfläche in Deutschland ist, um eine geordnete Zuordnung der Eigentumsverhältnisse zu ermöglichen, vermessen. Jede separat vermessene Fläche bekommt eine Flurnummer zugeordnet und wird mit ihrem amtlichen Messungsergebnis in einer amtlichen Flurkarte festgehalten, sodass zweifelsfrei klar ist, welche Fläche welcher Flurnummer zugeordnet ist. Der Teil der Erdoberfläche, der eine Flurnummer hat, ist das Grundstück im katastermäßigen Sinn. Um einen Bezug zwischen Grundbuch und amtlicher Flurkarte herzustellen, sind zudem die Flurnummern im Grundbuch vermerkt.
3. Grundstück im **rechtlichen** Sinn oder *„die laufende Nummer im Grundbuch"*: Das Grundstück im rechtlichen Sinne ist der Teil der Erdoberfläche, der rechtlich als ein Grundstück angesehen wird. Dies ist immer dann der Fall, wenn es im Grundbuch als selbstständiges Grundstück, d.h. unter einer eigenen laufenden Nummer gebucht ist. Häufig ist ein Flurstück auch unter einer laufenden Nummer gebucht; dann ist das Grundstück im katastermäßigen Sinn auch gleichzeitig das Grundstück im rechtlichen Sinn. Ebenfalls ist es aber möglich, zwei oder mehr Grundstücke im katastermäßigen Sinn zu einem Grundstück im Rechtssinne zu vereinigen (oder eine „Bestandteilszuschreibung" vorzunehmen), sodass all diese Flurnummern unter einer laufenden Nummer im Grundbuch gebucht sind. Werden Grundstücke geteilt, erfolgt eine Vermessung einer Flurnummer in eine oder mehrere Flurnummern, die jedoch zunächst unter einer laufenden Nummer im Grundbuch gebucht werden. D.h., es bestehen zwar separate Grundstücke im katastermäßigen Sinn, die Aufteilung in separate Grundstücke im rechtlichen Sinn müssen die Beteiligten jedoch selbst veranlassen.

bb) Grundstück im rechtlichen Sinne als Belastungsgegenstand der Grunddienstbarkeit (*)

121 Wenn § 1018 Abs. 1 BGB (*„Ein Grundstück kann zugunsten des jeweiligen Eigentümers eines anderen Grundstücks in der Weise belastet werden, dass (…)"*) von Grundstück spricht ist damit das Grundstück im Rechtssinne gemeint.

Die Belastung eines Grundstücks ist einer der Hauptanwendungsfälle der Bestellung einer Grunddienstbarkeit. Die **Eigentumsverhältnisse am Grundstück sind dabei unerheblich**. Es kann mit einer Grunddienstbarkeit belastet werden, ganz egal ob es im Alleineigentum einer Person, im Miteigentum zweier oder mehrerer natürlicher Personen (= Menschen), im Gesamthandseigentum z.B. einer Erbengemeinschaft, im Eigentum einer juristischen Person (z.B. einer GmbH oder AG) steht oder z.B. in Gütergemeinschaft oder einer Errungenschaftsgemeinschaft nach ausländischem Recht gehalten wird.

Wichtig ist lediglich, dass das **gesamte Grundstück im rechtlichen Sinne** belastet wird.

Ebenfalls möglich ist die Belastung mehrere Grundstücke mit einer einheitlichen Grunddienstbarkeit, wenn an allen Grundstücken eine **gleichartige und gleichzeitige** Rechtsausübung beabsichtigt ist (sog. Gesamtgrunddienstbarkeit).[17] **122**

> *Beispiel:*
>
> Eine Wasserleitung verläuft über die Grundstücke Flurnummer 5, 6 und 7. Hier könnte ein einheitliches Leitungsrecht eingetragen werden, da alle drei Grundstücke in gleicher Art und gleichzeitig durch die Leitung genutzt werden. Die Nutzung wäre, sobald ein Grundstück nicht „mitmacht“, im Ganzen nicht mehr möglich, da das Wasser an der offenen Stelle versickern würde.

Die Verpflichtung aus der Grunddienstbarkeit muss jedoch je nach Ausgestaltung der Berechtigungsverhältnisse am Grundstück nicht immer den **Eigentümer** an sich treffen, sondern kann auch einem **dinglich Nutzungsberechtigten**, an den der Eigentümer somit Befugnisse für die Dauer des dinglichen Nutzungsrechts weitergegeben hat, obliegen. Das ist der Fall, wenn die Dienstbarkeit durch den dinglich Nutzungsberechtigten zu beachten ist, d.h. wenn sie im **Rang seinem Recht vorgeht** und wenn sie sich **inhaltlich** mit dem Recht des Nutzungsberechtigten **überschneidet**.

Eine solche Weiterleitung der Befugnisse bzw. Verpflichtungen ändert aber selbstverständlich nichts daran, dass Belastungsgegenstand weiterhin das Grundstück ist.

b) Grundstücksteil als Belastungsgegenstand

aa) Realer Grundstücksteil

Die Belastung eines realen Grundstücksteils erfolgt nach dem in § 7 GBO geregelten und unter Rdn 36 ff. bereits ausführlich beschriebenen Vorgehen. Sind die Voraussetzungen des § 7 GBO eingehalten, kann eine Eintragung einer Grunddienstbarkeit an einem Grundstücksteil erfolgen. Im Fall des § 7 Abs. 1 GBO erfolgt die Eintragung an dem gesamten, selbstständig vorgetragenen „Grundstücksteil“ (welcher selbst wieder nach Abschreibung ein selbstständiges Grundstück im Rechtssinne ist). **123**

Im Fall des § 7 Abs. 2 GBO erfolgt die Eintragung im Grundbuch an dem Grundstück, zu dem der reale Grundstücksteil gehört, mit einem die Teilbelastung kennzeichnenden Vermerk im Grundbuch. Die Eigentumsverhältnisse am Grundstücksteil, d.h., ob er im Allein-, Mit-, Gesamthandseigentum o.ä. steht, sind für die Bestellung der Dienstbarkeit hingegen nicht weiter erheblich.

> *Lerntipp!*
>
> Wiederholung: Von der Belastung eines realen Grundstücksteils zu unterscheiden ist die Bestimmung eines beschränkten Ausübungsbereichs. In diesem Fall ist ein ganzes Grundstück und nicht nur ein Grundstücksteil mit der Dienstbarkeit belastet, deren Ausübung jedoch im Dienstbarkeitsinhalt auf eine kleinere Fläche des Grundstücks beschränkt ist.

bb) Miteigentumsanteil

Wird ein gesamtes Grundstück belastet, ist es nach dem in Rdn 121 Dargestellten irrelevant, welche Eigentumsverhältnisse daran bestehen, also auch ob es von mehreren Personen zu gleichen Miteigentumsanteilen gehalten wird. Hiervon ist die hier behandelte Frage zu unterscheiden, ob ein Miteigentumsanteil als „Grundstücksteil“ belastet werden kann. **124**

17 Grüneberg/*Herrler*, § 1018 BGB Rn 2.

(1) Was ist ein Miteigentumsanteil? (*)

125 Der Miteigentumsanteil oder auch ideeller Anteil ist eine **Aufteilung des Eigentums** zwischen ein oder mehreren Personen, die, auch wenn sie rechtlich existiert, **in der Realität nicht zu sehen** ist („gedachter Eigentumsanteil").

Wenn eine Immobilie, wie häufig, einem Ehepaar und somit zwei Eigentümern zur Hälfte gehört, bleibt es in der Natur trotzdem bei einem einheitlichen Haus. Der Miteigentumsanteil führt gerade nicht zu einer realen Teilung des Eigentums dergestalt, dass der Ehefrau die linke Haushälfte samt den drei Fenstern im Erdgeschoss gehören würde und dem Mann die rechte Haushälfte. Sie sind lediglich jeweils „ideell" zu 50 % beteiligt, was man sich am besten mit einer wertmäßigen Beteiligung vorstellen kann. Jedem der Ehepartner gehört 50 % vom Wert der Immobilie, ohne dass diese wertmäßige Beteiligung mit genauen Bauteilen („linkes Fenster") der Immobilie verbunden wäre.

126 **Exkurs:**

Ist eine solche Aufteilung gewünscht („*Dem Ehemann soll das Erdgeschoss zustehen, der Ehefrau der erste Stock*"), kann dies durch eine sog. Miteigentümervereinbarung, die eine solche Aufteilung vornimmt, oder durch Aufteilung in Wohnungs- und/oder Teileigentum erreicht werden.

(2) Kann ein Miteigentumsanteil mit einer Grunddienstbarkeit belastet werden?

127 Eine Dienstbarkeit betrifft **tatsächliche Nutzungen** oder den Ausschluss einer Rechtsausübung, die das Grundstück gewährt. So betrifft eine Leitungsdienstbarkeit eine bestimmte Fläche des Grundstücks, hinsichtlich der der jeweilige Eigentümer des verpflichteten Grundstücks dulden muss, dass in sie Rohre eingelegt werden.

Ein Miteigentumsanteil ist aber, da er „rein ideell" ist, grundsätzlich nicht mit einem bestimmten Teil der Grundstücksoberfläche verbunden. Bei der Belastung lediglich eines Miteigentumsanteils mit der Grunddienstbarkeit würde diese nicht zur Nutzung der z.B. für das Leitungsrecht erforderlichen Grundstücksoberfläche berechtigen, da diese Oberfläche den Eigentümern der anderen, unbelasteten Miteigentumsanteile genauso zu einem gewissen „ideellen" Anteil gehört. Diese sind aber gerade nicht zur Duldung der Nutzung verpflichtet.

Lerntipp!

Faustformel: Eine Belastung mit einer Dienstbarkeit ist nur an solchen Belastungsgegenständen möglich, die eine **tatsächliche** Abgrenzung beinhalten. **Ideelle Anteile** können nicht belastet werden.

c) Wohnungs- und Teileigentum als Belastungsgegenstand (*)

aa) Was ist das eigentlich? (*)

(1) Grundsätzliches (*)

128 Im allgemeinen Sprachgebrauch wird, wenn es um eine Immobilientransaktion geht, häufig vom „Hauskauf" gesprochen. Das ist rechtlich gesehen in vielen Fällen jedoch falsch. Häuser sind, sofern sie nicht nur zu einem vorübergehenden Zweck oder in Ausübung eines Rechts errichtet werden, im Regelfall „**wesentliche Bestandteile**" der Grundstücke, da das eine mit dem anderen untrennbar verbunden ist (hierzu auch ausführlich in Rdn 250). Das bedeutet, dass am „Haus an sich" kein selbstständiges Eigentum begründet werden kann, sondern das Eigentum „am Haus" sich nach dem am Grundstück, dessen wesentlicher Bestandteil das Gebäude ist, richtet.

Das Eigentum am Grundstück begründet somit auch **Eigentum am gesamten Haus**. Ein **Grundstückskaufvertrag** umfasst den Verkauf des **Grundstücks** mit dem **gesamten Haus** als „Draufgabe". Auf den ersten Blick scheint es irrelevant, ob sprachlich „das Haus" oder „das Grundstück" verkauft wird; auf den zweiten Blick stellt man aber fest, dass es viele Fälle gibt, in denen nicht das Grundstück mit dem gesamten Haus gekauft oder verkauft werden soll, sondern nur „die Wohnung im Erdgeschoss“. Das wäre nach der bisher dargestellten Grundregel nicht möglich. Um – untechnisch gesprochen – auch die *„Begründung von Eigentum an Teilen eines Gebäudes“* (= Sondereigentum) zu ermöglichen hat der Gesetzgeber das „Wohnungs- und Teileigentum“ geschaffen.

(2) Sondereigentum (*)

§ 1 WEG: 129

(1) Nach Maßgabe dieses Gesetzes kann an ***Wohnungen*** *das* ***Wohnungseigentum,*** *an* ***nicht zu Wohnzwecken*** *dienenden Räumen eines Gebäudes das* ***Teileigentum*** *begründet werden.*

(2) Wohnungseigentum ist das ***Sondereigentum an einer Wohnung*** *in* ***Verbindung mit dem Miteigentumsanteil*** *an dem gemeinschaftlichen Eigentum, zu dem es gehört.*

(3) Teileigentum ist das Sondereigentum an ***nicht zu Wohnzwecken dienenden Räumen*** *eines Gebäudes in* ***Verbindung mit dem Miteigentumsanteil*** *an dem gemeinschaftlichen Eigentum, zu dem es gehört.*

(...)

Mithilfe einer sog. **Teilungserklärung** kann ein Grundstück in viele einzelne Miteigentums- 130
anteile aufgeteilt werden, mit denen jeweils eine bestimmte Wohnung (z.B. die Wohnung im Erdgeschoss) oder bestimmte sonstige, nicht zu Wohnzwecken dienende Räumlichkeiten (z.B. die Arztpraxis im ersten Stock) verbunden sind. Nach § 1 Abs. 2 und 3 WEG entsteht durch die Aufteilung an der jeweiligen Wohnung, wie der Name schon sagt, „**Wohnungseigentum**“, an den jeweiligen sonstigen, nicht zu Wohnzwecken dienenden Räumlichkeiten, „**Teileigentum**“ (Oberbegriff: „Sondereigentum“). Die einzelne so aufgeteilte Wohnung wird auch als „Wohnungseigentumseinheit“, die sonstigen, nicht zu Wohnzwecken dienenden Einheiten als „Teileigentumseinheiten“ (Oberbegriff: „Sondereigentumseinheiten“) bezeichnet.

Um die Zuordnung einzelner Räumlichkeiten zu einer Sondereigentumseinheit zweifelsfrei 131
festzulegen, erhält eine jede Sondereigentumseinheit eine Nummer. Diese Nummer wird in jedem Raum der zur jeweiligen Wohnung gehört, in einen Plan eingezeichnet, der nach den Vorschriften des Beurkundungsrechts Bestandteil der Teilungserklärung sein muss.

(3) Gemeinschaftseigentum (*)

§ 1 Abs. 5 WEG: 132

(5) Gemeinschaftliches Eigentum im Sinne dieses Gesetzes sind das Grundstück und das Gebäude, soweit sie nicht im Sondereigentum oder im Eigentum eines Dritten stehen.

Das gemeinschaftliche Eigentum oder **Gemeinschaftseigentum** umfasst die Bereiche einer 133
Immobilie, die von allen genutzt werden und somit niemandem im Speziellen gehören sollen, wie z.B. das Treppenhaus. Schließlich soll ein jeder dort gehen dürfen, ohne an einen bestimmten Eigentümer eine Art „Treppenhausmaut“ zu zahlen. Das Gemeinschaftseigentum gehört, wie der Name schon sagt, der Gemeinschaft aller Eigentümer (= „Wohnungseigentümergemeinschaft“, kurz „WEG“).

(4) Sonderfall Sondernutzungsrecht (*)

Das Sondernutzungsrecht gehört systematisch zum Gemeinschaftseigentum. Es handelt sich 134
jedoch um Gemeinschaftseigentum, das nicht wie üblich von allen Sondereigentümern genutzt werden darf, sondern **aufgrund Vereinbarung** aller Sondereigentümer, **einem bestimmten Sondereigentümer unter Ausschluss aller anderen zur Nutzung** zusteht. So kann z.B. auf einer Fläche vor einem Gebäude, die eigentlich von allen Sondereigentümern genutzt werden könnte, ein Kfz-Stellplätz für nur einen einzelnen Sondereigentümer abgegrenzt werden.

Die Begründung eines Sondernutzungsrechts erfolgt in der Regel ebenfalls in der **Teilungs-** 135
erklärung, die einen Plan enthält, in dem die Fläche, die dem Sondernutzungsrecht unterliegt, gekennzeichnet ist. Da das Sondernutzungsrecht zum Gemeinschaftseigentum gehört, kann

es nur einem Sondereigentümer zustehen, d.h. einer Person, die grundsätzlich eine Berechtigung am Gemeinschaftseigentum hat. Hieraus folgt auch, dass ein Sondernutzungsrecht nie allein stehen kann, sondern immer mit einer Sondereigentumseinheit verbunden ist, da es einem Sondereigentümer zustehen muss.

> *Beispiel:*
>
> Auf den benachbarten Grundstücken Flurnummer 15 und 16 sind jeweils Häuser errichtet, die in Wohnungseigentum aufgeteilt sind. Vor beiden Häusern befinden sich Stellplätze, die per Sondernutzungsrecht einzelnen Sondereigentümern zur Nutzung zugewiesen werden. Ein Sondereigentümer von Grundstück Flurnummer 15 kann jeden beliebigen Stellplatz auf Grundstück 15 als Sondernutzungsrecht zugewiesen erhalten. Möchte er aber einen Stellplatz auf Grundstück Flurnummer 16 nutzen, so kann dieser mit seiner Sondereigentumseinheit, die zu einer anderen Wohnungseigentümergemeinschaft auf Grundstück Flurnummer 15 gehört, nicht verbunden werden.
>
> Er müsste erst auch auf Grundstück Flurnummer 16 eine Sondereigentumseinheit erwerben, um dort einen Stellplatz per Sondernutzungsrecht nutzen zu können.

bb) Kann das mit einer Dienstbarkeit belastet werden? (*)

136 Das Wohnungs- und Teileigentum nähert sich rechtlich sehr weit einer realen Aufteilung an. In der Teilungserklärung wird jeder Raum, der zu einer Sondereigentumseinheit zählt, in den Aufteilungsplänen einzeln nummeriert, um eine exakte tatsächliche Abgrenzung zu ermöglichen. Es kann daher mit einer Grunddienstbarkeit, die sich ebenfalls mehr an tatsächliche Gegebenheiten als an ideellen Vorstellungen ohne Entsprechung in der Natur (siehe oben zum Mieteigentumsanteil, Rdn 127) orientiert, belastet werden.

Auch beim Wohnungs- und Teileigentum sind die Eigentumsverhältnisse an der jeweiligen Sondereigentumseinheit für die Belastungsfähigkeit unerheblich.

(1) Sondereigentum (*)

137 Eine einzelne Wohnungs- oder Teileigentumseinheit kann mit einer Dienstbarkeit belastet werden, wenn sich der Dienstbarkeitsinhalt lediglich auf diese eine Sondereigentumseinheit bezieht.

> *Beispiel:*
>
> Unterlassungsdienstbarkeit, die dem Eigentümer der Wohnung Nr. 5 untersagt, in dieser Wohnung Bier auszuschenken.

(2) Gemeinschaftseigentum (*)

138 Das Gemeinschaftseigentum kann Belastungsgegenstand einer Grunddienstbarkeit sein. Auf den ersten Blick erscheint dabei problematisch, dass das Gemeinschaftseigentum kein eigenes Grundbuchblatt hat, in dem die Belastung eingetragen werden könnte. Vielmehr ist die Berechtigung am Gemeinschaftseigentum mit jeder Sondereigentumseinheit verbunden.

Soll somit das Gemeinschaftseigentum mit einer Dienstbarkeit belastet werden, müssen **alle Sondereigentumseinheiten** mit dieser Dienstbarkeit **belastet** werden, weil nur so alle Berechtigten des Gemeinschaftseigentums verpflichtet werden.

139 Die Entstehung der Dienstbarkeit am Gemeinschaftseigentum folgt dabei dem **„Ganz-oder-Gar-nicht-Prinzip“**. Wird sie an allen Sondereigentumseinheiten eingetragen, kommt sie zur Entstehung. Wird sie auch nur von einem einzigen Eigentümer einer Sondereigentumseinheit nicht bestellt, so entsteht sie insgesamt nicht. Gleiches gilt für den Fall, dass die Dienstbarkeit nachträglich an einer Einheit wegfällt.

Exkurs: 140

Besteht bereits vor der Aufteilung in Wohnungs- und Teileigentum eine Dienstbarkeit, setzt sich diese nach Aufteilung an allen Sondereigentumseinheiten fort und es muss bei der Aufteilung darauf geachtet werden, dass die Grunddienstbarkeit in jedem einzelnen der neu gebildeten Wohnungs- und/oder Teileigentumsgrundbücher im gleichen Rang wie zuvor eingetragen ist.

Ein Sondernutzungsrecht begründet als Sonderform des Gemeinschaftseigentums eigenständig kein Sondereigentum und auch kein sonstiges dingliches Recht, sodass es allein nicht tauglicher Belastungsgegenstand einer Dienstbarkeit sein kann. Da es konstruktiv eine abweichende Regelung der Berechtigung am Gemeinschaftseigentum ist, kann das Gemeinschaftseigentum als taugliches Belastungsobjekt herangezogen werden. Zur Belastung eines Sondernutzungsrechts, das nur mit einer Einheit verbunden ist, müssen alle Sondereigentumseinheiten belastet werden. In der Praxis führt dies zu erheblichen Schwierigkeiten, da alle Eigentümer ohne Ausnahme mitwirken müssen und zumindest auch alle an den Sondereigentumseinheiten eingetragenen Verwertungsrechte im Rang zurücktreten sollten, da sonst bereits die Zwangsvollstreckung in eine einzige Sondereigentumseinheit die (nachrangige) Dienstbarkeit zum Erlöschen bringen würde (siehe hierzu Rdn 106 ff.).

Als **Alternative** zu der aufwändigen Belastung des Gemeinschaftseigentums mit dem Ziel der Nutzung des Sondernutzungsrechts kann man den Beteiligten einen schuldrechtlichen Nutzungsvertrag (mit Weitergabeverpflichtungen, siehe Rdn 114 ff.) vorschlagen.

d) Grundstücksgleiches Recht als Belastungsgegenstand: Beispiel Erbbaurecht

aa) Was ist das eigentlich? (*)

§ 1 Abs. 1 ErbbauRG: 141

Ein Grundstück kann in der Weise belastet werden, daß demjenigen, zu dessen Gunsten die Belastung erfolgt, das veräußerliche und vererbliche ***Recht*** *zusteht, auf oder unter der Oberfläche des Grundstücks ein* ***Bauwerk zu haben*** *(Erbbaurecht).*

Im Regelfall ist ein Gebäude wesentlicher Bestandteil eines Grundstücks mit der Folge, dass 142
das Eigentum am Gebäude dem am Grundstück folgt. Eine Ausnahme hiervon besteht dann, wenn das **Gebäude in Ausübung eines Rechts mit dem Grundstück verbunden** wird.

Ein solches Recht ist das Erbbaurecht. Es bewirkt, dass **Gebäude und Grundstück** voneinander **getrennt** behandelt werden und in unterschiedlichem Eigentum stehen können. Das Grundstück gehört weiterhin dem Grundstückseigentümer, das Gebäude dem Erbbauberechtigten.

Im Grundbuch wird bei einer solchen Trennung neben dem Grundbuch des (Erbbau-)Grund- 143
stücks ein gesondertes Erbbaugrundbuch für das Erbbaurecht angelegt.

Im Übrigen siehe die Ausführungen unter Rdn 474 ff.

bb) Kann das mit einer Dienstbarkeit belastet werden?

Die Bestellung eines Erbbaurechts bewirkt mit seiner Trennung von Grundstück und Gebäu- 144
de in real abgrenzbare, nicht nur ideelle Teile eine ausreichende Aufteilung für eine isolierte Belastung mit Dienstbarkeiten. Das Erbbaurecht vermittelt, genauso wie das Grundstück, tatsächliche Nutzungen sowie Abwehransprüche, die tauglicher Gegenstand der drei Dienstbarkeitskategorien (siehe Rdn 19 ff.) sein können.

Unerheblich für die Bestellung der Dienstbarkeit sind wie bei Grundstück und Sondereigen- 145
tum die Berechtigungsverhältnisse am Erbbaurecht, d.h., ob es einem oder mehreren und in welchem Verhältnis es diesen zusteht.

7. Berechtigter der Grunddienstbarkeit (*)

146 Der Berechtigte der Grunddienstbarkeit ist der **jeweilige Eigentümer des herrschenden Grundstücks**. Bei der Grunddienstbarkeit stehen somit sowohl auf Belastungs- als auch auf Berechtigungsseite Grundstücke.

Die Berechtigten der Grunddienstbarkeit lassen sich daher fast spiegelbildlich zu den Verpflichteten der Grunddienstbarkeit bestimmen. Berechtigt kann nur sein:

- der jeweilige Eigentümer eines herrschenden Grundstücks,
- der jeweilige Eigentümer eines herrschenden Sondereigentums,
- der jeweilige Eigentümer eines herrschenden grundstücksgleichen Rechts.

147 Eine **Ausnahme** bildet der **Grundstücksteil**: Soll dieser herrschendes Grundstück sein, muss er im Regelfall als neues selbstständiges Grundstück abgeschrieben werden. Eine dem § 7 Abs. 2 GBO entsprechende Regelung für das herrschende Grundstück gibt es nicht.

> *Lerntipp!*
>
> Faustformel: Was **Belastungsgegenstand** sein kann, kann auch **Berechtigungsgegenstand** sein.

a) Jeweiliger Eigentümer eines herrschenden Grundstücks als Berechtigter (*)

aa) Allgemein (*)

148 Der Berechtigte der Grunddienstbarkeit ist, da diese an das jeweilige herrschende Grundstück anknüpft, grundsätzlich der jeweilige Eigentümer des herrschenden Grundstücks.

Die Grunddienstbarkeit ist ein rechtlicher Bestandteil des jeweiligen herrschenden Grundstücks (§ 96 BGB). Das bedeutet, dass wenn der Eigentümer des herrschenden Grundstücks wechselt, der neue Eigentümer nicht nur das „nackte" Grundstück erhält, sondern das Grundstück mit all seinen Bestandteilen, d.h. Rechten und Befugnissen (z.B. der Befugnis aus der jeweiligen Grunddienstbarkeit).

149 Die Eigentumsverhältnisse sind unerheblich für die Stellung als Berechtigter der Grunddienstbarkeit. Sowohl ein Alleineigentümer, als auch mehrere Miteigentümer, Gesamthandseigentümer etc. können Berechtigte der Grunddienstbarkeit sein. Wichtig ist nur, **dass** sie Eigentümer des herrschenden Grundstücks sind, nicht, **wie** sie Eigentümer des herrschenden Grundstücks sind.

bb) Miteigentumsanteil am herrschenden Grundstück

150 Der einzelne Inhaber eines Miteigentumsanteils am herrschenden Grundstück hingegen kann nicht Berechtigter einer Grunddienstbarkeit sein. Auf den ersten Blick scheint dies zu verwundern, wurde doch gerade festgestellt, dass das Beteiligungsverhältnis am Eigentum unerheblich ist.

Auf den zweiten Blick ist aber klar, dass es sich hierbei um unterschiedliche Situationen handelt. Alle Eigentümer eines herrschenden Grundstücks, die das Eigentum untereinander als Miteigentümer zu ideellen Bruchteilen halten, können selbstverständlich Berechtigte einer Grunddienstbarkeit sein. Ein einzelner Miteigentümer ohne Mitbeteiligung der anderen Eigentümer ist hingegen nicht vollständig Eigentümer des herrschenden Grundstücks, sondern nur zu einem ideellen Anteil beteiligt. Die Berechtigung knüpft aber an das gesamte herrschende Grundstück an.

cc) Inhaber eines Nutzungsrechts am herrschenden Grundstück

151 Ist das herrschende Grundstück selbst wiederum mit dinglichen Nutzungsrechten wie z.B. einem Nießbrauch oder einem Wohnungsrecht belastet, können die Vorteile aus der Dienstbarkeit statt dem jeweiligen Eigentümer des herrschenden Grundstücks dem dinglich Nutzungsberechtigten zustehen. Es handelt sich dabei nur um eine Weiterleitung der Berechtigung vom eigentlich Berechtigten, d.h. dem jeweiligen Eigentümer, auf einen anderen Nutzungsberechtigten, z.B. einen Nießbraucher, für die Dauer der Nutzungsberechtigung.

Ob eine solche Weiterleitung erfolgt, ergibt sich aus dem Umfang des am herrschenden Grundstück eingetragenen Nutzungsrechts im Vergleich mit dem Inhalt der Dienstbarkeit. Unterfällt der Dienstbarkeitsinhalt dem Nutzungsrecht, so stehen die Vorteile aus der Dienstbarkeit für die Dauer des Nutzungsrechts dem Berechtigten des Nutzungsrechts zu. Ist der Dienstbarkeitsinhalt nicht vom Nutzungsrecht erfasst, verbleiben die Vorteile beim jeweiligen Eigentümer des herrschenden Grundstücks.

dd) Eigentümergrunddienstbarkeit: Personenidentität zwischen dem Eigentümer des dienenden und des herrschenden Grundstücks (*)

Eine Eigentümergrunddienstbarkeit bezeichnet den **Sonderfall der Grunddienstbarkeit**, bei 152
der der jeweilige Eigentümer des dienenden und des herrschenden Grundstücks derzeit personenidentisch sind. „Derzeit" deshalb, weil sich die Personenidentität jederzeit durch Veräußerung wieder auflösen kann.

Nach der Rechtsprechung ist auch diese Konstellation zulässig, solange der Eigentümer an der Doppelstellung als Berechtigter (Eigentümer des herrschenden Grundstücks) und Verpflichteter (Eigentümer des dienenden Grundstücks) ein zumindest realisierbares, d.h. mögliches Interesse hat.

Exkurs: 153

Früher war der Nachweis eines besonderen Bedürfnisses des Eigentümers an der Doppelstellung erforderlich. Dies stellte deutlich höhere Anforderungen und führte dazu, dass es immer wieder Schwierigkeiten bei der Eintragung von Eigentümergrunddienstbarkeiten im Grundbuch gab. Nunmehr hat die Rechtsprechung die Anforderungen gesenkt, sodass die Bestellung generell als zulässig angesehen wird.[18]

ee) Mehrzahl herrschender Grundstücke

Eine Grunddienstbarkeit kann auch **zugunsten mehrerer herrschender Grundstücke** bestellt 154
werden, solange die Grunddienstbarkeit für sämtliche berechtigte Grundstücke **vorteilhaft** im Sinne des § 1019 BGB ist.[19] Vorteile eines solchen einheitlichen Berechtigungsverhältnisses ergeben sich z.B. daraus, dass die Regelungen zur Unterhaltung oder Kostentragung unter den verschiedenen Berechtigten unproblematisch innerhalb der einheitlichen Dienstbarkeit getroffen werden können.

Ebenfalls löst die Eintragung einer einheitlichen Grunddienstbarkeit im Grundbuch geringere Kosten aus, als die Eintragung vieler Grunddienstbarkeiten. Zu beachten ist, dass wie bei der Eintragung einer Mehrheit von Berechtigten im Grundbuch auch bei der Eintragung einer Mehrheit von herrschenden Grundstücken ein **Berechtigungsverhältnis** unter den Grundstücken angegeben werden muss (§ 47 GBO). Zu der Frage, welches Berechtigungsverhältnis das Beste ist, hat sich ein breites Meinungsspektrum gebildet,[20] dessen Darstellung in allen Einzelheiten hier den Rahmen sprengen würde.

Exkurs: 155

Häufig verwendet und als zulässig angesehen[21] wird das Beteiligungsverhältnis der Gesamtberechtigung nach § 428 BGB (siehe hierzu ausführlicher in Rdn 227), da sie zuverlässig zur Eintragung führt. Ob sie jedoch auch inhaltlich gut geeignet ist, ist umstritten, da bei ihr bereits die vollständige „Leistung" (im Fall der Dienstbarkeit natürlich die Duldung

18 Grüneberg/*Herrler*, § 1018 Rn 3.
19 *Schöner/Stöber*, Rn 1124.
20 *Schöner/Stöber*, Rn 1125.
21 *Schöner/Stöber*, Rn 1125; Grüneberg/*Herrler*, § 1018 Rn 3.

oder Unterlassung) an einen der Berechtigten die Verpflichtung erfüllt. Da die maßgeschneiderte Lösung für die Wünsche der Beteiligten das Ziel notarieller Tätigkeit ist, ist keinesfalls einfach eine Gesamtberechtigung nach § 428 BGB anzunehmen, sondern der jeweilige Beschäftigungsnotar zu Rate zu ziehen, mit dessen Unterstützung die richtige Lösung für die Beteiligten ausgearbeitet werden kann.

Ebenso als zulässig angesehen wird eine Mitgläubigerschaft nach § 432 BGB[22] (siehe hierzu ausführlicher in Rdn 227), wenn der Inhalt der Dienstbarkeit gegenüber allen Berechtigten nur gemeinschaftlich erfolgen soll. Berechtigung nach Bruchteilen soll hingegen, da die Grunddienstbarkeit auch nicht an Miteigentumsanteilen lasten oder diesen zustehen kann, nicht zulässig sein.[23]

156 Ein Blick ins Grundbuch hilft zudem zu unterscheiden, ob ein einheitliches Recht für viele herrschende Grundstücke eingetragen wurde oder ob einzelne Rechte für jeweils ein herrschendes Grundstück eingetragen worden sind. Ist dort ein Gemeinschaftsverhältnis unter den einzelnen Grundstücken eingetragen, so handelt es sich um ein einheitliches Recht, ist eine Eintragung des Gemeinschaftsverhältnisses nicht erfolgt, so handelt es sich um die (ggf. in einer Eintragung zusammengefasste) Eintragung vieler Einzelrechte.

b) Eigentümer von Wohnungs- und Teileigentum als Berechtigter des herrschenden Grundstücks

157 „**Herrschendes Grundstück**" im Sinne der gesetzlichen Regelung kann sowohl eine einzelne **Sondereigentumseinheit** sein als auch das **gesamte Grundstück**, das in Wohnungs- und Teileigentum aufgeteilt ist. Es ist genau zu unterscheiden, ob die Berechtigung aus der Grunddienstbarkeit nur einem Sondereigentum zugutekommt (z.B. Grunddienstbarkeit zur Garagennutzung zugunsten eines Sondereigentums) oder dem Gesamtgrundstück. Die Eigentumsverhältnisse am Sondereigentum sowie am gesamten aufgeteilten Grundstück sind nicht von Bedeutung. So kann berechtigter Eigentümer der Alleineigentümer, der Miteigentümer, der Eigentümer zur gesamten Hand etc. sein.

c) Erbbaurecht

158 „**Herrschendes Grundstück**" einer Grunddienstbarkeit kann **auch ein Erbbaurecht** sein. Der jeweilige Inhaber des Erbbaurechts ist in diesem Fall Berechtigter der Grunddienstbarkeit. Die Berechtigungsverhältnisse am Erbbaurecht selbst sind nicht von Bedeutung. So kann es allein, zu mehreren, zur gesamten Hand etc. gehalten werden.

8. Übertragung des Rechts (*)

159 Eine Grunddienstbarkeit ist grundsätzlich nicht selbstständig übertragbar. Sie lastet am dienenden Grundstück und berechtigt das herrschende Grundstück als dessen Bestandteil nach § 96 BGB (siehe hierzu nachfolgend Rdn 249).

Änderungen dieses Verhältnisses bedürfen grundsätzlich auch einer Änderung der Dienstbarkeit. Soll sie an einem neuen Grundstück lasten, ist eine Neubestellung oder eine Erstreckung (= teilweise Neubestellung) auf das neue Grundstück erforderlich. Soll ein weiteres berechtigtes Grundstück hinzutreten, ist ebenfalls eine Änderung des Inhalts der Grunddienstbarkeit erforderlich, d.h. mit der bisherigen Ausgestaltung der Grunddienstbarkeit könnte gerade das neue Grundstück nicht berechtigtes Grundstück sein.

160 Es kann jedoch ein Wechsel in den Personen der verpflichteten oder berechtigten Eigentümer eintreten. Dieser Wechsel kann durch beliebige Art eintreten, also durch rechtsgeschäftliche Eigentumsübertragung („*Übereignung*", z.B. zur Erfüllung eines Vertrags, insbesondere eines Kaufvertrags), Gesetz (z.B. Erbfall) oder Hoheitsakt (z.B. Zuschlag in der Zwangsversteige-

22 *Schöner/Stöber*, Rn 1125; Grüneberg/*Herrler*, § 1018 Rn 3.

23 Z.T. wird auch die Berechtigung nach Bruchteilen für zulässig erachtet, dies zeigt, dass hier leider einiges ungeklärt ist, BayObLG MittBayNot 2002, 289; Grüneberg/*Herrler*, § 1018 Rn 3.

rung, sollte die Dienstbarkeit in diesem Fall nicht sowieso erlöschen). Einen Übergang der Grunddienstbarkeit stellt dieser Wechsel jedoch nicht dar, da er das Verhältnis zwischen dienendem und herrschendem Grundstück unberührt lässt.

9. Beendigung des Rechts (*)

a) Allgemein (*)

Eine Grunddienstbarkeit kann „ewiges Recht" darstellen. Trotzdem gibt es auch bei der Grunddienstbarkeit Konstellationen, die zu ihrer Beendigung führen: **161**

- Eintritt einer auflösenden Bedingung/Befristung (siehe hierzu bereits die Ausführungen oben Rdn 61 ff.);
- dauerhafter Wegfall des Vorteils gemäß § 1019 BGB;
- Unmöglichkeit der Ausübung;
- „Löschung" bzw. Aufgabeerklärung durch den aktuellen jeweiligen Berechtigten;
- Abschreibung im Rahmen einer Grundstücksteilung, § 1026 (siehe hierzu bereits die Ausführungen in Rdn 45 ff.);
- Erlöschen aufgrund Zwangsversteigerung aus vorrangigem Recht (siehe hierzu bereits die Ausführungen in Rdn 101 ff.);
- Erlöschen aufgrund Verjährung, § 1028 Abs. 1 S. 2 BGB.

b) Wegfall des Vorteils gemäß § 1019 BGB und Unmöglichkeit der Ausübung (*)

Diese beiden Beendigungstatbestände sind häufig eng miteinander verknüpft, da bei einer Unmöglichkeit der Ausübung meist auch der Vorteil für das herrschende Grundstück nicht mehr gegeben sein dürfte. **162**

Der Wegfall des Vorteils sowie die Unmöglichkeit der Ausübung müssen jeweils **zweifelsfrei von dauerhafter Natur** sein, um zum Erlöschen des Rechts zu führen. Vage und vorübergehende Zustände reichen nicht aus.

Probleme können sich insbesondere (aber nicht nur) bei diesen beiden Beendigungstatbeständen aus der **grundbuchrechtlichen Nachweisbarkeit** ergeben. **163**

Mit dauerhaftem Wegfall des Vorteils bzw. dauerhafter Unmöglichkeit der Rechtsausübung erlischt die Grunddienstbarkeit zwar materiell-rechtlich; im Grundbuch ist sie aber weiterhin eingetragen und erweckt dadurch den falschen Anschein ihrer Existenz. Die Löschung aus dem Grundbuch kann jedoch nur im Fall des § 22 Abs. 1 S. 1 GBO ohne Mitwirkung des Berechtigten erfolgen, sodass ein Nachweis in der Form des § 29 GBO über den Wegfall des Vorteils oder die Unmöglichkeit der Ausübung erforderlich ist. Dieser wird häufig nicht beigebracht werden können, sodass die Berichtigungsbewilligung des Berechtigten erforderlich ist (siehe hierzu auch die Ausführungen oben zur auflösenden Bedingung/Befristung in Rdn 61 ff.).

Es ist also zu unterscheiden: Die in Rdn 161 dargestellten Beendigungstatbestände betreffen das **materiell-rechtliche Erlöschen**. Die Frage, wie das Recht **formell-rechtlich** (durch Bewilligung nach § 19 GBO; durch Unrichtigkeitsnachweis nach § 22 GBO?) aus dem Grundbuch entfernt wird, ist jeweils zusätzlich zu klären. **164**

c) „Löschung" bzw. Aufgabeerklärung durch den Berechtigten (*)

> **§ 875 Abs. 1 S. 1 BGB:** **165**
>
> *Zur Aufhebung eines Rechts an einem Grundstück ist, soweit nicht das Gesetz ein anderes vorschreibt, die Erklärung des Berechtigten, dass er das Recht **aufgebe**, und die **Löschung** des Rechts im Grundbuch erforderlich. (…)*

Bei der Beendigung durch Aufgabeerklärung des Berechtigten ist wieder sauber zwischen materiell-rechtlichem und formell-rechtlichem Teil zu trennen. **166**

Materiell-rechtlich wird die Beendigung des Rechts in § 875 BGB geregelt, d.h. der Berechtigte muss materiell-rechtlich erklären, dass er das Recht aufgebe (was schriftlich, mündlich oder auch konkludent, d.h. aus den Umständen ersichtlich, erfolgen kann) und das Grundbuchamt muss das Recht löschen.

Nach § 876 S. 2 BGB ist materiell-rechtlich für die Aufhebung des Rechts zudem die Zustimmung der am berechtigten Grundstück eingetragenen Berechtigten (z.B. einer kreditfinanzierenden Bank) erforderlich, wenn ihr Recht durch die Aufhebung nachteilig berührt wird. Liegen alle Voraussetzungen vor, erlischt das Recht.

> *Lerntipp!*
>
> Wie bei der rechtsgeschäftlichen Begründung des Rechts enthält auch die materiell-rechtliche, rechtsgeschäftliche Aufgabe ein willentliches Element („Aufgabeerklärung" statt „Einigung" bei der Begründung) und ein Publizitätselement („Löschung" statt „Eintragung").

167 **Formell-rechtlich** werden die Voraussetzungen für die Änderung des Grundbuchstandes geregelt. Die Löschung kann grundsätzlich nur auf Antrag und Bewilligung erfolgen, es sei denn, es greift eine Ausnahme. Der erforderliche Antrag und die erforderliche Bewilligung sind in der „**Löschungsbewilligung**" enthalten, die im Notariat in so einem Fall gefertigt wird.

Eine **ausdrückliche zusätzliche materiell-rechtliche Aufgabeerklärung** wird in der Praxis in die Löschungsbewilligung **nicht** aufgenommen, da sie grundbuchrechtlich nicht nachgewiesen werden muss (§ 20 GBO gilt nur für die dort genannten Fälle wie z.B. die Einigung über den Eigentumsübergang). Vorliegen muss die (sich auch mündlich oder konkludent, d.h. stillschweigend sich aus den Umständen ergebende) Aufgabeerklärung aber.

Gleiches gilt hinsichtlich der **Zustimmung** nach § 876 S. 2 BGB: Auch diese muss formellrechtlich gegenüber dem Grundbuchamt grundsätzlich nicht nachgewiesen werden. Eine Ausnahme besteht, wenn ein Aktiv- oder Herrschvermerk am herrschenden Grundstück eingetragen ist (§ 21 GBO, siehe hierzu bereits Rdn 93 ff.). Dann muss die Zustimmung der nach § 876 S. 2 BGB betroffenen Drittberechtigten dem Grundbuchamt vorgelegt werden.

Diese Nachweisvorschriften ändern jedoch nichts daran, dass die Zustimmung **materiellrechtlich immer**, wenn auch ggf. mündlich oder konkludent, vorliegen muss.

168 Die Löschung der Grunddienstbarkeit steht grundsätzlich im freien Ermessen des Berechtigten, wenn nicht ein Anspruch darauf besteht (z.B. auf Berichtigung des Grundbuchs aus § 894 BGB). Ebenso ist es möglich, eine rein **schuldrechtliche Aufhebungspflicht** zu vereinbaren; diese wirkt jedoch nur gegenüber derjenigen Person, mit der sie vereinbart wurde.

169 **Exkurs:**

Es gibt Fälle, in denen erscheint das Erfordernis mehr als lästig, eine Löschungsbewilligung oder eine Löschungszustimmung der Berechtigten, deren Rechtsposition sich durch die Löschung nachteilig verändern würde, einzuholen.

Beispiel: Es wird ein minimaler Streifen eines Grundstücks, auf dem Grunddienstbarkeiten eingetragen sind, veräußert, um den Grenzverlauf zu bereinigen. Das herrschende Grundstück steht einer Wohnungseigentümergemeinschaft zu. Es müsste somit die Bewilligung **aller Sondereigentümer**, was gut und gerne auch mehr als 100 Personen sein können, eingeholt werden. Ebenfalls einzuholen wäre die Zustimmung aller am herrschenden Grundstück, d.h. an jeder Sondereigentumseinheit eingetragenen Berechtigten, deren Rechtsposition durch die Aufhebung beeinträchtigt wird.

Für diesen Fall sieht das Gesetz mit dem sog. **Unschädlichkeitszeugnis** eine Lösung vor. Nach Art. 120 EGBGB sind landesrechtliche Vorschriften zulässig, in denen geregelt wird, dass eine bestimmte Rechtsänderung (wie z.B. hier die Übertragung des minimalen Grundstücksstreifens) für die Berechtigten, die eigentlich eine Bewilligung zur Löschung oder eine Zustimmung zur Löschung abgeben müssten, unschädlich ist. Erfolgt die Unschädlichkeitserklärung, ist die Bewilligung bzw. die Zustimmung zur Löschung nicht erforderlich.

In Bayern sind die Regelungen hierfür in Art. 72 ff. AGBGB getroffen[24] Eine Unschädlichkeitserklärung kommt selbstverständlich nur in Betracht, wenn die Veränderung ganz geringfügiger Natur ist, sodass Umfang und Wert des belasteten Grundstücks oder der Wert der betroffenen Belastung nur geringfügig verringert wird.

III. Beschränkt persönliche Dienstbarkeit (*)

▼ 170

Muster 2.2: Sportwarengeschäftsrecht und Gewerbebetriebsbeschränkung

Gotthard Tunnel, geb. am 30.3.1940, (nachfolgend „Grundstückeigentümer")

belastet den im **Grundbuch von Bergdorf Blatt 24** vorgetragenen Grundbesitz der Gemarkung Bergdorf, Flurstücknummer 15, (nachfolgend „Belastungsgegenstand")

zugunsten der

Bergflix GmbH mit Sitz in Bergdorf, eingetragen im Register des Amtsgerichts Bergdorf, HRB 12345 (nachfolgend „Berechtigter") (= *hier zeigt sich der Spezialitäts- und Bestimmtheitsgrundsatz durch genaue Bezeichnung der Grundbuchstellen und des Berechtigten, siehe* § 1 Rdn 29 ff.)

wie folgt:

Der Grundstückseigentümer räumt hiermit dem Berechtigten das Recht ein, auf dem Belastungsgegenstand ein **Geschäft für Sportwaren zu errichten, zu unterhalten und zu betreiben** und zu diesem Zwecke auf dem Belastungsgegenstand Sportwaren aller Art zu vertreiben (= *Festlegung der Duldung der Nutzung in einzelnen Beziehungen: Betrieb eines Sportgeschäfts, siehe* Rdn 174 ff. und 21 ff.).

Die Ausübung der Dienstbarkeit kann einem **Dritten ganz oder zum Teil überlassen** werden (= *Vereinbarung der Zulässigkeit der Überlassung zur Ausübung an einen Dritten, siehe* Rdn 205 ff. *und* Rdn 228 ff.).

Das Recht besteht, solange ein Vertragsverhältnis mit dem Berechtigten oder seinen Rechtsnachfolgen vorliegt, mindestens jedoch bis ______ (= *Vereinbarung einer Bedingung/Befristung, siehe* Rdn 175 ff. *und* Rdn 54 ff.).

Der Grundstückseigentümer verpflichtet sich gleichfalls, auf dem Belastungsgegenstand **weder selbst ein Geschäft für Sportwaren zu unterhalten** und zu betreiben noch auf dem Belastungsgegenstand Sportwaren aller Art zu vertreiben oder vertreiben zu lassen (= *Vereinbarung des Unterlassens eines tatsächlichen Tuns: Gewerbebetriebsbeschränkung, siehe* Rdn 175 ff. *und* Rdn 23). Die Verpflichtung besteht, solange ein Vertragsverhältnis mit dem Berechtigten oder seinen echtsnachfolgen vorliegt, mindestens jedoch bis ______.

(*Alternativ:* Grundstückseigentümer und Berechtigter sind sich über die Entstehung der vorstehend bestellten beschränkt persönlichen Dienstbarkeit **einig**.) (= *materiell-rechtliche Einigung: Muss nicht enthalten sein, aber kann, siehe* Rdn 179 und Rdn 79 ff.)

Es wird **bewilligt und beantragt** (= *formell-rechtliche/grundbuchrechtliche Erklärungen, siehe* Rdn 180),

am Belastungsgegenstand eine befristete und bedingte beschränkt persönliche Dienstbarkeit (Sportwarengeschäftsrecht und Gewerbebetriebsbeschränkung) für den Berechtigten mit dem vorstehenden Inhalt an **nächstoffener Rangstelle** einzutragen (= *Regelung zur Rangstelle: Rang an nächstoffener Rangstelle, siehe* Rdn 184 ff.).

Die Kosten der Eintragung trägt ______.

▲

24 Bei Grüneberg/*Herrler,* Art. 120 EGBGB Rn 2 findet sich eine Aufstellung zu den übrigen landesrechtlichen Regelungen.

§ 1090 BGB:

*(1) Ein Grundstück kann in der Weise belastet werden, dass **derjenige**, zu dessen Gunsten die Belastung erfolgt, berechtigt ist, das Grundstück **in einzelnen Beziehungen zu benutzen**, oder dass ihm eine sonstige Befugnis zusteht, die den Inhalt einer Grunddienstbarkeit bilden kann (beschränkte persönliche Dienstbarkeit).*

(2) Die Vorschriften der §§ 1020 bis 1024, 1026 bis 1029, 1061 finden entsprechende Anwendung.

1. Allgemeines (*)

171 Die beschränkte persönliche Dienstbarkeit gewährt einer natürlichen/juristischen Person, Personengesellschaft, Wohnungseigentümergemeinschaft sowie weiteren grundbuchfähigen Personenvereinigungen ein Recht, das grundsätzlich den gleichen Inhalt haben kann wie eine Grunddienstbarkeit. Wie auch bei der Grunddienstbarkeit ist ebenfalls bei der beschränkt persönlichen Dienstbarkeit der **Charakter** des Rechts (hier: **personaler Charakter**) bereits im Namen festgehalten.

172 Darin liegt auch ihr **Unterschied zur Grunddienstbarkeit**: Während die Grunddienstbarkeit zugunsten des jeweiligen Eigentümers eines herrschenden Grundstücks bestellt wird und die genauen Eigentumsverhältnisse „hinter dem Grundstück“ faktisch egal sind, da ein jeder, der irgendwann Eigentümer ist, grundsätzlich Berechtigter sein kann, steht die beschränkt persönliche Dienstbarkeit einer oder mehreren **genau bestimmten Personen** zu.

Ein Wechsel in der Person des Berechtigten ist grundsätzlich nicht möglich (zu Ausnahmen wie z.B. der Überlassung der Ausübung siehe Rdn 205 ff.). Die beschränkt persönliche Dienstbarkeit knüpft an Personen an und schafft somit anders als die Grunddienstbarkeit in der Regel **kein „ewiges Recht“**, da sowohl natürliche/juristische Personen als auch die genannten Gesellschaften und Gemeinschaften zumeist von endlicher Lebensdauer sind.

Hinsichtlich Belastungsgegenstand und Inhalt gleichen sich Grunddienstbarkeit und beschränkt persönliche Dienstbarkeit hingegen fast vollständig.

2. Beteiligte wollen beschränkt persönliche Dienstbarkeit bestellen – was tun? (*)

173 *Fallbeispiel:*

Ein Ehepaar erscheint unangemeldet im Notariat und erklärt, dass sie ihrer Bekannten, Frau Veronika Herzensgut, die sich seit Jahren ehrenamtlich um den Obstgarten des Ehepaars kümmert, das Recht einräumen möchten, die Apfelbäume im Obstgarten abzuernten. Dieses Recht soll aber nur Frau Herzensgut und niemand anderem zustehen, da es ein Dankschön für ihr jahrelanges Engagement sein soll.

Das Ehepaar würde gerne hierzu beraten werden. Der Notar ist auf einem Auswärtstermin.

174 Grunddienstbarkeit und beschränkt persönliche Dienstbarkeit unterscheiden sich hauptsächlich in der Berechtigtenstellung. Die zur Grunddienstbarkeit für eine solche Beratungssituation gemachten Ausführungen unter Rdn 18 gelten somit für die beschränkt persönliche Dienstbarkeit genauso, sodass auf diese verwiesen werden kann. Lediglich bei den beizuholenden Unterlagen kann die Grundbucheinsicht für das herrschende Grundstück unterbleiben, da es dieses bei der beschränkt persönlichen Dienstbarkeit nicht gibt. Ferner wird bei der Frage nach dem gewünschten Recht, das Erörtern der Unterschiede der einzelnen Rechte mit den Beteiligten zu einem anderen Ergebnis führen: Im vorstehenden Beispielsfall ist die Person des Berechtigten für die Beteiligten von großer Bedeutung. Eine Grunddienstbarkeit, die ja jeder beliebigen Person zustehen könnte, die Eigentümer des herrschenden Grundstücks ist, wäre hier das falsche Recht. Es ist vielmehr mit der beschränkt persönlichen Dienstbarkeit ein Recht zu wählen, das explizit zugunsten einer bestimmten Person im Grundbuch eingetragen wird.

3. Inhalt der beschränkt persönlichen Dienstbarkeit (*)

a) Inhaltsgleichheit mit der Grunddienstbarkeit (*)

§ 1090 Abs. 1 BGB regelt, dass **gesetzlicher Inhalt** der beschränkt persönlichen Dienstbarkeit alles ist, was auch **Inhalt einer Grunddienstbarkeit** sein kann. 175

Die Formulierung im Gesetzestext „*dass derjenige, zu dessen Gunsten die Belastung erfolgt, berechtigt ist, das Grundstück in einzelnen Beziehungen zu benutzen*", nimmt Bezug auf Kategorie 1 der Grunddienstbarkeit (siehe oben Rdn 21 f.). Die Regelung, „*dass ihm eine sonstige Befugnis zusteht, die den Inhalt einer Grunddienstbarkeit bilden kann*", bezieht sich auf Kategorie 2 und 3 der Grunddienstbarkeit (siehe oben Rdn 22 und 23).

Die im Abschnitt über die Grunddienstbarkeit

- zum Inhalt (Rdn 21 ff., mit der Ausnahme der Ausführungen zu § 1019 BGB, hierzu sogleich Rdn 177),
- zum örtlichen und sachlichen Ausübungsbereich (Rdn 30 ff., 49 ff.),
- zur Mitbenutzung durch den Eigentümer des dienenden Grundstücks (Rdn 52 f.) und
- zur Dauer des Rechts (Rdn 54 ff.)

getätigten Ausführungen gelten daher entsprechend. Es ist lediglich bei Ausführungen zur Berechtigtenseite statt dem „*jeweiligen Eigentümer des herrschenden Grundstücks*" eine „bestimmte berechtigte Person" zu denken.

Regelungen zur Dauer des Rechts können bei einer beschränkt persönlichen Dienstbarkeit, da sie häufig kein „ewiges Recht" schafft, von etwas geringerer Bedeutung sein als bei der Grunddienstbarkeit. Jedoch gibt es auch im Rahmen einer beschränkt persönlichen Dienstbarkeit viele Anwendungsfälle, so z.B. wenn die beschränkt persönliche Dienstbarkeit einen Mietvertrag absichert („Mietsicherungsdienstbarkeit") und nach Beendigung des Mietvertrages wegfallen soll. 176

b) Ausnahme: Keine Vorteilsgewährung nach § 1019 BGB erforderlich (*)

Ein Unterschied zwischen Grunddienstbarkeit und beschränkt persönlicher Dienstbarkeit zeigt sich darin, dass für letztere § **1019 BGB nicht gilt**. Die beschränkt persönliche Dienstbarkeit muss dem Berechtigten also keinen Vorteil im Sinne des § 1019 BGB gewähren, es reicht vielmehr, bereits **irgendein im Rahmen der Gesetze zulässiges Interesse** des Berechtigten (jedes mit privatrechtlichen Mitteln verfolgbare, eigene oder fremde, auch öffentliche, schutzwürdige wirtschaftliche oder immaterielle Interesse des Berechtigten).[25] 177

Die Nichtanwendbarkeit des § 1019 BGB ergibt sich bereits aus dem Gesetz. § 1090 Abs. 2 BGB ordnet die entsprechende Anwendung verschiedener Vorschriften aus dem Bereich der Grunddienstbarkeit an, beginnend mit § 1020 BGB; nicht umfasst ist somit § 1019 BGB.

4. Nebenpflichten („Begleitschuldverhältnis")

Beschränkt persönliche Dienstbarkeit und Grunddienstbarkeit gleichen sich ebenfalls hinsichtlich der Ausgestaltung des Begleitschuldverhältnisses. § 1090 Abs. 2 BGB nimmt die §§ 1020–1024, 1026 BGB in Bezug, die somit gleichermaßen auf die beschränkt persönliche Dienstbarkeit Anwendung finden. 178

Die in Rdn 65 ff. zum Begleitschuldverhältnis der Grunddienstbarkeit getätigten Ausführungen hinsichtlich Unterhaltungs- und Verkehrssicherungspflicht sowie Kostentragung gelten an dieser Stelle entsprechend.

25 Grüneberg/*Herrler*, § 1090 BGB Rn 4.

5. Weiterer Inhalt der Dienstbarkeitsbestellungsurkunde (*)

a) Materiell-rechtliche Erklärungen (*)

179 Eine beschränkt persönliche Dienstbarkeit wird ebenfalls wie die Grunddienstbarkeit **rechtsgeschäftlich** durch **Einigung**, **Eintragung bei Einigsein** und Verfügung des **Berechtigten** bestellt.

Die oben in Rdn 79 ff. getätigten Ausführungen gelten entsprechend.

b) Grundbuchrechtliche Erklärungen (*)

aa) Antrag und Bewilligung, Herrschvermerk, schlagwortartige Bezeichnung und Berechtigungsverhältnis (*)

180 Die Eintragung einer beschränkt persönlichen Dienstbarkeit im Grundbuch erfolgt wie bei der Grunddienstbarkeit auf **formell-rechtlicher** Seite durch mindestens öffentlich beglaubigte, d.h. z.B. notariell unterschriftsbeglaubigte **Bewilligung** und formlosen **Antrag**, der aber meistens zusammen mit der Bewilligung und somit auch in der öffentlichen Form der Bewilligung erfolgt, auch wenn das nicht erforderlich wäre (siehe hierzu ausführlicher Rdn 89 ff.).

Der Inhalt der beschränkt persönlichen Dienstbarkeit ist **schlagwortartig zu umschreiben**, wobei ebenfalls die für die Grunddienstbarkeit eingebürgerten Schlagwörter (z.B. Leitungsrecht, Brunnennutzungsrecht, Geh- und Fahrtrecht, Wohnungsrecht) verwendet werden können (siehe hierzu ausführlicher Rdn 92), schließlich unterscheiden sich die beiden Dienstbarkeitstypen nicht inhaltlich, sondern auf der Berechtigtenseite.

181 Einen **Herrschvermerk** kennt die beschränkt persönliche Dienstbarkeit **nicht**. Das macht auch Sinn, schließlich wird der Herrschvermerk am jeweiligen herrschenden Grundstück eingetragen; bei der beschränkt persönlichen Dienstbarkeit gibt es jedoch kein herrschendes Grundstück, sondern einen Berechtigten, der z.B. Person, Gesellschaft oder Wohnungseigentümergemeinschaft sein kann.

182 Die Angabe des **Berechtigungsverhältnisses** ist bei der beschränkt persönlichen Dienstbarkeit von deutlich größerer Bedeutung als bei der Grunddienstbarkeit. Bereits wenn eine beschränkt persönliche Dienstbarkeit einem Ehepaar, d.h. zwei natürlichen Personen zusteht, ist eine Aussage zum Berechtigungsverhältnis in der Eintragungsbewilligung zu treffen, die ins Grundbuch eingetragen wird.

Welches Berechtigungsverhältnis im Einzelnen sachgerecht ist, wird nachfolgend in Rdn 226 ff. erörtert. Im Übrigen wird hinsichtlich der Angabe des Berechtigungsverhältnisses auf die Ausführungen zu Rdn 98 ff. verwiesen, die hier entsprechend gelten.

183 Anstelle der Bestellung eines Rechts zugunsten mehrerer Berechtigter können ferner auch mehrere gleichrangige beschränkte persönliche Dienstbarkeiten für einzelne Berechtigte bestellt werden, die sich dann gegenseitig beeinträchtigen.[26] Das Verhältnis regelt wie bei der Grunddienstbarkeit § 1024 BGB, der über § 1090 BGB für entsprechend anwendbar erklärt wird.

bb) Rangbestimmung (*)

184 Die Eintragungsbewilligung einer beschränkt persönlichen Dienstbarkeit sollte wie bei der Grunddienstbarkeit Aussagen zum **Rang des einzutragenden Rechts** treffen. Die in Rdn 101 ff. zur Rangbestimmung enthaltenen Ausführungen gelten für die beschränkt persönliche Dienstbarkeit entsprechend.

Wird eine beschränkt persönliche Dienstbarkeit bestellt, die eine **Wohnnutzung** gewährt (z.B. ein Mitbenutzungsrecht) oder wird ein Wohnungsrecht (= Sonderfall der beschränkt persönlichen Dienstbarkeit, siehe hierzu unten genauer in Rdn 194 ff.) bestellt, ist das Rangverhältnis zu den Rechten in Abt. III (und zu in Abt. II eingetragenen Verwertungsrechten) von besonderer Bedeutung.

26 *Schöner/Stöber*, Rn 1197.

Ein Berechtigter eines solchen die Wohnnutzung gewährenden Rechts verlässt sich in der Regel auf die Eintragung im Grundbuch, die ihm ja, wenn das Recht nicht befristet ist, lebenslange, ggf. unentgeltliche, Wohnnutzung zusichert. Ist jedoch ein vorrangiges Verwertungsrecht eingetragen, führt die Zwangsversteigerung aus diesem zu einem Erlöschen des Rechts, das die Wohnnutzung gewährt, mit den vorstehend in Rdn 106 ff. näher skizzierten Folgen.

Fallbeispiel: 185

Ein altes Ehepaar überträgt seine Wohnimmobilie im Wege der vorweggenommenen Erbfolge an sein einziges Kind. Das Ehepaar möchte jedoch (soweit es gesundheitlich möglich ist) in dieser Wohnimmobilie bis zum Versterben des Längerlebenden wohnen bleiben. Es wird zur Absicherung dieses Wunsches ein Wohnungsrecht an der nun im Eigentum des einzigen Kindes stehenden Immobilie bestellt.

Einige Jahre später möchte das Kind eine andere Immobilie erwerben und belastet das Wohnhaus mit einer Grundschuld, hinter die das alte Ehepaar mit seinem Wohnungsrecht zurücktritt. Es kommt zur Zwangsversteigerung des Wohnhauses. Mit Zuschlag in der Zwangsversteigerung an den neuen Eigentümer erlischt das Wohnungsrecht des alten Ehepaars. Der Versteigerungserlös geht vollständig an die Bank. Der neue Eigentümer möchte die Immobilie selbst nutzen und weigert sich, mit dem alten Ehepaar einen Mietvertrag abzuschließen. Sie müssen ausziehen und sich hochbetagt ein neues Zuhause suchen.

Das Beispiel zeigt die Folgen eines unbedachten Rangrücktritts oder eines unbedachten Vorrangs eines Verwertungsrechts bei Bestellung der beschränkt persönlichen Dienstbarkeit.

Problematisch ist in diesem Zusammenhang, dass ein **Kreditinstitut** in der Regel **keine Rangstelle nach einem Wohnungsrecht** oder einem anderen Recht, das die Wohnnutzung gewährt, als Sicherheit für die Kreditforderung akzeptiert. Dies bedeutet, dass entweder trotzdem der gefährliche Nachrang hinter dem Verwertungsrecht in Kauf zu nehmen ist oder ein anderes Objekt beliehen werden muss. Wenn die Beteiligten keine weiteren Sicherheiten anbieten können, ist dies eine gezwungene Wahl zwischen zwei Übeln. Damit die Beteiligten eine informierte Entscheidung treffen können sind ihnen die Risiken eindringlich vor Augen zu führen.

Exkurs: 186

Die Gefahr des Nachrangs ist auch dann nicht gebannt, wenn auf dem Grundstück, das nun mit einem Recht belastet werden soll, welches die Wohnnutzung gewährt, in Abt. III lediglich eine Grundschuld eingetragen ist, die aktuell keine Kreditforderung mehr absichert (d.h. „*nicht mehr valutiert*“).

Eine solche Grundschuld kann grundsätzlich jederzeit durch Vereinbarung der neuen Eigentümer mit der eingetragenen Grundpfandrechtsgläubigerin (d.h. der Bank) wieder „scharfgestellt“ oder „valutiert“ werden, sodass sie neuerlich eine Kreditforderung sichert und eine Gefahr für das nachrangig eingetragene Wohnungsrecht oder andere Rechte zur Wohnnutzung darstellt.

Möchten die Berechtigten des eingetragenen Rechts verhindern, dass ohne ihr Wissen eine solche Revalutierung erfolgt, ist darauf zu achten, dass der „Rückgewähranspruch“ aus der Grundschuld (zumindest auch) den Berechtigten zusteht. Der Rückgewähranspruch gibt dem Schuldner eines grundschuldgesicherten Darlehens, wenn er es „abgezahlt“ hat, einen Anspruch gegen die Bank wahlweise auf

- Aufhebung der Grundschuld,
- Verzicht auf diese oder
- Abtretung an sich oder einen Dritten.

Verbleibt dieser bei den Berechtigten, würde eine Neuvalutierung gegen diesen Anspruch verstoßen und bedürfte der Zustimmung der Berechtigten. Würde trotzdem neuvalutiert und infolgedessen die Zwangsvollstreckung aus dem vorrangigen Grundpfandrecht betrieben, könnten sich die Berechtigten dagegen wehren und das Erlöschen ihres Rechts somit verhindern.

Soll der Rückgewähranspruch hingegen nicht den Berechtigten zustehen, kann stattdessen eine Vereinbarung zwischen Eigentümer und Berechtigtem geschlossen werden, dass eine **Neuvalutierung nur mit Zustimmung der Berechtigten** erfolgen darf. Hierbei handelt sich jedoch um eine schuldrechtliche Vereinbarung, d.h. wird die eingetragene Grundschuld trotzdem neuvalutiert ist das möglich und die Berechtigten des eingetragenen dinglichen Rechts erhalten im Fall der Zwangsversteigerung lediglich Schadensersatz (von einem nicht mehr zahlungskräftigen Schuldner) wegen des Verstoßes gegen die Vereinbarung. Eine Regelung mithilfe des Rückgewähranspruchs ist somit auf jeden Fall vorzuziehen.

Eine von Anfang an etwas bessere Stellung im Fall der Zwangsversteigerung besteht zudem, wenn ein Wohnungsrecht zusammen mit anderen Rechten im Grundbuch als **Leibgeding** eingetragen ist. In diesem Fall sieht das Gesetz bei Nachrang des Leibgedings hinter einem Verwertungsrecht grundsätzlich eine Möglichkeit zu dessen Bestehenbleiben in der Zwangsversteigerung vor (siehe genauer in Rdn 478 ff.).

cc) Vorlöschungsklausel (*)

187 **§ 23 GBO:**

(1) Ein Recht, das auf die Lebenszeit des Berechtigten beschränkt ist, darf nach dessen Tod, falls ***Rückstände von Leistungen nicht ausgeschlossen*** *sind, nur mit* ***Bewilligung des Rechtsnachfolgers*** *gelöscht werden, wenn die Löschung vor dem Ablauf eines Jahres nach dem Tod des Berechtigten erfolgen soll oder wenn der Rechtsnachfolger der Löschung bei dem Grundbuchamt widersprochen hat; der Widerspruch ist von Amts wegen in das Grundbuch einzutragen. Ist der Berechtigte für tot erklärt, so beginnt die einjährige Frist mit dem Erlaß des die Todeserklärung aussprechenden Urteils.*

(2) Der im Absatz 1 vorgesehenen ***Bewilligung*** *des Rechtsnachfolgers bedarf es* ***nicht****, wenn im Grundbuch eingetragen ist, daß zur Löschung des Rechtes der* ***Nachweis des Todes*** *des Berechtigten* ***genügen soll****.*

§ 24 GBO:

Die Vorschriften des § 23 sind entsprechend anzuwenden, wenn das Recht mit der Erreichung eines bestimmten Lebensalters des Berechtigten oder mit dem Eintritt eines sonstigen bestimmten Zeitpunkts oder Ereignisses erlischt.

188 Die beschränkt persönliche Dienstbarkeit und insbesondere auch ihr Sonderfall, das Wohnungsrecht gemäß § 1093 BGB sind **Lebenszeitrechte**, d.h. Rechte, die mit dem **Ableben** ihres Berechtigten **erlöschen** (siehe hierzu ausführlicher Rdn 232 ff. zur Beendigung).

Zwar erlischt das Recht **materiell-rechtlich** automatisch mit dem Ableben, es bleibt aber zunächst **formell-rechtlich** im Grundbuch eingetragen.

189 Eine Löschung in diesem Fall scheint einfach zu sein: Es wird ein Unrichtigkeitsnachweis gemäß § 22 Abs. 1 S. 1 GBO durch Vorlage der Sterbeurkunde des Berechtigten geführt, einer Löschungsbewilligung des Rechtsnachfolgers, also des oder der Erben, bedarf es nicht.

Ist eine Sterbeurkunde nicht greifbar, hilft im Übrigen **§ 5 GBBerG**: Nach Ablauf von 110 Jahren nach seiner Geburt wird ein Berechtigter nicht vererblicher und nicht veräußerlicher Rechte, d.h. insbesondere von Nießbrauch), beschränkt persönlicher Dienstbarkeit und Wohnungsrecht, als verstorben vermutet. Das Recht gilt dann als erloschen und kann vom Grundbuchamt von Amts wegen (d.h. ohne Mitwirkung beteiligter Personen) gelöscht werden.

190 Problematisch ist jedoch, dass auch bei einem **Lebenszeitrecht rückständige Leistungen** bestehen können (z.B. aus Nebenpflichten aus dem Begleitschuldverhältnis), die trotz Ableben

des Berechtigten bestehen bleiben und auf den Rechtsnachfolger übergehen.[27] Ist dies potenziell der Fall, ordnet § 23 Abs. 1 GBO eine Löschung im Zeitraum eines Jahres oder, wenn ein Widerspruch vorliegt, nur mit Bewilligung des Rechtsnachfolgers an.

Praxistipp:

Ist die Bewilligung des Rechtsnachfolgers erforderlich, muss dieser auch ein Nachweis der Rechtsnachfolge in grundbuchfähiger Form, d.h. in öffentlichen Urkunden beigefügt sein. Bei der Erbfolge ist eine solche öffentliche Urkunde entweder ein **Erbschein**, **ein Europäisches Nachlasszeugnis** oder eine **notarielle Verfügung von Todes wegen** (z.B. ein Testament), aus dem sich die Erbfolge ergibt.

Im Einzelfall kann es jedoch sehr schwierig sein, die zur Löschungsbewilligung zuständigen Erben zu ermitteln und zur Unterschrift unter die Löschung anzuhalten. 191

§ 23 Abs. 2 GBO sieht für solche und andere Fälle als Unterausnahme eine **Löschungserleichterung** vor. **§ 24 GBO** erweitert § 23 Abs. 2 GBO um die Fälle der Befristung und Bedingung eines Rechts, entweder auf ein bestimmtes Lebensalter oder auf einen anderen Zeitpunkt oder ein anderes Ereignis. Ist folglich im Grundbuch bei einem Lebenszeitrecht (z.B. bei der beschränkt persönlichen Dienstbarkeit) oder einem befristeten/ bedingten sonstigen Recht, bei dem Rückstände entstehen können (z.B. könnte das, wenn auch ungebräuchlich, in Ausnahmefällen auch eine Grunddienstbarkeit sein) vermerkt, dass zu seiner Löschung lediglich der Nachweis des Todes des Berechtigten genügen soll, so kann eine Löschung des Rechts ohne Bewilligung lediglich durch Vorlage der Sterbeurkunde des Berechtigten erwirkt werden.

Eine solche „**Vorlöschungsklausel**" ist bereits bei Bestellung des jeweiligen Rechts zur Eintragung zu bewilligen. Voraussetzung für die Eintragungsfähigkeit einer Vorlöschungsklausel ist aber, dass ein Bedürfnis für diese besteht. Ein solches Bedürfnis ergibt sich daraus, dass bei dem einzutragenden Recht grundsätzlich einmal rückständige Leistungen entstehen können. Bei Dienstbarkeiten ist grundsätzlich nicht vom Entstehen rückständiger Leistungen auszugehen, da Dienstbarkeiten keine auf ein aktives Leisten gerichtete Hauptpflicht haben können. Eine Eintragung einer Vorlöschungsklausel gemäß § 23 Abs. 2 GBO wäre also nicht möglich. Jedoch können die Nebenpflichten einer Dienstbarkeit aus dem Begleitschuldverhältnis Leistungsansprüche begründen. Ist dies der Fall, kann eine Vorlöschungsklausel zur Eintragung gebracht werden.

Beispiel:

Bei Wohnungsrechten ist es häufig üblich, eine Pflicht zu vereinbaren, die dem Wohnungsrecht unterliegende Sache in gut beheizbarem und bewohnbarem Zustand zu erhalten. Ist eine solche Pflicht Inhalt eines Wohnungsrechts, kann auch eine Vorlöschungsklausel gemäß § 23 Abs. 2 GBO eingetragen werden.[28]

Exkurs: 192

Gleichwohl sollte man sich von den Formulierungen „Tod" oder „Ableben" nicht verwirren lassen. Die Regelungen des § 23 GBO finden **genauso (entsprechende) Anwendung auf juristische Personen**,[29] wenn das jeweilige Recht auf die Lebenszeit der juristischen Person beschränkt ist, auch wenn diese nicht im natürlichen Sinne versterben können.

Das Ableben einer juristischen Person ist ihre Vollbeendigung mit Löschung aus dem Register. Problematisch hierbei ist, dass die Rechtsprechung[30] in Einzelfällen aus der fort-

27 BeckOK-GBO/*Wilsch*, § 23 GBO Rn 3.
28 BeckOK-GBO/*Wilsch*, § 23 GBO Rn 11 ff.
29 OLG München NZG 2016, 945, 946 m.w.N.
30 LG Hagen, Beschl. v. 24.11.2008 – 3 T 720/08.

bestehenden Eintragung des Rechts im Grundbuch ein Indiz, dass noch keine Vollbeendigung der juristischen Person erfolgt ist, ableitet und die Löschung über die Vorlöschungsklausel ablehnt. Es ergibt sich ein „Henne-Ei-Problem:" Das Recht kann über die Vorlöschungsklausel nur bei Vollbeendigung gelöscht werden. Der Vollbeendigung soll aber wiederum die Eintragung des Rechts entgegenstehen. Als mögliche Behelfskonstruktion wäre denkbar, das Recht auf die Löschung des Berechtigten aus dem Register, in dem er eingetragen ist, zu bedingen.[31]

dd) Schuldrechtliche Erklärungen

193 Neben einer beschränkt persönlichen Dienstbarkeit, insbesondere auch neben einem Wohnungsrecht sind genauso wie bei der Grunddienstbarkeit schuldrechtliche Vereinbarungen zulässig, die bei Gelegenheit der Bestellung des dinglichen Rechts mit dessen Bestellung in einer Urkunde zusammengefasst werden.

Diesbezüglich ist auf die Ausführungen oben in Rdn 114 ff. zu verweisen. Ein typischer Fall von schuldrechtlichen Vereinbarungen bei einer beschränkt persönlichen Dienstbarkeit wären z.B. Regelungen zur **Unterhaltungspflicht oder zur Kostentragungspflicht**, die die Grenzen des nach den §§ 1090 Abs. 2, 1020 ff. BGB regelbaren überschreiten und somit nicht zum Inhalt des Begleitschuldverhältnisses der beschränkt persönlichen Dienstbarkeit gemacht werden können.

6. Sonderfall Wohnungsrecht (*)

194 ▼

Muster 2.3: (Penthouse-)Wohnungsrecht

Naomi Kapell, geb. am 11.11.1975, (nachfolgend „Grundstückseigentümer"),

belastet den im Grundbuch von Starnwald, Blatt 24 vorgetragenen Grundbesitz der Gemarkung Starnwald, Flurstück-Nummer 15, (nachfolgend „Belastungsgegenstand")

zugunsten

ihres Vaters, Josh Kapell, geb. am 4.5.1950, und

ihrer Mutter Elvira Kapell, geb. Odloskova geb am 14.7.1951,

als Gesamtberechtigte nach § 428 BGB (nachfolgende „Berechtigte")

wie folgt:

Der Grundstückseigentümer räumt hiermit dem Berechtigten das lebenslängliche Wohnungsrecht am Belastungsgegenstand ein. Das Wohnungsrecht umfasst die Benutzung der gesamten im zweiten, dritten und vierten Obergeschoss des auf dem Grundstück aufstehenden Wohngebäudes gelegenen Penthouse-Wohnung sowie der zwei von der Einfahrt aus gesehen rechts liegenden Zufahrten der auf dem Grundstück aufstehenden Garage (= *hier zeigt sich der Spezialitäts- und Bestimmtheitsgrundsatz durch genaue Bezeichnung des Rechtsinhalts, siehe* § 1 Rdn 29 ff.), jeweils unter Ausschluss des Eigentümers (= *Benutzung unter Ausschluss des Eigentümers, siehe* Rdn 203 f.). Die dem Recht unterliegenden Zufahrten sind im anliegenden Lageplan, auf den verwiesen wird, rot gekennzeichnet. (*Alternativ bei Beurkundung:* Der Lageplan wurde den Beteiligten zur Durchsicht vorgelegt und von ihnen genehmigt).

Die Berechtigten haben zudem das Recht, die dem gemeinschaftlichen Gebrauch dienenden Einrichtungen und Anlagen mitzubenutzen, insbesondere den Keller, samt dem dort gelegenen Swimmingpool und den Garten (= *Regelung der Mitbenutzung der gemeinschaftlich genutzten Anlagen, siehe* Rdn 209 f.).

31 Zur Bestellung einer Dienstbarkeit zugunsten einer juristischen Person auch BGH NJW 2019, 2016.

Sie sind ferner berechtigt, die zu ihrer standesgemäßen Bedienung und Pflege erforderlichen Personen in die Penthouse-Wohnung aufzunehmen (= *Mitbenutzung durch Dritte, siehe* Rdn 205 ff.).

Die Ausübung des Wohnungsrechts darf dritten Personen ohne Zustimmung des Eigentümers nicht überlassen werden.

Der Grundstückseigentümer hat die dem Wohnungsrecht unterliegende Penthouse-Wohnung stets in ordnungsmäßigem, gut bewohnbarem und beheizbarem Zustand zu erhalten. Er hat daher erforderliche Ausbesserungen und Erneuerungen stets unverzüglich ausführen zu lassen. Die Berechtigten tragen lediglich die durch ihre Benutzung verursachten Nebenkosten wie Heizung, Strom, Wasser, Kanalgebühren und Müllabfuhr, soweit sie sich ihren Räumlichkeiten zuordnen lassen, sonst zu $^3/_4$. An allen weiteren Kosten haben sie sich nicht zu beteiligen (= *Regelung von Unterhaltungspflicht und Lastentragung, siehe* Rdn 211 ff.).

Es wird bewilligt und beantragt (= *formell-rechtliche/grundbuchrechtliche Erklärungen, siehe* Rdn 180 f.),

- am Belastungsgegenstand eine beschränkt persönliche Dienstbarkeit (Wohnungsrecht, § 1093 BGB) für die Berechtigten als Gesamtberechtigte nach § 428 BGB (= *Angabe des Berechtigungsverhältnisses, siehe* Rdn 226 ff. *und* Rdn 180 f.) an erster Rangstelle einzutragen (= *Rangbestimmung, siehe* Rdn 184 ff.),
- alle zur Herstellung dieser Rangstelle zweckdienlichen Löschungen, Rangrücktritte und Freigaben zu vollziehen (= *Regelungen zur Beschaffung der Rangstelle, siehe* Rdn 184 ff.) und
- bei dem Recht zu vermerken, dass zur Löschung des Rechts im Grundbuch der Nachweis des Ablebens der Berechtigten genügt (= *Vereinbarung einer Vorlöschungsklausel, siehe* Rdn 187 ff.).

Die Kosten der Eintragung trägt ____.

▲

a) Wie unterscheide ich diese Rechtsform? (*)

§ 1093 BGB: 195

(1) Als beschränkte persönliche Dienstbarkeit kann auch das Recht bestellt werden, ein Gebäude oder einen Teil eines Gebäudes unter ***Ausschluss des Eigentümers*** *als Wohnung zu benutzen. Auf dieses Recht finden die für den Nießbrauch geltenden Vorschriften der §§ 1031, 1034, 1036, des § 1037 Abs. 1 und der §§ 1041, 1042, 1044, 1049, 1050, 1057, 1062 entsprechende Anwendung.*

(...)

Ein Sonderfall der beschränkt persönlichen Dienstbarkeit ist das **Wohnungsrecht**. Es zählt zu 196 den beschränkt persönlichen Dienstbarkeiten, wie seine Stellung im Abschnitt „beschränkt persönliche Dienstbarkeiten" im BGB zeigt. Trotzdem unterscheidet es sich von dieser in den nachfolgend aufgeführten Punkten:

- Wohnen als Hauptzweck,
- Ausschluss des Eigentümers,
- Verweis auf Vorschriften aus dem Nießbrauchsrecht, z.B. zur Erhaltung der Sache, § 1093 Abs. 1 S. 2 BGB.

Das Merkmal „Wohnen als Hauptzweck" dient gleichzeitig zur Abgrenzung des Wohnungs- 197 rechts zum **Nießbrauch**. Der Nießbrauch (dazu unten in Rdn 238 ff. mehr) gewährt grundsätzlich ein **umfangreiches Nutzungsrecht**. Das Wohnungsrecht hingegen ist weiterhin konstruktiv eine beschränkt persönliche Dienstbarkeit, die die **Nutzung in einzelnen Beziehungen** gewährt.

Diese Nutzung ist in ihrem Hauptzweck durch § 1093 BGB vorgegeben, d.h. es kann nur die Wohnnutzung durch den Berechtigten und die in § 1093 Abs. 2 BGB genannten Personen sein. Zur Wohnnutzung durch den Berechtigten und die genannten Personen zählt jedoch **nicht die Vermietung**. Ist somit von den Beteiligten gewünscht, dass der Berechtigte des dinglichen Rechts auch die Möglichkeit zur Vermietung hat und alle Lasten des Grundstücks und Gebäudes tragen können soll, so ist die Vereinbarung eines **Nießbrauchs** zu erwägen.

Ein weiterer Unterschied zwischen Wohnungsrecht und Nießbrauch liegt darin, dass ersteres auch die Nutzung eines **Gebäudeteils** gewähren kann (siehe hierzu Rdn 202), während dies beim Nießbrauch mit dinglicher Wirkung nicht möglich ist (siehe hierzu auch Rdn 244).

Von anderen Rechten wie z.B. der **Reallast** unterscheidet sich das Wohnungsrecht genauso wie eine beliebige andere Dienstbarkeit. Es gelten die Ausführungen oben unter Rdn 2 ff. entsprechend.

198 Zudem ist beim Wohnungsrecht zumindest gedanklich auch der **Unterschied zum Mietvertrag** nachzuvollziehen. Mit den Kosten der Grundbucheintragung und notariellen Dienstleistung konfrontiert, wünschen die ein oder anderen Beteiligten, statt der Bestellung eines Wohnungsrechts selbst einen Mietvertrag (oder Leihvertrag, wenn er unentgeltlich sein soll) abzuschließen.

Im Falle der Insolvenz des Vermieters, d.h. in einer Situation, für die der Mieter in der Regel nichts kann, kann das Mietverhältnis durch den neuen Eigentümer, auf den das Mietverhältnis nach § 566 BGB übergeht (siehe hierzu auch Rdn 290 f.), gekündigt werden, wenn der Insolvenzverwalter zur Verwertung des Vermögens des Vermieters das vermietete Objekt verkauft. Gleiches gilt im Fall der Zwangsversteigerung. Dort regelt § 57a ZVG, dass dem neuen Eigentümer, der ein Objekt in der Zwangsversteigerung erworben hat, ebenfalls ein Sonderkündigungsrecht zusteht. Als Mittelweg wäre denkbar, einen Mietvertrag abzuschließen und zu dessen Absicherung eine z.B. auf Beendigung des Vertrages bedingte beschränkt persönliche Dienstbarkeit in das Grundbuch einzutragen.[32]

Ein Wohnungsrecht, das an erster Rangstelle im Grundbuch eingetragen ist, bleibt auch im Fall der Insolvenz bestehen. Ist dem Berechtigten also eine **zweifelsfreie, dauerhafte Absicherung** seiner Wohnnutzung wichtig, sollte vom isolierten Mietvertrag abgeraten werden.

b) Beteiligte wollen Wohnungsrecht bestellen – was tun? (*)

199 Grundsätzlich gelten auch für den Fall, dass ein Wohnungsrecht bestellt werden soll, die zur Beratungssituation bei der Grunddienstbarkeit gemachten Ausführungen in Rdn 17 ff. Bei der Erörterung der Unterschiede der verschiedenen Rechte mit den Beteiligten sind selbstverständlich auch gerade die Unterschiede zwischen Wohnungsrecht und anderen Rechten (siehe oben Rdn 195 ff.) zu thematisieren.

200 Neben den Unterlagen **Grundbuchauszug** und **amtlicher Flurkarte** ist beim Wohnungsrecht aber auch auf einen **Plan der dem Wohnungsrecht unterliegenden Räume** Wert zu legen. Der sachenrechtliche Bestimmtheitsgrundsatz verlangt eine genaue Festlegung, welche Räume dem Wohnungsrecht unterliegen (und von deren Nutzung somit der Eigentümer ausgeschlossen ist).

Ist ein gesamtes Gebäude Gegenstand des Wohnungsrechts, kann die Einzeichnung jedoch unterbleiben, da sie kein Selbstzweck ist. Es genügt in diesem Fall lediglich die sprachliche Beschreibung in der Bestellungsurkunde, dass das gesamte Gebäude (oder z.B. das gesamte Erdgeschoss eines Gebäudes) vom Wohnungsrecht erfasst ist.

c) Inhalt des Wohnungsrechts und Begleitschuldverhältnis (*)

aa) Wohnen als Hauptzweck (*)

201 Gegenstand des Wohnungsrechts muss immer eine Nutzung sein, deren **Hauptzweck die Wohnnutzung** ist. Eine **anderweitige Nutzung** der dem Wohnungsrecht unterliegenden Flächen und Gebäude(teile) ist nicht ausgeschlossen, aber **nur als Nebenzweck** zulässig.

32 Genauer hierzu Grüneberg/*Herrler*, Überblick vor § 1018 BGB Rn 2 f.

Beispiel:

Ein Grundstück mit Haus ist mit einem Wohnungsrecht zugunsten von Herrn Berti Bastler belastet. Auf dem Grundstück befinden sich auch eine Garage, eine Hobbywerkstatt und ein Geräteschuppen, in dem Herr Bastler seine zahlreichen selbstgebauten Maschinerien aufbewahrt. Diese Räumlichkeiten werden von Herrn Bastler jeweils nicht zum Wohnen benutzt, sind aber trotzdem von seinem Wohnungsrecht umfasst, da der Hauptzweck des Wohnungsrechts hier die Wohnnutzung des Hauses darstellt.

Aus dem Hauptzweck „Wohnnutzung" ergibt sich gleich die nächste Besonderheit. Während eine beschränkt persönliche Dienstbarkeit auch eine Nutzung auf einer Grundstücksfläche ohne Gebäude umfassen kann (z.B.: Geh- und Fahrtrecht zugunsten einer bestimmten Person) muss beim Wohnungsrecht **immer ein Gebäude oder Gebäudeteil** (= Regelung des Ausübungsbereichs des Wohnungsrechts) vom Nutzungsrecht erfasst sein. Unerheblich ist, ob diese bereits errichtet oder erst noch zu erbauen/auszubauen oder nur vorübergehend zum Wohnen geeignet sind. Wichtig ist nur, dass tatsächlich eine Wohnnutzung in absehbarer Zeit stattfinden kann. 202

Die Nutzung weiterer Flächen, die nicht mit Gebäuden oder Gebäudeteilen bebaut sind, ist im Rahmen des Wohnungsrechts ebenfalls zulässig, aber wiederum nur als Nebenzweck.

Beispiel:

Das Grundstück, das dem Wohnungsrecht zugunsten von Herrn Berti Bastler unterliegt, hat zudem noch einen Garten und eine Garagenzufahrt. Selbstverständlich ist die Nutzung dieser Nebenflächen durch Herrn Bastler, wenn der Ausübungsbereich des Wohnungsrechts sich darauf erstreckt, ebenfalls vom Wohnungsrecht erfasst.

bb) Unter Ausschluss des Eigentümers (*)

Ein weiteres Wesensmerkmal des Wohnungsrechts ist die Nutzung durch den Berechtigten unter Ausschluss des Eigentümers (des belasteten Grundstücks). Während im Übrigen bei Grunddienstbarkeit und beschränkt persönlicher Dienstbarkeit sowohl Ausschluss als auch Mitbenutzung durch den Eigentümer zulässig sind (siehe oben Rdn 52 f., 175 f.), gibt das Wohnungsrecht vor, dass ein Ausschluss zu erfolgen hat. 203

Der Ausschluss des Eigentümers muss nicht vollständig erfolgen. Es genügt bereits für ein wirksam bestelltes Wohnungsrecht, wenn eine Räumlichkeit (häufig handelt es sich hierbei um das Schlafzimmer) dem Wohnungsberechtigten zur alleinigen (Wohn-)Nutzung unter Ausschluss des verpflichteten Eigentümers zusteht.

Rechtlich umstritten ist der umgekehrte Fall. Grundsätzlich muss dem Eigentümer eines durch eine Dienstbarkeit belasteten Grundstücks eine zumindest **theoretische Nutzungsmöglichkeit** verbleiben. Darauf basierend wurde argumentiert, dass die Belastung eines gesamten Grundstücks mit Gebäude mit einem Wohnungsrecht nicht möglich wäre, da der Eigentümer dann vollständig von der Nutzung des Grundstücks ausgeschlossen wird. Heute ist für das Wohnungsrecht jedoch anerkannt, dass auch ein **vollständiger Ausschluss** des Eigentümers von der Grundstücksnutzung durch das Wohnungsrecht **zulässig** ist. 204

Eine **vollständige Mitbenutzung durch Eigentümer und Berechtigten** ist im Rahmen des Wohnungsrechts hingegen nicht möglich. Ist dies gewünscht ist ein „Mitbenutzungsrecht" als beschränkt persönliche Dienstbarkeit zu bestellen.

cc) Mitbenutzung durch Dritte (*)

§ 1093 Abs. 2 BGB: 205

*(2) Der Berechtigte ist befugt, **seine Familie** sowie die zur **standesmäßigen Bedienung** und zur **Pflege erforderlichen Personen** in die Wohnung aufzunehmen.*

Im Rahmen der Wohnnutzung ist die Mitbenutzung durch Dritte im Rahmen des § 1093 Abs. 2 BGB durch den Eigentümer des belasteten Grundstücks zu dulden. Der Wohnungsberechtigte darf Familienangehörige mitaufnehmen, wobei der Begriff **Familie** entsprechend dem allgemeinen Sprachgebrauch weit verstanden wird und sich auch auf Personen erstrecken kann, die eigentlich nicht abstammungsrechtlich mit dem Berechtigten verwandt sind, von diesem aber trotzdem als Teil seiner Familie begriffen werden (z.B.: Stiefkinder).

Ebenfalls ist die Aufnahme von Dritten zur **Pflege** oder **standesgemäßen Bedienung** mitumfasst (Pflegekraft, Haushälterin, Köchin, Gärtner, Butler etc.). Auch diesen Personen kann der Wohnungsberechtigte ein oder mehrere Zimmer in dem seinem Wohnungsrecht unterliegenden Gebäude oder Gebäudeteil überlassen, ohne dass der Eigentümer dagegen einschreiten kann.

206 **Exkurs:**

Die gesetzlichen Regelungen sind jedoch nicht zwingender Inhalt des Wohnungsrechts, sondern können von Verpflichtetem und Berechtigtem bei Bestellung des Rechts abgeändert werden. Die Ausnahme von Familienangehörigen kann komplett ausgeschlossen, erweitert, von der Zustimmung des Verpflichteten abhängig gemacht werden, die dieser nicht willkürlich verweigern darf, und ähnliches.

207 Wichtig ist, dass es sich jeweils um eine **Mitbenutzung** handeln muss. Der durch § 1093 Abs. 2 BGB abgesteckte Personenkreis leitet sein Nutzungsrecht vom Wohnungsberechtigten ab. Nicht zulässig wäre, wenn der Wohnungsberechtigte die Räumlichkeiten komplett verlassen und sie ausschließlich den in § 1093 Abs. 2 BGB genannten Personen zur Verfügung stellen würde, gleich ob entgeltlich („Vermietung an einen Dritten") oder unentgeltlich („Leihe an einen Dritten").[33]

Wie bereits vorstehend in Rdn 197 f. ausgeführt ist eine **Vermietungsnutzung** durch den Berechtigten grundsätzlich nicht Inhalt des Wohnungsrechts.

208 **Exkurs:**

Eine Ausnahme hiervon bietet § 1092 Abs. 1 S. 2 BGB:

§ 1092 Abs. 1 BGB: *„(1) Eine beschränkte persönliche Dienstbarkeit ist nicht übertragbar. Die Ausübung der Dienstbarkeit kann einem anderen nur überlassen werden, wenn die* ***Überlassung gestattet*** *ist. (...)"*

Die Vorschrift gilt für beschränkt persönliche Dienstbarkeiten und, da das Wohnungsrecht eine solche ist, auch für das Wohnungsrecht. § 1092 Abs. 1 S. 2 BGB regelt, dass die Ausübung des Wohnungsrechts einem Dritten nur überlassen werden kann, wenn dies gestattet ist.

Andersherum formuliert: Grundsätzlich ist die Überlassung der Ausübung des Wohnungsrechts an einen Dritten ohne Gestattung des Eigentümers unzulässig. Keiner Gestattung bedarf lediglich die zeitweilige Aufnahme von Besuchern. Unter „Überlassung der Ausübung" ist hier nichts anderes zu verstehen, als die Miet- oder Leihnutzung durch einen Dritten, der anstelle des Berechtigten das Wohnungsrecht ausübt. Das Wohnungsrecht kann also, wenn als Inhalt des Wohnungsrechts dem Wohnungsberechtigten die Überlassung an Dritte gestattet ist, auch die Vermietung durch den Berechtigten umfassen und nähert sich damit dem Nießbrauch an.

Im Aspekt der **Lastentragung unterscheiden** sich **Wohnungsrecht und Nießbrauch** aber weiterhin. Während im Nießbrauch dem Berechtigten, dem ja die Einnahmen aus dem Mietvertrag zustehen, recht weitgehend auch die Lasten des Grundstücks und Gebäude (teils) zugewiesen werden können, ist dies beim Wohnungsrecht nicht in dieser Form möglich.

33 Bei einem Umzug ins Altenheim dürfen die Familienangehörigen jedoch nach der Rechtsprechung weiter wohnen bleiben, Grüneberg/*Herrler*, § 1093 Rn 12; OLG Schleswig ZMR 2007, 369.

dd) Mitbenutzung der gemeinschaftlich genutzten Anlagen durch den Berechtigten

§ 1093 Abs. 3 BGB: 209

*(3) Ist das Recht auf einen **Teil des Gebäudes** beschränkt, so kann der Berechtigte die zum **gemeinschaftlichen Gebrauch** der Bewohner bestimmten Anlagen und Einrichtungen **mitbenutzen**.*

§ 1093 Abs. 3 BGB regelt, dass der Berechtigte des Wohnungsrechts, ähnlich wie beim Gemeinschaftseigentum der Wohnungseigentümer, die zum gemeinschaftlichen Gebrauch der Bewohner bestimmten Anlagen mitbenutzen darf. Diese Frage stellt sich nur, wenn der Berechtigte des Wohnungsrechts nicht das gesamte Grundstück zur Nutzung zugewiesen erhalten hat, sondern **nur** einen **Gebäudeteil**.

> *Beispiel:*
>
> Wohnungsrecht an der Wohnung im ersten Stock
>
> Die isolierte Wohnnutzung an der Wohnung im ersten Stock würde dem Berechtigten wenig Nutzen bringen, wenn er nicht auch das Treppenhaus, das ihn vor seine Wohnungstür im 1. Stock führt, zumindest mitbenutzen dürfte.

Was zum gemeinschaftlichen Gebrauch dient, ergibt sich aus den Verhältnissen des konkreten 210
belasteten Grundstücks und den Gewohnheiten seiner Bewohner. Als **Faustformel** kann man sich merken, dass Bereiche, die im Rahmen des Wohnungseigentumsgesetzes **Gemeinschaftseigentum** sind (siehe hierzu Rdn 132 f.), auch im Rahmen des § 1093 Abs. 3 BGB häufig dem gemeinschaftlichen Gebrauch der Bewohner dienen dürften.

ee) Begleitschuldverhältnis: Verweisung auf die Nießbrauchsvorschriften (*)

(1) Unterhaltungspflicht/Verkehrssicherungspflicht und Kostentragung hierfür (*)

Für das Wohnungsrecht als beschränkt persönliche Dienstbarkeit gelten über § 1090 Abs. 2 211
BGB, der wiederum auf u.a. die §§ 1020–1024 BGB verweist, für die Regelung der Unterhaltungspflichten (einschließlich der Erhaltung der Verkehrssicherheit) die gleichen Regelungen wie für die Grunddienstbarkeit (siehe hierzu oben Rdn 66 ff.) und beschränkt persönliche Dienstbarkeit. § 1093 Abs. 1 S. 2 BGB erklärt jedoch auch Regelungen aus dem Nießbrauchsrecht für anwendbar, die den Pflichtenkatalog der §§ 1020–1024 BGB noch erweitern.

Anders als bei der Grunddienstbarkeit und beschränkt persönlichen Dienstbarkeit, wo § 1020 212
S. 2 BGB keine umfassende Unterhaltungspflicht des Berechtigten festlegt (sondern nur soweit, wie es das Interesse des Eigentümers an der ordnungsgemäßen Nutzung seines übrigen Grundstücks erfordert), sieht der in Bezug genommene § 1041 BGB vor, dass die **Erhaltung** der dem Wohnungsrecht unterliegenden Sache **Pflicht des Wohnungsberechtigten** ist.

§ 1041 BGB:

Der Nießbraucher hat für die Erhaltung der Sache in ihrem wirtschaftlichen Bestand zu sorgen. Ausbesserungen und Erneuerungen liegen ihm nur insoweit ob, als sie zu der gewöhnlichen Unterhaltung der Sache gehören.

Die Regelung folgt der Überlegung, dass derjenige, der ein Gebäude unter Ausschluss des Eigentümers bewohnt, auch dafür verantwortlich sein sollte, dass sich der bei Beginn der Nutzung vorhandene Gebäudezustand nicht verschlechtert. Hierzu gehört z.B. regelmäßiges Heizen im Winter, um z.B. ein Einfrieren der Wasserleitungen zu verhindern, die regelmäßige Reinigung der Immobilie, das Entkalken von Anlagen u.Ä.

Der Wohnungsberechtigte ist hierbei auch zur Vornahme von **Ausbesserungen und Erneuerungen**, d.h. Reparaturen, verpflichtet, jedoch nur, soweit sie zur gewöhnlichen Unterhaltung der Sache gehören.

Die **gewöhnliche Unterhaltung** umfasst solche Maßnahmen, deren Vornahme bei ordnungs- 213
gemäßer Nutzung des Gebäudes regelmäßig vorhersehbar erforderlich wird (z.B. Austau-

schen von Dichtungen an Wasserhähnen, Kaminreinigung). Die Maßnahmen der **außergewöhnlichen Unterhaltung**, d.h. nicht vorhersehbare Maßnahmen wie z.B. der Wiederaufbau des Gebäudes, eine Dach- oder Strangsanierung, sind hingegen Sache des verpflichteten Eigentümers, es sei denn, sie wurden ausdrücklich als Inhalt des Wohnungsrechts dem Wohnungsberechtigten auferlegt.

Was genau gewünscht ist, ist mit den Beteiligten zu besprechen.

214 Der Unterhaltungspflicht folgt auch die **Pflicht zur Kostentragung**. Soweit der Berechtigte nach § 1041 BGB verpflichtet ist, hat er auch die Kosten der Maßnahmen zu tragen.

Kümmert sich der Wohnungsberechtigte nicht, darf der Eigentümer die Unterhaltungsmaßnahmen selbst vornehmen und dem Wohnungsberechtigten, soweit er zur Vornahme verpflichtet gewesen wäre, in Rechnung stellen.

(2) Lastentragung

215 *§ 1047 BGB:*

*Der Nießbraucher ist dem Eigentümer gegenüber verpflichtet, für die Dauer des Nießbrauchs die auf der Sache ruhenden **öffentlichen Lasten** mit **Ausschluss der außerordentlichen Lasten**, die als auf den Stammwert der Sache gelegt anzusehen sind, sowie diejenigen **privatrechtlichen Lasten** zu tragen, welche schon zur Zeit der Bestellung des Nießbrauchs auf der Sache ruhten, insbesondere die Zinsen der Hypothekenforderungen und Grundschulden sowie die aufgrund einer Rentenschuld zu entrichtenden Leistungen.*

Neben den Kosten für die gewöhnliche Unterhaltung eines Gebäudes sind mit einer Immobilie in der Regel weitere Lasten, d.h. Zahlungspflichten, verbunden wie z.B. die Zahlung von Grundsteuer, Erschließungsbeiträgen, Darlehenszinsen etc.

216 Das **Nießbrauchsrecht** trifft hierzu in § 1047 BGB eine **Verteilungsregelung**, welche Lasten vom Eigentümer und welche vom Nießbraucher zu tragen sind, verbunden mit der Möglichkeit, durch Vereinbarung noch weitere Lasten vom Eigentümer auf den Nießbraucher zu übertragen.

Für das **Wohnungsrecht gilt dies nicht**, da § 1093 Abs. 1 S. 2 BGB § 1047 BGB ausdrücklich nicht in Bezug nimmt. Im Rahmen des Wohnungsrechts trifft die Lastentragung grundsätzlich den Eigentümer des belasteten Grundstücks. Der Wohnungsberechtigte muss lediglich die Betriebskosten (Strom, Wasser, Müllabfuhr) für seinen Verbrauch entrichten (und die Kosten für die ihm obliegenden Unterhaltungsmaßnahmen übernehmen, siehe oben Rdn 212 ff.).[34]

ff) Weiterer Inhalt der Dienstbarkeitsbestellungsurkunde (*)

217 Diesbezüglich ist auf die Ausführungen zur beschränkt persönlichen Dienstbarkeit in Rdn 179 ff. zu verweisen, die ebenfalls für das Wohnungsrecht Gültigkeit haben.

7. Belastungsgegenstand (*)

218 Der Belastungsgegenstand einer beschränkt persönlichen Dienstbarkeit entspricht dem Belastungsgegenstand einer Grunddienstbarkeit. Es kann somit auf die Ausführungen in Rdn 119 ff. zum Belastungsgegenstand verwiesen werden.

219 Wird ein Belastungsgegenstand mit einem **Wohnungsrecht** belastet, besteht jedoch eine **Besonderheit**: Der Belastungsgegenstand muss geeignet sein, einen Hauptzweck „Wohnnutzung" zuzulassen, sonst ist die Bestellung eines Wohnungsrechts nicht möglich. Unproblematisch ist das der Fall bei bebauten oder zu bebauenden Grundstücken oder Grundstücksteilen, Wohnungseigentumseinheiten und Erbbaurechten, die Wohngebäude umfassen. Kein tauglicher Gegenstand sind hingegen Belastungsgegenstände, bei denen eine Wohnnut-

34 MüKo-BGB/*Mohr* § 1093 Rn. 8, 9.

zung nicht möglich ist wie z.B. Garagenteileigentum (siehe hierzu Beispielsfall 2, § 3 Rdn 38 ff.).

Exkurs: 220

Eine weitere Besonderheit ergibt sich, wenn der Belastungsgegenstand bereits mit einem Nießbrauch belastet ist und nun ein Wohnungsrecht zugunsten desselben Berechtigten im Rang vor dem Nießbrauch eingetragen werden soll.

Eine solche „doppelt-hält-besser"-Lösung ist unzulässig, wenn das vorrangige Wohnungsrecht keine im Vergleich zum Nießbrauch weitergehenden Rechte und Pflichten gewährt.[35]

Häufig dient diese Lösung jedoch folgender Überlegung: Der **pfändbare Nießbrauch** soll dem Berechtigten die Vermietungsmöglichkeit, die das Wohnungsrecht in seiner Grundform nicht offeriert, verschaffen, und das vorrangige, **nicht-pfändbare Wohnungsrecht** soll dem Berechtigten im Fall der Fälle einer Insolvenz zumindest die Eigenwohnnutzung erhalten. Dies ist zulässig, da das Wohnungsrecht (das auch als „**Sicherungswohnungsrecht**" bezeichnet werden kann) insofern weitergehende Rechte gewährt.

8. Berechtigter der beschränkt persönlichen Dienstbarkeit (*)

a) Allgemein (*)

Der Unterschied zwischen Grunddienstbarkeit und beschränkt persönlicher Dienstbarkeit zeigt sich am Berechtigten. Ist es beim einen ein Grundstück, ist es hier eine **juristische oder natürliche Person, eine rechtsfähige Personengesellschaft**, eine aus Personen bestehende **rechtsfähige Gemeinschaft der Wohnungseigentümer** oder eine **sonstige grundbuchfähige Personenvereinigung** wie eine politische Partei. 221

Das spiegelt den personalen Bezug, der sich schon im Namen der beschränkt **persönlichen** Dienstbarkeit zeigt.

Lerntipp!

Faustformel: Der Berechtigte einer **persönlichen** Dienstbarkeit ist eine **Person** oder **eine Mehrzahl von Personen**.

b) Natürliche Person als Berechtigter (*)

Eine oder mehrere natürliche Personen können Berechtigter einer beschränkt persönlichen Dienstbarkeit sein. Im Regelfall handelt es sich dabei um vom Eigentümer verschiedene Personen, die weder Nachbarn sein noch in sonst einem Verhältnis zum Eigentümer stehen müssen. 222

Der Inhaber eines anderen Nutzungsrechts, das am selben Belastungsgegenstand eingetragen ist, kann grundsätzlich ebenfalls Berechtigter des Wohnungsrechts sein. Das Verhältnis der verschiedenen Befugnisse richtet sich nach dem Rangverhältnis der Eintragungen im Grundbuch. Besonderheiten bestehen jedoch in dem Fall, dass der Wohnungsrechtsberechtigte zudem noch Nießbraucher ist (siehe oben Rdn 220). 223

Wenn der Berechtigte **gleichzeitig Eigentümer** (einschließlich des Miteigentümers) des zu belastenden Grundstücks ist, liegt ein **Eigentümerrecht** vor. 224

Wie bei der Grunddienstbarkeit ist auch für die beschränkt persönliche Dienstbarkeit anerkannt, dass Berechtigter und Eigentümer personenidentisch sein können (siehe hierzu auch oben Rdn 152 f.). War früher hierfür noch ein berechtigtes oder schützenswertes Interesse erforderlich, reicht nunmehr ein lediglich mögliches Interesse aus. Beim Grundbuchamt sind bei der Eintragung eines solchen Eigentümerrechts daher keine Probleme mehr zu erwarten.

35 Grüneberg/*Herrler*, § 1093 Rn 1.

c) Juristische Person, Personengesellschaft, Wohnungseigentümergemeinschaft und sonstige grundbuchfähige Personenvereinigungen als Berechtigter (*)

225 Neben den natürlichen Personen können auch

- juristische Personen (z.B. die Aktiengesellschaft, die GmbH, die SE),
- rechtsfähige Personengesellschaften (z.B. die OHG, Kommanditgesellschaft, Partnerschaftsgesellschaft, EWIV und auch die (rechtsfähige) BGB-Gesellschaft),
- die Wohnungseigentümergemeinschaft und
- sonstige grundbuchfähige Personenvereinigungen (z.B. politische Parteien, Gewerkschaften)

Berechtigte einer beschränkt persönlichen Dienstbarkeit sein.

Exkurs: Sonstige grundbuchfähige Personenvereinigungen, insbesondere Vereine

Die juristische Literatur zur beschränkt persönlichen Dienstbarkeit erwähnt die hier aufgeführten „*sonstigen grundbuchfähigen Personenvereinigungen*" überwiegend nicht als potenzielle Berechtigte einer beschränkt persönlichen Dienstbarkeit. Hat eine Vereinigung jedoch Grundbuchfähigkeit, d.h. die Fähigkeit, Rechte und Pflichten im Grundbuch zu erwerben, so muss sie grundsätzlich, wenn kein sachlicher Grund zur Andersbehandlung besteht, auch Rechte in Abt. II erwerben können. Da ein solcher Grund vorliegend nicht ersichtlich ist und in Einzelfällen bejahende gerichtliche Entscheidungen vorliegen,[36] werden hier auch die sonstigen grundbuchfähigen Personenvereinigungen als Berechtigte aufgeführt.

Der Hauptanwendungsfall sind die Vereine, bei denen zu unterscheiden ist:

- Der im Vereinsregister **eingetragene Verein** („*Fußballfreunde Brommelsbach e.V.*") ist juristische Person (§ 21 BGB) und kann als solche nach dem soeben in Rdn 225 Dargestellten Berechtigter einer beschränkt persönlichen Dienstbarkeit sein.
- Der **nicht eingetragene Verein** ist hingegen keine juristische Person. Es wird unterschieden zwischen dem wirtschaftlichen Verein und dem nichtwirtschaftlichen Verein ohne Rechtspersönlichkeit. Während der wirtschaftliche Verein ohne Rechtspersönlichkeit nicht ins Grundbuch eingetragen werden kann, stellt § 54 Abs. 1 Satz 1 BGB klar, dass der nichtwirtschaftliche Verein unter seinem Vereinsnamen ohne Zusatz der Mitgliedernamen eintragungsfähig ist.[37]

Für politische Parteien, die als nicht eingetragener Verein organisiert sind und somit nicht als eingetragener Verein/juristische Person Rechte im Grundbuch erwerben können, wird aufgrund ihrer verfassungsrechtlichen Stellung aus Art. 21 GG die Grundbuchfähigkeit bereits ebenfalls bei Eintragung lediglich des Namens, ohne Angabe der Mitglieder, angenommen. Im Einzelnen ist hier noch einiges umstritten (z.B. die Grundbuchfähigkeit von Ortsverbänden), jedoch ist davon auszugehen, dass auch eine als nicht eingetragener Verein organisierte politische Partei auf Ebene ihres Bundesverbandes Rechte im Grundbuch erwerben kann und somit auch Berechtigte einer beschränkt persönlichen Dienstbarkeit sein könnte.[38]

Ähnliches (Grundbuchfähigkeit bei Eintragung lediglich des Namens) soll auch für Gewerkschaften gelten.[39]

36 Der Erwerb eines Nießbrauchs durch eine politische Partei wurde vom OLG Zweibrücken für zulässig erachtet, OLG Zweibrücken, NJW-RR 2000, 749.

37 Grüneberg/*Ellenberger*, § 54 Rn 8.

38 Grüneberg/*Ellenberger*, § 54 Rn 8.

39 BeckOK-BGB/*Schöpflin*, § 54 Rn 30.

d) Mehrzahl von Berechtigten (*)

Eine beschränkte persönliche Dienstbarkeit, deren Berechtigter eine näher bestimmte natürliche oder juristische Person oder Personenvereinigung ist, steht häufig mehreren solchen personalen Berechtigten zu. 226

Den rechtlichen Rahmen hierfür gibt § **47 GBO** vor (siehe hierzu auch die Ausführungen oben Rdn 98 ff. und 154 ff.) zur Grunddienstbarkeit), nach dem bei einem Recht, das für mehrere gemeinschaftlich eingetragen werden soll, entweder die Anteile der Berechtigten in Bruchteilen angegeben werden oder das für die Gemeinschaft maßgebliche Rechtsverhältnis bezeichnet wird.

Exkurs: Gesamtgläubigerschaft, Bruchteile, Mitgläubigerschaft 227

§ 428 S. 1 BGB: „*Sind mehrere eine Leistung in der Weise zu fordern berechtigt, dass jeder die ganze Leistung fordern kann, der Schuldner aber die Leistung nur einmal zu bewirken verpflichtet ist (Gesamtgläubiger), so kann der Schuldner nach seinem Belieben an jeden der Gläubiger leisten.*“

Bei der beschränkt persönlichen Dienstbarkeit und insbesondere dem Wohnungsrecht ist die **Gesamtgläubigerschaft** gemäß § 428 BGB das ganz überwiegend verwendete Beteiligungsverhältnis. Ein Anspruch, der in Gesamtgläubigerschaft gehalten wird, ist ein **einheitlicher Anspruch** aller Berechtigter. Dies ist bei einem Wohnungsrecht oder einem sonstigen als beschränkt persönliche Dienstbarkeit eingeräumten Recht durchaus zweckmäßig, da die Leistungen wie z.B. das Wohnen in der Regel auch nur einheitlich gewährt werden können. Schließlich möchte ein jeder Wohnungsberechtigte in allen seinem Recht unterliegenden Räumlichkeiten wohnen.

Der Verpflichtete der Dienstbarkeit kann seiner Verpflichtung jederzeit durch Leistung an auch nur einen der Berechtigten nachkommen. Dies führt dazu, dass beim Ableben eines der Berechtigten die Leistung dem anderen in vollem Umfang zusteht. Im Innenverhältnis, d.h. in der internen Aufteilung (z.B. innerhalb eines Ehepaars, dem ein Wohnungsrecht zusteht) steht die Leistung den Beteiligten gemäß § 430 BGB grundsätzlich zu gleichen Teilen zu. Dies entspricht auch dem Regelfall, da beim gemeinsamen Bewohnen einer Wohnung ungefähr die gleichen Nutzungsanteile bestehen werden.

Als weitere Variante neben der Gesamtgläubigerschaft besteht die Möglichkeit, ein **Recht nach Bruchteilen zu halten**.

Beispiel: Eigentümer zu Miteigentumsanteilen (= Bruchteilen) zu je $^{1}/_{2}$.

Dies ist jedoch für die beschränkt persönliche Dienstbarkeit **gänzlich ungebräuchlich**, da ein Recht in Bruchteile aufgeteilt werden können muss, damit es in Bruchteilen gehalten werden kann. Eine beschränkt-persönliche Dienstbarkeit kann jedoch nicht an einem Miteigentumsanteil bestellt werden (siehe hierzu die Ausführungen zur Grunddienstbarkeit in Rdn 124 ff., die für die beschränkt persönliche Dienstbarkeit ebenso gelten), da sie an tatsächliche und nicht ideelle Verhältnisse anknüpft.

Dies zeigt, dass eine Aufteilung nach Bruchteilen für die beschränkt persönliche Dienstbarkeit nicht vorgesehen ist. So ist auch eine solche Aufteilung auf Berechtigtenseite nach der Rechtsprechung dem Recht wesenswidrig[40] und somit **unzulässig**.

Lerntipp! Faustformel: Wenn ein Recht auf Belastungsseite nicht an einem Miteigentumsanteil bestellt werden kann, kann es auch auf Berechtigtenseite nicht zu Bruchteilen gehalten werden.

§ 432 Abs. 1 BGB: „*Haben mehrere eine unteilbare Leistung zu fordern, so kann, sofern sie nicht Gesamtgläubiger sind, der Schuldner nur an alle gemeinschaftlich leisten und je-*

40 *Schöner/Stöber*, Rn 1245.

der Gläubiger nur die Leistung an alle fordern. Jeder Gläubiger kann verlangen, dass der Schuldner die geschuldete Sache für alle Gläubiger hinterlegt oder, wenn sie sich nicht zur Hinterlegung eignet, an einen gerichtlich zu bestellenden Verwahrer abliefert.“

Die **Mitgläubigerschaft** gemäß § 432 BGB ist neben der Gesamtgläubigerschaft des § 428 BGB ebenfalls gebräuchlich für beschränkt persönliche Rechte. Dies ist dann der Fall, wenn die Beteiligten bei der Bestellung des dinglichen Rechts wünschen und im Innenverhältnis des Rechts vereinbaren, dass nur an alle Berechtigten gemeinsam geleistet werden kann, d.h. dass der Verpflichtete nicht wie bei § 428 BGB durch Leistung an lediglich einen der Berechtigten seine Pflicht erfüllt.

Eine solche gemeinschaftliche Leistung wird aber gerade z.B. bei einem Wohnungsrecht, das einem Ehepaar eingeräumt ist, häufig nicht gewollt sein, da dies die Möglichkeit der Wahrnehmung des Rechts durch einen Ehepartner, z.B. wenn ein Ehepartner aus der gemeinsamen Wohnung auszieht, ausschließt.

9. Übertragung des Rechts (*)

228 Eine beschränkt persönliche Dienstbarkeit einschließlich des Wohnungsrechts ist nach § 1092 Abs. 1 S. 1 **grundsätzlich nicht übertragbar**.

Soll auf Belastungsseite eine Erweiterung des Rechts erfolgen, ist wie bei der Grunddienstbarkeit eine Erstreckung auf das neue Grundstück erforderlich (siehe oben Rdn 159 f.). Ein Wechsel des Berechtigten ist, wenn er eine natürliche Person ist, nicht möglich. Im Todesfall des Berechtigten erlischt das Recht; eine Übertragung unter Lebenden ist ausgeschlossen.

229 Einen Umweg um diese Problematik ergibt sich durch die **Überlassung zur Ausübung** nach § 1092 Abs. 1 S. 2 BGB (siehe oben Rdn 208). Auch in diesem Fall ändert sich nicht der Berechtigte; er gibt aber seine Befugnisse aus der Dienstbarkeit, die eigentlich ihm zustehen würden, an einen Dritten weiter.

Da die Person des Berechtigten nicht wechselt, richtet sich aber das Erlöschen des Rechts, auch wenn die Ausübung durch einen anderen erfolgt, weiterhin nach dem ursprünglichen Berechtigten.

Beispiel:

Rentner Gustav Großzügig hat ein Wohnungsrecht auf der Immobilie seiner Kinder, das ihm auch die Überlassung an Dritte ermöglicht. Er verleiht seine Wohnung an Familie Bedürftig und zieht ins Altenheim. Als er im Altenheim verstirbt, erlischt das Wohnungsrecht und die Kinder möchten die Immobilie für sich nutzen.

230 Wird die Überlassung zur Ausübung im Inhalt des Wohnungsrechts vereinbart, ist zudem zu beachten, dass ein eigentlich **unpfändbares Recht** damit **pfändbar** wird. Dieser Wandel wird damit begründet, dass wenn ein Dritter die Befugnisse aus dem Recht erhalten kann, dies auch für dritte Gläubiger gelten muss.

231 **Exkurs: Juristische Personen, Personengesellschaften**

Bei juristischen Personen sowie Personengesellschaften kann man nicht so pauschal feststellen, dass ein Wechsel des Berechtigten nicht möglich ist und dass die Dienstbarkeit deshalb mit Beendigung des Berechtigten (z.B. Liquidation der juristischen Person) erlischt.

§ 1092 Abs. 2 und 3 BGB: *„(2) Steht eine beschränkte persönliche Dienstbarkeit oder der Anspruch auf Einräumung einer beschränkten persönlichen Dienstbarkeit einer juristischen Person oder einer rechtsfähigen Personengesellschaft zu, so gelten die Vorschriften der **§§ 1059a bis 1059d** entsprechend.*

(3) Steht einer juristischen Person oder einer rechtsfähigen Personengesellschaft eine beschränkte persönliche Dienstbarkeit zu, ***so ist die Dienstbarkeit übertragbar,*** *wenn sie dazu berechtigt, ein Grundstück zu nutzen für [...Wasserkraft, Windenergie, solare Strahlungsenergie, Geothermie, Umweltwärme oder Energie aus Biomasse, elektrochemische Herstellung von Wasserstoff oder zur Erzeugung von Strom aus Wasserstoff, Fortleitung von Elektrizität, Gas, Fernwärme, Wasser, Abwasser, Öl oder Rohstoffen, Telekommunikationsanlagen, Transport von Produkten zwischen Betriebsstätten, Straßenbahn- oder Eisenbahnanlagen...]... (...) Die Vorschriften der §§ 1059b bis 1059d gelten entsprechend."*

§ 1092 Abs. 2 BGB verweist auf § 1059a BGB, eine Vorschrift aus dem Nießbrauchsrecht, die für die Fälle der **Gesamtrechtsnachfolge** und die **Übertragung eines Unternehmens oder Unternehmensteils** die Übertragbarkeit des Nießbrauchs, also hier somit der Dienstbarkeit, anordnet. Nach § 1059a Abs. 1 und 2 BGB gilt diese Regelung für juristische Personen und rechtsfähige Personengesellschaften.

§ **1059a BGB:** *„(1) Steht ein Nießbrauch einer juristischen Person zu, so ist er nach Maßgabe der folgenden Vorschriften übertragbar:*

1. Geht das Vermögen der juristischen Person auf dem Wege der ***Gesamtrechtsnachfolge*** *auf einen anderen über, so geht auch der Nießbrauch auf den Rechtsnachfolger über, es sei denn, dass der Übergang ausdrücklich ausgeschlossen ist.*

2. Wird sonst ein von einer juristischen Person betriebenes ***Unternehmen oder ein Teil*** *eines solchen Unternehmens auf einen* ***anderen übertragen,*** *so kann auf den Erwerber auch ein Nießbrauch übertragen werden, sofern er den Zwecken des Unternehmens oder des Teils des Unternehmens zu dienen geeignet ist. (...)*

(2) Einer juristischen Person steht eine ***rechtsfähige Personengesellschaft gleich.*** *"*

Fälle der „**Gesamtrechtsnachfolge**" sind z.B. die Verschmelzung einer juristischen Person (untechnisch gesprochen eine „Fusion") oder weitere (wenn auch nicht alle)[41] Vorgänge nach dem Umwandlungsgesetz (UmwG). In solch einem Fall kann die ursprüngliche juristische Person auch zu existieren aufhören, jedoch geht ihr gesamtes Vermögen auf einen **neuen Rechtsträger** über. Hierfür ordnet das Gesetz an, dass auch die Dienstbarkeit mitübergeht.

§ 1092 Abs. 3 BGB regelt eine weitere Ausnahme: In eng umschriebenen Fällen infrastrukturell wichtiger Unternehmungen wie Strom oder Telekommunikation ist die Dienstbarkeit ausnahmsweise übertragbar.

10. Beendigung des Rechts (*)

a) Allgemein (*)

Eine **beschränkt persönliche Dienstbarkeit** erlischt in den folgenden Fällen: 232

- Wegfall des Berechtigten, §§ 1090 Abs. 2, 1061 BGB;
- Eintritt einer auflösenden Bedingung/Befristung (siehe hierzu bereits die Ausführungen oben in Rdn 175 f. zur Dauer des Rechts);
- Unmöglichkeit der Ausübung;
- „Löschung" bzw. Aufgabeerklärung durch den aktuellen jeweiligen Berechtigten (siehe hierzu bereits die Ausführungen in Rdn 165 ff. zur Grunddienstbarkeit, wobei zu beachten ist, dass die Zustimmung nach § 876 S. 2 BGB bei einem personalen Recht nicht erforderlich ist);
- Abschreibung im Rahmen einer Grundstücksteilung, § 1026 BGB (siehe hierzu bereits die Ausführungen in Rdn 45 ff.);

41 Grüneberg/*Herrler*, § 1059a Rn 1.

- Erlöschen aufgrund Zwangsversteigerung aus vorrangigem Recht (siehe hierzu bereits die Ausführungen in Rdn 101 ff., die für die beschränkt persönliche Dienstbarkeit genauso gelten);
- Erlöschen aufgrund Verjährung, §§ 1090 Abs. 2, 1028 S. 2 BGB.

Ein **Wohnungsrecht** erlischt insbesondere bei Untergang des der Wohnnutzung unterliegenden Gebäudes.

233 Steht der Ausübung des Wohnungsrechts oder der beschränkt persönlichen Dienstbarkeit ein Hindernis in der Person des Berechtigten entgegen, führt dies in der Regel **nicht** zum **Erlöschen des Rechts**, da nicht die Wohnnutzung an sich unmöglich wird, sondern nur die Wohnnutzung für einen bestimmten Berechtigten.

Beispiel:

Dem alten Herrn Willi Tapsig ist ein Wohnungsrecht im ersten Stock eines Einfamilienhauses eingeräumt. Er ist leider gar nicht mehr gut zu Fuß und kann die Treppen zu seiner Wohnung nicht mehr bewältigen. Der Einbau eines Treppenlifts ist aufgrund der örtlichen Gegebenheiten nicht möglich.

Herr Tapsig kann daher sein Wohnungsrecht nicht mehr nutzen.

Ist das Wohnungsrecht im Beispiel so ausgestaltet, dass Herrn Tapsig es nicht gestattet ist, es einem Dritten zur Ausübung zu überlassen, verliert das Wohnungsrecht jedoch, sobald er es selbst nicht mehr ausüben kann trotzdem seinen Wert für ihn. Schließlich muss er sich anderweitig nach einer Wohnung umsehen, kann aber gleichzeitig das Wohnungsrecht nicht (ohne Gestattung des Eigentümers) durch Vermietung „zu Geld machen“.

234 **Exkurs:**

Gerade in Zeiten des demographischen Wandels wird bei Bestellung eines Wohnungsrechts die Frage nach einer Regelung im Fall des Wegzugs in ein Alten- oder Pflegeheim immer wichtiger. Da ein automatisches Erlöschen nach dem vorstehend Ausgeführten in der Regel nicht greifen wird, müssen andere Gestaltungen wie die Vereinbarung einer auflösenden Bedingung, eines schuldrechtlichen Aufhebungsanspruchs ggf. mit Ausschluss einer Geldentschädigung oder die Befugnis des Eigentümers, für Rechnung des Berechtigten zu vermieten, vereinbart werden.[42] Im Einzelfall kann sich dies auch aus einer ergänzenden Auslegung des Grundgeschäfts ergeben, sollten die Beteiligten diesen Fall bei Bestellung irrtümlich nicht bedacht haben.[43] Ziel der notariellen Gestaltungspraxis ist es aber gerade, Auslegungssituationen zu vermeiden.

Tendieren die Beteiligten zur Vereinbarung einer auflösenden Bedingung, ist zu beachten, dass diese einen Automatismus auslöst, d.h. ein einmaliger Wegzug, der die Bedingung auslöst, bringt das Recht unwiederbringlich zum Erlöschen, auch wenn sich der gesundheitliche Zustand des Berechtigten nachträglich wieder bessern sollte und er in die Räumlichkeiten, die ursprünglich dem Wohnungsrecht unterlagen, zurückkehren könnte.

Praxistipps: Auch hier ist zu beachten, dass das **materiell-rechtliche Erlöschen des Rechts**, z.B. durch Eintritt der Bedingung, noch **keine Löschung des Rechts im Grundbuch** mit sich bringt. Es ist denkbar, dass der Berechtigte in den Fällen des Wegzugs in ein Alten- oder Pflegeheim z.B. wegen Demenz nicht mehr verfahrensfähig ist, sodass eine formellrechtliche Löschungsbewilligung durch ihn nicht mehr abgegeben werden könnte. Um solchen Fällen vorzubeugen kann z.B. eine Bedingung formuliert werden, dass das Wohnungsrecht erlischt, wenn der Hauptwohnsitz für einen bestimmten Zeitraum verlegt wurde. Dies ließe sich mit einer Bestätigung der Meldebehörde, die in grundbuchfähiger Form erfolgen kann, nachweisen, sodass keine Bewilligung erforderlich wäre (§ 22 Abs. 1 S. 1 GBO).

42 Grüneberg/*Herrler*, § 1093 Rn 19.
43 BGH NJW 2009, 1348.

Ebenso kann bereits bei Bestellung des Rechts eine Löschungsvollmacht in die Bestellungsurkunde aufgenommen werden, von der („Beschränkung im Innenverhältnis“) aber nur im Fall des Wegzugs ins Alten- und Pflegeheim Gebrauch gemacht werden darf. All diese Regelungen können auch umgangen werden (z.B. durch Unterlassen der Meldung bei der Meldebehörde, Widerruf der Vollmacht). Sie dienen somit mehr zur Sensibilisierung für den Problemkreis und als Beispiel für mögliche Gestaltungen.

b) Beendigung durch den Wegfall des Berechtigten (*)

§ 1061 BGB: 235

Der Nießbrauch erlischt mit dem Tode des Nießbrauchers. Steht der Nießbrauch einer juristischen Person oder einer rechtsfähigen Personengesellschaft zu, so erlischt er mit dieser.

§ 1092 Abs. 2 BGB ordnet die Anwendbarkeit der aus dem Nießbrauchsrecht stammenden Vorschrift § 1061 BGB auch für die beschränkt persönliche Dienstbarkeit und somit auch für das Wohnungsrecht an. 236

Eine beschränkt persönliche Dienstbarkeit erlischt mit dem **Tode ihres Berechtigten**. Eine juristische Person, rechtsfähige Personengesellschaft, die Wohnungseigentümergemeinschaft oder eine sonstige Personenvereinigung können nicht versterben, bei ihnen ist daher das Äquivalent zum Tode **die Vollbeendigung** ohne Übergang ihres Vermögens in Gesamtrechtsnachfolge oder durch Übertragungsakt auf einen anderen Rechtsträger (siehe oben die Ausführung zur ausnahmsweisen Übertragbarkeit des Rechts in Rdn 228 ff.). **Vollbeendigung** bedeutet den **Abschluss des Liquidationsverfahrens** einer Gesellschaft oder vergleichbare Beendigungstatbestände wie z.B. die **Löschung von Amts wegen** (= Löschung durch das Registergericht selbst).

Die Vorschriften bilden das notwendige Gegenstück zum grundsätzlichen Ausschluss der Übertragbarkeit des Rechts (siehe oben in Rdn 228 ff.). Schließlich muss das Schicksal eines Rechts, das z.B. nicht vererbt werden kann, im Erbfall trotzdem geregelt werden. 237

Praxistipp:

§ 5 GBBerG hilft beim Nachweis des Todes des Berechtigten: Nach Ablauf von 110 Jahren nach seiner Geburt wird ein Berechtigter nicht vererblicher und nicht veräußerlicher Rechte, insbesondere von Nießbrauch, beschränkt persönlicher Dienstbarkeit und Wohnungsrecht, als verstorben vermutet.

Das Recht gilt in diesem Fall als erloschen und kann vom Grundbuchamt von Amts wegen gelöscht werden (siehe bereits Rdn 189).

IV. Nießbrauch (*)

▼ 238

Muster 2.4: Nießbrauch

Alexis Aktivista, geb. am 10.10.1988, (nachfolgend „Grundstückseigentümer“)

belastet den im Grundbuch des Amtsgerichts Linksingen, Blatt 25 vorgetragenen Grundbesitz der Gemarkung Linksingen, Flurstück-Nummer 18 (= *hier zeigt sich der Spezialitäts- und Bestimmtheitsgrundsatz durch genaue Bezeichnung der Grundbuchstellen, siehe* Rdn 29 ff.) (nachfolgend „Belastungsgegenstand“)

zugunsten der Brieftaubenzüchtervereinigung Linksingen e.V. mit dem Sitz in Linksingen, eingetragen im Vereinsregister des Amtsgerichts Linksingen, VR-Nummer 0815 („nachfolgend Berechtigter“)

wie folgt:

Der Grundstückeigentümer räumt dem Berechtigten unentgeltlich und auf Dauer den Nießbrauch am Belastungsgegenstand ein. Für den Nießbrauch gelten die gesetzlichen Bestimmungen, soweit nachfolgend nichts Abweichendes bestimmt ist (= *Regelung des Inhalts des Nießbrauchs, siehe* Rdn 246 ff.).

Der Nießbraucher ist somit verpflichtet, die privatrechtlichen Lasten, die bereits zur Zeit der Bestellung des Nießbrauchs auf dem Belastungsgegenstand ruhen, zu tragen, einschließlich der Zinsen der eingetragenen Grundschulden und Hypotheken (= *Festlegung der Tragung der privaten Lasten, siehe* Rdn 259 ff.).

Abweichend von den gesetzlichen Bestimmungen wird vereinbart, dass der Nießbraucher sämtliche Ausbesserungen und Erneuerungen auf eigene Kosten vorzunehmen hat, sodass neben der gewöhnlichen Unterhaltung der Sache auch die außergewöhnlichen Ausbesserungen und Erneuerungen von ihm vorzunehmen sind (= *Regelungen zu Ausbesserungen und Erneuerungen, siehe* Rdn 257 f.).

Weiter wird vereinbart, dass der Nießbraucher sämtliche öffentlichen Lasten des Belastungsgegenstandes, einschließlich der außerordentlichen Lasten, die als auf den Stammwert der Sache gelegt anzusehen sind, zu tragen hat (= *weitere Regelungen zur Lastentragung, siehe* Rdn 259 ff.).

Es wird bewilligt und beantragt (= *formell-rechtliche/grundbuchrechtliche Erklärungen, siehe* Rdn 264 ff.),

am Belastungsgegenstand einen Nießbrauch für den Berechtigten mit dem vorstehenden Inhalt an nächstoffener Rangstelle (= *Rangbestimmung an nächstoffener Rangstelle, siehe* Rdn 267 f.) einzutragen.

Die Kosten der Eintragung trägt .

Die Eintragung soll nach dem Wunsch der Beteiligten an nächstoffener Rangstelle erfolgen. Der Notar hat die Beteiligten darauf hingewiesen, dass dies zu einer Eintragung des Nießbrauchs im Rang nach den bereits am Grundbesitz eingetragenen Verwertungsrechten führt, eindringlich die damit verbundenen Risiken erläutert und die Eintragung im Rang vor den Verwertungsrechten empfohlen. Vorrangige Verwertungsrechte gewähren die Möglichkeit der Zwangsvollstreckung in den Grundbesitz, welche zum Erlöschen der nachrangigen Rechte, also z.B. des hier bestellten Nießbrauchs, führen kann. Im Fall des Erlöschens eines nachrangigen Rechts durch Zuschlag in der Zwangsversteigerung wird Wertersatz für das erlöschende Nießbrauchsrecht nur geleistet, wenn vom Versteigerungserlös nach Befriedigung der vorrangigen Berechtigten etwas übrig bleibt. Der Betrag der vorrangigen Rechte kann aufgrund der eingetragenen Nebenrechte wie z.B. Grundschuldzinsen und Nebenleistung deutlich höher sein als ihr Nennbetrag (= **Hinweis bei der Eintragung im Rang nach Verwertungsrechten**, siehe Rdn 267 f. und Rdn 101 ff.).

▲

239 **§ 1030 BGB:**

*(1) Eine Sache kann in der Weise belastet werden, dass derjenige, zu dessen Gunsten die Belastung erfolgt, berechtigt ist, die **Nutzungen** der Sache **zu ziehen** (Nießbrauch).*

*(2) Der Nießbrauch kann durch den **Ausschluss einzelner Nutzungen** beschränkt werden.*

1. Allgemeines (*)

240 Ein Nießbrauch kann entweder als **Nießbrauch an Sachen** (§§ 1030–1067 BGB) oder als **Nießbrauch an Rechten** (§§ 1068–1084 BGB) bestellt werden. Der ebenfalls im Gesetz vorgesehene Nießbrauch an einem **Vermögen** (§ 1085–1089 BGB) umfasst nach dem sachenrechtlichen Bestimmtheitsgrundsatz viele einzelne Nießbrauchsrechte an jeder zum Vermögen gehörigen Sache oder jedem dazu gehörigen Recht.

In Abt. II des Grundbuchs ist überwiegend der **Nießbrauch an (unbeweglichen) Sachen** eingetragen, sodass sich die nachfolgende Darstellung auf diesen konzentrieren wird.

241 Von der Grunddienstbarkeit unterscheidet sich der Nießbrauch wie die beschränkt persönliche Dienstbarkeit durch seinen **personalen Charakter**: Berechtigter des Nießbrauchs ist eine genau bestimmte **natürliche oder juristische Person**, **rechtsfähige Personengesellschaft** (ein-

schließlich der BGB-Gesellschaft), **Wohnungseigentümergemeinschaft** oder **sonstige grundbuchfähige Personenvereinigung**, nicht der potentiell auswechselbare jeweilige Eigentümer eines herrschenden Grundstücks (siehe hierzu auch die Ausführungen in Rdn 171 f.).

Nießbrauch und andere Dienstbarkeiten unterscheiden sich zudem im **Umfang des Rechts**. Der Nießbrauch gewährt ein **umfassendes Nutzungsrecht**, von dem nur einzelne Nutzungen ausgeschlossen werden können, während die Grunddienstbarkeit und die beschränkt persönliche Dienstbarkeit die Nutzung oder Unterlassung der Nutzung in einzelnen Beziehungen sowie den Ausschluss einer (bestimmten) Rechtsausübung zum Inhalt haben können. Im Einzelfall kann die Grenzziehung aber sehr schwierig sein (siehe hierzu auch die Ausführungen in Rdn 2 ff.).

Nießbrauch und beschränkt persönliche Dienstbarkeit, insbesondere Wohnungsrecht unterscheiden sich im **Nutzungsumfang**: 242

Während das Wohnungsrecht und die auf Wohnnungsnutzung gerichteten beschränkt persönlichen Dienstbarkeiten grundsätzlich die **Vermietung** an einen Dritten nicht gewähren, ist dies im Umfang des Nießbrauchsrechts bereits im Grundzustand enthalten. Selbst wenn aber eine Regelung nach § 1092 Abs. 1 S. 2 BGB getroffen wird, die auch bei beschränkt persönlicher Dienstbarkeit und Wohnungsrecht eine Mietnutzung grundsätzlich erlauben würde, gibt der Nießbrauch **weitergehendere Möglichkeiten**, als dinglicher Rechtsinhalt die Entrichtung der Lasten (d.h. die Zahlung von auf der Immobilie ruhenden Kosten) auf den Berechtigten zu übertragen. Im Übrigen ist auf die Ausführungen in Rdn 195 ff. und 205 ff. zu verweisen.

Umgekehrt gewährt lediglich das Wohnungsrecht die Möglichkeit, den Ausübungsbereich des Rechts auf einen realen Gebäudeteil zu beschränken, während der Nießbrauch dies nicht zulässt.

Reallast und **Nießbrauch** unterscheiden sich wie bei allen Dienstbarkeiten dadurch, dass als Hauptpflicht des Nießbrauchs **kein aktives Tun** vereinbart werden kann.

2. Beteiligte wollen Nießbrauch bestellen – was tun? (*)

> *Fallbeispiel:* 243
>
> Ein Ehepaar erscheint unangemeldet im Notariat und erklärt, dass sie ihre bisher von ihnen genutzte Immobilie gerne im Wege der vorweggenommenen Erbfolge an die nächste Generation übertragen möchten. Es soll sich aber am bisherigen Zustand „nichts ändern" und sie wollen auch abgesichert sein. Sie wollen weiter für alle Kosten der Immobilie aufkommen, um die Kinder nicht zu belasten und weiterhin die volle Nutzungsmöglichkeit an der Immobilie haben. Insbesondere möchten sie sie auch vermieten können, falls sie einmal in ein Alten- oder Pflegeheim gehen müssten.
>
> Sie würden gerne hierzu beraten werden. Der Notar ist auf einem Auswärtstermin.

Der Nießbrauch ist ein **dingliches Recht**. Er ist von jedermann (= Absolutheitsgrundsatz) zu beachten und besteht dauerhaft auf Lebensdauer des Ehepaares. Er ist allerdings pfändbar. Dies ist jedoch immer gegeben, wenn eine Vermietungsmöglichkeit gewünscht ist, sodass das Ehepaar lediglich eindringlich auf die insoweit fehlende Absicherung hinzuweisen ist.

Abgesehen davon wäre die Bestellung eines Nießbrauchs für die Beteiligten geeignet. Sie bieten ihnen eine Beratung an.

In dieser Situation sind die folgenden Schritte zu durchlaufen: 244

- **Gedankliche Vorüberlegung: Ist eine einseitige Besprechung in Ordnung?** Der Notar ist **unabhängig und neutral** und sollte daher, um eine gleichberechtigte Beratung der Beteiligten sicherzustellen, in der Regel auf eine **gemeinsame Besprechung** mit allen Beteiligten (Berechtigten und Verpflichteten eines Rechts) hinwirken. Bei der geschilderten Übergabesituation kümmert sich häufig einer der beteiligten Familienangehörigen „um alles". Auf den ersten Blick mag eine gemeinsame Besprechung mit den Kindern nicht erforderlich sein, da diese schließlich ein Grundstück geschenkt bekommen und die Eltern auch gar nicht schenken müssten („Einem geschenkten Gaul schaut man nicht ins Maul“). Die Erfahrung lehrt aber, dass es gerade auch in solchen Übergabesituationen zu vielfältigen Konflikten zwischen den Generationen kommen kann, da die Kinder (wenn auch nicht im Beispielsfall) ggf. bereits Kosten für das Grundstück tragen müssen, aber zunächst keinen Nutzen davon haben oder erbrechtliche Regelungen wie ein Pflichtteilsverzicht geplant sind o.Ä. Es empfiehlt sich somit, um etwaige Konflikte erst gar nicht entstehen zu lassen, die einzelnen Punkte mit beiden Seiten zu besprechen. Im Rahmen einer **intakten Familiensituation** ist es jedoch möglich, wenn die Eltern schon einmal im Notariat anwesend sind, die **grundsätzlichen Daten der Transaktion** (persönliche Daten der Beteiligten, betroffene Grundstücke, vorgestellte Leistungen an die Übergeber) kurz aufzunehmen, um eine bessere Grundlage für die nächste Besprechung zu haben.

- **Notar oder erfahrenen Mitarbeiter hinzuziehen** (siehe hierzu die Ausführungen in Rdn 18): Im Fall des Ehepaars ist im Übrigen eine gemeinsame Besprechung also vorzuziehen. Bevor Sie dies jedoch den Beteiligten kommunizieren, ziehen Sie Ihren Notar oder einen erfahrenen Mitarbeiter hinzu und besprechen Sie das weitere Vorgehen mit diesen. Sind sie mit Ihren Überlegungen einverstanden, können Sie mit den **Beteiligten einen neuen Termin zur Besprechung** unter Anwesenheit auch der Übernehmer vereinbaren. Die nachfolgenden Ausführungen gehen im Übrigen von der Annahme aus, dass der Besprechungstermin unter gemeinschaftlicher Anwesenheit aller Beteiligter stattfindet.
- **Unterlagen vorbereiten:** Zur Vorbereitung der Besprechung sollte eine **Grundbucheinsicht** hinsichtlich des Belastungsgegenstandes erfolgen. Die Beiziehung einer **amtlichen Flurkarte** ist jedoch nur **in Ausnahmefällen** erforderlich, wenn der Nießbrauch nicht am gesamten Grundstück oder Recht bestellt werden, sondern z.B. auf einen realen Grundstücksteil im Ausübungsbereich beschränkt bleiben soll.

> *Beispiel:*
>
> Das Ehepaar aus dem Beispiel oben möchte, dass die Nutzung der Wohnimmobilie bereits ihren Kindern zusteht, sie aber noch vollständiges Nutzungsrecht an einem genau zu bestimmenden Teil des Gartens haben.

Ein **Raumplan,** der die einzelnen dem Nießbrauch unterliegenden Räumlichkeiten kennzeichnet, ist hingegen **nicht erforderlich**, da ein Nießbrauch nicht lediglich einen Gebäudeteil erfassen kann. Ist eine Fläche mit einem Gebäude bebaut, unterliegt auch das gesamte Gebäude als wesentlicher Bestandteil der Fläche dem Nießbrauch.

Im Übrigen ist auf die Ausführungen in Rdn 18 zu verweisen.

- **Gewünschtes Recht erfragen:** Um zu ermitteln, welches Recht in Abgrenzung zum Nießbrauch gewünscht ist, sind die oben in Rdn 240 ff. näher dargestellten Abgrenzungskriterien mit den Beteiligten zu erörtern. Im Übrigen gelten die Ausführungen in Rdn 18.
- **Genauen Inhalt des Rechts erfragen:** Der **Nießbrauch** kennt neben dem Hauptzweck der umfassenden Nutzungsgewährung genauso wie die anderen Dienstbarkeiten viele Nebenpunkte, die in der Regel im Begleitschuldverhältnis geregelt werden müssen. Einen abschließenden Fragenkatalog hierfür zu erarbeiten ist aufgrund der Vielzahl der unterschiedlichen Fallgestaltungen nicht möglich. Empfehlenswert ist, die Beteiligten berichten zu lassen, wie sie sich das Rechtsverhältnis vorstellen und hieraus Anhaltspunkte zu gewinnen. Wichtige Punkte, die, falls sie die Beteiligten nicht selbst aufbringen, im Übrigen angesprochen werden sollten, sind:
  - **Instandhaltung** (siehe hierzu auch nachfolgend in Rdn 257 f.): Hat der Nießbraucher nur die gewöhnlichen Ausbesserungen und Erneuerungen (= gesetzlicher Inhalt) oder mehr zu tragen?
  - **Lastentragung** (siehe hierzu auch nachfolgend in Rdn 259 ff.): Hat der Nießbraucher nur die gewöhnlichen öffentlichen Lasten (= Grundsteuer u.Ä.) einschließlich der privatrechtlichen Lasten (z.B. Hypothekenzinsen u.Ä.) zu tragen, oder auch die außerordentlichen Lasten (z.B. Erschließungsbeiträge)?

- **Weitere Kostentragung**: Wer trägt im Übrigen die Betriebskosten und die Kosten der Instandhaltung?
- (nur wenn Anhaltspunkte, da der Regelfall das umfassende Nutzungsrecht ist): **Ausschluss einzelner Nutzungen**: Ist der Nießbrauch als umfassendes Nutzungsrecht geplant?
- (nur wenn Anhaltspunkte, da der Regelfall die Nutzung unter Ausschluss des Eigentümers ist): **Mitbenutzung durch den Eigentümer gewünscht?**
  Dies kann durch Vereinbarung z.B. eines Quoten- oder Bruchteilsnießbrauchs (siehe hierzu nachfolgend in Rdn 254 mehr) erreicht werden.

Exkurs: 245

Die Frage der **Verkehrssicherungspflicht** stellt sich beim Nießbrauch nicht in der Deutlichkeit wie bei anderen Rechten, da dem Nießbraucher bereits kraft Gesetzes die Erhaltung der Sache obliegt (§ 1041 S. 1 BGB). Ferner führt der Nießbrauch in der Regel zu einem vollständigen Ausschluss des Eigentümers von der betroffenen Fläche, sodass die Verantwortung hierfür naturgemäß dem Nießbraucher obliegt. Trotzdem sind klarstellende Regelungen diesbezüglich als Teil der Regelungen zur Instandhaltung möglich.

3. Inhalt des Nießbrauchs (*)

a) Allgemein (*)

Der Nießbrauch gewährt ein **umfassendes Nutzungsrecht,** d.h. der Nießbraucher darf, wenn keine Beschränkung nach § 1030 Abs. 2 BGB vorgenommen ist, **alle Nutzungen der Sache oder des Rechts** ziehen und der Eigentümer muss dies dulden. 246

Ein **aktives Tun** des verpflichteten Eigentümers kann als Hauptpflicht des Nießbrauchs aufgrund seines Dienstbarkeitscharakters hingegen **nicht** vereinbart werden. Das **Begleitschuldverhältnis** regelt die Grenzen der umfassenden Nutzungsbefugnis (hierzu näher unten in Rdn 256 ff.). So darf der Nießbraucher den bisherigen Charakter des Belastungsgegenstandes nicht ändern. Nicht zulässig sind Umgestaltungen oder wesentliche Änderungen. Ein im Grundstück liegender Schatz gehört nicht dem Nießbraucher.

> *Beispiel:*
>
> Ein Nießbrauch ist auf einem Grundstück mit Haus und Garten bestellt. Der Nießbraucher darf das Haus bewohnen, vermieten oder verleihen. Er darf die Bäume und Beete abernten oder den Garten an einen Dritten verpachten. Die durch die Ernte von Bäumen und Beeten getrennten Früchte, gehören, unmittelbar dem Nießbraucher. Er darf im Garten neue Bäume pflanzen und alte abholzen, solange das Grundstück hierdurch nicht wesentlich umgestaltet wird (*§* 1037 BGB).

Nach § 1030 Abs. 2 BGB können **einzelne Nutzungen ausgeschlossen** werden. 247

> *Beispiel:*
>
> Ausschluss der Vermietungsnutzung.

Zulässig ist jedoch nur ein solcher Ausschluss von Nutzungen, der den Charakter des Nießbrauchs als umfassendes Nutzungsrecht erhält. Es können somit nicht so viele Nutzungen ausgeschlossen werden, dass der Nießbrauch nur noch die Nutzung in einzelnen Beziehungen wie die Dienstbarkeit gewähren würde.

Diese quantitative Bewertung zeigt bereits, dass es in Einzelfällen Abgrenzungsschwierigkeiten geben kann, die zu Problemen im Eintragungsverfahren führen. Eine Umgehungsgestaltung könnte sein, wenn die Ausgestaltungsmöglichkeiten einer Dienstbarkeit den Wünschen der Beteiligten nicht widersprechen, alle gewünschten Nutzungen positiv einzeln zu benennen und so eine beschränkt persönliche Dienstbarkeit zu bestellen.

248 **Exkurs:**

Zulässig ist auch die Vereinbarung eines sog. **Quotennießbrauchs**. Belastet ist auch in diesem Fall das gesamte Grundstück, jedoch wird als Inhalt des Nießbrauchs geregelt, dass dem Nießbraucher im Verhältnis zum Eigentümer nur eine bestimmte Quote der Nutzungen (z.B. 50 %) zusteht.

Beispiel: Ein Grundstück mit mehreren Mietwohnungen steht im Alleineigentum des Fürsten Girolamus von Großkopf. Fürst von Großkopf möchte nun, da sein Bediensteter Adalbert Adlatus ihm schon lange Zeit bei der Vermietung der Wohnungen unentgeltlich zur Hand geht, Herrn Adlatus an den Mietzahlungen beteiligen. Herr Adlatus soll abgesichert sein, aber kein Eigentum am Grundstück erhalten, da die Beteiligung nur Herrn Adlatus und nur für dessen Lebensdauer zugutekommen soll. In solch einem Fall bietet es sich an, einen Quotennießbrauch zu bestellen. Fürst von Großkopf kann die Quote frei wählen, wie er es angemessen findet. Da Herr Adlatus an den Nutzungen, d.h. den real eingehenden Mieterträgen beteiligt ist, trägt Fürst von Großkopf auch kein Risiko, wie es bei der Verpflichtung zu einer Festzahlung wäre, die von Großkopf auch entrichten müsste, wenn Mietausfall besteht oder Wohnungen unvermietet sind.

Zu unterscheiden ist der Quotennießbrauch vom **Bruchteilsnießbrauch**, der die Belastung eines Miteigentumsanteils (= Eigentumsbruchteils) mit einem Nießbrauch beschreibt (hierzu unten in Rdn 271 ff. mehr zum Belastungsgegenstand).

b) Umfang des Nießbrauchs bei vollständiger Belastung eines Grundstücks (*)

249 **§ 1031 BGB:**

Mit dem Nießbrauch an einem Grundstück erlangt der Nießbraucher den Nießbrauch an dem Zubehör nach den für den Erwerb des Eigentums geltenden Vorschriften des § 926.

Der Nießbrauch an einem Grundstück erstreckt sich auf die wesentlichen und unwesentlichen Bestandteile eines Grundstücks sowie das Zubehör. Abweichende Regelungen hinsichtlich des Zubehörs (§ 926 Abs. 1 S. 2 BGB) und der unwesentlichen Bestandteile sind möglich. Nicht erfasst sind Scheinbestandteile. Zu den wesentlichen Bestandteilen gehören auch alle Rechte, die dem Grundstück, an dem der Nießbrauch bestellt ist, zustehen.

Beispiel:

Eine Grunddienstbarkeit, bei der das Nießbrauchsgrundstück herrschendes Grundstück ist, gewährt dem Nießbraucher ihre Nutzungen.

Durch die Erstreckung des Nießbrauchs auf die dem Nießbrauchsgrundstück zugutekommenden Rechte stehen auch die Befugnisse aus den Rechten dem Nießbraucher zu.

250 **Exkurs: Was sind wesentliche, unwesentliche und Scheinbestandteile? Was ist Zubehör?**

- **Wesentliche Bestandteile**
  § 93 BGB: *„Bestandteile einer Sache, die voneinander **nicht getrennt** werden können, ohne dass der **eine oder der andere zerstört** oder **in seinem Wesen verändert** wird (wesentliche Bestandteile), können nicht Gegenstand besonderer Rechte sein.“*
- Der Grundsatz bei den wesentlichen Bestandteilen lautet: Was fest verbunden ist und nicht ohne wesentliche Schädigung getrennt werden kann, ist eines. An dieser Einheit können dann auch nur einheitlich Rechte, insbesondere das Eigentum, begründet werden.
  Für Grundstücke und Gebäude kennt das Gesetz **Sonderregelungen**:
  § 94 BGB: *„(1) Zu den wesentlichen Bestandteilen eines Grundstücks gehören die mit dem **Grund und Boden fest verbundenen Sachen**, insbesondere **Gebäude**, sowie die*

Erzeugnisse des Grundstücks, solange sie mit dem Boden zusammenhängen. Samen wird mit dem Aussäen, eine Pflanze wird mit dem Einpflanzen wesentlicher Bestandteil des Grundstücks.
(2) Zu den wesentlichen Bestandteilen eines ***Gebäudes*** *gehören die zur* ***Herstellung des Gebäudes eingefügten Sachen.****"*

- Wesentlicher Bestandteil eines Grundstücks ist also grundsätzlich das mit ihm fest verbundene Gebäude sowie Pflanzen und weitere Erzeugnisse. Anders kann es sein, wenn ein Gebäude nicht fest verbunden ist. Beispielsweise ein Geräteschuppen, der ohne Fundament auf einem Grundstück errichtet ist und jederzeit wieder abtransportiert werden kann. Alles was fest verbunden ist, ist jedoch wesentlicher Bestandteil und grundsätzlich nicht mehr selbstständig eigentumsfähig. Hieraus ergibt sich, dass üblicher Sprachgebrauch („Hauskauf") und rechtliche Realität („Grundstückskauf mit Haus als wesentlichem Bestandteil") nicht ganz zusammenpassen (siehe hierzu die Ausführungen oben in Rdn 128).
Wesentlicher Bestandteil eines Gebäudes wiederum sind die zu seiner Herstellung eingefügten Bestandteile.
Beispiel: Ziegel in der Mauer eines Hauses. Solange die Ziegel nicht zu einer Mauer verbunden sind, sind sie selbstverständlich einzeln eigentumsfähig, schließlich können sie einzeln veräußert werden. Sind sie aber Teil des Hauses können sie dort aus der Mauer nicht einfach wieder entfernt werden, ohne das Haus erheblich zu beschädigen. Durch diese feste Verbindung werden sie zum wesentlichen Bestandteil des Hauses und gehören fortan (nur noch) dem Eigentümer, dem auch das Haus gehört.
- **Scheinbestandteile**
§ 95 BGB: *„(1) Zu den* ***Bestandteilen*** *eines Grundstücks gehören* ***solche Sachen nicht****, die nur zu einem* ***vorübergehenden Zweck*** *mit dem Grund und Boden verbunden sind. Das Gleiche gilt von einem Gebäude oder anderen Werk, das* ***in Ausübung eines Rechts*** *an einem fremden Grundstück von dem Berechtigten mit dem Grundstück verbunden worden ist.*
(2) Sachen, die nur zu einem ***vorübergehenden Zweck in ein Gebäude*** *eingefügt sind, gehören nicht zu den Bestandteilen des Gebäudes."*
- Scheinbestandteile sind keine Bestandteile des Grundstücks. Sie sind nur zu einem vorübergehenden Zweck im Grundstück oder im Gebäude und können ohne weitere Probleme vom Grundstück und Gebäude wieder getrennt werden. Sie sind selbstständig sonderrechtsfähig, können also im Eigentum einer anderen Person stehen, als der, der das Grundstück gehört. Im Falle der Zwangsversteigerung zählen sie nicht zum Haftungsverband der Hypothek oder Grundschuld, also nicht zu dem, was mitverwertet wird.
Beispiel: Ein Zelt, das für einen Abend auf einem Grundstück aufgestellt ist oder ein Trennvorhang, der nur vorübergehend an einem Gebäudeteil angebracht ist.
Scheinbestandteile, die in Ausübung eines Rechts bestellt werden, können (aber müssen nicht) auch eigentlich fest verbundene Sachen sein, die aber durch Eintragung eines Rechts, insbesondere einer Dienstbarkeit sonderrechtsfähig (= individuell eigentumsfähig) gemacht werden.
Beispiel: Eine fest auf dem Dach installierte Photovoltaikanlage, die jedoch nicht dem Eigentümer des Hauses gehören soll.
- **Unwesentliche Bestandteile**
Unwesentliche Bestandteile sind alle sonstigen Teile einer Sache, eines Grundstücks oder Gebäudes, die durch Verbindung mit dieser ihre Selbstständigkeit verloren haben,[44] die aber weder wesentliche Bestandteile noch Scheinbestandteile sind. Sie sind sonderrechtsfähig, aber vom Haftungsverband der Hypothek oder Grundschuld erfasst.
Beispiel: Eine Tür, die ausgehängt werden kann. Der Türrahmen selbst ist mit dem Gebäude so fest verbunden, dass er nicht ohne Beschädigung entfernt werden könnte; in-

44 Grüneberg/*Ellenberger,* § 93 Rn 2.

soweit wäre der Türrahmen also ein wesentlicher Bestandteil. Die Tür hingegen kann ohne Beschädigung entfernt werden, ist aber trotzdem nicht nur zu einem vorübergehenden Zweck mit dem Gebäude verbunden.

- **Sonderfall: Rechte am Grundstück**
  § 96 BGB: *„Rechte, die mit dem* ***Eigentum an einem Grundstück verbunden*** *sind, gelten als Bestandteile des Grundstücks."*
- Rechte können sowohl wesentliche als auch unwesentliche Bestandteile eines Grundstücks sein, je nachdem ob sie mit dem Eigentum des Grundstücks untrennbar verbunden sind. Die hier behandelten Rechte, die von § 96 BGB erfasst sein können (Grunddienstbarkeit, (subjektiv-dingliche) Reallast, (subjektiv dingliches) Vorkaufsrecht) sind allesamt wesentliche Bestandteile. Für die beschränkt-persönliche Dienstbarkeit und die anderen einer Person zustehenden Rechte stellt sich die Frage nicht, da deren Recht mit einer Person und nicht mit dem Eigentum an einem Grundstück verbunden ist.
- **Zubehör**
  § 97 BGB: *„Zubehör sind* ***bewegliche Sachen****, die,* ***ohne Bestandteile der Hauptsache*** *zu sein, dem* ***wirtschaftlichen Zwecke der Hauptsache*** *zu dienen bestimmt sind und zu ihr in einem dieser Bestimmung entsprechenden* ***räumlichen Verhältnis*** *stehen. Eine Sache ist nicht Zubehör, wenn sie im Verkehr nicht als Zubehör angesehen wird."*
- Zubehör sind selbstständige Gegenstände, die in einem räumlichen Bezug zu einer Hauptsache stehen und ihrem wirtschaftlichen Zweck dienen. Zubehör ist sonderrechtsfähig, aber vom Haftungsverband der Hypothek oder Grundschuld erfasst.
  Beispiel: Landwirtschaftliche Maschinen auf einem Bauernhofgrundstück.

c) Örtlicher Ausübungsbereich (*)

251 Der Nießbrauch kann an einem **Grundstück,** einem **Grundstücksteil**, einem **Miteigentumsanteil**, **Sondereigentum** oder einem **grundstücksgleichen Recht** (z.B. Erbbaurecht) bestellt werden (= Belastungsgegenstände des Nießbrauchs, hierzu unten in Rdn 271 ff. mehr). Ebenfalls ist es möglich, wie bei jeder anderen Dienstbarkeit auch, den Nießbrauch, der auf dem gesamten Belastungsgegenstand lastet, zugunsten eines örtlichen Ausübungsbereichs zu beschränken. Soll kein örtlicher Ausübungsbereich definiert, sondern direkt auf Ebene des Belastungsgegenstandes vorgegangen werden, gilt § 7 GBO, der einschließlich § 7 Abs. 2 GBO ebenfalls auf den Nießbrauch Anwendung findet.

252 Innerhalb seines Ausübungsbereichs, der entweder den Belastungsgegenstand räumlich unterschreitet oder diesem entspricht, gewährt der Nießbrauch die umfassende Nutzungsbefugnis.

Nicht möglich ist jedoch, den Nießbrauch auf einzelne Gebäudeteile wie z.B. beim Wohnungsrecht zu beschränken.

> *Beispiel:*
>
> Ein Nießbrauch am 1. Stock eines Gebäudes ist unzulässig. Ein Wohnungsrecht könnte hingegen diesen Ausübungsbereich haben.

Im Übrigen gelten die Ausführungen in Rdn 30 ff. zur Grunddienstbarkeit entsprechend, wobei anstelle des herrschenden Grundstücks der jeweilige Berechtigte zu denken ist und anstelle der Grunddienstbarkeit der Nießbrauch.

d) Sachlicher Ausübungsbereich

253 Fragen zum sachlichen Ausübungsbereich haben beim Nießbrauch üblicherweise eher untergeordnete Bedeutung, da sein Wesensinhalt ist, **alle Nutzungen zu gewähren** – anders als die sonstigen Dienstbarkeiten, die nur (u.a.) die **Nutzung in einzelnen Beziehungen** zum Inhalt haben können).

Bei einer umfassenden Nutzung sind Überlegungen, welche Nutzungen noch erfasst sind und welche nicht, denklogisch ausgeschlossen. Anders kann es sein, wenn gemäß § 1030 Abs. 2

BGB einzelne Nutzungen ausgeschlossen wurden. In diesem Fall wird eine Grenzziehung, welche Nutzungssteigerung oder -änderung noch zulässiger Nießbrauchsinhalt und welche die ausgeschlossene Nutzung berührt, ebenfalls anhand der zur Grunddienstbarkeit gebildeten Kriterien der **quantitativen oder qualitativen Änderung** vorzunehmen sein (siehe hierzu oben Rdn 51). Soweit ersichtlich ist hierzu jedoch noch keine Rechtsprechung ergangen.

e) Mitbenutzung durch den Eigentümer des Belastungsgegenstandes?

Der Nießbrauch als umfassendes Nutzungsrecht schließt eine Mitbenutzung durch den Eigentümer des Belastungsgegenstandes aus. Ist trotzdem eine Mitbenutzung gewünscht, ist in die rechtliche Trickkiste zu greifen, da eine Vereinbarung einer Mitbenutzung auf direktem Wege als Inhalt des Begleitschuldverhältnisses nicht möglich ist. 254

Eine Mitbenutzung kann erreicht werden durch:[45]

- Bestellung eines **Quotennießbrauchs**: Zwischen dem Nießbraucher und dem Eigentümer entsteht eine Gemeinschaft, in der ihre Anteile entsprechend der Quoten verteilt sind.
- Bestellung eines **Nießbrauchs für mehrere Berechtigte**, wovon einer der Grundstückseigentümer ist (insoweit „Eigentümernießbrauch", zur Zulässigkeit siehe unten Rdn 279).
- Bestellung mehrerer **gleichrangiger Nießbrauchsrechte**, davon eines für den Eigentümer des Belastungsgegenstandes.
- Bestellung eines **Bruchteilsnießbrauchs**: Belastung nur eines **individualisierten** Miteigentumsanteils mit einem Nießbrauch. Dies ist nur möglich, wenn der Belastungsgegenstand zu Miteigentum gehalten wird und nur der Miteigentümer des nicht belasteten Miteigentumsanteils mitnutzen können soll.

f) Dauer des Rechts: Bedingung – Befristung (*)

Der Nießbrauch ist beding- und befristbar. Es gelten die zur Grunddienstbarkeit gemachten Ausführungen entsprechend (siehe Rdn 54 ff.). 255

4. Nebenpflichten („Begleitschuldverhältnis") (*)

Neben dem Nießbrauch als dinglichem Recht besteht wie bei den anderen Dienstbarkeiten (siehe hierzu ausführlicher oben Rdn 65) ein **Begleitschuldverhältnis** oder **gesetzliches Schuldverhältnis**, das das Verhältnis zwischen Berechtigtem und Verpflichteten näher regelt. 256

Die gesetzlichen Regelungen hierzu finden sich in den §§ 1034–1039, 1041–1047, 1049–1055, 1056 BGB. Sie können durch vertragliche, abweichende Regelungen modifiziert werden, solange nicht gegen das Wesen des Nießbrauchs verstoßen wird.

> *Beispiel:*
>
> Nicht möglich ist die Festlegung einer positiven Leistungspflicht des Eigentümers, die das Gesetz nicht vorsieht, da dies mit dem Dienstbarkeitscharakter des Nießbrauchs nicht zu vereinbaren ist.

Für die Zwecke dieser Darstellung sollen die Regelungen herausgegriffen werden, die im Rahmen der notariellen Praxis üblicherweise Gegenstand abweichender Gestaltungen sind.

a) Unterhaltungspflicht des Nießbrauchers: „Erhaltungspflicht" (*)

§ 1036 Abs. 2 BGB: 257

[Der Nießbraucher] hat bei der Ausübung des Nutzungsrechts die bisherige wirtschaftliche Bestimmung der Sache aufrechtzuerhalten und nach den Regeln einer ordnungsmäßigen Wirtschaft zu verfahren.

§ 1037 Abs. 1 BGB:

Der Nießbraucher ist nicht berechtigt, die Sache umzugestalten oder wesentlich zu verändern.

45 Beispiele teilweise entnommen aus DNotI-Report 1997, 73.

§ 1041 BGB:

Der Nießbraucher hat für die Erhaltung der Sache in ihrem wirtschaftlichen Bestand zu sorgen. Ausbesserungen und Erneuerungen liegen ihm nur insoweit ob, als sie zu der gewöhnlichen Unterhaltung der Sache gehören.

Die genannten Vorschriften bilden den Rahmen der **Verhaltenspflichten des Nießbrauchers** im Umgang mit der seinem Nutzungsrecht unterliegenden Sache (z.B. das Grundstück mit aufstehender Immobilie). Wie bereits oben in Rdn 246 ausgeführt, darf der Nießbraucher im Rahmen seines Nutzungsrechts den wirtschaftlichen Charakter des Belastungsgegenstandes **nicht ändern** (§ 1036 Abs. 2 BGB) oder den Belastungsgegenstand wesentlich verändern oder umgestalten (§ 1037 Abs. 1 BGB). Er hat die bisherige Bestimmung des Belastungsgegenstandes nach den Regeln ordnungsgemäßer Wirtschaft weiterzuführen.

258 § 1041 BGB regelt die eigentliche Unterhaltungspflicht des Nießbrauchers, die hier „Erhaltungspflicht" genannt wird. Die Erhaltung der dem Nießbrauch unterliegenden Sache ist bereits kraft Gesetzes Pflicht des Nießbrauchers. Ausbesserungen und Erneuerungen, d.h. Reparaturen muss er jedoch nur vornehmen, wenn sie zur gewöhnlichen Unterhaltung der Sache gehören, im Übrigen wären sie weiterhin vom Eigentümer vorzunehmen.

Durch eine Regelung in der Dienstbarkeitsbestellungsurkunde können jedoch auch die **außergewöhnlichen Ausbesserungen und Erneuerungen**, z.B. eine Dachsanierung, dem Nießbraucher auferlegt werden. Die Kostentragung folgt jeweils der Pflicht, d.h. der Verpflichtete hat auch die Kosten der jeweiligen Maßnahme zu tragen.

Im Übrigen gelten die ausführlichen Erläuterungen zu § 1041 BGB beim Wohnungsrecht in Rdn 211 ff. entsprechend. Es ist anstelle von Wohnungsrecht Nießbrauch und von Wohnungsberechtigtem Nießbraucher zu lesen.

b) Lastentragung (*)

259 **§ 1047 BGB:**

Der Nießbraucher ist dem Eigentümer gegenüber verpflichtet, für die Dauer des Nießbrauchs die auf der Sache ruhenden ***öffentlichen Lasten mit Ausschluss der außer-ordentlichen Lasten,*** *die als auf den Stammwert der Sache gelegt anzusehen sind, sowie diejenigen* ***privatrechtlichen Lasten*** *zu tragen, welche schon zur Zeit der Bestellung des Nießbrauchs auf der Sache ruhten, insbesondere die Zinsen der Hypothekenforderungen und Grundschulden sowie die aufgrund einer Rentenschuld zu entrichtenden Leistungen.*

260 Die Lastentragung im Rahmen eines Nießbrauchsrechts wurde bereits im Rahmen der Darstellung des Wohnungsrechts erläutert (siehe oben Rdn 215 ff.), sodass insofern auf die Darstellung verwiesen werden kann.

Anders als das Wohnungsrecht sieht der Nießbrauch somit eine **Lastentragung des Nießbrauchers** für die gewöhnlichen öffentlichen Lasten und privatrechtliche Lasten, welche schon zur Zeit der Bestellung des Nießbrauchs auf der Sache ruhten, vor. Privatrechtliche Lasten im Sinne dieser Regelung sind z.B. die Zinsen eines Darlehens, das durch ein Grundpfandrecht abgesichert ist, welches schon im Zeitpunkt der Bestellung des Nießbrauchs im Grundbuch eingetragen war, nicht jedoch die Tilgungsleistungen.[46] Ferner ist er ebenfalls zur Tragung der Betriebskosten und der sich aus seinen Pflichten nach Rdn 257 f. ergebenden Kosten verpflichtet.

261 Diese bereits weitgehende Kostentragungspflicht des Nießbrauchers kann durch Regelungen in der Bestellungsurkunde sogar noch erweitert werden. Dem Nießbraucher kann auch die Tragung der außergewöhnlichen öffentlichen Lasten, die als auf den Stammwert der Sache gelegt anzusehen sind sowie der übrigen privatrechtlichen Lasten auferlegt werden.

46 MüKo-BGB/*Pohlmann*, § 1047 Rn 13.

Beispiel:

Außergewöhnliche öffentliche Lasten in diesem Sinne sind die Erschließungskosten, d.h. die Kosten, die eine öffentliche Stelle für die erstmalige Herstellung des Anschlusses an das öffentliche Straßennetz, die öffentliche Kanalisation, das Stromsystem etc. verlangt.

Exkurs:

Eine solche vollständige Auferlegung aller Lasten wird häufig vorgenommen, da sie einen **steuerlichen Vorteil** hat. Der Nießbraucher erhält die Einnahmen aus einer etwaigen Vermietung und muss sie versteuern. Wenn Kosten aus Anlass der Vermietung entstehen, wie z.B. die Renovierung der Mieträume oder eben die Lastentragung, können diese grundsätzlich von den Einnahmen aus der Vermietung abgezogen werden, sodass im Ergebnis weniger zu versteuern ist. Eine solche Abzugsfähigkeit („*von der Steuer absetzen*") ist jedoch nur gegeben, wenn die Kosten auch demjenigen entstehen, der die Einkünfte hat. Durch die Regelung der Lastentragung vollständig zulasten des Nießbrauchers wird dies sichergestellt.

c) Verkehrssicherungspflicht

Zur Verkehrssicherungspflicht ist auf die Ausführungen oben in Rdn 245 zu verweisen. **262**

5. Weiterer Inhalt der Nießbrauchsbestellungsurkunde (*)

a) Materiell-rechtliche Erklärungen (*)

Ein Nießbrauch wird ebenfalls wie die Grunddienstbarkeit **rechtsgeschäftlich durch Einigung, Eintragung bei Einigsein** und **Verfügung** des Berechtigten bestellt. **263**

Die Ausführungen in Rdn 79 ff. gelten entsprechend.

b) Grundbuchrechtliche Erklärungen (*)

aa) Antrag und Bewilligung, Herrschvermerk, schlagwortartige Bezeichnung und Berechtigungsverhältnis (*)

Die Eintragung eines Nießbrauchs im Grundbuch erfolgt wie bei der Grunddienstbarkeit auf **formell-rechtlicher** Seite durch mindestens öffentlich beglaubigte, d.h. z.B. notariell unterschriftsbeglaubigte **Bewilligung** und formlosen **Antrag**, der aber meistens zusammen mit der Bewilligung und somit auch in der öffentlichen Form der Bewilligung erfolgt, auch wenn das nicht erforderlich wäre (siehe hierzu ausführlicher Rdn 89 ff.). **264**

Eine schlagwortartige Zusammenfassung des Nießbrauchsrechts in der Bestellungsurkunde wie bei den anderen Dienstbarkeiten ist nicht erforderlich, da der Nießbrauch grundsätzlich immer alle Nutzungen gewährt und nicht die Benutzung in einzelnen Beziehungen. Bereits das Wort „Nießbrauch" in der Eintragung im Grundbuch reicht also aus, um den interessierten Rechtskreisen den Inhalt des Rechts hinreichend klar zu machen.

Auch wenn ein **Ausschluss einzelner Nutzungen** nach § 1030 Abs. 2 BGB erfolgt, muss dies zwar in das Grundbuch eingetragen werden, die Eintragung kann jedoch auch durch **Bezugnahme auf die Eintragungsbewilligung** erfolgen, also ohne ausdrückliche Verlautbarung im Text der Eintragung.

Im Übrigen gelten die Ausführungen zum **Berechtigungsverhältnis** und **Herrschvermerk** oben in Rdn 180 ff. zur beschränkt persönlichen Dienstbarkeit für den Nießbrauch entsprechend. **265**

Welches Berechtigungsverhältnis für den **Nießbrauch** sachgerecht ist, wird nachfolgend in Rdn 281 f. erörtert.

266 **Exkurs:**

Anstelle der Bestellung eines Rechts zugunsten mehrerer Berechtigter können ferner auch mehrere gleichrangige Nießbrauchsrechte für einzelne Berechtigte bestellt werden, die sich dann gegenseitig beeinträchtigen.[47] Für diesen Fall erklärt § 1060 BGB die Vorschrift des § 1024 BGB für entsprechend anwendbar und regelt so das Verhältnis zwischen den gleichrangigen Rechten.

§ 1060 BGB: *„Trifft ein Nießbrauch mit einem anderen Nießbrauch oder mit einem sonstigen Nutzungsrecht an der Sache dergestalt zusammen, dass die Rechte nebeneinander nicht oder nicht vollständig ausgeübt werden können, und haben die Rechte gleichen Rang, so findet die Vorschrift des § 1024 Anwendung."*

bb) Rangbestimmung (*)

267 Von besonderer Bedeutung für die Bestellung des Nießbrauchsrechts ist die Rangstelle, die, wenn nicht eine Eintragung an nächstoffener Rangstelle gewünscht ist, in die Bestellungsurkunde im Rahmen der Grundbucherklärungen aufzunehmen ist. Die oben in Rdn 184 ff. zur beschränkt persönlichen Dienstbarkeit getätigten Ausführungen gelten genauso für das Nießbrauchsrecht. Auch dieses gewährt häufig eine **Wohnnutzung zur Absicherung** der Berechtigten im hohen Alter. Eine solche Absicherung ist aber nur durch ein Nießbrauchsrecht im Rang vor allen Verwertungsrechten im Grundbuch gewährleistet.

268 Während bei vorrangigen Verwertungsrechten die Berechtigten auf die Bonität des jeweiligen Schuldners der Kreditforderung hoffen müssen, können beim Nießbrauch auch die finanziellen Verhältnisse der Berechtigten relevant werden. Zum Themenkreis „Absicherung" ist immer zu bedenken, dass auch der Vorrang des Nießbrauchs vor Verwertungsrechten keine vollständige Sicherheit gewährt, da er anders als das Wohnungsrecht, das nicht zur Ausübung überlassen werden kann, im Falle einer finanziellen Schieflage der Berechtigten **pfändbar** ist.

Eine Absicherung lässt sich in diesem Fall nur durch die vorrangige Bestellung eines „**Sicherungswohnungsrechts**" erreichen, das im Fall der Fälle zumindest die Wohnungsnutzung sichert.

cc) Vorlöschungsklausel (*)

269 Der Nießbrauch ist ein **Lebenszeitrecht** bei dem grundsätzlich, anders als bei der beschränkt persönlichen Dienstbarkeit, Rückstände von Leistungen nie ausgeschlossen werden können. Der Grund dafür liegt in der durch den Nießbrauch gewährten Miet- und Pachtnutzung, bei der ein Rückstand mit Miet- oder Pachtzinsen unproblematisch denkbar ist.[48]

Somit ist die Eintragung einer Vorlöschungsklausel gemäß § 23 Abs. 2 GBO beim Nießbrauchsrecht grundsätzlich immer möglich. Im Übrigen gelten die ausführlichen Ausführungen zur Vorlöschungsklausel bei der beschränkt persönlichen Dienstbarkeit in Rdn 187 ff. entsprechend.

dd) Schuldrechtliche Erklärungen

270 Neben der Vereinbarung eines Nießbrauchsrechts sind schuldrechtliche Vereinbarungen zulässig, die bei Gelegenheit der Bestellung des dinglichen Rechts mit dessen Bestellung in einer Urkunde zusammengefasst werden.

Diesbezüglich ist auf die Ausführungen in Rdn 114 ff. zu verweisen.

47 *Schöner/Stöber*, Rn 1369.
48 BeckOK-GBO/*Wilsch*, § 23 GBO Rn 7.

6. Belastungsgegenstand (*)

Belastungsgegenstand eines Nießbrauchs kann zunächst alles sein, was Belastungsgegenstand einer Grunddienstbarkeit sein kann (siehe hierzu oben Rdn 119 ff.). 271

Belastungsgegenstand können folglich ein **Grundstück**, ein **Grundstücksteil**, **Sondereigentum** und **grundstücksgleiche Rechte** (z.B. Erbbaurecht, Fischereirecht) sein.

a) Grundstück im rechtlichen Sinne als Belastungsgegenstand des Nießbrauchs (*)

Ein Grundstück im Rechtssinne (zu den unterschiedlichen Grundstücksbegriffen siehe oben Rdn 119 ff.) kann tauglicher Belastungsgegenstand des Nießbrauchs sein. 272

Insofern gelten die oben zur Grunddienstbarkeit in Rdn 121 getätigten Ausführungen entsprechend.

Exkurs: 273

Im Unterschied zur Grunddienstbarkeit und zur beschränkt persönlichen Dienstbarkeit gibt es jedoch **keinen „Gesamtnießbrauch"** dergestalt, dass mehrere Grundstücke mit einem einheitlichen Nießbrauchsrecht belastet werden könnten.[49] Werden einzelne Grundstücke belastet, handelt es sich je Grundstück um ein selbstständiges Nießbrauchsrecht.

b) Grundstücksteil als Belastungsgegenstand

Ein realer Grundstücksteil kann Belastungsgegenstand des Nießbrauchs sein. Diesbezüglich ist auf die Ausführungen in Rdn 123 zur Grunddienstbarkeit zu verweisen. 274

§ 1066 Abs. 1 BGB:

Besteht ein Nießbrauch an dem Anteil eines Miteigentümers, so übt der Nießbraucher die Rechte aus, die sich aus der Gemeinschaft der Miteigentümer in Ansehung der Verwaltung der Sache und der Art ihrer Benutzung ergeben.

Im Unterschied zur Grunddienstbarkeit und zur beschränkt persönlichen Dienstbarkeit kann nach § 1066 BGB auch ein **Miteigentumsanteil** tauglicher Belastungsgegenstand eines Nießbrauchs sein. Der Nießbrauch an einem Miteigentumsanteil wird als **„Bruchteilsnießbrauch"** bezeichnet. Der Nießbraucher tritt in die Gemeinschaft der Miteigentümer ein und übt die verwaltungsbezogenen Rechte eines Miteigentümers, einschließlich seines Stimmrechts in der Gemeinschaft der Miteigentümer, aus. Die Rechte eines Miteigentümers stehen dem Nießbraucher somit zu, soweit sie den Beschluss von Verwaltungsmaßnahmen (z.B. zur Erhaltung des im gemeinschaftlichen Miteigentum stehenden Gegenstandes) und die Regelung der Benutzung betreffen. Die Aufhebung der Gemeinschaft kann hingegen nur gemeinschaftlich mit dem Miteigentümer verlangt werden, § 1066 Abs. 2 BGB. 275

c) Sondereigentum oder grundstücksgleiche Rechte als Belastungsgegenstand (*)

Wohnungs- oder Teileigentum, sowohl die einzelne Sondereigentumseinheit als auch die gesamte Anlage, und grundstücksgleiche Rechte wie z.B. das Erbbaurecht können Belastungsgegenstand des Nießbrauchs sein. 276

Die Ausführungen zur Grunddienstbarkeit in Rdn 128 ff. und 141 ff. gelten entsprechend auch für den Nießbrauch, sodass auf diese verwiesen werden kann.

7. Berechtigter des Nießbrauchs (*)

a) Allgemein (*)

Der Berechtigte des Nießbrauchs zeigt genauso wie bei der beschränkt persönlichen Dienstbarkeit den **personalen Bezug** dieses Rechts. Berechtigter eines Nießbrauchs kann zunächst eine juristische oder natürliche Person oder eine rechtsfähige Personengesellschaft sein. 277

49 *Schöner/Stöber*, Rn 1368 m.w.N.

Für die aus Personen bestehende rechtsfähige Gemeinschaft der Wohnungseigentümer ist ihre Berechtigteneigenschaft bisher nur für die beschränkt persönliche Dienstbarkeit von der Rechtsprechung festgestellt worden.[50] Allerdings ist kein Grund ersichtlich, warum sie zwischen Nießbrauch und beschränkt persönlicher Dienstbarkeit anders behandelt werden sollte, da es sich in beiden Fällen um Gemeinschaft, die Rechte und Pflichten erwerben kann, handelt. Ähnliches gilt für sonstige grundbuchfähige Personenvereinigungen, wie z.B. politische Parteien, mit dem Unterschied, dass für diese in Einzelfällen die Eigenschaft als Berechtigter eines Nießbrauchs bereits in der Rechtsprechung bejaht wurde.[51]

> *Lerntipp!*
>
> Faustformel: Der Berechtigte eines **Nießbrauchs** ist eine **Person** oder **eine Mehrzahl von Personen.**

b) Natürliche Person als Berechtigter (*)

278 Eine oder mehrere natürliche Personen können Berechtigter eines Nießbrauchs sein. Im Regelfall handelt es sich dabei um vom Eigentümer verschiedene Personen, die weder Nachbarn sein noch in sonst einem Verhältnis zum Eigentümer stehen müssen.

279 Wenn der Berechtigte gleichzeitig Eigentümer des zu belastenden Grundstücks ist, liegt ein **Eigentümerrecht** vor. Wie bei der Grunddienstbarkeit ist auch für den Nießbrauch anerkannt, dass Berechtigter und Eigentümer personenidentisch sein können (siehe hierzu auch oben Rdn 152 f.). War früher hierfür noch ein berechtigtes oder schützenswertes Interesse erforderlich, reicht nunmehr ein lediglich mögliches Interesse aus. Beim Grundbuchamt sind bei der Eintragung eines solchen Eigentümerrechts daher keine Probleme mehr zu erwarten.

c) Juristische Person, Personengesellschaft, Wohnungseigentümergemeinschaft und sonstige grundbuchfähige Personenvereinigungen als Berechtigter (*)

280 Neben den natürlichen Personen können auch

- juristische Personen, z.B. die Aktiengesellschaft, die GmbH, die SE (= Europäische Gesellschaft, abgekürzt vom lateinischen „Societas Europaea"),
- rechtsfähige Personengesellschaften, z.B. die OHG, Kommanditgesellschaft, Partnerschaftsgesellschaft, EWIV und auch die rechtsfähige BGB-Gesellschaft,
- nach dem in Rdn 277 Erläuterten die Wohnungseigentümergemeinschaft und
- nach dem in Rdn 277 und 225 Erläuterten sonstige grundbuchfähige Personenvereinigungen (z.B. politische Parteien, Gewerkschaften)

Berechtigte eines Nießbrauchs sein.

d) Mehrzahl von Berechtigten (*)

281 Ein Nießbrauch, dessen Berechtigter eine näher bestimmte natürliche oder juristische Person oder Personenvereinigung ist, steht häufig mehreren solchen personalen Berechtigten zu. Den rechtlichen Rahmen hierfür gibt § 47 GBO vor (siehe hierzu auch die Ausführungen in Rdn 98 ff. und 154 ff. zur Grunddienstbarkeit), nach dem bei einem Recht, das für mehrere gemeinschaftlich eingetragen werden soll, entweder die Anteile der Berechtigten in Bruchteilen angegeben werden oder das für die Gemeinschaft maßgebliche Rechtsverhältnis bezeichnet wird.

50 KG ZWE 2016, 23 Tz 13.
51 OLG Zweibrücken, NJW-RR 2000, 749.

Exkurs: 282

Die Nießbrauchsbestellung kann bei einer Mehrzahl von Berechtigten im Beteiligungsverhältnis der Gesamtgläubigerschaft nach § 428 BGB erfolgen (die Details der einzelnen Beteiligungsverhältnisse wurden bereits in Rdn 226 ff. bei der beschränkt persönlichen Dienstbarkeit dargestellt, insoweit wird hierauf verwiesen).

Anders als die beschränkt persönliche Dienstbarkeit, die nicht an einem Miteigentumsanteil lasten kann, ist ein **Nießbrauchsrecht teilbar**, wie die Regelung in § 1066 BGB zeigt, die ausdrücklich die Bestellung eines Bruchteilsnießbrauchs erlaubt. Ein Nießbrauch kann somit zu Bruchteilen für mehrere Berechtigte bestellt werden. Verstirbt ein Berechtigter, erlischt der Nießbrauch an seinem Bruchteil und es besteht eine Gemeinschaft zwischen den übrigen Nießbrauchern und dem an die Stelle des Verstorbenen getretenen Eigentümer des wieder unbelasteten Miteigentumsanteils, wobei die verbleibenden Nießbraucher im Rahmen eines Quotennießbrauchs beteiligt sind.[52] Ihr Nießbrauch reduziert sich somit durch Erlöschen eines Bruchteils auf eine Quote, die den verbleibenden Bruchteilen entspricht.

Da das Nießbrauchsrecht teilbar ist, kann es auch **nicht in Mitgläubigerschaft** gemäß § 432 BGB gehalten werden. Die Mitgläubigerschaft steht gerade den unteilbaren einheitlichen Rechten und solchen, die durch Vereinbarung im Innenverhältnis dazu gemacht werden können, zu und ist daher dem teilbaren Nießbrauch wesensfremd.[53]

8. Übertragung des Rechts (*)

§ 1059 BGB: 283

Der Nießbrauch ist ***nicht übertragbar****. Die Ausübung des Nießbrauchs kann einem anderen überlassen werden.*

Ein Nießbrauch ist nach § 1059 S. 1 BGB **grundsätzlich nicht übertragbar**. Soll auf Belastungsseite eine Erweiterung des Rechts erfolgen, ist entweder, wenn es zwei selbstständige Grundstücke sind, ein weiterer Nießbrauch zu bestellen, da ein Nießbrauch nicht als einheitliches Recht an mehreren Grundstücken lasten kann (siehe hierzu oben Rdn 273) oder der neue Grundstücksteil mit dem ursprünglichen Belastungsgegenstand zu einem Grundstück zu vereinigen (oder einem Bestandteil zuzuschreiben) und der Nießbrauch darauf zu erstrecken.

Ein Wechsel des Berechtigten ist, wenn er eine natürliche Person ist, nicht möglich. Im Todes- 284
fall des Berechtigten erlischt das Recht, eine Übertragung unter Lebenden ist ausgeschlossen. Allerdings lässt der Nießbrauch nach § 1059 S. 2 BGB grundsätzlich die **Überlassung zur Ausübung** an einen Dritten zu. Anders als bei der beschränkt persönlichen Dienstbarkeit benötigt der Nießbraucher also nicht etwa eine besondere Ausgestaltung des Rechts oder Gestattung des Eigentümers, um z.B. vermieten zu können. Die Möglichkeit der Überlassung der Ausübung an einen Dritten ist bereits im Grundzustand des Nießbrauchsrechts enthalten.

Auch in diesem Fall ändert sich nicht der Berechtigte, er gibt aber seine Befugnisse aus dem Nießbrauchsrecht, die eigentlich ihm zustehen würden, an einen Dritten weiter. Da die Person des Berechtigten nicht wechselt, richtet sich aber das Erlöschen des Rechts, auch wenn die Ausübung durch einen anderen erfolgt, weiterhin grundsätzlich nach dem ursprünglichen Berechtigten (siehe hierzu auch die Ausführungen in Rdn 290 ff. zum Fall der Vermietung bei Erlöschen des Nießbrauchsrechts).

Die im Nießbrauchsrecht enthaltene grundsätzliche Möglichkeit der Überlassung der Aus- 285
übung führt auch dazu, dass das Nießbrauchsrecht grundsätzlich **pfändbar** ist. Ein Ausschluss

52 *Schöner/Stöber*, Rn 1370.
53 *Schöner/Stöber*, Rn 1370.

der Pfändbarkeit durch Ausschluss der Möglichkeit, die Ausübung an einen Dritten zu überlassen, ist ebenfalls nicht möglich.[54]

286 **Exkurs:**

Bei **juristischen Personen** sowie **Personengesellschaften** (einschließlich der rechtsfähigen BGB-Gesellschaft) kann man nicht ganz so pauschal feststellen, dass ein Wechsel des Berechtigten nicht möglich ist und dass die Dienstbarkeit deshalb mit Beendigung des Berechtigten (z.B. Liquidation der juristischen Person) erlischt, da § 1059a BGB für bestimmte Fälle die Übertragbarkeit des Nießbrauchs anordnet.

§ 1059a BGB: *„(1) Steht ein Nießbrauch einer juristischen Person zu, so ist er nach Maßgabe der folgenden Vorschriften übertragbar:*

*1. Geht das Vermögen der juristischen Person auf dem Wege der **Gesamtrechtsnachfolge** auf einen anderen über, so geht auch der Nießbrauch auf den Rechtsnachfolger über, es sei denn, dass der Übergang ausdrücklich ausgeschlossen ist.*

*2. Wird sonst ein von einer juristischen Person betriebenes **Unternehmen oder ein Teil** eines solchen Unternehmens auf einen **anderen übertragen**, so kann auf den Erwerber auch ein Nießbrauch übertragen werden, sofern er den Zwecken des Unternehmens oder des Teils des Unternehmens zu dienen geeignet ist. (…)*

*(2) Einer juristischen Person steht eine **rechtsfähige Personengesellschaft gleich**."*

Fälle der „Gesamtrechtsnachfolge" sind z.B. die Verschmelzung einer juristischen Person (untechnisch gesprochen eine „Fusion") oder weitere (wenn auch nicht alle)[55] Vorgänge nach dem Umwandlungsgesetz (UmwG). In solch einem Fall kann die ursprüngliche juristische Person auch zu existieren aufhören, jedoch geht ihr gesamtes Vermögen auf einen neuen Rechtsträger über. Hierfür ordnet das Gesetz an, dass auch der Nießbrauch mitübergeht.

9. Beendigung des Rechts (*)

a) Allgemein (*)

287 Ein Nießbrauch erlischt in den folgenden Fällen:

- Wegfall des Berechtigten, § 1061 BGB (siehe hierzu bereits die Ausführungen zur beschränkt persönlichen Dienstbarkeit in Rdn 235 ff.), die für den Nießbrauch genauso gelten);
- Eintritt einer auflösenden Bedingung/Befristung (siehe hierzu bereits die Ausführungen oben in Rdn 255 zur Dauer des Rechts);
- „Löschung" bzw. Aufgabeerklärung durch den Berechtigten (siehe hierzu bereits die Ausführungen in Rdn 165 ff. zur Grunddienstbarkeit, wobei zu beachten ist, dass die Zustimmung nach § 876 S. 2 BGB bei einem personalen Recht nicht erforderlich ist);
- Erlöschen aufgrund Zwangsversteigerung aus vorrangigem Recht (siehe hierzu bereits die Ausführungen in Rdn 101 ff., die für den Nießbrauch genauso gelten).

288 Anders als beim Wohnungsrecht (siehe hierzu oben Rdn 232 ff.) stellt sich beim Nießbrauch nicht die Frage nach dem Erlöschen des Rechts durch dauernde Hinderung des Berechtigten an der Ausübung seines Rechts. Denn selbst wenn eine Person selbst zu gebrechlich ist, die durch einen Nießbrauch ggf. gewährte Wohnnutzung selbst zu nutzen, gewährt der Nießbrauch weiterhin eine Vermietungsmöglichkeit, ist also weiterhin nutzbar.

54 Grüneberg/*Herrler*, § 1059 Rn 5; BGH NJW 1985, 2827.
55 Grüneberg/*Herrler*, § 1059a Rn 1.

Exkurs: 289

Auch im Fall des Wegzugs des Berechtigten in ein Alten- oder Pflegeheim kann somit der Nießbrauch durch die Vermietungsmöglichkeit genutzt werden, um (zumindest einen Teil) der Pflegekosten zu decken. Ein weiterer Vorteil ist, dass der Berechtigte, sollte sich sein gesundheitlicher Zustand wieder bessern, unter Beachtung etwa geltender mietrechtlicher Kündigungsvorschriften die Ausübung seines Nutzungsrechts wieder selbst übernehmen kann.

Problematisch kann in diesem Zusammenhang die Pfändbarkeit des Nießbrauchs sein. Sollte das Vermögen des Berechtigten zur Begleichung der Pflegekosten nicht ausreichen, können seine Gläubiger auf das Nießbrauchsrecht zugreifen. Dem kann mit Gestaltungen wie der Vereinbarung einer **auflösenden Bedingung** oder eines **schuldrechtlichen Aufhebungsanspruchs** ggf. mit Ausschluss einer Geldentschädigung begegnet werden.[56] Dabei ist zu beachten, dass die Regelungen allgemein gefasst und nicht nur auf den Fall des Gläubigerzugriffs zugeschnitten sein sollten. Zudem ist zu beachten, dass mit Aufhebung des Rechts auch die Vorteile wie die Vermietungseinkünfte für den Berechtigten wegfallen.

(Siehe im Einzelnen hierzu die Ausführungen zum Wohnungsrecht in Rdn 234).

b) Schicksal eines Mietverhältnisses bei Beendigung des Rechts

§ 1056 Abs. 1 und 2 BGB: 290

*(1) Hat der Nießbraucher ein Grundstück **über die Dauer des Nießbrauchs hinaus vermietet oder verpachtet**, so finden nach der **Beendigung des Nießbrauchs** die für den Fall der Veräußerung von vermietetem Wohnraum geltenden Vorschriften der §§ **566**, 566a, 566b Abs. 1 und der §§ 566c bis 566e, 567b entsprechende Anwendung.*

*(2) Der Eigentümer ist berechtigt, das Miet- oder Pachtverhältnis unter Einhaltung der gesetzlichen **Kündigungsfrist** zu kündigen. (…)*

§ 566 Abs. 1 BGB:

Wird der vermietete Wohnraum nach der Überlassung an den Mieter von dem Vermieter an einen Dritten veräußert, so tritt der Erwerber anstelle des Vermieters in die sich während der Dauer seines Eigentums aus dem Mietverhältnis ergebenden Rechte und Pflichten ein.

Ein Nießbrauch erlischt mit dem Tode des Berechtigten. Da der Nießbrauch gleichzeitig die 291
Möglichkeit zur Vermietung gibt, ist es problemlos denkbar, dass der Berechtigte während der Dauer des Nießbrauchs einen unbefristeten **Mietvertrag** mit einem Dritten abgeschlossen hat, der grundsätzlich das **Erlöschen des Nießbrauchs überdauern** würde. Mit Erlöschen des Nießbrauchs ist jedoch der Eigentümer wieder Berechtigter des Grundstücks. Der Eigentümer hat den Mietvertrag nicht abgeschlossen, ist also vielleicht gar nicht mit den Mietern oder der Tatsache, dass das Grundstück überhaupt vermietet ist, einverstanden.

Gäbe es keine gesetzliche Regelung, könnte der Eigentümer, sobald der Nießbrauch erlo- 292
schen ist, auf die Räumung der Mieter aus ihrer Wohnung hinarbeiten. Die Mieter eines Nießbrauchsobjekts müssten dann jederzeit mit dem überraschenden Ende ihres Mietverhältnisses samt drohendem Auszug aus ihrer Wohnung rechnen. Damit ein solch unzumutbarer Zustand nicht entsteht, ordnet § 1056 BGB für diesen Fall die entsprechende Geltung von § 566 BGB an.

Dieser regelt grundsätzlich für den Fall des Eigentumswechsels durch rechtsgeschäftliche Veräußerung (z.B. durch Kaufvertrag) den **automatischen Übergang des Mietverhältnisses** auf den neuen Eigentümer. Für den Nießbrauch bedeutet das: Kommt es zum Wechsel des Berechtigten an der vermieteten Sache durch Beendigung des Nießbrauchs geht auch hier das Mietverhältnis automatisch auf den neuen Berechtigten über. Der Eigentümer muss also die

56 Vgl. auch Grüneberg/*Herrler,* § 1093 Rn 19.

Vereinbarungen des Mietverhältnisses grundsätzlich gegen sich gelten lassen. Gleichzeitig steht ihm jedoch aus § 1059 Abs. 2 BGB ein **Sonderkündigungsrecht** zu, d.h., er kann in der gesetzlichen Frist das Mietverhältnis zur Beendigung bringen.

B. Reallast (*)

293 ▼

Muster 2.5: Heckenbepflanzungs- und Unterhaltungsverpflichtung

Franz-Josef Straußenvogel, geb. am 15.2.1925, (nachfolgend „Grundstückseigentümer")

belastet den im Grundbuch des Amtsgerichts Schreberstadt, Blatt 25 vorgetragenen Grundbesitz der Gemarkung Schreberstadt, Flurstück-Nummer 18 *(= hier zeigt sich der Bestimmtheits- und Spezialitätsgrundsatz durch genaue Bezeichnung der Grundbuchstellen, siehe* § 1 Rdn 29 ff.*)* (nachfolgend „Belastungsgegenstand")

zugunsten

des jeweiligen Eigentümers des im Grundbuch des Amtsgerichts Schreberstadt, Blatt 24 vorgetragenen Grundbesitzes der Gemarkung Schreberstadt, Flurstück-Nummer 17, (nachfolgend „Berechtigter")

wie folgt:

Der Grundstückseigentümer verpflichtet sich, die Ostgrenze des Belastungsgegenstandes auf ihrer gesamten Länge mit einer Hecke von mindestens zwei Metern Höhe und 50 cm Breite aus einheimischen Gehölzen zu bepflanzen, bepflanzt zu halten und zu unterhalten *(= Inhalt der Reallast: wiederkehrende, geldwerte aktive Leistungen mit bestimmbaren Leistungsumfang, siehe* Rdn 301 ff.*)*. Die Unterhaltung umfasst insbesondere das jährliche Düngen der Hecke im Frühjahr und das zweimalige Schneiden der Hecke im Frühjahr und Herbst eines jeden Jahres.

Es wird bewilligt und beantragt *(= formell-rechtliche/grundbuchrechtliche Erklärungen, siehe* Rdn 325 ff.*)*,

- am Belastungsgegenstand eine subjektiv-dingliche Reallast für den Berechtigten mit dem vorstehenden Inhalt an erster Rangstelle *(= Rangbestimmung, siehe* Rdn 338 ff.*)* einzutragen,
- alle zur Herstellung dieser Rangstelle zweckdienlichen Löschungen, Rangrücktritte und Freigaben zu vollziehen *(= Regelungen zur Erlangung der Rangstelle, insbesondere Rangrücktritte, siehe* Rdn 101–108*)* und
- das Recht bei dem berechtigten Grundstück zu vermerken.

Die Eintragung an vorerst nächstoffener Rangstelle ist zulässig *(= Auffangregelung, falls der Rang nicht verschafft werden kann, siehe* Rdn 338 ff.*)*.

Die Kosten der Eintragung trägt .

▲

294 **§ 1105 BGB:**

*(1) Ein Grundstück kann in der Weise belastet werden, dass an denjenigen, **zu dessen Gunsten** die Belastung erfolgt, **wiederkehrende Leistungen aus dem Grundstück** zu entrichten sind (Reallast). (...)*

*(2) Die Reallast kann auch **zugunsten des jeweiligen Eigentümers** eines anderen Grundstücks bestellt werden.*

295 Die Reallast ist ein **Verwertungsrecht**, das in zwei Ausprägungen bestellt werden kann:

- als **subjektiv-persönliche Reallast** (§§ 1105 Abs. 1, 1111 BGB) und
- als **subjektiv-dingliche Reallast** (§§ 1105 Abs. 2, 1110 BGB).

Der Unterscheid zeigt sich auf der Berechtigtenseite und kann gut mit einer Parallele zu Grunddienstbarkeit und beschränkt-persönlicher Dienstbarkeit verdeutlicht werden: Die subjektiv-persönliche Reallast steht, wie die beschränkt persönliche Dienstbarkeit, Personen oder einer Personenmehrheit zu – die subjektiv-dingliche Reallast, wie die Grunddienstbarkeit, dem jeweiligen Eigentümer eines berechtigten Grundstücks.

I. Wie unterscheide ich dieses Recht? (*)

Die Reallast hat zum Inhalt *„wiederkehrende Leistungen aus dem Grundstück zu entrichten“* 296
und ist damit auf ein **aktives, wiederkehrendes Tun** gerichtet. Damit bildet sie das Gegenstück zur Dienstbarkeit, die jeweils nur Duldungs-, Unterlassungs- oder Ausschlusspflichten und gerade kein aktives Tun als Hauptpflicht zum Rechtsinhalt haben kann.

Inhaltlich können aber viele Duldungspflichten, die Gegenstand einer Dienstbarkeit sein können, auch (mit zumindest ähnlichem Leistungsumfang) als aktive Leistungspflicht, die Gegenstand einer Reallast sein kann, formuliert werden.

Das **Wohnungsrecht** verpflichtet den Eigentümer des belasteten Grundstücks beispielsweise 297
zur Duldung der Wohnnutzung durch den Berechtigten (unter Ausschluss des Eigentümers). Diese Wohnungsgewährung kann dem Eigentümer im Rahmen einer **Wohnungsreallast** auch zur aktiven Pflicht gemacht werden, d.h. der Eigentümer wäre verpflichtet, allgemein (nicht an bestimmten Räumen) Wohnraum bereitzustellen und gebrauchsfähig zu erhalten.[57]

§ 1199 Abs. 1 BGB: 298

Eine Grundschuld kann in der Weise bestellt werden, dass in regelmäßig wiederkehrenden Terminen eine bestimmte Geldsumme aus dem Grundstück zu zahlen ist (Rentenschuld).

Im Unterschied zur **Rentenschuld** (= eine Unterform der Grundschuld, die in Abt. III eingetragen wird, geregelt in § 1199 BGB), die nur aktive Leistungen umfasst, die auf die Zahlung bestimmter Geldsummen gerichtet sind, umfasst die Reallast auch aktive Leistungen, die zwar einen Geldwert haben müssen, aber nicht auf Zahlung bestimmter Geldsummen gerichtet sind.

> *Beispiel:*
>
> Die Verpflichtung, einmal die Woche den Einkauf für den Berechtigten zu erledigen, kann Inhalt einer Reallast sein, nicht jedoch Inhalt einer Rentenschuld.

Ferner gibt lediglich die Reallast die zusätzliche Möglichkeit der **persönlichen Haftung** des Verpflichteten (§ 1108 BGB, dazu unten in Rdn 322 f. mehr).

II. Beteiligten wollen Reallast bestellen – was tun? (*)

> *Fallbeispiel:* 299
>
> Ein Ehepaar Elvira und Ignatius Monk erscheint unangemeldet im Notariat und erklärt, dass die Hecke ihres Nachbarn Kreativus Krautrüben einen sehr guten Wuchs hat und, wenn sie nicht häufig zurückgeschnitten wird, die Grundstücksgrenze überwuchert und den gepflegten Anblick ihres Grundstücks beeinträchtige. Mit Herrn Krautrüben wurde nun vereinbart, dass er sich verpflichtet, die Hecke viermal im Jahr zurückzuschneiden. Da dies dem Ehepaar Monk, das sehr strenge ästhetische Vorstellungen hat, sehr wichtig ist, soll die Regelung auch grundbuchrechtlich abgesichert werden.
>
> Herr Krautrüben sei einverstanden und sie würden gerne hierzu beraten werden. Der Notar ist auf einem Auswärtstermin.

Die Reallast ist ein **dingliches Recht**. Sie ist von jedermann (= Absolutheitsgrundsatz) zu beachten und gewährt, wenn die vereinbarten Leistungen nicht entrichtet werden, die Möglichkeit, in das belastete Grundstück die Zwangsvollstreckung zu betreiben, alternativ, den Verpflichteten persönlich in Anspruch zu nehmen (persönliche Haftung aus § 1108 BGB, dazu unten in Rdn 322 f. mehr).

57 Grüneberg/*Herrler*, Überblick vor § 1105 Rn 3.

Der Inhalt der Reallast kann ein aktives, wiederkehrendes Tun sein, das einen Geldwert hat, also auch das mehrfache Schneiden einer Hecke. Eine Reallast wäre somit grundsätzlich geeignet.

300 Folgende Schritte sollten Sie in dieser Situation durchlaufen:

- **Gedankliche Vorüberlegung: Ist eine einseitige Besprechung in Ordnung?**
  Der Notar hat, anders als der Rechtsanwalt, der die Interessen seines Mandanten wahrnehmen soll, **unabhängig und neutral** zu sein. Um eine gleichberechtigte Beratung der Beteiligten sicherzustellen, ist daher in der Regel auf eine **gemeinsame Besprechung** mit allen Beteiligten (Berechtigten und Verpflichteten eines Rechts) hinzuwirken. Eine Reallast kann wie eine Dienstbarkeit auch durch notarielle Unterschriftsbeglaubigung der Erklärungen der Verpflichteten, also **ohne Teilnahme der Berechtigten am notariellen Termin**, ins Grundbuch eingetragen werden (siehe hierzu die Ausführungen in Rdn 18). Hier sind jedoch die Berechtigten anwesend und wünschen die Beratung zu einem Recht, das die Zwangsversteigerung in das Grundstück des Verpflichteten gewährt und eine persönliche Haftung des Verpflichteten begründet, also erhebliche Nachteile für ihn bedeutet. Die Schilderung der Situation bezüglich der Hecke lässt auch einen zweifelsfreien Ausschluss eines möglichen nachbarschaftlichen Konflikts nicht völlig zu. In diesem Fall ist daher eine gemeinsame Besprechung oder, falls die Berechtigten auf ihre Anwesenheit verzichten, eine Einzelbesprechung mit dem Verpflichteten durchzuführen. Auch im Rahmen der Vorüberlegung gilt zudem der nachfolgende Punkt: Ziehen Sie Ihren Notar oder einen erfahrenen Mitarbeiter hinzu und bringen Sie Ihre Bedenken zur Sprache.
- **Notar oder erfahrenen Mitarbeiter hinzuziehen** (siehe hierzu die Ausführungen in Rdn 18)
- **Unterlagen vorbereiten**
  Zur Vorbereitung der Besprechung ist eine **Grundbucheinsicht** vorzunehmen. Handelt es sich um eine **subjektiv-dingliche Reallast**, ist es sinnvoll, sowohl das Grundbuch des Belastungsgegenstandes als auch des herrschenden Grundstücks einzusehen, um die Eintragungen am Belastungsgegenstand beurteilen, in der Besprechung Aussagen zum Rangverhältnis am Belastungsgegenstand machen zu können und um Verwechslungen hinsichtlich des herrschenden Grundstücks auszuschließen. Bei der Bestellung einer **subjektiv-persönlichen Reallast** reicht die Einsicht in das Grundbuch des Belastungsgegenstandes, da Berechtigter ja eine Person und kein Grundstück ist. Die Vorlage eines **amtlichen Lageplans** ist in der Regel nicht erforderlich, da eine Reallast als **Verwertungsrecht** nicht wie eine Dienstbarkeit einen örtlich beschränkten Ausübungsbereich hat und auch nicht gemäß § 7 Abs. 2 GBO an einem Grundstücksteil, der nicht abgeschrieben wird, lasten kann.
- **Gewünschtes Recht erfragen**
  Den Beteiligten sind die juristischen Begriffe wie „Reallast" nicht geläufig. Im Gespräch ist daher zu erfragen, welches Recht die Beteiligten tatsächlich wünschen. Hierzu werden die in diesem Buch jeweils unter *„Wie unterscheide ich dieses Recht?"* oder *„Allgemein"* dargestellten Abgrenzungskriterien abgefragt:
  - **Nichtstun** (Dienstbarkeit) oder **aktives Tun** des Verpflichteten gewünscht (Reallast)?
  - Soll **der jeweilige Eigentümer berechtigt** sein (subjektiv-dingliche Reallast) oder soll nur **eine bestimmte Person berechtigt** sein (subjektiv-persönliche Reallast)?
- **Genauen Inhalt des Rechts erfragen**
  Im Rahmen der Reallast ist die Hauptpflicht möglichst bestimmt zu bezeichnen (sachenrechtlicher Bestimmtheitsgrundsatz) und es gibt auch viele **Nebenpunkte,** die geregelt werden müssen oder können. Einen abschließenden Fragenkatalog hierfür zu erarbeiten, ist aufgrund der Vielzahl der möglichen Nutzungen natürlich nicht möglich. Empfehlenswert ist, die Beteiligten berichten zu lassen, wie sie sich das Rechtsverhältnis vorstellen und hieraus Anhaltspunkte für die Ausgestaltung zu gewinnen. Wichtige Punkte, die, falls sie die Beteiligten nicht selbst aufbringen, im Übrigen angesprochen werden sollten, sind:
  - Soll eine **persönliche Haftung des Verpflichteten bestehen** oder diese ausgeschlossen werden (siehe hierzu nachfolgend Rdn 322 f.)?

- (Wenn Anhaltspunkte vorliegen, dass eine Leistung Inhalt der Reallast sein soll, die von der Inflation betroffen ist): Soll eine **Wertsicherungsklausel** aufgenommen werden (siehe hierzu nachfolgend Rdn 313 ff.)?
- (Bei der subjektiv-persönlichen Reallast): Sollen die **Einzelleistungen übertragbar** oder unübertragbar ausgestaltet werden?
- Soll eine **sofortige Zwangsvollstreckungsunterwerfung** geregelt werden (siehe hierzu nachfolgend Rdn 333 ff.)?

III. Inhalt der Reallast (*)

1. Allgemein (*)

Bei der Reallast sind zwei Aspekte zu unterscheiden. Es gibt zum einen das **Stammrecht**, d.h. das ganze Recht „Reallast" an sich, das wie jedes andere Recht die Gesamtheit der in ihm enthaltenen Befugnisse verkörpert. Zum anderen gewährt die Reallast **Einzelleistungen**, die wiederkehrend in einem bestimmten Turnus zu erbringen sind (siehe hierzu die nachfolgenden Punkte unter Rdn 302 ff.). 301

Der Unterschied zeigt sich, wenn man sich einen **Verzicht** auf den einen oder anderen Aspekt vorstellt. Verzichtet der Berechtigte auf das Stammrecht, so erlischt die gesamte Reallast und mit ihr der Anspruch auf die Einzelleistungen. Verzichtet der Berechtigte auf eine Einzelleistung, so erlischt nur diese; das Stammrecht bleibt aber bestehen und kann dem Berechtigten weitere Einzelleistungen gewähren. 302

2. Leistungen (*)

Die Reallast verpflichtet zu einem **aktiven, wiederkehrenden Tun** des Verpflichteten zugunsten des Berechtigten. Der Inhalt der Reallast (eine aus dem Grundstück zu entrichtende Leistung) ist dabei nicht dahingehend misszuverstehen, dass die Reallast **nur Nutzungen** gewähren würde, **die einen Grundstücksbezug**, wie z.B. die Nähe zum Grundstück, aufweisen müssten oder die sogar in irgendeiner Form „aus dem Grundstück" produziert werden müssten, wie z.B. Bodenfrüchte (= z.B. Kartoffeln, Karotten, Kohlrabi, Weizen etc.). 303

Die Formulierung soll vielmehr lediglich auf den **Charakter** der Reallast **als Verwertungsrecht** hinweisen. Als Inhalt der Reallast vereinbar ist also eine **beliebige wiederkehrende Leistung**, die zwar **Geldwert** haben, aber nicht auf die Zahlung von Geld gerichtet sein muss. 304

> *Beispiel:*
>
> Das Pflanzen von Tannen im Rahmen einer auf „Aufforstung" gerichteten Reallast.

Auch die Vorgabe einer in Geld zu bemessenden Leistung ergibt sich aus dem Charakter der Reallast als Verwertungsrecht. Schließlich gibt die Reallast als Folge der Nicht- oder Schlechtausübung der vereinbarten Leistung die Möglichkeit, in das belastete Grundstück die Zwangsvollstreckung zu betreiben (§§ 1107, 1147 BGB) oder den Verpflichteten aus seiner persönlichen Haftung (§ 1108 BGB) in Anspruch zu nehmen. Die Zwangsvollstreckung in ein Grundstück ergibt nach ihrer Durchführung eine Geldzahlung für den Berechtigten. Würde die als Inhalt der Reallast vereinbarte Leistung also keinen Geldwert haben, liefe auch die **Zwangsvollstreckungsmöglichkeit** ins Leere. 305

In der notariellen Praxis werden Reallasten häufig in Hofübergabeverträgen eingesetzt, um Leistungspflichten der Übernehmer an den Übergeber (z.B. Leibrenten) oder auch Naturalleistungen (z.B. einen Liter Milch pro Tag) abzusichern. Ferner ist es häufig notwendig, eine Dienstbarkeit und eine Reallast zusammen zu bestellen, wenn von den Beteiligten ein Nutzungsbündel gewünscht ist, das sowohl Duldungen als auch aktives Tun umfasst. 306

> *Beispiel:*
>
> Bei einer Ausgleichsflächendienstbarkeit soll nicht nur eine bestimmte Fläche von einer bestimmten Bebauung freigehalten werden (das wäre ein klassischer Dienstbarkeits-

inhalt), sondern diese Fläche soll auch mit einheimischen Pflanzen bepflanzt werden, was nur in Reallastform aufgegeben werden könnte.

3. Wiederkehrend (*)

307 Die aktiven Leistungen, die der Verpflichtete der Reallast zu erbringen hat, müssen wiederkehrend zu erbringen sein. Unerheblich ist, ob die wiederkehrende Erbringung nur für einen bestimmten Zeitraum oder dauerhaft vorgesehen ist.

Beispiel:

„*Ein Jahr lang alle zwei Wochen den Hof kehren*" ist als Verpflichtung genauso zulässig wie „*Alle zwei Wochen den Hof kehren*".

308 Unerheblich ist auch, ob die Leistungen im Umfang variieren, solange sie im Umfang insgesamt **bestimmbar bleiben** (siehe hierzu nachfolgend Rdn 310 ff.).

Um im obigen Beispiel zu bleiben: Das Kehren des Hofes kann an einem Tag nach einem Sturm deutlich längere Zeit in Anspruch nehmen und damit höheren Geldwert haben, als an einem Tag ohne besondere Vorkommnisse; beides ist jedoch von der Reallast umfasst. Der klassische Fall der im Umfang variierenden Leistungen sind Geldzahlungen, die in unterschiedlicher Höhe erfolgen. Diese können als Inhalt einer Reallast vereinbart werden, genauso wie Geldzahlungen, die in gleicher Höhe erfolgen.

309 Ferner unerheblich ist, ob die wiederkehrenden Leistungen **regelmäßig oder unregelmäßig** zu erbringen sind. Lediglich eine einmalige Leistungserbringung kann als einzige Hauptpflicht nicht Gegenstand einer Reallast sein.[58] Als eine von vielen wiederkehrenden Leistungen kann nach der Rechtsprechung des BGH hingegen auch eine einmalige Leistungserbringung vereinbart werden.[59]

4. Bestimmbarer Leistungsumfang (*)

310 **§ 1105 Abs. 1 S. 2 BGB:**

Als Inhalt der Reallast kann auch vereinbart werden, dass die zu entrichtenden Leistungen sich ohne weiteres an ***veränderte Verhältnisse anpassen****, wenn anhand der in der Vereinbarung festgelegten Voraussetzungen Art und Umfang der Belastung des Grundstücks* ***bestimmt*** *werden können.*

a) Allgemein

311 Der **Art und Umfang der Leistungen** der Reallast, d.h. die Frage für den Verpflichteten „*Was muss ich (höchstens) tun?*", muss auch für Dritte aufgrund der Eintragung im Grundbuch **erkennbar** sein, wobei es ausreicht, wenn sich der bestimmbare Leistungsumfang aus der in der Grundbucheintragung lediglich in Bezug genommenen Eintragungsbewilligung und nicht der direkt im Grundbuch einsehbaren Grundbucheintragung ergibt.[60]

Diese Bestimmbarkeit hat bei der Reallast als Verwertungsrecht besondere Bedeutung, schließlich muss ggf. einmal im Rahmen einer Zwangsversteigerung ein genauer Gegenwert in Geld für die als Inhalt der Reallast vereinbarte Leistung beziffert werden.

312 Der Leistungsumfang der Reallast muss jedoch lediglich **bestimmbar** und nicht bestimmt sein.

58 Grüneberg/*Herrler,* § 1105 Rn 5.
59 BGH NJW 2014, 1000, 1001.
60 Grüneberg/*Herrler*, § 1105 Rn 6.

Beispiel:

Sowohl die Verpflichtung „*Zahle für 10 Jahre jeden Monat 1000 Euro*" als auch die Verpflichtung „*Zahle für 10 Jahre jeden Monat die Summe, die zur Miete der Drei-Zimmer-Wohnung in X erforderlich ist*" sind zulässig.

Aus der Zahlungspflicht über 1.000 EUR ist sofort die Höhe der Verpflichtung erkennbar, die Zahlungsverpflichtung ist daher **bestimmt**. In der zweiten Formulierung ist der genaue Leistungsumfang durch Einsicht in den Mietvertrag zu bestimmen; sie ist somit **bestimmbar**.

b) Automatische Anpassung von Leistungen, Wertsicherungsklausel

Es ist möglich, im Rahmen der Vereinbarung einer Reallast auch Regelungen zur Anpassung der Reallast an veränderte Lebensverhältnisse zu treffen, solange der Leistungsumfang der Reallast bestimmbar bleibt. § 1105 Abs. 1 S. 2 BGB stellt ausdrücklich klar, dass eine automatische Anpassung der Leistungen als Inhalt einer Reallast geregelt werden kann, solange sie bestimmbar bleiben. 313

Beispiel:

Einem Ehepaar sind gemeinsam 1.000 EUR monatlich vom Verpflichteten geschuldet. Diese Zahlungspflicht soll sich beim Ableben des Ersten der beiden Ehegatten auf 800 EUR reduzieren.

Eine Möglichkeit zur Anpassung mithilfe einer als Inhalt der Reallast vereinbarten Anpassungsklausel ist gerade bei Geldzahlungspflichten mit langer Laufzeit, z.B. sog. Leibrenten, die auf Lebenszeit geschuldet sind, wichtig. Schließlich sind 1.000 EUR im Jahr 2003 aufgrund der üblichen Inflationsentwicklung deutlich mehr wert als 1.000 EUR im Jahr 2040. 314

Um dem Berechtigten die gleiche Kaufkraft seiner Leibrente zu erhalten, muss der Betrag daher regelmäßig entsprechend der Inflation erhöht werden. Dies erfolgt häufig durch Verwendung einer an den Verbraucherpreisindex gekoppelten „**Wertsicherungsklausel**" (= eine Klausel, die den ursprünglichen Wert der Zahlungsleistung absichert). Der Verbraucherpreisindex wird vom statistischen Bundesamt erhoben und zeigt die Entwicklung der Verbraucherpreise. Durch einen Vergleich früherer und aktueller Verbraucherpreise lässt sich eine Inflationsrate gewinnen, die dann zur Anpassung der Zahlungsverpflichtung verwendet wird.

Die Anpassung kann grundsätzlich automatisch ausgestaltet werden, allerdings ist eine solche Regelung etwas realitätsfremd, da die meisten Menschen nicht ständig ihre Geldrentenzahlungen anhand des Verbraucherpreisindizes überwachen werden. Häufig wird daher geregelt, dass die Erhöhung der Leistung vom Berechtigten verlangt werden muss, bevor sie vom Verpflichteten gewährt werden muss.

Ist eine Anpassungsklausel als Inhalt der Reallast nicht gewünscht oder nicht möglich, kann ein **schuldrechtlicher Anpassungsanspruch** geregelt werden, der, wenn die Anpassung bestimmbar ist, durch **Vormerkung** im Grundbuch abgesichert werden kann.[61] Eine inhaltliche Änderung der Reallast tritt aber erst ein, wenn die Beteiligten sich in Erfüllung des Anpassungsanspruchs über die Inhaltsänderung geeinigt haben und diese bei Einigsein und Berechtigung des Verfügenden ins Grundbuch eingetragen wurde. 315

Da der schuldrechtliche Anpassungsanspruch nicht Inhalt der Reallast ist, geht er bei einem Wechsel in den Personen des Berechtigten oder des Verpflichteten nicht auf den Rechtsnachfolger über. Ist eine Vormerkung eingetragen, gewährt diese bei einem Wechsel in der Person des Verpflichteten Schutz, auch wenn der Anspruch nicht übergeht. Soll ausdrücklich geregelt sein, dass der Anspruch übergeht (oder es soll keine Vormerkung eingetragen werden), ist zusätzlich eine **Weitergabeverpflichtung** zu vereinbaren (siehe hierzu genauer oben in Rdn 114 ff.).

61 Grüneberg/*Herrler*, § 1105 Rn 7; Grüneberg/*Wicke*, § 9 ErbbauRG Rn 12.

316 *Lerntipp!*

Beim Lernen ist es hilfreich, in **parallelen Strukturen** zu denken.

Möchte man nun die Reallast mit der Struktur der Dienstbarkeiten vergleichen, so entsprechen die hier gemachten Ausführungen zum Leistungsumfang der Reallast am ehesten dem „**sachlichen Ausübungsbereich**“ bei der Dienstbarkeit.

Einen „**örtlichen Ausübungsbereich**“ kennt die Reallast nicht, da ihre Leistungen wie oben in Rdn 303 ff. dargestellt, **keinen Grundstücksbezug** aufweisen (müssen). Hier unterscheidet sie sich von der Dienstbarkeit, bei der immer auch ein Bezug zum jeweiligen Grundstück bestehen muss. Die Leistungen einer Reallast können völlig losgelöst von einem Grundstück erfolgen (z.B. wöchentliche Lieferung von Flugzeugreifen). Zwar mag im Einzelfall Inhalt einer Reallast eine Leistung sein, die sich auf eine bestimmte Grundstücksfläche bezieht; dies kann aber **irgendeine Grundstücksfläche** sein, die auf dem belasteten Grundstück oder anderswo liegen kann.

c) Dauer des Rechts: Bedingung – Befristung (*)

317 Eine Reallast kann unter einer aufschiebenden oder auflösenden Bedingung oder Befristung bestellt werden.

Bei einer Bestellung unter einer **aufschiebenden Bedingung/Befristung** ist das Recht als bedingtes/befristetes Recht im Grundbuch eingetragen und somit bestellt. Seine Rechtswirkungen, d.h. den dinglichen Anspruch auf die Einzelleistungen und den Anspruch auf die persönliche Haftung entfaltet es aber erst mit Eintritt der aufschiebenden Bedingung/Befristung.

Bei Bestellung unter einer **auflösenden Bedingung/Befristung** erlischt das Recht und somit auch alle seine Rechtswirkungen, wie der dingliche Anspruch auf die künftigen Einzelleistungen und die persönliche Haftung des Verpflichteten, mit dem Eintritt der auflösenden Bedingung/Befristung.

Im Übrigen ist auf die Ausführungen oben in Rdn 54 ff. zu verweisen, die hier entsprechend gelten.

IV. Folgen der Bestellung einer Reallast (*)

1. Dinglicher Anspruch auf Einzelleistungen mit Zwangsvollstreckungsmöglichkeit (*)

318 Mit der Bestellung der Reallast entsteht das **Stammrecht** und gleichzeitig als dinglicher Inhalt des Rechts (= Inhalt, der bei einem Wechsel in der Berechtigten- oder Verpflichtetenstellung, wenn ein solcher Wechsel rechtlich möglich ist, automatisch mit dem Recht übergeht) der dingliche Anspruch auf die **Einzelleistungen**.

Beispiel:

Wenn die Reallast zum Inhalt hat „*Zahle jeden Monat 500 Euro*“, so ist eine Einzelleistung die jeweilige monatliche Zahlung zu 500 EUR.

319 Eine jede Einzelleistung kann, wenn die Einzelleistungen insgesamt übertragbar ausgestaltet sind, unabhängig vom Stammrecht des Berechtigten, wobei es sich sowohl um den Berechtigten einer subjektiv-persönlichen als auch einer subjektiv-dinglichen Reallast handeln kann, auf einen Dritten **übertragen** werden.

Sind die Einzelleistungen übertragbar ausgestaltet, sind sie zudem auch **pfändbar**.

Beispiel:

Der Berechtigte der Reallast schuldet seinem Nachbarn 1.000 EUR. Die Einzelleistungen sind übertragbar ausgestaltet. Der Berechtigte überträgt daher die Einzelleistung auf Zahlung von jeweils 500 EUR für den aktuellen und den nächsten Monat auf seinen Nachbarn. Insofern ist vom Verpflichteten an diesen zu leisten.

Die Verwertungsmöglichkeit der Reallast bezieht sich ebenfalls auf die Einzelleistungen. Das Gesetz ordnet an, dass für die Einzelleistungen das Hypothekenrecht entsprechend gilt, wo in § 1147 BGB die Verwertung („*Befriedigung des Gläubigers*") durch Zwangsvollstreckung geregelt ist. 320

§ 1107 BGB:

Auf die einzelnen Leistungen finden die für die ***Zinsen einer Hypothekenforderung geltenden Vorschriften entsprechende Anwendung****.*

§ 1147 BGB:

Die Befriedigung des Gläubigers aus dem Grundstück und den Gegenständen, auf die sich die Hypothek erstreckt, erfolgt ***im Wege der Zwangsvollstreckung****.*

Wird nun eine oder mehrere Einzelleistungen nicht oder nicht wie geschuldet erbracht, kann der Berechtigte der Reallast die **Zwangsvollstreckung** in das belastete Grundstück, z.B. durch Zwangsversteigerung, beantragen (zur Zwangsvollstreckung genauer siehe oben Rdn 106). Voraussetzung hierfür ist, dass er zwangsvollstrecken darf, d.h. dass der Berechtigte den Verpflichteten z.B. erfolgreich verklagt hat oder in der Bestellungsurkunde der Reallast eine Regelung getroffen ist, die die sofortige Zwangsvollstreckung, also ohne vorheriges Gerichtsverfahren, gewährt. Im Vollstreckungsverfahren werden die ausstehenden und fälligen Einzelleistungen in einen Geldwert umgerechnet, den der Berechtigte (immer unter der Voraussetzung, der Versteigerungserlös reicht aus) aus der Zwangsversteigerung erhält. 321

Mit dem **Zuschlag in der Zwangsversteigerung erlischt die Reallast** (= das Stammrecht), sodass an dem Grundstück, das derjenige erhält, der in der Zwangsversteigerung den Zuschlag bekommt, keine Reallast mehr eingetragen ist und dem Berechtigten der Reallast auch kein dinglicher Anspruch auf weitere Einzelleistungen mehr zusteht. Dies wäre für den Berechtigten, wenn er z.B. bei einem lebenslangen Recht schon sehr früh die Zwangsversteigerung beantragt, nachteilig, sodass das Gesetz vorsieht, dass er im Falle des Erlöschens der Reallast (wie generell im Zwangsversteigerungsrecht) Geldersatz für das erloschene Recht erhält, immer vorausgesetzt der Versteigerungserlös reicht aus. Anderenfalls erhält der Berechtigte nur soweit Ersatz, wie der Versteigerungserlös reicht.

Alternativ gäbe es im **Vollstreckungsverfahren** auch die Möglichkeit, zu **beantragen**, dass die **Reallast bestehen bleibt**, d.h. der neue Eigentümer nur ein Grundstück mit Reallast und dinglichem Anspruch des Berechtigten auf Einzelleistungen ersteigern kann. Das ist auf den ersten Blick für den Berechtigten vorteilhaft, kann jedoch auch die Verwertbarkeit des Grundstücks in der Zwangsversteigerung einschränken.

Exkurs:

Eine weitere Ausnahme von dem Grundsatz, dass mit Zuschlag in der Zwangsversteigerung die Reallast erlischt, besteht bei der Erbbauzinsreallast. Dort kann gemäß § 9 Abs. 3 Nr. 1 ErbbauRG vereinbart werden, dass „*die Reallast abweichend von § 52 Abs. 1 des Gesetzes über die Zwangsversteigerung und die Zwangsverwaltung mit ihrem Hauptanspruch bestehen bleibt, (…)*". Eine Erbbauzinsreallast kann also „versteigerungsfest" bestellt werden (siehe Rdn 476).

2. Persönliche Haftung des Verpflichteten für die Einzelleistungen (*)

§ 1108 Abs. 1 BGB: 322

Der Eigentümer haftet für die während der Dauer seines Eigentums fällig werdenden ***Leistungen*** *auch* ***persönlich, soweit nicht ein anderes bestimmt*** *ist.*

Neben dem dinglichen Anspruch auf die Einzelleistungen, für den das Grundstück haftet, gewährt die Reallast auch einen **schuldrechtlichen Anspruch** auf die Einzelleistungen direkt gegen den Verpflichteten, § 1108 BGB.

Durch diese sog. **persönliche Haftung** wird die Absicherung des Berechtigten noch verstärkt. In der durch die Reallast gewährten Zwangsvollstreckung haftet nur das Grundstück und es wird stets höchstens das verteilt, was durch Versteigerung oder Verwaltung des Grundstücks an Erlös erlangt wird. Bei einem persönlichen Haftungsanspruch haftet jedoch grundsätzlich das gesamte Vermögen des Verpflichteten. Darf der Berechtigte gegen den Verpflichteten zwangsvollstrecken (z.B. wenn er ihn erfolgreich verklagt hat oder in der Bestellungsurkunde der Reallast eine Regelung getroffen ist, die die sofortige Zwangsvollstreckung, also ohne vorheriges Gerichtsverfahren, gewährt), hat er bei einem persönlichen Haftungsanspruch die **freie Auswahl**, was er **aus dem Vermögen des Verpflichteten** pfändet oder versteigert.

Beispiel:

Schorsch Schafsgesicht hat einen nichtsnutzigen Sohn, Horst Harschhuber. Horst studiert Jura im 10. Semester und kommt ständig in Schwierigkeiten; aktuell hat er erhebliche Spielschulden aufgehäuft.

Als die Gläubiger Horst Harschhuber mit überzeugenden Argumenten die Begleichung seiner Spielschulden nahelegen, wendet er sich an seinen viel zu gutmütigen Vater Schafsgesicht. Dieser ist Eigentümer des wunderbaren Grundstücks „Am Rosengarten 21“ und des weniger schönen Grundstücks „Am Schrottplatz 1“.

Horst erläutert seinem Vater, dass die Gläubiger sich auf eine Ratenzahlung von 200 EUR monatlich einlassen würden, wenn ihnen diesbezüglich eine Sicherheit gestellt würde. Sein Vater solle doch auf seinem weniger schönen Grundstück eine Reallast zur Absicherung eintragen lassen. Auf die Rückfrage seines Vaters, ob dann das schönere Grundstück geschützt sei, da er dieses nicht gefährden wolle, antwortet Horst nur „Sachenrecht stinkt!“. Schorsch Schafsgesicht kennt die ruppige Art seines Sohnes und denkt, dass schon alles seine Ordnung haben wird, schließlich studiere dieser schon lange genug Jura. Er lässt somit zur Absicherung der Ratenzahlungsverpflichtung seines Sohnes auf dem weniger schönen Grundstück „Am Schrottplatz 1“ eine Reallast zugunsten des Gläubigers eintragen und unterwirft sich wegen des persönlichen Anspruchs aus der Reallast der sofortigen Zwangsvollstreckung.

In dieser Konstellation könnten die Gläubiger aufgrund des persönlichen Haftungsanspruchs aus § 1108 BGB bei Zahlungsrückständen auch jederzeit auf das schöne Grundstück „Am Rosengarten 21“ zugreifen.

323 In so einem Fall wie dem obigen hätte ein **Ausschluss der persönlichen Haftung** geholfen. § 1108 BGB („*soweit nicht ein anderes bestimmt ist*“) erlaubt ausdrücklich, abweichende Regelungen vom gesetzlichen Regelfall der persönlichen Haftung des Verpflichteten zu treffen. Es kann somit in der Bestellungsurkunde vereinbart werden, dass keine persönliche Haftung des Verpflichteten neben dem dinglichen Anspruch aus der Reallast entsteht.

Da in der Regel der Verpflichtete die persönliche Haftung ausschließen und der Berechtigte sie beibehalten möchte, sind die Vor- und Nachteile durch den Notar oder einen erfahrenen Mitarbeiter mit den Beteiligten zu besprechen, um eine sachgerechte Lösung für beide Seiten zu finden.

V. Weiterer Inhalt der Reallastbestellungsurkunde (*)

1. Materiell-rechtliche Erklärungen (*)

324 Eine Reallast wird wie die Grunddienstbarkeit **rechtsgeschäftlich durch Einigung, Eintragung bei Einigsein** und Verfügung des **Berechtigten** bestellt. Die Ausführungen in Rdn 79 ff. gelten entsprechend.

2. Grundbuchrechtliche Erklärungen (*)

a) Antrag und Bewilligung, schlagwortartige Bezeichnung und Berechtigungsverhältnis (*)

Die Eintragung einer Reallast im Grundbuch erfolgt wie bei der Grunddienstbarkeit auf **formell-rechtlicher** Seite durch mindestens öffentlich beglaubigte, d.h. z.B. notariell unterschriftsbeglaubigte **Bewilligung** und formlosen **Antrag**, der aber meistens zusammen mit der Bewilligung und somit auch in der öffentlichen Form der Bewilligung erfolgt, auch wenn das nicht erforderlich wäre (siehe hierzu ausführlicher Rdn 89 ff.). Eine schlagwortartige Zusammenfassung der Reallast in der Bestellungsurkunde wie bei den Dienstbarkeiten ist jedoch nicht erforderlich. Zwar muss **Art und Umfang** der nach der Reallast zu gewährenden **Leistungen bestimmbar** sein, es reicht jedoch, wenn dies aus der im Grundbuch lediglich in Bezug genommenen Eintragungsbewilligung möglich ist. Eine zusätzliche Eintragung einer schlagwortartigen Bezeichnung der Reallast direkt im Grundbuch ist daneben nicht erforderlich. Die Reallast sollte jedoch in der Eintragungsbewilligung **als Reallast bezeichnet** werden. Ferner ist deutlich klarzustellen, ob eine **subjektiv-dingliche oder** eine **subjektiv-persönliche** Reallast bestellt werden soll. 325

Die Angabe des Berechtigungsverhältnisses ist bei der **subjektiv-persönlichen Reallast**, deren Entsprechung auf Dienstbarkeitsseite die beschränkt persönliche Dienstbarkeit ist, von deutlich größerer Bedeutung als bei der subjektiv-dinglichen Reallast, deren Entsprechung auf Dienstbarkeitsseite die Grunddienstbarkeit ist. 326

Bereits wenn eine subjektiv-persönliche Reallast einem Ehepaar, d.h. zwei natürlichen Personen zusteht, ist eine Aussage zum Berechtigungsverhältnis in der Eintragungsbewilligung zu treffen, die ins Grundbuch eingetragen wird. Welches Berechtigungsverhältnis im Einzelnen sachgerecht ist, wird nachfolgend in Rdn 354 f. erörtert.

Exkurs: 327

Bei der **subjektiv-dinglichen Reallast** stellt sich die Frage nach dem Berechtigungsverhältnis hingegen lediglich dann, wenn sie zugunsten mehrerer herrschender Grundstücke bestellt wird, was zulässig ist,[62] aber eher einen Ausnahme- als den Regelfall darstellt. Die Zulässigkeit ergibt sich aus § 1109 BGB, der bestimmt, dass bei einer Aufteilung eines Grundstücks in ein oder mehrere selbstständige Teile die Reallast an den Teilen fortbesteht. Hierfür gelten die Ausführungen in Rdn 154 ff. zur Grunddienstbarkeit grundsätzlich entsprechend.

Nicht auf die Reallast übertragbar sind jedoch die dort gemachten Ausführungen, soweit sie das Beteiligungsverhältnis (hier gelten die zur subjektiv-persönlichen Reallast gemachten Erläuterungen genauso für die subjektiv-dingliche Reallast, siehe Rdn 354 f.), den Vorteil für das herrschende Grundstück nach § 1019 BGB betreffen (dieses Erfordernis sieht das Recht der Reallast nicht vor) und soweit sie Vereinheitlichungseffekte bei Unterhaltungspflichten der Dienstbarkeit anführen (solche Regelungen sind im Recht der Reallast ebenfalls nicht vorgesehen).

Im Übrigen wird hinsichtlich der Angabe des Berechtigungsverhältnisses auf die Ausführungen zu Rdn 98 ff. verwiesen, die hier entsprechend gelten.

Anstelle der Bestellung eines Rechts zugunsten mehrere Berechtigter bzw. mehrerer herrschender Grundstücke können ferner auch mehrere gleichrangige Reallasten für einzelne Berechtigte bestellt werden, die sich dann gegenseitig beeinträchtigen.[63]

62 *Schöner/Stöber*, Rn 1293.
63 *Schöner/Stöber*, Rn 1293.

b) Herrschvermerk und Vorlöschungsklausel (*)

328 Bei der **subjektiv-dinglichen Reallast**, d.h. bei der Reallast, die zugunsten des jeweiligen Eigentümers eines herrschenden Grundstücks bestellt ist, kann am herrschenden Grundstück genauso wie bei der Grunddienstbarkeit ein **Herrschvermerk** eingetragen werden.

Im Übrigen kann diesbezüglich auf die Ausführungen in Rdn 93 ff. bei der Grunddienstbarkeit verwiesen werden, die hier entsprechend gelten.

329 Die **subjektiv-persönlichen Reallast** kennt wie die beschränkt persönliche Dienstbarkeit keinen Herrschvermerk. Das macht auch Sinn, schließlich wird der Herrschvermerk am jeweiligen herrschenden Grundstück eingetragen; bei der subjektiv-persönlichen Reallast gibt es jedoch kein herrschendes Grundstück, sondern einen Berechtigten, der z.B. Person, Gesellschaft oder Wohnungseigentümergemeinschaft sein kann.

330 Andererseits ist bei der **subjektiv-persönlichen Reallast** aufgrund ihres **personalen Bezugs** die Eintragung einer **Vorlöschungsklausel** nach § 23 Abs. 2 GBO grundsätzlich möglich. Insoweit kann auf die Ausführungen in Rdn 187 ff. zur beschränkt persönlichen Dienstbarkeit verwiesen werden.

Die Kernfrage, ob die Eintragung einer Vorlöschungsklausel im Grundbuch zulässig ist, stellt sich an dem Punkt, wo das Recht, bei dem die Eintragung der Vorlöschungsklausel erfolgen soll, das Entstehen rückständiger Leistungen zulässt oder eben nicht. Während dies bei der Dienstbarkeit aufgrund ihres Duldungs- und Unterlassungscharakters, der aktive Leistungen im Grundsatz ausschließt, besonderer Begründung bedarf, ist die **Möglichkeit, dass rückständige Leistungen entstehen** bei der Reallast ohne weiteres gegeben: Die Reallast verpflichtet schließlich zu einem **aktiven Tun**, bei dessen Nichterfüllung (d.h. bei einem Rückstand mit der Erfüllung der Verpflichtung) verschiedene Folgen, wie die Möglichkeit der Zwangsversteigerung, geregelt sind.

331 Ferner ist zu beachten, dass die subjektiv-persönliche Reallast anders als z.B. der Nießbrauch **nicht grundsätzlich als Lebenszeitrecht** ausgestaltet ist. Ob sie ein Lebenszeitrecht im Einzelfall darstellt, richtet sich nach der Leistung, die als Inhalt der Reallast an den Berechtigten zu erbringen ist.

Soll diese mit dem Tode des Berechtigten enden, handelt es sich um ein Lebenszeitrecht. Soll sie den Tode überdauern, ist die Reallast vererblich und kein Lebenszeitrecht.[64]

> *Beispiel:*
>
> Eine Verpflichtung, bis zum Lebensende des Berechtigten einmal im Monat seinen Rasen zu mähen, ist ein Lebenszeitrecht. Demgegenüber ist die Verpflichtung, 40 Jahre lang einmal im Monat den Rasen des Berechtigten zu mähen kein Lebenszeitrecht.
>
> Im zweiteren Fall könnte der Berechtigte in Jahr 1 versterben und der Verpflichtete wäre trotzdem noch weitere 39 Jahre den Erben des Berechtigten zum Rasenmähen verpflichtet.

332 **§ 24 GBO:**

*Die Vorschriften des **§ 23 sind entsprechend** anzuwenden, wenn das Recht mit der Erreichung eines **bestimmten Lebensalters** des Berechtigten oder mit dem Eintritt eines sonstigen **bestimmten Zeitpunkts oder Ereignisses** erlischt.*

Bei der **subjektiv-dinglichen Reallast** hingegen ist die Eintragung einer Vorlöschungsklausel nach § 23 Abs. 2 GBO nicht denkbar, da ihr der **personale Bezug fehlt**. Ein herrschendes Grundstück kann nicht versterben. Die Vorschrift des § 24 GBO ordnet aber eine entsprechende Geltung des § 23 GBO und somit auch der Regelung zur Vorlöschungsklausel an, wenn entweder ein Recht mit der Erreichung eines bestimmten Lebensalters oder dem Eintritt eines sonstigen bestimmten Zeitpunkts oder Ereignisses erlischt. Die erste Variante des

64 MüKo-BGB/*Mohr*, § 1111 Rn. 2.

§ 24 GBO („*bestimmtes Lebensalter*“) ist dem subjektiv-dinglichen Recht wesensfremd und somit unanwendbar,[65] schließlich würde es das subjektiv-dingliche Recht mit personalem Bezug versehen, was aber Sache des subjektiv-persönlichen Rechts ist. Die zweite Variante („*bestimmter Zeitpunkt oder Ereignis*“) bezieht sich jedoch auf Bedingungen und Befristungen, die auch bei der subjektiv-dinglichen Reallast möglich sind. Bei einem bedingten/befristeten Recht ist somit auch die Eintragung einer Vorlöschungsklausel möglich.

Die Eintragung einer Vorlöschungsklausel ist somit zulässig wenn

- eine **subjektiv-persönliche Reallast** gegeben ist, und
- diese eine **Leistung auf Lebenszeit** des Berechtigten zum Inhalt hat

oder

- eine **subjektiv-dingliche oder subjektiv-persönliche** Reallast gegeben ist und
- diese auf ein **bestimmtes Ereignis** oder einen **bestimmten Zeitpunkt bedingt bzw. befristet** ist.

Praxistipps:

Im Rahmen von **Hofübergabeverträgen** werden oft verschiedene Leistungen, wie die Pflege der Übergeber auf Lebenszeit durch den Übernehmer („Wart und Pflege“) oder lebenslange Geldzahlungen an den Übergeber („Geldrente“), vereinbart und durch Reallast abgesichert. Ebenso beliebt ist es, eine **Verpflichtung zur Pflege des Grabes** der Übergeber durch den Übernehmer zu vereinbaren.

Hier ist zu unterscheiden: Während Wart und Pflege sowie Geldrente Lebenszeitrechte sind, die mit dem Tod des Berechtigten erlöschen, soll die Grabpflege gerade über den Tod des Berechtigten hinaus erfolgen. Die Grabpflegeverpflichtung ist also gerade kein Lebenszeitrecht, dass die Eintragung einer Vorlöschungsklausel nach § 23 Abs. 2 GBO erlauben würde. Ist trotzdem eine Vorlöschungsklausel im Grundbuch eingetragen, muss das Grundbuchamt den Löschungsantrag zurückweisen und die Löschungsbewilligung des Rechtsnachfolgers anfordern.

Dieses Problem kann man umgehen, indem z.B. die Grabpflegeverpflichtung nicht durch Reallast abgesichert wird oder zwei unterschiedliche Reallasten bestellt werden.

c) Zwangsvollstreckungsunterwerfung

§ 794 Abs. 1 ZPO: 333

*(1) Die **Zwangsvollstreckung** findet ferner statt: (…)*

*5. aus **Urkunden**, die von einem deutschen Gericht oder **von einem deutschen Notar** innerhalb der Grenzen seiner Amtsbefugnisse in der vorgeschriebenen Form aufgenommen sind, sofern (…) und der Schuldner sich in der Urkunde wegen des zu bezeichnenden Anspruchs **der sofortigen Zwangsvollstreckung unterworfen** hat; (…)*

Die Reallast als Verwertungsrecht gewährt grundsätzlich die Möglichkeit der Zwangsvollstreckung in das belastete Grundstück, wenn die vereinbarte Leistung nicht oder nicht wie vereinbart erbracht wird. Da die Zwangsvollstreckung, die bei einem Grundstück durch Zwangsversteigerung oder Zwangsverwaltung erfolgt (siehe Rdn 106), für den Betroffenen erhebliche Nachteile hat, ist sie nach dem Gesetz „nicht einfach so“ zulässig. Damit die Zwangsvollstreckung zulässig ist, muss ein „**vollstreckbarer Titel**“ vorliegen, der mit einer **Vollstreckungsklausel** (= eine Erklärung auf dem Titeldokument) vollstreckbar gestellt und dem Verpflichteten **zugestellt** wird (= ein bestimmtes Verfahren, in dem der Verpflichtete den vollstreckbaren Titel ausgehändigt erhält). 334

Ein **vollstreckbarer Titel** ist in erster Linie ein **gerichtliches Urteil**. Im Grundsatz muss der Berechtigte also den Verpflichteten erst erfolgreich verklagen, bevor er sein Grundstück 335

65 *Böttcher* MittRhNotK 1987, 219, 221.

zwangsversteigern darf. Damit soll sichergestellt werden, dass eine so einschneidende Maßnahme wie eine Zwangsvollstreckung auf gesicherter Basis erfolgt.

Daneben gibt es jedoch u.a. auch die Möglichkeit, dass **notarielle Urkunden** einen vollstreckbaren Titel darstellen. Nach § 794 Abs. 1 Nr. 5 ZPO ist das dann der Fall, wenn in der notariellen Urkunde wegen bestimmter, in der gesetzlichen Regelung genauer definierter Ansprüche **eine Unterwerfung unter die sofortige Zwangsvollstreckung** erklärt wird. Ist ein Anspruch der sofortigen Zwangsvollstreckung unterworfen, kann der Berechtigte, ohne vorher den Verpflichteten verklagen zu müssen, direkt mit der notariellen Urkunde (zu der eine Vollstreckungsklausel erteilt werden und die zugestellt werden muss) die Zwangsvollstreckung betreiben.

336 Bei der Reallast kann sowohl der **dingliche Anspruch auf die Einzelleistungen** als auch die **persönliche Haftung** nach § 1108 BGB der sofortigen Zwangsvollstreckung unterworfen werden. Die Aufnahme der sofortigen Zwangsvollstreckungsunterwerfung in die Bestellungsurkunde der Reallast ist in der notariellen Praxis üblich, da nur so dem Berechtigten ein effektives und schnell realisierbares Verwertungsmittel zur Verfügung steht, anderenfalls müsste er ja erst ein ggf. mehrjähriges Gerichtsverfahren betreiben.

> *Praxistipp:*
>
> Aufgrund der einschneidenden Folgen der sofortigen Vollstreckungsmöglichkeit sollten deren Vor- und Nachteile jedoch immer mit den Beteiligten besprochen werden.

337 Enthält die Reallastbestellungsurkunde eine Unterwerfung unter die sofortige Zwangsvollstreckung, so kann die Reallast nicht mehr durch notarielle Unterschriftsbeglaubigung bestellt werden. Die sofortige Zwangsvollstreckungsunterwerfung muss, um wirksam zu sein, **notariell beurkundet** werden. In der Regel führt dies dazu, dass die gesamte Reallastbestellung beurkundet wird.

3. Rangbestimmung (*)

338 Der Rang, in dem die Reallast im Grundbuch eingetragen wird, ist für diese von besonderer Bedeutung:

Bei Verwertungsrechten bestimmen die Rangverhältnisse im Regelfall die Reihenfolge, wer als erstes aus dem Versteigerungserlös seine Zahlung erhält. Je niedriger der Rang eines Verwertungsrechts im Grundbuch also, desto höher die Gefahr, in der Zwangsversteigerung leer auszugehen.

339 Das Verhältnis zu den **Rechten in Abt. III** (und anderen Verwertungsrechten sowie weiteren Reallasten in Abt. II) ist dabei, wie bei den anderen dinglichen Rechten, von großer Bedeutung, da auch ein Verwertungsrecht wie die **Reallast durch Zwangsvollstreckung** aus einem vorrangigen Verwertungsrecht **erlischt**.

Insofern gelten die Ausführungen zur Grunddienstbarkeit in Rdn 101 ff. und 106 ff. entsprechend.

340 Im Übrigen bestimmt der **Rang**, welche Rechte im Falle der **Zwangsversteigerung aus der Reallast bestehen bleiben** und welche nicht, insbesondere im Verhältnis zu den Rechten in Abt. II, die mit Ausnahme der Reallast selbst keine Verwertungsbefugnis geben. Vorrangige Rechte „überleben die Zwangsversteigerung" und lasten weiterhin an dem Grundstück, das der Erwerber in der Zwangsversteigerung ersteigert. Nachrangige und gleichrangige Rechte erlöschen.

Zu **in Abt. II eingetragenen Vorkaufsrechten und Vermerken** gelten im Übrigen die Ausführungen oben in Rdn 109 ff. entsprechend.

341 Zu beachten ist natürlich, dass es die **erste Rangstelle** an jedem Grundstück **nur einmal** gibt. Es ist also schlicht unmöglich, wenn mehrere Rechte im Grundbuch eingetragen sind, jedem die erste Rangstelle einzuräumen. Vertretbar ist daher, der Reallast wichtige Dienstbarkeitsrechte, die dauerhaft bestehen bleiben müssen (z.B. Wegerechte), vorgehen zu lassen, da die-

se (außer hinsichtlich der Nebenpflichten) keine Verwertungsmöglichkeit bieten und somit eine verhältnismäßig geringe Gefahr für die Reallast darstellen.

Dies gilt jedoch nicht für den Vorrang von Dienstbarkeiten wie dem Nießbrauch, dem Wohnungsrecht oder weiterer auf eine Wohn- oder Gewerbenutzung gerichteter beschränkt persönlicher Dienstbarkeiten. Diese erschweren faktisch die Verkehrsfähigkeit des Grundstücks, da wenige Erwerber in der Zwangsversteigerung ein Grundstück erhalten möchten, auf dem umfassende Nutzungsrechte zugunsten eines Dritten eingeräumt sind.

4. Schuldrechtliche Vereinbarungen

In der Bestellungsurkunde der Reallast können bei Gelegenheit ihrer Bestellung auch weitere schuldrechtliche Vereinbarungen zusammengefasst werden. Diesbezüglich gelten die Ausführungen in Rdn 114 ff. entsprechend. **342**

VI. Belastungsgegenstand (*)

Belastungsgegenstand einer Reallast kann zunächst alles sein, was Belastungsgegenstand einer Grunddienstbarkeit sein kann (siehe hierzu oben Rdn 119 ff.). Belastungsgegenstand kann folglich ein **Grundstück,** ein **Grundstücksteil, Sondereigentum** und **grundstücksgleiche Rechte** (z.B. Erbbaurecht, Fischereirecht) sein. Zudem kann, anders als bei der Grunddienstbarkeit, im Rahmen der Vorschriften des § 1106 BGB auch ein **Miteigentumsanteil** Belastungsgegenstand einer Reallast sein. **343**

1. Grundstück im rechtlichen Sinne als Belastungsgegenstand der Reallast (*)

Ein Grundstück im Rechtssinne (zu den unterschiedlichen Grundstücksbegriffen siehe oben Rdn 120) kann tauglicher Belastungsgegenstand einer Reallast sein. Aus § 1109 BGB, der bestimmt, dass bei einer Aufteilung eines Grundstücks in ein oder mehr selbstständige Teile die Reallast an den Teilen fortbesteht, ergibt sich zudem, dass eine Reallast auch an mehreren Grundstücken gleicher oder unterschiedlicher Eigentümer zulässig ist („**Gesamtreallast**")[66] **344**

Im Übrigen gelten die Ausführungen zur Grunddienstbarkeit in Rdn 121 entsprechend.

2. Grundstücksteil als Belastungsgegenstand

Ein realer Grundstücksteil kann lediglich bei Beachtung des Nachfolgenden Belastungsgegenstands der Reallast sein. Die Belastung eines realen Grundstücksteils erfolgt nach dem in § 7 Abs. 1 GBO geregelten und oben unter Rdn 35 ff. bereits ausführlich beschriebenen Vorgehen. **345**

Anders als bei den Dienstbarkeiten ist eine Eintragung einer Reallast auch **nur** gemäß § 7 Abs. 1 GBO an einem selbstständig vorgetragenen „Grundstücksteil", welcher selbst wieder nach Abschreibung ein selbstständiges Grundstück im Rechtssinne ist, möglich. Insofern ist die Belastung eines Grundstücksteils bei der Reallast eigentlich eine Unterform der Belastung eines selbstständigen Grundstücks. Die Erleichterung des § 7 Abs. 2 GBO gilt nach ihrem Wortlaut schließlich **nur für Dienstbarkeiten**, zu denen die Reallast nicht zählt. Dies ergibt sich aus dem Charakter der Reallast als Verwertungsrecht:

Ein Grundstücksteil, der nicht selbstständig im Grundbuch vorgetragen ist, kann nicht ohne weitere Schritte im Eigentum auf einen Dritten übergehen. Ein Belastungsgegenstand nach § 7 Abs. 2 GBO würde also beim Eigentumsübergang durch Zuschlag in der Zwangsversteigerung Probleme bereiten. Die Eigentumsverhältnisse am „Grundstücksteil", d.h. ob er im Allein-, Mit-, Gesamthandseigentum o.ä. steht, sind für die Bestellung der Reallast hingegen nicht weiter erheblich.

66 Grüneberg/*Herrler*, § 1105 Rn 2.

346 **§ 1106 BGB:**

Ein Bruchteil eines Grundstücks kann mit einer Reallast nur belastet werden, wenn er in dem ***Anteil eines Miteigentümers*** *besteht.*

Neben dem **realen Grundstücksteil** kann auch ein **ideeller Grundstücksteil** Belastungsgegenstand der Reallast sein. § 1106 BGB ordnet an, dass der Miteigentumsanteil im Zeitpunkt der Belastung bereits bestehen muss. Das bedeutet, dass **nur Grundstücke, die im Eigentum von Miteigentümern stehen,** mit einer Reallast an einem Miteigentumsanteil belastet werden können. Steht ein Grundstück im Alleineigentum einer Person, ist es nicht möglich, einen Miteigentumsanteil aus diesem Alleineigentum durch Belastung mit einer Reallast „herauszulösen".

3. Sondereigentum oder grundstücksgleiche Rechte als Belastungsgegenstand (*)

347 **Wohnungs- oder Teileigentum**, sowohl die einzelne Sondereigentumseinheit als auch die gesamte Anlage, und **grundstücksgleiche Rechte** (z.B. das Erbbaurecht) können Belastungsgegenstand der Reallast sein.

Die Ausführungen zur Grunddienstbarkeit in Rdn 128 ff. und 141 ff. gelten entsprechend auch für die Reallast. Hier ist jedoch zu beachten, dass die Ausführungen zu den drei Dienstbarkeitskategorien und zum tatsächlichen Charakter der Dienstbarkeit selbstverständlich nicht auf die Reallast passen.

VII. Berechtigter der Reallast (*)

1. Subjektiv-dingliche Reallast (*)

348 Der Berechtigte der subjektiv-dinglichen Reallast ist der **jeweilige Eigentümer des herrschenden Grundstücks**. Bei der subjektiv-dinglichen Reallast stehen somit sowohl auf Belastungs- als auch auf Berechtigungsseite Grundstücke.

Die Berechtigten der subjektiv-dinglichen Reallast lassen sich daher fast spiegelbildlich zu ihren Verpflichteten bestimmen. Berechtigt kann nur sein:
- der jeweilige Eigentümer eines herrschenden Grundstücks,
- der jeweilige Eigentümer eines herrschenden Sondereigentums,
- der jeweilige Eigentümer eines herrschenden grundstücksgleichen Rechts.

349 Eine **Ausnahme** hiervon bildet der Miteigentumsanteil: Der jeweilige Eigentümer eines Miteigentumsanteils an einem Grundstück kann nicht Berechtigter einer Reallast sein. Insoweit handelt es sich um eine Ausnahme vom Grundsatz, dass was Belastungsgegenstand sein kann, auch Berechtigungsgegenstand sein kann. Schließlich ist die Belastung eines Miteigentumsanteils mit einer subjektiv-dinglichen Reallast nach § 1106 BGB möglich.

350 Ebenfalls nicht gesondert erwähnt ist der **reale Grundstücksteil**: Soll ein realer Grundstücksteil herrschendes Grundstück sein, muss er als neues selbstständiges Grundstück gemäß § 7 Abs. 1 GBO abgeschrieben sein und ist somit nicht nur als Belastungsgegenstand ein Unterfall des selbstständigen Grundstücks sondern zählt auch hier zu den Grundstücken als Berechtigungsgegenstand.

> *Lerntipp!*
>
> Faustformel: Was **Belastungsgegenstand** sein kann, kann auch **Berechtigungsgegenstand** sein. Ausnahme: **Miteigentumsanteil.**

Im Übrigen gelten die Ausführungen zur Grunddienstbarkeit in Rdn 146 ff. entsprechend, wobei anstelle Dienstbarkeit Reallast zu lesen ist.

Insbesondere die Eintragung einer **Eigentümerreallast**, also eines Rechts, bei dem (derzeit) Personenidentität zwischen dem Eigentümer des Belastungsgegenstandes und dem Eigentümer des herrschenden Grundstücks oder dem persönlich Berechtigten besteht, ist inzwischen allgemein anerkannt, ohne dass ein besonderes Interesse nachgewiesen werden müsste.[67]

2. Subjektiv-persönliche Reallast (*)

§ 1111 BGB Abs. 1: 351

*Eine zugunsten einer bestimmten Person bestehende Reallast kann **nicht** mit dem Eigentum an einem **Grundstück verbunden** werden.*

a) Allgemein (*)

Der Berechtigte der subjektiv-persönlichen Reallast zeigt genauso wie bei der beschränkt persönlichen Dienstbarkeit den **personalen Bezug** dieses Rechts. Berechtigter der subjektiv-persönlichen Reallast kann eine zunächst **juristische oder natürliche Person** oder **eine rechtsfähige Personengesellschaft** sein. Für die aus Personen bestehende rechtsfähige Gemeinschaft der Wohnungseigentümer ist ihre Berechtigteneigenschaft bisher nur für die beschränkt persönliche Dienstbarkeit von der Rechtsprechung ausdrücklich festgestellt worden.[68] Allerdings ist kein Grund ersichtlich, warum sie bei der subjektiv-persönlichen Reallast anders behandelt werden sollte, da es um eine Gemeinschaft handelt, die Rechte und Pflichten erwerben kann. 352

Ähnliches gilt für sonstige grundbuchfähige Personenvereinigungen, wie z.B. politische Parteien, mit dem Unterschied, dass für diese in Einzelfällen die Eigenschaft als Berechtigter eines Nießbrauchs bereits in der Rechtsprechung bejaht wurde.[69]

Lerntipp!

Faustformel: Der Berechtigte einer **subjektiv-persönlichen Reallast** ist eine **Person** oder **eine Mehrzahl von Personen.**

b) Natürliche und juristische Person, Personengesellschaft, Wohnungseigentümergemeinschaft und sonstige grundbuchfähige Personenvereinigungen als Berechtigter (*)

Eine oder mehrere natürliche Personen können Berechtigter einer subjektiv-persönlichen Reallast sein. 353

Neben den natürlichen Personen können auch

- juristische Personen (z.B. die Aktiengesellschaft, die GmbH, die SE (= Europäische Gesellschaft, abgekürzt vom lateinischen „Societas Europaea“),
- rechtsfähige Personengesellschaften (z.B. die OHG, Kommanditgesellschaft, Partnerschaftsgesellschaft, EWIV),
- auch die rechtsfähige BGB-Gesellschaft,
- nach dem oben in Rdn 352 Erläuterten die Wohnungseigentümergemeinschaft und
- nach dem in Rdn 277 und 225 Erläuterten sonstige grundbuchfähige Personenvereinigungen (z.B. politische Parteien, Gewerkschaften)

Berechtigte einer subjektiv-persönlichen Reallast sein.

Im Übrigen gelten die Ausführungen zum Nießbrauch in Rdn 278 f. und 280, insbesondere hinsichtlich der Zulässigkeit des **Eigentümerrechts** für die Reallast entsprechend.

67 Grüneberg/*Herrler,* § 1105 Rn 3.
68 KG, ZWE 2016, 23 Tz 13.
69 OLG Zweibrücken, NJW-RR 2000, 749.

c) Mehrzahl von Berechtigten

354 **§ 1111 Abs. 2 BGB:**

Ist der Anspruch auf die einzelne Leistung nicht übertragbar, so kann das Recht nicht veräußert oder belastet werden.

Eine subjektiv-persönliche Reallast, deren Berechtigter eine näher bestimmte natürliche oder juristische Person oder Personenvereinigung ist, steht häufiger mehreren solchen personalen Berechtigten zu. Den rechtlichen Rahmen hierfür gibt **§ 47 GBO** vor (siehe hierzu auch die Ausführungen oben Rdn 98 ff. und 154 ff. zur Grunddienstbarkeit), nach dem bei einem Recht, das für mehrere gemeinschaftlich eingetragen werden soll, entweder die Anteile der Berechtigten in Bruchteilen angegeben werden oder das für die Gemeinschaft maßgebliche Rechtsverhältnis bezeichnet wird.

355 **Exkurs:**

Die Bestellung der subjektiv-persönlichen Reallast kann bei einer Mehrzahl von Berechtigten im Beteiligungsverhältnis der **Gesamtgläubigerschaft** nach § 428 BGB erfolgen (die Details der einzelnen Beteiligungsverhältnisse wurden bereits in Rdn 226 ff. bei der beschränkt persönlichen Dienstbarkeit dargestellt, insoweit wird hierauf verwiesen).

Ob es möglich ist, die subjektiv-persönliche Reallast zu **Bruchteilen** zu halten, ergibt sich aus der Ausgestaltung ihres Leistungsinhalts. Dieser kann unteilbar oder teilbar, übertragbar oder nicht übertragbar ausgestaltet werden. Dies ergibt sich aus § 1111 Abs. 2 BGB, der den Fall der Nichtübertragbarkeit regelt und damit den Schluss auf das Gegenteil zulässt („**Umkehrschluss**"). Die Teilbarkeit ergibt sich bei der subjektiv-persönlichen Reallast also nicht schon daraus, dass sie nach § 1106 BGB auch an einem Miteigentumsanteil lasten kann, da dies lediglich etwas über den Verwertungsgegenstand für den Fall der Nicht- oder Schlechterbringung der Leistung aussagt, aber nicht über die Leistung selbst, die ja gerade ohne Grundstücksbezug sein kann. Ist die subjektiv-persönliche Reallast jedoch **teilbar und übertragbar ausgestaltet**, so kann sie auch zu Bruchteilen für mehrere Berechtigte bestellt werden.[70]

Beispiel: Monatliche, unbefristete Geldzahlungsverpflichtung über 100 EUR. Der Zahlungsanspruch kann in kleinere Raten aufgeteilt oder an einen Dritten abgetreten werden.

Umgekehrt richtet es sich ebenfalls nach der Ausgestaltung des Leistungsinhalts der subjektiv-persönlichen Reallast, ob sie in **Mitgläubigerschaft** gemäß § 432 BGB gehalten werden kann. Ist der Leistungsinhalt als unteilbar ausgestaltet, was auch durch Vereinbarung im Innenverhältnis geschehen kann, so kann die subjektiv-persönliche Reallast auch nach § 432 BGB gehalten werden.[71]

Beispiel: Der Verpflichtete soll auf Anforderung regelmäßig Fahrdienste erbringen. Die Berechtigten des Rechts sind sich nicht recht grün und wollen sich gegenseitig nichts schenken. Es ist daher ausdrücklich vereinbart, dass der Verpflichtete die Fahrdienste nur erbringen muss und darf, indem er alle Berechtigten gemeinsam fährt. Zur Beförderung eines Berechtigten allein ist er nicht verpflichtet.

VIII. Übertragung des Rechts (*)

356 Die Frage der Übertragbarkeit des Rechts lässt sich bei der Reallast nicht einheitlich beantworten. Je nachdem, welche **Form** der Reallast vorliegt und welche **Ausgestaltung** des Leistungsinhalts der Reallast gewählt wurde, kann sie übertragbar oder nicht übertragbar sein.

70 *Schöner/Stöber*, Rn 1293.
71 *Schöner/Stöber*, Rn 1293.

Lerntipp!

Faustformel: Die **Reallast** entspricht in ihrer **Übertragbarkeit** dem dinglichen Recht, dem sie in ihrer **konkreten Ausgestaltung** angenähert ist. Gibt es kein entsprechendes Recht, ist sie übertragbar.

1. Subjektiv-dingliche Reallast (*)

§ 1110 BGB: 357

Eine zugunsten des jeweiligen Eigentümers eines Grundstücks bestehende Reallast kann nicht von dem Eigentum an diesem Grundstück getrennt werden.

Eine subjektiv-dingliche Reallast ist grundsätzlich **nicht selbstständig übertragbar**. Sie lastet am belasteten Grundstück und berechtigt das herrschende Grundstück als dessen Bestandteil nach § 96 BGB (siehe hierzu vorstehend Rdn 250).

Die Ausführungen zur Grunddienstbarkeit in Rdn 159 f. gelten entsprechend.

2. Subjektiv-persönliche Reallast (*)

§ 1111 Abs. 2 BGB: 358

*Ist der Anspruch auf die **einzelne Leistung** nicht übertragbar, so kann das Recht nicht veräußert oder belastet werden.*

Bei der subjektiv-persönlichen Reallast richtet sich die Frage der Übertragbarkeit nach der **konkreten Ausgestaltung**. Ist nach § 1111 Abs. 2 BGB die Einzelleistung nicht übertragbar, ist es das Recht auch nicht. Im Umkehrschluss kann das Recht also übertragbar sein, wenn die Einzelleistung übertragbar ist.

Beispiel: 359

Eine monatliche Zahlungsverpflichtung ist grundsätzlich übertragbar. Soll sie nur einem bestimmten Berechtigten zustehen, muss dies ausdrücklich zwischen den Beteiligten vereinbart werden.

Beispiel:

Ein in älteren Hofübergabeverträgen häufig vereinbarter Anspruch auf Wart und Pflege der Übergeber des Hofes durch den Übernehmer ist hingegen bereits seiner Natur nach als höchstpersönlich ausgestaltet, da die Pflege nur ganz bestimmten Personen zugutekommen soll.

Für die **notarielle Praxis** bedeutet das, dass bei der subjektiv-persönlichen Reallast immer 360
eine **Aussage in der Bestellungsurkunde** getroffen werden sollte, ob die vereinbarte Leistung lediglich dem Berechtigten allein („höchstpersönlich“) zustehen oder frei übertragbar und vererblich sein soll.

Ist die Leistung unübertragbar ausgestaltet, so ergibt sich im Zusammenspiel mit dem personalen Charakter der subjektiv-persönlichen Reallast, dass die Reallast mit dem Tod des Berechtigten (bzw. bei juristischen Personen deren Vollbeendigung) erlischt.

Im Falle der Unübertragbarkeit der Einzelleistung ergibt sich somit bei der subjektiv-persönlichen Reallast eine ähnliche Situation wie bei Nießbrauch (§ 1059 BGB) und beschränkt-persönlicher Dienstbarkeit (§ 1092 Abs. 1 S. 1 BGB). Insbesondere ist bei dieser Ausgestaltung eine Pfändbarkeit der Einzelleistungen, wenn sie persönlicher Natur sind,[72] ausgeschlossen. Ausnahmeregelungen wie § 1059a BGB für juristische Personen kennt die Reallast nicht.

72 Grüneberg/*Herrler*, § 1111 Rn 3.

IX. Beendigung des Rechts (*)

1. Allgemein (*)

361 Eine **Reallast** erlischt in den folgenden Fällen:

- Eintritt einer auflösenden Bedingung/Befristung (siehe hierzu bereits die Ausführungen oben in Rdn 317 zur Dauer des Rechts);
- „Löschung" bzw. Aufgabeerklärung durch den aktuellen jeweiligen Berechtigten (siehe hierzu bereits die Ausführungen in Rdn 165 ff. zur Grunddienstbarkeit; hierbei ist jedoch zu beachten, dass die Zustimmung nach § 876 S. 2 BGB natürlich nur bei der subjektiv-dinglichen Reallast erforderlich ist);
- (nur subjektiv-persönliche Reallast) Wegfall des Berechtigten;
- (nur subjektiv-persönliche Reallast) Ausschluss gemäß §§ 1112, 1104 BGB;
- Ablösung;
- Zwangsversteigerung:
  - Erlöschen aufgrund Zwangsversteigerung aus vorrangigem Recht (siehe hierzu bereits die Ausführungen in Rdn 106 ff., die für die Reallast genauso gelten),
  - Erlöschen aufgrund Zuschlags.

Zudem bestehen je nach Bundesland, jedoch nicht in Bayern, landesrechtliche Regelungen, die z.B. zeitliche Obergrenzen für Reallasten vorsehen oder bestimmte Gestaltungen nicht erlauben.[73]

362 **Exkurs:**

§ 27 S. 1 GBO: *„Eine Hypothek, eine Grundschuld oder eine Rentenschuld darf nur mit Zustimmung des Eigentümers des Grundstücks gelöscht werden."*

Für die Löschung von Verwertungsrechten wie Hypothek, Grundschuld und Rentenschuld sieht das Gesetz materiell-rechtlich die Mitwirkung des Eigentümers vor. Formell-rechtlich führt dies zu dem in § 27 S. 1 GBO festgehaltenen Erfordernis, das anders als die materiell-rechtliche Voraussetzung die formell-rechtliche **Zustimmung des Eigentümers** auch gegenüber dem Grundbuchamt nachgewiesen werden muss.

Wird somit die Löschungsbewilligung einer Grundschuld von der eingetragenen Bank angefordert, kann diese nicht mit dem formlosen, d.h. ohne Notarbesuch möglichen Antrag des Eigentümers nach § 13 GBO an das Grundbuchamt zur Löschung übermittelt werden. Der Eigentümer muss vielmehr auch die Eigentümerzustimmung nach § 27 GBO abgeben, die unterschriftsbeglaubigt sein muss und somit einen Notarbesuch erforderlich macht. Nach dem ausdrücklichen Wortlaut der Regelung in § 27 GBO gilt dies jedoch nicht für die Reallast, die dort nicht erwähnt wird. Zur Löschung einer Reallast ist somit keine zusätzliche Löschungszustimmung erforderlich.

2. Besonderheiten bei der subjektiv-persönlichen Reallast

363 Eine subjektiv-persönliche Reallast kann, anders als die subjektiv-dingliche Reallast auch durch **Wegfall des Berechtigten** erlöschen. Damit das eintritt, müssen die Einzelleistungen der subjektiv-persönlichen Reallast nicht übertragbar und nicht vererblich ausgestaltet sein. Dies ist z.B. der Fall, wenn das Recht durch Vereinbarung oder aus der Natur der Sache auf die Lebenszeit des Berechtigten beschränkt ist.

Im Übrigen ist auf die Ausführungen zur beschränkt persönlichen Dienstbarkeit in Rdn 235 ff. zu verweisen, die für die subjektiv-persönliche Reallast genauso gelten, insbesondere auch hinsichtlich der Anwendbarkeit von § 5 GBBerG für eine auf Lebenszeit beschränkte subjektiv-persönliche Reallast.

73 Eine Übersichtsdarstellung hierzu findet sich bei *Schöner/Stöber*, Rn 1318.

Zur Vertiefung: 364

§ 1112 BGB:

*Ist der Berechtigte unbekannt, so finden auf die Ausschließung seines Rechts die Vorschriften des **§ 1104 entsprechende Anwendung**.*

§ 1104 BGB:

*(1) Ist der **Berechtigte unbekannt**, so kann er im Wege des **Aufgebotsverfahrens** mit seinem Recht ausgeschlossen werden, wenn die in § 1170 für die Ausschließung eines Hypothekengläubigers bestimmten Voraussetzungen vorliegen. Mit der Rechtskraft des Ausschließungsbeschlusses erlischt das Vorkaufsrecht.*

*(2) Auf ein Vorkaufsrecht, das zugunsten **des jeweiligen Eigentümers eines Grundstücks** besteht, finden diese Vorschriften **keine Anwendung**.*

§ 1112 BGB erklärt für die Reallast § 1104 BGB aus dem Vorkaufsrecht für entsprechend anwendbar. Nach dieser Regelung kann eine subjektiv-persönliche Reallast durch Ausschluss des Berechtigten erlöschen, wenn dieser unbekannt ist. Nicht ausreichend für den Ausschluss des Berechtigten hingegen ist, wenn dieser zwar bekannt ist, sein Aufenthaltsort aber (um z.B. von ihm eine Löschungsbewilligung zu erlangen) unbekannt ist.

§ 1104 Abs. 2 BGB bestimmt, dass die Regelung nicht auf Rechte, die dem jeweiligen Eigentümer eines Grundstücks zustehen, anwendbar ist. Hieraus ergibt sich, dass nur die subjektiv-persönliche Reallast von der Ausschlussmöglichkeit eines unbekannten Berechtigten profitiert.

Diese Ergebnisse werden jedoch durch die Vorschrift des § 6 Abs. 1a und Abs. 3 GBBerG modifiziert:

§ 6 Abs. 1a GBBerG:

Soweit auf § 1170 des Bürgerlichen Gesetzbuchs verwiesen wird, ist diese Bestimmung auf die vor dem 3.10.1990 begründeten Rechte auch dann anzuwenden, wenn der Aufenthalt des Gläubigers unbekannt ist. § 1104 Abs. 2 des Bürgerlichen Gesetzbuchs findet auf die vor dem 3.10.1990 begründeten Vorkaufsrechte und Reallasten keine Anwendung.

§ 6 Abs. 3 GBBerG:

Diese Vorschrift gilt nur in dem in Artikel 3 des Einigungsvertrages genannten Gebiet. Sie kann im übrigen Bundesgebiet durch Rechtsverordnung der Landesregierung in Kraft gesetzt werden.

Nach § 6 Abs. 3 GBBerG handelt es sich bei den in § 6 GBBerG getroffenen Regelungen um solche, die nur im Beitrittsgebiet, d.h. in den „neuen Bundesländern" gelten. Allerdings gibt Satz 2 die Möglichkeit, dass die „alten Bundesländer" die Anwendbarkeit auch für ihren Bereich anordnen. Eine solche Anordnung haben Bayern, Berlin, Bremen, Nordrhein-Westfalen und Rheinland-Pfalz getroffen,[74] sodass auch dort die Regelungen des § 6 GBBerG Geltung beanspruchen.

Inhaltlich von Bedeutung sind § 6 Abs. 1a S. 1 und 2 GBBerG: Satz 1 erweitert die Möglichkeit, den Ausschluss zu beantragen für vor dem 3.10.1990 bestellte, bestimmte Rechte auf die Situation, in der nur der Aufenthalt unbekannt ist.

Satz 2 erklärt das Ausschlussverfahren auch für vor dem 3.10.1990 bestellte subjektiv-**dingliche** Reallasten für anwendbar.

Handelt es sich folglich um eine vor dem 3.10.1990 bestellte subjektiv-persönliche oder subjektiv-dingliche Reallast und ist der Berechtigte oder sein Aufenthalt unbekannt, kann der Eigentümer bei dem Amtsgericht, in dessen Bezirk das belastete Grundstück belegen ist, den Ausschluss des unbekannten/nicht auffindbaren Berechtigten beantragen.

Mit erfolgreichem Abschluss des Verfahrens erlischt das Recht im Grundbuch.

74 BeckOGK-BGB/*Omlor*, § 1104 Rn 3.1.

3. Erlöschen durch Ablösung

365 Das Erlöschen der Reallast durch Ablösung kann als **Inhalt der Reallast vereinbart** werden. Ohne Vereinbarung, die zumindest durch Bezugnahme auf die Eintragungsbewilligung Gegenstand der Eintragung im Grundbuch wurde, besteht grundsätzlich keine Ablösungsmöglichkeit. In einigen Bundesländern gibt es zudem eine **nach Landesrecht vorgesehene Ablösungsmöglichkeit**, nicht jedoch in Bayern.[75]

Eine Ablösung funktioniert so, dass die Reallast durch Zahlung einer bestimmten Summe an den Berechtigten zum Erlöschen gebracht werden kann.

4. Erlöschen aufgrund Zuschlags

366 Die Reallast als Verwertungsrecht kann nicht nur aufgrund Zwangsversteigerung aus anderen vorrangigen oder gleichrangigen Verwertungsrechten erlöschen, sondern gewährt auch selbst das Recht, die Zwangsversteigerung zu betreiben. Mit Vollzug der Zwangsversteigerung durch Zuschlag an den neuen Erwerber erlischt die Reallast (siehe hierzu die Ausführungen in Rdn 321).

C. Dingliches Vorkaufsrecht (*)

367 ▼

Muster 2.6: subjektiv-persönliches Vorkaufsrecht

Die Dachshundezüchtervereinigung „Krummes Bein“ e.V. mit Sitz in Teckelhausen, eingetragen im Vereinsregister des Amtsgerichts Teckelhausen, VR 9 (nachfolgend „Grundstückseigentümer“)

belastet den im Grundbuch des Amtsgerichts Teckelhausen, Blatt 25 vorgetragenen Grundbesitz der Gemarkung Teckelhausen, Flurstück-Nummer 18 (nachfolgend „Belastungsgegenstand“)

zugunsten von

Ahmed Unverstand, geb. am 4.5.1970 (nachfolgend „Berechtigter“)

wie folgt:

Der Grundstückseigentümer räumt dem Berechtigten das **nicht vererbliche und nicht übertragbare Vorkaufsrecht** (= *Festlegung zur Übertragbarkeit des Rechts, siehe* Rdn 450 ff.)

für den ersten **„echten“ Verkaufsfall** ein, d.h. für den Verkaufsfall durch den Grundstückseigentümer oder seine Sonderrechts- oder Gesamtrechtsnachfolger im Eigentum des Belastungsgegenstandes, bei welchem dem Berechtigten die Ausübung des Vorkaufsrechts erstmals rechtlich möglich ist (= *Vereinbarung eines Vorkaufsrechts für den ersten „echten Verkaufsfall“, siehe* Rdn 390 ff.).

Es wird **bewilligt und beantragt** (= *formell-rechtliche/grundbuchrechtliche Erklärungen, siehe* Rdn 415),

am Belastungsgegenstand ein **subjektiv-persönliches Vorkaufsrecht** (= *eindeutige Bezeichnung als subjektiv-dingliches oder subjektiv-persönliches Vorkaufsrecht, siehe* Rdn 417)

- für den Berechtigten mit vorstehendem Inhalt an nächstoffener Rangstelle einzutragen und
- bei dem Recht zu vermerken, dass zur **Löschung des Rechts im Grundbuch der Nachweis des Ablebens** des Berechtigten genügt (= *Festlegung einer Vorlöschungsklausel, siehe* Rdn 421 ff.).

Die Kosten der Eintragung trägt .

75 Bayern trifft zwar Regelungen in Art. 63 BayAGBGB, diese betreffen jedoch nur die als Inhalt der Reallast vereinbarte Ablösungsmöglichkeit und begründen keine weitere Ablösungsmöglichkeit nach bayerischem Landesrecht.

(Alternativ falls vorrangiges Verwertungsrecht: zusätzlich Hinweis wie im Muster zum Nießbrauch, siehe Rdn 238)

▲

I. Wie unterscheide ich diese Rechtsformen? (*)

Das Gesetz kennt mehrere Formen von Vorkaufsrechten: 368

- das **schuldrechtliche Vorkaufsrecht** (= ein Vorkaufsrecht, das nicht im Grundbuch eingetragen wird und ohne Absicherung im Grundbuch durch Vormerkung nur zwischen den Beteiligten Wirkungen entfaltet),
- das **dingliche Vorkaufsrecht**,
- das **gesetzliche Vorkaufsrecht** (z.B. Vorkaufsrechte aus dem Baugesetzbuch (BauGB) zugunsten der Gemeinde, die, obwohl sie nicht im Grundbuch eingetragen sind, bei jedem Grundstückskaufvertrag theoretisch greifen könnten).[76]

Ein **Recht in Abt. II** ist lediglich das **dingliche Vorkaufsrecht**, sodass sich die nachfolgende Darstellung hierauf beschränken wird. Das dingliche Vorkaufsrecht kennt genauso wie die Reallast eine **subjektiv-dingliche Variante** (Vorkaufsrecht zugunsten des jeweiligen Eigentümers eines herrschenden Grundstücks) und eine **subjektiv-persönliche Variante** (Vorkaufsrechts zugunsten einer Person oder Personenmehrheit).

Die Unterscheidung zu den anderen hier vorgestellten Rechten fällt bei dem Vorkaufsrecht denkbar einfach, da sein Inhalt sich von den Inhalten der anderen Rechte deutlich unterscheidet. Im Gegensatz zu den **Dienstbarkeiten** (Nießbrauch, beschränkt persönliche Dienstbarkeit und Grunddienstbarkeit) zielt das Vorkaufsrecht nicht auf die Duldung oder Unterlassung von bestimmten Nutzungen. Ebenso gewährt das Vorkaufsrecht keine beliebigen in Geldwert fassbaren wiederkehrenden Leistungen wie die **Reallast**. 369

Das **Vorkaufsrecht** erfüllt einen Zweck: Sein Inhaber hat das Recht, sollte der Belastungsgegenstand verkauft werden, in diesen Kaufvertrag unter Verdrängung des eigentlichen Käufers einzutreten.

II. Beteiligten wollen Vorkaufsrecht bestellen – was tun? (*)

Fallbeispiel: 370

Ein Ehepaar erscheint unangemeldet im Notariat und erklärt, dass sie ihren Nachbarn, der Familie Meier, einen Teil ihres Grundstücks verkaufen möchten, da sie die Familie Meier so gerne mögen und diese die Erweiterung dringend für die Haltung ihrer Schafherde benötigen. Der Verkauf ist ein Gefallen an die Familie Meier, an einen Dritten würden sie ihr Grundstück nie verkaufen. Daher ist das Ehepaar auch ängstlich, was passiert, sollte Familie Meier eines Tages beschließen, das Grundstück verkaufen zu wollen. Für diesen Fall hätten sie gerne die Möglichkeit, ihren Grundstücksteil zurückzukaufen. Der Familie Meier soll dabei kein Nachteil entstehen, d.h., es wäre auch in Ordnung, wenn das Ehepaar den Grundstücksteil zu den Konditionen zurückkaufen müsste, die die Familie Meier auch von einem Dritten bekommen würde. Diese Rückkaufsmöglichkeit sollte, wenn möglich, auch im Grundbuch abgesichert werden.

Das Ehepaar wünscht hierzu eine Beratung. Der Notar ist auf einem Auswärtstermin.

Ein Vorkaufsrecht kann als **dingliches Recht** ausgestaltet sein und ins Grundbuch eingetragen werden. Es ist dann von jedermann (Absolutheitsgrundsatz) zu beachten und gewährt dem jeweiligen Eigentümer eines herrschenden Grundstücks (**subjektiv-dingliches Vorkaufsrecht**) oder einer Person oder Personenmehrheit (**subjektiv-persönliches Vorkaufsrecht**) die Möglichkeit, im Falle eines Verkaufs den Kaufvertrag mit einem Dritten zu den gleichen Konditionen auf sich überzuleiten. 371

76 Siehe hierzu die Erläuterungen in *Falkner*, Kaufvertrag, § 2 Rn 255 ff., in derselben Ausbildungsreihe.

Hier wäre es also möglich, ein subjektiv-persönliches Vorkaufsrecht zugunsten des Ehepaares an dem Grundstücksteil, den sie der Familie Meier verkaufen möchten, zu bestellen. Das Vorkaufsrecht würde ihnen die Möglichkeit geben, den Grundstücksteil zu denselben Konditionen „zurückzukaufen" wenn die Familie Meier an einen Dritten verkaufen würde. Ein Vorkaufsrecht wäre somit grundsätzlich geeignet.

372 Folgende Schritte sollten Sie in dieser Situation durchlaufen:

- **Gedankliche Vorüberlegung: Ist eine einseitige Besprechung in Ordnung?** Der Notar ist **unabhängig und neutral** und sollte daher, um eine gleichberechtigte Beratung der Beteiligten sicherzustellen, in der Regel auf eine **gemeinsame Besprechung** mit allen Beteiligten (Berechtigten und Verpflichteten eines Rechts) hinwirken. Auch beim Vorkaufsrecht empfiehlt sich eine Besprechung mit beiden Seiten, da so verschiedene Punkte wie **Übertragbarkeit, Vererblichkeit, Häufigkeit der Ausübbarkeit** am besten mit beiden Seiten gleichzeitig besprochen werden. Zudem können das grundsätzliche Funktionieren eines Vorkaufsrechts erklärt und Missverständnisse ausgeräumt werden. Viele Beteiligte denken z.B., ein Vorkaufsrecht funktioniere wie ein Erwerbs- oder Ankaufsrecht (zum Begriff unten Rdn 374) und gebe eine einseitige Möglichkeit zum Ankauf (was nicht der Fall ist).
  Im Fall des Ehepaars ist eine gemeinsame Besprechung also vorzuziehen. Bevor Sie dies jedoch den Beteiligten kommunizieren, ziehen Sie Ihren Notar oder einen erfahrenen Mitarbeiter hinzu und besprechen Sie das weitere Vorgehen mit diesen. Sind diese mit Ihren Überlegungen einverstanden, können Sie mit den **Beteiligten einen neuen Termin zur Besprechung** unter Anwesenheit auch der Verpflichteten des Vorkaufsrechts vereinbaren.
  Die nachfolgenden Ausführungen gehen im Übrigen von der Annahme aus, dass der Besprechungstermin unter gemeinschaftlicher Anwesenheit aller Beteiligter stattfindet.
- **Notar oder erfahrenen Mitarbeiter hinzuziehen** (siehe hierzu die Ausführungen in Rdn 18).
- **Unterlagen vorbereiten:** Zur Vorbereitung der Besprechung ist eine **Grundbucheinsicht** vorzunehmen. Handelt es sich um ein **subjektiv-dingliches Vorkaufsrecht**, ist es sinnvoll, sowohl das Grundbuch des Belastungsgegenstandes als auch des herrschenden Grundstücks einzusehen, um die Eintragungen am Belastungsgegenstand beurteilen zu können, in der Besprechung Aussagen zum Rangverhältnis am Belastungsgegenstand machen zu können und um Verwechslungen hinsichtlich des herrschenden Grundstücks auszuschließen. Bei der Bestellung eines **subjektiv-persönlichen** Vorkaufsrechts reicht die Einsicht in das Grundbuch des Belastungsgegenstandes, da Berechtigter ja eine Person und kein Grundstück ist. Die Vorlage eines **amtlichen Lageplans** ist in der Regel nicht erforderlich, da ein **Vorkaufsrecht** nicht wie eine Dienstbarkeit einen örtlich beschränkten Ausübungsbereich hat und auch nicht gemäß § 7 Abs. 2 GBO an einem Grundstücksteil, der nicht abgeschrieben wird, lasten kann. In Ausnahmefällen sind Regelungen denkbar, in denen ein Vorkaufsrecht am gesamten Grundstück den Anspruch auf Übertragung einer noch zu bildenden Teilfläche gibt;[77] nur in diesen Ausnahmefällen wäre ein Lageplan beizufügen.
- **Gewünschtes Recht erfragen:** Den Beteiligten ist der Begriff „Vorkaufsrecht" zwar in der Regel geläufig, häufig verstehen sie ihn jedoch anders als das, was das Gesetz ihm als Funktion beilegt. Im Gespräch ist daher zu erfragen, welches Recht die Beteiligten tatsächlich wünschen. Hierzu werden die in diesem Buch jeweils unter „*Wie unterscheide ich dieses Recht?*" oder „*Allgemein*" dargestellten Abgrenzungskriterien abgefragt:
  - Regelung nur für den **Verkaufsfall** (Vorkaufsrecht) oder auch für den **Schenkungsfall** (gesondert zu vereinbarendes schuldrechtliches Erwerbs- oder Ankaufsrecht, ggf. auch Rückforderungsrecht, falls die Immobilie ursprünglich vom Berechtigten übergeben wurde)?
  - Kauf des Grundstücks **unabhängig von einem tatsächlichen Verkauf gewünscht** (gesondert zu vereinbarendes schuldrechtliches Erwerbs- oder Ankaufsrecht) oder nur **bei einem tatsächlichen Verkauf** (Vorkaufsrecht)?

77 Grüneberg/*Herrler*, § 1094 Rn 2.

  - Soll **der jeweilige Eigentümer berechtigt** sein (subjektiv-dingliches Vorkaufsrecht) oder soll nur **eine bestimmte Person** berechtigt sein (subjektiv-persönliches Vorkaufsrecht)?

- **Genauen Inhalt des Rechts erfragen:** Beim **Vorkaufsrecht** ist der **Rechtsinhalt grundsätzlich immer gleich**, da es stets die Möglichkeit gewährt, im Verkaufsfall den Kaufvertrag zu den gleichen Konditionen auf den Vorkaufsberechtigten überzuleiten. Trotzdem bietet auch das Vorkaufsrecht **Nebenpunkte**, in denen eine unterschiedliche Gestaltung möglich ist. Um Anhaltspunkte für die Ausgestaltung zu gewinnen, ist es stets empfehlenswert, die Beteiligten berichten zu lassen, wie sie sich das Rechtsverhältnis vorstellen. Wichtige Punkte, die, falls sie die Beteiligten nicht selbst aufbringen, im Übrigen angesprochen werden sollten, sind:
  - Soll das Vorkaufsrecht nur **einmalig** oder **mehrfach** ausgeübt werden können (= Bestellung für den ersten oder mehrere Verkaufsfälle, siehe hierzu nachfolgend Rdn 390)?
  - (beim subjektiv-persönlichen Vorkaufsrecht): Soll das Vorkaufsrecht **übertragbar** oder **unübertragbar** ausgestaltet werden?

III. Inhalt des Vorkaufsrechts (*)

1. Allgemein (*)

§ 1094 BGB: 373

*(1) Ein Grundstück kann in der Weise belastet werden, dass derjenige, zu dessen Gunsten die Belastung erfolgt, dem **Eigentümer gegenüber** zum **Vorkauf berechtigt** ist.*

*(2) Das Vorkaufsrecht kann auch **zugunsten des jeweiligen Eigentümers eines anderen Grundstücks bestellt** werden.*

Das Vorkaufsrecht ermöglicht dem Vorkaufsberechtigten, ein Grundstück, wenn es an einen Dritten verkauft wird, zu denselben Konditionen zu kaufen. Das Vorkaufsrecht gibt dem Vorkaufsberechtigten also **nicht das Recht,** dem Vorkaufsverpflichteten **wann immer er möchte** das Grundstück abzukaufen (ein solches dingliches Recht kennt das Gesetz nicht; schuldrechtlich wäre es aber möglich zu vereinbaren, dass beim Eintritt bestimmter beliebiger Voraussetzungen, die also nicht der Verkauf durch den Verpflichteten sein müssen, der Berechtigte den belasteten Gegenstand kaufen darf – sog. Erwerbs- oder Ankaufsrecht). 374

Das Vorkaufsrecht greift nur, wenn der vorkaufsverpflichtete Eigentümer das Grundstück **sowieso verkauft**. In diesem Fall kann der Vorkaufsberechtigte den eigentlich beabsichtigten Käufer durch Ausübung des Vorkaufsrechts „zur Seite schieben" und selbst an seine Stelle treten. 375

> *Beispiel:*
>
> Horst Flusshofer gefällt schon ganz lange der Obstgarten seines Nachbarn Marc „El Marco" Suder. „El Marco" möchte den Obstgarten derzeit nicht verkaufen, sichert Horst Flusshofer aber zu, dass, wenn er den Obstgarten einmal verkauft, er gefragt würde. Die beiden sichern die Vereinbarung durch ein Vorkaufsrecht im Grundbuch ab. Nach einiger Zeit reut Herrn Suder die Vereinbarung, da Herr Flusshofer in letzter Zeit etwas unfreundlich zu ihm war und er nunmehr lieber an Frau Angelina Märklein statt an Herrn Flusshofer verkaufen möchte. Also bietet er statt „dem Flusshofer" Frau Märklein den Obstgarten zu guten Kondition zum Kauf an. Mithilfe seines Vorkaufsrechts kann nun Herr Flusshofer Frau Märklein beiseiteschieben und selbst den Obstgarten zu denselben guten Konditionen, die Herr Suder mit Frau Märklein im Kaufvertrag niedergeschrieben hat, kaufen.

376 Das Vorkaufsrecht kennt, wie bereits oben dargestellt, zwei Varianten:

- das **subjektiv-dingliche Vorkaufsrecht**, welches wie die Grunddienstbarkeit oder die subjektiv-dingliche Reallast dem jeweiligen Eigentümer eines herrschenden Grundstücks zusteht (§ 1094 Abs. 2 BGB) und
- das **subjektiv-persönliche Vorkaufsrecht**, welches, wie Nießbrauch, beschränkt-persönliche Dienstbarkeit oder subjektiv-persönliche Reallast einer Person oder Personenmehrheit zusteht (sog. personaler Bezug).

2. Wirksamer Grundstückskaufvertrag mit einem Dritten (*)

a) Grundsatz (*)

377 Ein Vorkaufsrecht gibt dann die Möglichkeit zum Vorkauf, wenn der Verpflichtete des Vorkaufsrechts (= Vorkaufsverpflichteter) **nach Entstehung des Vorkaufsrechts** einen wirksamen Kaufvertrag mit einem Dritten abschließt und keine Ausnahme greift („**Vorkaufsfall**"). Die wesentlichen Merkmale eines Kaufvertrages sind in § 433 BGB festgehalten:

§ 433 BGB:

(1) Durch den Kaufvertrag wird der Verkäufer einer Sache verpflichtet, dem Käufer die ***Sache zu übergeben*** *und das* ***Eigentum an der Sache zu verschaffen****. Der Verkäufer hat dem Käufer die Sache* ***frei von Sach- und Rechtsmängeln*** *zu verschaffen.*

(2) Der Käufer ist verpflichtet, dem Verkäufer den ***vereinbarten Kaufpreis*** *zu zahlen und die gekaufte Sache* ***abzunehmen****.*

Ein Kaufvertrag ist also gekennzeichnet durch

- **Käufer** und **Verkäufer**,
- Verpflichtung zur **Übergabe und Übereignung** einer **mangelfreien Sache** (= Kaufgegenstand),
- Verpflichtung zur **Zahlung des Kaufpreises** als Gegenleistung,
- Verpflichtung zur **Abnahme der Sache**.

378 Damit das **grundstücksbezogene Vorkaufsrecht** ausgelöst wird, muss der Kaufgegenstand auch das Grundstück (oder ein Teil von diesem) sein, das mit dem Vorkaufsrecht belastet ist. Das Gleiche gilt für die weiteren tauglichen Belastungsgegenstände (siehe hierzu nachfolgend Rdn 431 ff.): Der Kaufvertrag muss auch bei diesen den jeweiligen Belastungsgegenstand als Kaufgegenstand enthalten. Andere Vereinbarungen lösen das Vorkaufsrecht hingegen nicht aus, selbst wenn es im Grundbuch eingetragen ist.

> *Beispiel:*
>
> Wird das Grundstück nicht an einen Dritten verkauft, sondern an diesen ohne Zahlung eines Kaufpreises verschenkt („Überlassung", siehe hierzu sogleich in Rdn 379), greift das an dem Grundstück im Grundbuch eingetragene Vorkaufsrecht nicht.

379 Ausnahmsweise können **Überlassungen** doch ein Vorkaufsrecht auslösen, wenn sie nach ihrem Gesamtcharakter lediglich als **Umgehungsgeschäft** beabsichtigt sind. Ein erstes Indiz hierfür kann sich aus sehr hohen Gegenleistungen ergeben.

> *Praxistipp:*
>
> Rechtlich unterscheidet man Schenkungen (= der Schenker schenkt dem Beschenkten einen Schenkungsgegenstand ohne Gegenleistungen) und gemischte Schenkungen (= der Schenker schenkt dem Beschenkten einen Schenkungsgegenstand und bekommt dafür eine gewisse Gegenleistung, die jedoch nicht dem Wert des Schenkungsgegenstandes entspricht wie ein Kaufpreis).
>
> In der notariellen Praxis ist diese Unterscheidung weniger von Bedeutung, sodass sich für diese Verträge der Oberbegriff „**Überlassungsvertrag**" eingebürgert hat.

Zur Vertiefung: 380

In manchen Fällen ist auf den ersten Blick nicht erkennbar, dass das Vorkaufsrecht nicht greift. So ist weder bei der **Auseinandersetzung einer Erbengemeinschaft** noch beim **Erbteilskauf** das Vorkaufsrecht bezüglich eines Grundstücks ausübbar.

- **Auseinandersetzung einer Erbengemeinschaft:**
  Eine Erbengemeinschaft entsteht immer dann, wenn eine Person verstirbt und von mehr als einer Person (das wäre dann der **Alleinerbe**) beerbt wird. In diesem Fall gehört der gesamte Nachlass, also alles, was einmal der verstorbenen Person gehört hat, den Miterben, d.h. mehreren Erben gemeinsam. Irgendwann möchten diese den Nachlass aufteilen, damit jeder seinen Anteil erhält. Dies erfolgt durch die Auseinandersetzung der Erbengemeinschaft. Da dort **nur verteilt wird, was einem jeden bereits zusteht**, liegt kein Kauf vor (bei dem der Käufer erhält, was ihm bisher noch nicht zugestanden hat, indem er einen Kaufpreis dafür zahlt). Ohne Kauf aber auch kein Vorkaufsrecht.
- **Erbteilskauf:**
  Beim Erbteilskauf verkauft einer der Miterben seinen Anteil an der Erbengemeinschaft an einen anderen. Im Nachlass, der der Erbengemeinschaft gehört, befindet sich neben vielen anderen Grundstücken ein Grundstück, das mit einem dinglichen Vorkaufsrecht belastet wird. In diesem Fall wird jedoch ein Kaufpreis für einen Erbteil gezahlt und **nicht für ein Grundstück**. Kaufgegenstand des Erbteilskaufes ist der Erbteil. Dieser Erbteil vermittelt dem Erbteilskäufer zwar eine Berechtigung am Nachlass, in dem sich unter anderem auch das vorkaufsrechtsbelastete Grundstück befindet, jedoch reicht das nicht aus, das Vorkaufsrecht auszulösen. Nur wenn direkt der Belastungsgegenstand oder ein Teil von ihm Kaufgegenstand ist, greift das dingliche Vorkaufsrecht.[78]

Lerntipp! 381

Faustformel: Ein tauglicher Kaufvertrag, der das Vorkaufsrecht auslösen kann, muss den **Belastungsgegenstand** zum **Kaufgegenstand** haben.

Nur ein **wirksamer Kaufvertrag** kann das dingliche Vorkaufsrecht auslösen. Unwirksamkeiten am Kaufvertrag, wie z.B. Nichtigkeit durch die Einhaltung der falschen Form, führen zur Unmöglichkeit der Ausübung des Vorkaufsrechts.

Beispiel:

Ein Grundstückskaufvertrag muss notariell beurkundet werden. Wird er schriftlich ohne Mitwirkung eines Notars geschlossen, ist er unwirksam. Ein solcher schriftlicher Vertrag könnte dann auch das Vorkaufsrecht nicht auslösen.

Der Kaufvertrag muss mit **einem Dritten** abgeschlossen werden, d.h. mit einer Person, die nicht Berechtigter oder Verpflichteter des Vorkaufsrechts ist. Ebenfalls kein Verkauf an einen Dritten ist nach der Rechtsprechung des BGH die Veräußerung an einen Miteigentümer oder Mitberechtigten bei grundstücksgleichen Rechten.[79]

b) Gesetzliche Ausnahmen (*)

§ 1098 Abs. 1 S. 1: 382

*Das Rechtsverhältnis zwischen dem Berechtigten und dem Verpflichteten bestimmt sich nach den **Vorschriften der §§ 463 bis 473**.*

Das Gesetz definiert für das schuldrechtliche Vorkaufsrecht (geregelt in §§ 463 ff. BGB) einige Ausnahmen von dem Grundsatz, dass ein wirksamer Grundstückskaufvertrag Voraussetzung für die Ausübung des Vorkaufsrechts ist. Diese finden nach § 1098 Abs. 1 S. 1 BGB auch auf das dingliche Vorkaufsrecht Anwendung.

78 Es kann in dieser Konstellation ein Vorkaufsrecht des Miterben geben, dieses bezieht sich aber auf den Erbteil und nicht den Gegenstand des dinglichen Vorkaufsrechts.

79 Grüneberg/*Weidenkaff*, § 463 Rn 7; BGH NJW 1954, 1035.

aa) § 470 BGB: Verkauf an gesetzliche Erben mit Rücksicht auf ein künftiges Erbrecht (*)

383 **§ 470 BGB:**

Das Vorkaufsrecht erstreckt sich ***im Zweifel*** *nicht auf einen Verkauf, der* ***mit Rücksicht auf ein künftiges Erbrecht*** *an einen* ***gesetzlichen Erben*** *erfolgt.*

Die Vorschrift des § 470 BGB nimmt für das schuldrechtliche Vorkaufsrecht einen eigentlich vorkaufsrechtstauglichen wirksamen Grundstückskaufvertrag vom Vorkaufsrecht aus, wenn mit Rücksicht auf ein künftiges Erbrecht an den gesetzlichen Erben verkauft wird. § 1098 Abs. 1 S. 1 BGB erklärt die Vorschrift für ebenfalls anwendbar auf das dingliche Vorkaufsrecht. Wichtig ist, dass die Regelung nur den gesetzlichen Erben erfasst. Dieses Erbrecht besteht kraft Heirat oder Verwandtschaft und ist daher gar nicht oder nicht ohne weiteres änderbar.

Ein testamentarischer Erbe kann hingegen jederzeit durch Testament bestimmt werden, sodass ein Vorkaufsrecht niemals mehr möglich wäre. Schließlich könnte ein Vorkaufsrechtsverpflichteter immer genau die Person, an die er gerade verkaufen will, kurzzeitig zum Erben benennen, an ihn verkaufen, und ihn dann wieder enterben.

384 Der Verkauf muss mit **Rücksicht auf ein gesetzliches Erbrecht** erfolgen. Das muss nicht das einzige Motiv sein, aber es muss auch entscheidungsleitend gewesen sein. Ferner ist es unschädlich, wenn neben dem gesetzlichen Erben noch sein Ehegatte mitkauft.[80]

Beispiel: Gesetzliche Erben

a) Bei einem Ehepaar mit zwei Kindern sind gesetzliche Erben des Vaters die Ehefrau und die Abkömmlinge in gerader Linie, d.h. in der Regel die Kinder.
b) Ist ein Kind bereits verstorben, hatte aber selbst wieder Kinder sind gesetzliche Erben des Vaters die Ehefrau und die Verwandten in gerader Linie, d.h. in diesem Fall das verbleibende Kind und die Enkel.
c) Bei einem Ehepaar ohne Kinder sind gesetzliche Erben des Ehemannes die Ehefrau und die Eltern des Ehemannes.
d) Sind die Eltern oder zumindest ein Elternteil bereits verstorben, treten an die Stelle des jeweiligen Elternteils ihre Abkömmlinge in gerader Linie, d.h. Geschwister des Ehemannes, Kinder der Geschwister des Ehemannes, Enkel der Geschwister des Ehemannes etc. Im Beispiel c) sind Erben des Ehemannes dann die Ehefrau und die Geschwister des Ehemannes.

Lerntipp!

Faustformel: Die gesetzliche Erbfolge folgt „Ordnungen" und innerhalb dieser **Familienstämmen**. Erben sind grundsätzlich die in **gerader Linie Abstammenden und** ein etwaiger **Ehegatte**. Innerhalb eines solchen Stammes (z.B. Erblasser – Tochter – Enkel – Urenkel) schließt die näher verwandte Ebene (z.B. Kinder), solange auch nur ein Mitglied dieser Ebene vorhanden ist, die ferner verwandte Ebene (z.B. Enkel) aus.

Sind keine in gerader Linie Abstammenden vorhanden, wechselt die Ordnung, indem die gerade Abstammungslinie um eine vermittelnde Geburt „in die Vergangenheit" beschritten wird und die Familienstämme ausgehend von den Eltern des Erblassers nach dem gleichen Prinzip neben einem etwaigen Ehegatten zur Erbfolge gelangen.

385 Die Vorschrift regelt eine **Zweifelsregelung**. Das bedeutet, dass, sollte das Vorkaufsrecht diesbezüglich **keine Klarstellung** enthalten, im Zweifel von der Nichtanwendbarkeit des Vorkaufsrechts auszugehen ist. Das problematische an Zweifelsregeln im Gesetz ist, dass sie die Möglichkeit offenlassen, dass es im konkreten Fall doch anders ist. Die notarielle Praxis dient aber der sog. **vorsorgenden Rechtspflege**. Das bedeutet, dass durch klare Regelungen bereits

80 Grüneberg/*Weidenkaff*, § 470 BGB Rn 1.

am Anfang eines Vertragsverhältnisses oder einer Rechtsbestellung langwierige und kostenträchtige Streitigkeiten am Ende vermieden werden sollen. Ziel einer vorsorgenden Rechtspflege sind also **klare und deutliche Regelungen**, was insbesondere die Klarstellung von Zweifelsregelungen umfasst.

> *Lerntipp!*
>
> Faustformel: Einhält das Gesetz Zweifelsregeln, sollte in der notariellen Urkunde eine Entscheidung für die eine oder die andere Möglichkeit der Zweifelsregel ausdrücklich getroffen werden.

bb) Verkauf im Wege der Zwangsvollstreckung oder aus der Insolvenzmasse

§ 471 BGB: 386

*Das Vorkaufsrecht ist **ausgeschlossen**, wenn der Verkauf im Wege der **Zwangsvollstreckung** oder aus einer **Insolvenzmasse** erfolgt.*

§ 471 BGB enthält eine gesetzliche Anordnung für das **schuldrechtliche Vorkaufsrecht**, dass im Falle der Zwangsvollstreckung und dem Verkauf aus der Insolvenzmasse, d.h. im Fall des Verkaufs durch den Insolvenzverwalter, ein Vorkaufsrecht ausgeschlossen ist. Während die Zwangsvollstreckung, da sie durch das Vollstreckungsgericht durchgeführt wird, für die notarielle Praxis in diesem Fall nicht weiter von Belang ist, fällt der Verkauf durch den Insolvenzverwalter wie jeder beurkundungspflichtige Grundstückskaufvertrag in die notarielle Zuständigkeit.

Die Regelung enthält anders als § 470 BGB keine Zweifelsregelung: Ein **schuldrechtliches** 387
Vorkaufsrecht kann somit beim Verkauf durch den Insolvenzverwalter nicht ausgeübt werden.

Die Vorschrift wird nach § 1098 Abs. 1 S. 1 BGB ebenfalls auf das dingliche Vorkaufsrecht für anwendbar erklärt, allerdings trifft § 1098 Abs. 1 S. 2 BGB eine für das **dingliche Vorkaufsrecht geltende Ausnahmeregelung**:

§ 1098 Abs. 1 S. 2 BGB:

*Das Vorkaufsrecht kann **auch dann ausgeübt** werden, wenn das Grundstück von dem **Insolvenzverwalter aus freier Hand** verkauft wird.*

Anders als beim schuldrechtlichen Vorkaufsrecht ist somit der **freihändige Verkauf** durch 388
den Insolvenzverwalter nicht vom Ausschluss umfasst. Ein „freihändiger Verkauf" bedeutet dabei den Verkauf des Grundstücks im üblichen notariellen Verfahren durch den Insolvenzverwalter; d.h., das Grundstück wird so verkauft, wie es sonst auch ein Grundstückseigentümer, der nicht von einem Insolvenzverfahren betroffen ist, verkaufen würde. Es handelt sich also um das Verfahren, bei dem der Notar eingebunden ist. Beim schuldrechtlichen Vorkaufsrecht verbietet § 471 BGB somit die Ausübung des Vorkaufsrechts bei einem freihändigen Verkauf durch den Insolvenzverwalter, beim dinglichen Vorkaufsrecht ist die Ausübung des Vorkaufsrechts in diesem Fall weiter erlaubt.

Ist den Beteiligten dieser Aspekt wichtig, ist ihnen je nach ihren Wünschen durch den Notar 389
oder einen qualifizierten Mitarbeiter ein dingliches oder ein schuldrechtliches Vorkaufsrecht vorzuschlagen. Letzteres kann ebenfalls im Grundbuch durch Eintragung einer Vormerkung abgesichert werden, da das schuldrechtliche Vorkaufsrecht dem Vorkaufsberechtigten den Anspruch auf Übertragung des Eigentums gewährt, welcher durch Vormerkung abgesichert werden kann.

Vom Verbot des § 471 BGB erfasst ist somit neben der Zwangsversteigerung nur die Versteigerung durch den Insolvenzverwalter. Beides sind Vorgänge, die die notarielle Praxis nicht weiter berühren.

3. Bestellung für einen oder mehrere Verkaufsfälle (*)

390 **§ 1097 BGB:**

Das Vorkaufsrecht beschränkt sich auf den Fall des Verkaufs durch den Eigentümer, welchem das Grundstück zur Zeit der Bestellung gehört, oder durch dessen Erben; es kann jedoch auch für mehrere oder für alle Verkaufsfälle bestellt werden.

Ein **Verkaufsfall** oder auch **Vorkaufsfall** ist die Situation, in der das Vorkaufsrecht ausgeübt werden könnte. Bei einem dinglichen Vorkaufsrecht ist das also der Abschluss eines wirksamen Kaufvertrages mit einer Person, die nicht Berechtigter oder Verpflichteter des Vorkaufsrechts ist, nachdem das Vorkaufsrecht in Abt. II des Grundbuchs eingetragen worden ist.

Nach der gesetzlichen Regelung beschränkt sich das Vorkaufsrecht auf den **ersten Verkaufsfall** durch den Eigentümer des Grundstücks im Zeitpunkt der Bestellung des Vorkaufsrechts oder seinen Erben. Bestellung für den ersten Verkaufsfall bedeutet, dass das Vorkaufsrecht grundsätzlich **beim ersten Verkauf nach Bestellung** des Vorkaufsrechts ausgeübt werden kann. Wird es nicht ausgeübt, gibt es **keine zweite Chance**, sondern das Vorkaufsrecht erlischt. Zudem muss der Verkauf durch den **Eigentümer bei Bestellung** oder seinen Erben erfolgen. Dies gibt die Möglichkeit zu Umgehungskonstellationen, da der Eigentümer, möchte er das Vorkaufsrecht nach der gesetzlichen Regelung aushebeln, das Grundstück unentgeltlich auf einen Verwandten (z.B. seinen Sohn) übertragen kann, der jedoch nicht mehr der Eigentümer bei Bestellung des Vorkaufsrechts ist und somit auch nicht mehr Vorkaufsrechtsverpflichteter. Ein für den ersten Verkaufsfall im Sinne des § 1097 BGB bestelltes Vorkaufsrecht würde auch in diesem Fall erlöschen, obwohl es nie ausgeübt werden konnte.

391 Ist ein Vorkaufsrecht für den ersten Verkaufsfall erloschen, so steht es trotzdem noch im Grundbuch und muss dort gelöscht werden. Das sollte durch **Unrichtigkeitsnachweis nach § 22 GBO** möglich sein, auch wenn ein Grundbuchamt dies im Einzelfall anders sehen könnte, da sich das Vorliegen eines Verkaufsfalles aus dem Grundbuch ergibt und durch öffentliche Urkunde (notariellen Kaufvertrag, Zuschlag in der Zwangsversteigerung u.Ä.) belegen lässt.[81]

392 Durch Vereinbarung in der Vorkaufsrechtsbestellungsurkunde kann ein Vorkaufsrecht jedoch auf **mehrere oder sogar alle Verkaufsfälle** ausgedehnt werden.

> *Praxistipps:*
>
> Wie in Rdn 382 ff. dargestellt, gibt es auch Fälle, in denen, obwohl ein Verkauf vorliegt, die Ausübung des Vorkaufsrechts ausgeschlossen ist. Zur Vermeidung der oben skizzierten Umgehungskonstellation ist es jedoch möglich, das Vorkaufsrecht für den **ersten richtigen Verkaufsfall** zu bestellen. Die Regelung in der Vorkaufsrechtsbestellungsurkunde muss erkennen lassen, dass in den Fällen, in denen ein Eigentumswechsel ohne Ausübungsmöglichkeit des Vorkaufsrechts (z.B. durch Schenkung) erfolgt, das Vorkaufsrecht ausnahmsweise bestehen bleibt.
>
> Ähnliches kann man für die in Rdn 382 ff. dargestellten gesetzlichen Ausnahmen vereinbaren. Denn auch in diesen Fällen ist die Ausübung des Vorkaufsrechts ausgeschlossen, obwohl sogar ein Verkauf vorliegt. Ein Vorkaufsrecht nur für den ersten Verkaufsfall könnte in einem solchen Fall beim ersten Verkauf gar nicht ausgeübt werden und würde auch in diesem Fall grundsätzlich erlöschen.[82]
>
> Sollen diese Fälle auch erfasst werden, muss die Vereinbarung des Vorkaufsrechts für den ersten richtigen Verkaufsfall erkennen lassen, dass, wenn das Vorkaufsrecht ausnahmsweise nicht im ersten Verkaufsfall ausgeübt werden kann (z.B. aufgrund eines gesetzlichen

81 *Schöner/Stöber*, Rn 1432a.
82 *Schöner/Stöber*, Rn 1437.

Verbots), auch eine Ausübung zu dem späteren Verkaufsfall möglich ist, zu dem es erstmalig ausgeübt werden kann.

Zur Vertiefung: 393

Bei der Überlegung, ob ein Recht für den ersten, für mehrere oder alle Vorkaufsfälle bestellt werden sollte, ist stets zu bedenken, welche **einschneidende Wirkung** ein Vorkaufsrecht für mehrere oder sogar alle Vorkaufsfälle hat. Mehreren Eigentümern wird dadurch die Möglichkeit genommen zu entscheiden, an wen sie verkaufen. Bei einem Vorkaufsrecht für alle Verkaufsfälle entfällt diese Möglichkeit sogar dauerhaft. Die Verkaufsfähigkeit des Grundstücks leidet unter dieser Beschränkung, da kein Käufer gerne Unsicherheit hat, ob er denn tatsächlich Eigentümer werden wird oder ob ein anderer aufgrund des Vorkaufsrechts an seine Stelle tritt. Diese Ungewissheit führt dazu, dass sich ein Käufer eher einmal gegen ein vorkaufsrechtsbelastetes Objekt zugunsten eines sichereren Objekts entscheiden wird.

Praxistipp:

Entscheidet sich ein Käufer doch für den Erwerb eines Grundstücks, das mit einem Vorkaufsrecht belastet ist, so wird im Rahmen der Kaufvertragsgestaltung durch den Notar das Risiko für ihn minimiert. Die Nichtausübung des Vorkaufsrechts wird als Fälligkeitsvoraussetzung in den Kaufvertrag aufgenommen. Das bedeutet, dass der Käufer erst den Kaufpreis bezahlen muss („*der Kaufpreis erst fällig wird*") wenn u.a. klar ist, dass das Vorkaufsrecht nicht ausgeübt wird.[83]

4. Örtlicher Ausübungsbereich (*)

Grundsätzlich ist die Bestimmung eines örtlichen oder inhaltlichen Ausübungsbereichs auch beim Vorkaufsrecht denkbar, wenn auch nicht so gebräuchlich wie bei den Dienstbarkeiten. Ein Vorkaufsrecht kann so bestellt werden, dass es nur an einer **noch abzuschreibenden Teilfläche** oder an einem **noch zu bildenden Miteigentumsanteil** ausübbar ist.[84] Das bedeutet, dass das Vorkaufsrecht nur dann greift, wenn z.B. genau diese Teilfläche (oder ein Teil von ihr) verkauft wird, nicht jedoch beim Verkauf anderer Flächen des Belastungsgegenstandes. Voraussetzung ist jedoch, dass die betroffene Fläche oder der betroffene Miteigentumsanteil hinreichend **bestimmt oder bestimmbar** ist. Die Beifügung eines amtlichen Lageplans mit Einzeichnung des Ausübungsbereichs ist somit sehr empfehlenswert. 394

Kein Fall eines „örtlichen Ausübungsbereichs" ist, wenn **nur ein Teil des Belastungsgegenstandes** verkauft wird. In diesem Fall kann das Vorkaufsrecht für diese Teilfläche ausgeübt werden (und würde insoweit erlöschen, falls es nur für den ersten Verkaufsfall bestellt wäre), am restlichen, nicht verkauften Belastungsgegenstand würde es aber weiterbestehen.[85] Das weiterbestehende Vorkaufsrecht an der restlichen Fläche könnte dann bei einem anderen Verkaufsfall zu einem späteren Zeitpunkt ausgeübt werden. In diesem Fall unterliegt also weiterhin der gesamte Belastungsgegenstand dem Ausübungsbereich des Vorkaufsrechts, welches lediglich **Stück für Stück ausgeübt** wird. 395

Im Übrigen gelten die Ausführungen zur Dienstbarkeit in Rdn 30 ff., 34 und 35 entsprechend. Soll der Belastungsgegenstand nach § 7 GBO „zugeschnitten" werden (zum Begriff und Verfahren, siehe oben Rdn 36 ff.), ist zu beachten, dass § 7 Abs. 2 GBO nicht auf das Vorkaufsrecht anwendbar ist.

83 Genaueres hierzu *Falkner*, Kaufvertrag, § 2 Rn 255 ff.

84 Grüneberg/*Herrler*, § 1094 Rn 2; BGH NJW 2014, 3024.

85 Grüneberg/*Weidenkaff*, § 463 Rn 12.

5. Umfang des Vorkaufsrechts, § 1096 BGB (= „sachlicher Ausübungsbereich")

396 **§ 1096 BGB:**

*Das Vorkaufsrecht kann auf das **Zubehör erstreckt** werden, das mit dem Grundstück verkauft wird. Im Zweifel ist anzunehmen, dass sich das Vorkaufsrecht auf dieses Zubehör erstrecken soll.*

Nach der Regelung des § 1096 BGB umfasst der Ausübungsbereich des Vorkaufsrechts im **Zweifelsfall**, d.h. in der Regel, das **Zubehör** (zum Begriff des Zubehörs siehe oben Rdn 250). Das entspricht der Regelung in § 311c BGB, nach der sich auch ein Kaufvertrag in der Regel auf das Zubehör der Kaufsache erstreckt, und stellt somit einen Gleichlauf zwischen Vorkaufsrechts- und Kaufvertragsumfang her.

397 Selbstverständlich sollte entsprechend dem vorstehend in Rdn 383 ff. Ausgeführten auch hier nicht die Zweifelsregelung ohne weitere Regelung angewendet, sondern in der Vorkaufsrechtsbestellungsurkunde eine Entscheidung **für oder gegen die Erstreckung** auf das Zubehör getroffen werden. Aufgrund der Parallelität zum Kaufvertrag sollte in der überwiegenden Mehrzahl der Fälle eine Erstreckung auf das Zubehör geregelt werden.

6. Dauer des Rechts: Bedingung – Befristung (*)

398 Ein Vorkaufsrecht kann unter einer aufschiebenden oder auflösenden Bedingung oder Befristung bestellt werden.[86] Bei einer Bestellung unter einer **aufschiebenden Bedingung/Befristung** ist das Recht als bedingtes/befristetes Recht im Grundbuch eingetragen und somit bestellt. Seine Rechtswirkungen, d.h. die Möglichkeit zur Ausübung des Vorkaufsrechts entfaltet es aber erst mit Eintritt der aufschiebenden Bedingung/Befristung.

Bei Bestellung unter einer **auflösenden Bedingung/Befristung** erlischt das Recht und somit auch die Möglichkeit zur Verdrängung eines potenziellen Käufers durch Ausübung des Vorkaufsrechts mit dem Eintritt der auflösenden Bedingung/Befristung.

Im Übrigen ist auf die Ausführungen in Rdn 54 ff. zu verweisen, die hier entsprechend gelten.

IV. Ausübung des Vorkaufsrechts

1. Wie hat die Ausübung zu erfolgen?

399 **§ 464 Abs. 1 BGB:**

*Die Ausübung des Vorkaufsrechts erfolgt durch **Erklärung gegenüber dem Verpflichteten**. Die Erklärung bedarf nicht der für den **Kaufvertrag bestimmten Form**.*

§ 469 BGB:

*(1) Der Verpflichtete hat dem Vorkaufsberechtigten den **Inhalt** des mit dem **Dritten geschlossenen Vertrags** unverzüglich **mitzuteilen**. Die Mitteilung des Verpflichteten wird durch die Mitteilung des Dritten ersetzt.*

*(2) Das Vorkaufsrecht kann bei Grundstücken nur bis zum **Ablauf von zwei Monaten** (…) nach dem Empfang der Mitteilung ausgeübt werden. (…)*

400 Ein im Grundbuch eingetragenes dingliches Vorkaufsrecht kann ausgeübt werden, wenn nach seiner Bestellung ein wirksamer Kaufvertrag mit einem Dritten geschlossen wird, keine Ausnahme greift und noch nicht all die Verkaufsfälle, für die das Vorkaufsrecht bestellt ist, erschöpft sind.

§§ 464 ff. BGB regeln die **Modalitäten der Ausübung** für das **schuldrechtliche Vorkaufsrecht.** Die Vorschriften sind gemäß § 1098 Abs. 1 S. 1 BGB ebenfalls auf das **dingliche Vorkaufsrecht** anwendbar.

86 Grüneberg/*Herrler*, § 1094 Rn 5.

Zur Ausübung muss der Berechtigte die Ausübung gegenüber dem Verpflichteten erklären, wobei er nicht die Form des Kaufvertrags einhalten muss. Das bedeutet, dass, obwohl ein Grundstückskaufvertrag nur durch notarielle Beurkundung wirksam geschlossen werden kann, die Ausübung des Vorkaufsrechts auch durch eine **nicht-notarielle Erklärung** erfolgen kann. Aus Beweiszwecken ist eine zumindest schriftliche Ausübung zu empfehlen. 401

Beispiel:

Privatschriftlicher Brief des Berechtigten an den Verpflichteten, in dem er die Ausübung des Vorkaufsrechts erklärt.

Bei **mehreren Berechtigten** regeln §§ 1098 Abs. 1 S. 1, 472 BGB die Ausübung: 402

§ 472 BGB:

Steht das Vorkaufsrecht mehreren gemeinschaftlich zu, so kann es nur im Ganzen ausgeübt werden. Ist es für einen der Berechtigten erloschen oder übt einer von ihnen sein Recht nicht aus, so sind die ***übrigen berechtigt****, das Vorkaufsrecht* ***im Ganzen auszuüben****.*

Ein jeder der mehreren Berechtigten kann **das ganze Vorkaufsrecht** ausüben. Ob die einheitliche Ausübung dann bedeutet, dass nur der ausübende Berechtigte in den (ganzen) Kaufvertrag anstelle des Käufers eintritt,[87] oder ob neben dem ausübenden Berechtigten automatisch auch die nicht-ausübenden ebenfalls Berechtigten in den (ganzen) Kaufvertrag eintreten dürfen/müssen, entscheidet das **Berechtigungsverhältnis** (siehe hierzu unten Rdn 445 ff.)

Sollte das Vorkaufsrecht den Verpflichteten stören, könnte dieser sich überlegen, den Kaufvertrag heimlich so abzuschließen, dass der Berechtigte nichts davon erfährt. Frei nach der Überlegung: Wer nichts weiß, kann auch sein Recht nicht ausüben. 403

Hierfür hat das Gesetz in den §§ 1098 Abs. 1 S. 1, 496 BGB Vorkehrungen geschaffen: Der Verpflichtete muss den Berechtigten unverzüglich über den Inhalt des mit dem Dritten geschlossenen Kaufvertrags informieren. Gleichermaßen kann der Dritte diese Information vornehmen. Das **Informationsrecht** hat große Bedeutung für den Vorkaufsberechtigten, schließlich kommt bei Ausübung des Vorkaufsrechts ein Vertrag mit den gleichen Konditionen zustande. Durch die Mitteilung des Inhalts des Vertrages erfährt der Berechtigte somit nicht nur, dass ein Verkaufsfall vorliegt, sondern auch, zu welchen Bedingungen.

An diesem Ziel muss sich auch der Umfang der Informationspflicht messen lassen: Dem Berechtigten ist immer so viel mitzuteilen, wie erforderlich ist, damit er innerhalb der Ausübungsfrist eine informierte Entscheidung über die Ausübung des Vorkaufsrechts treffen kann.[88] In der notariellen Praxis erfolgt dies in der Regel im Rahmen der Kaufvertragsabwicklung durch **förmliche Zustellung einer Abschrift der Kaufvertragsurkunde** an den Vorkaufsrechtsberechtigten. Die förmliche Zustellung mithilfe des Gerichtsvollziehers hat den Vorteil, dass der Zugang der Kaufvertragsurkunde und somit der Beginn der Ausübungsfrist zweifelsfrei feststeht.

Damit Verpflichteter und Dritter nicht endlos im Ungewissen über die Frage verbleiben müssen, ob der Vorkaufsberechtigte nun das Vorkaufsrecht ausübt oder nicht, regeln die §§ 1098 Abs. 1 S. 1, 469 Abs. 2 S. 1 BGB eine **Frist zur Ausübung**, die bei Grundstücken zwei Monate ab der Mitteilung beträgt. Erfolgt also keine Mitteilung, beginnt die Frist nicht zu laufen, genauso bei nicht ausreichender Mitteilung. 404

Die Frist kann durch abweichende Vereinbarung in der Vorkaufsrechtsbestellungsurkunde verlängert oder verkürzt werden.

87 Dieses Beispiel ist lediglich aus Verdeutlichungsgründen gewählt, da die neuere Rechtsprechung des BGH das Berechtigungsverhältnis als Gesamtgläubiger nach § 428 BGB, das diese Möglichkeit gewährt hätte, für das Vorkaufsrecht als unzulässig abgelehnt hat; BGH MittBayNot 2018, 30.

88 Grüneberg/*Weidenkaff*, § 469 Rn 2 m.w.N.

2. Was sind die Folgen der Ausübung? (*)

a) Kaufvertrag zwischen Verpflichtetem und Berechtigtem (*)

405 **§ 464 Abs. 2 BGB:**

*Mit der Ausübung des Vorkaufsrechts kommt der **Kauf** zwischen dem **Berechtigten und dem Verpflichteten** unter den **Bestimmungen zustande**, welche der **Verpflichtete mit dem Dritten** vereinbart hat.*

Mit Ausübung des Vorkaufsrechts tritt der Berechtigte an die Stelle des Dritten und wird Käufer in einem Kaufvertrag, der die gleichen Konditionen hat, wie der Kaufvertrag mit dem Dritten. Bei **mehreren Vorkaufsberechtigten** wird der Grundbesitz **grundsätzlich zu Miteigentum** zu gleichen Bruchteilen erworben, es sei denn, es ist bei Bestellung eine anderweitige Regelung getroffen, wie z.B. der Erwerb zur Gütergemeinschaft oder zu ungleichen Bruchteilen.[89]

406 **Exkurs:**

Beim Vorkaufsrecht ist bei einer **Mehrheit von Berechtigten** genau zu unterscheiden:

- Das **Berechtigungsverhältnis**, in dem das **Vorkaufsrecht gehalten** wird: Dieses regelt, wie und an wen die Leistung an die Vorkaufsberechtigten zu erfolgen hat (Hat der Vorkaufsverpflichtete seiner Verpflichtung Genüge getan, wenn er irgendeinem der Vorkaufsberechtigten das ganze Eigentum verschafft oder muss er es ihnen anteilig verschaffen?);
- das **Berechtigungsverhältnis**, in dem das **Vorkaufsrecht ausgeübt** wird: Dieses regelt, wer alles die Ausübung des Vorkaufsrechts erklären muss, damit das Vorkaufsrecht im Ganzen wirksam ausgeübt werden kann;
- das **Berechtigungsverhältnis**, in dem das Eigentum **nach Ausübung des Vorkaufsrechts** erworben wird: Dieses regelt, in welchem Verhältnis die Mehrheit der Berechtigten bei erfolgreicher Ausübung des Vorkaufsrechts und nach Abwicklung des Kaufgegenstandes Eigentümer des Belastungsgegenstandes werden. Das Erwerbsverhältnis kann in der Vorkaufsrechtsbestellungsurkunde geregelt werden. Ist nichts geregelt, erwerben sie zum Miteigentum zu gleichen Bruchteilen.

Durch die Ausübung des Vorkaufsrechts kommt automatisch ein schuldrechtlicher Vertrag zustande. Um jedoch den Übergang des Eigentums zu bewirken, muss neben dem schuldrechtlichen Vertrag auch auf **sachenrechtlicher Ebene** die **Übereignung** des Grundstücks vorgenommen werden. Diese Erklärung (die „Auflassung“) ist trotz Ausübung des Vorkaufsrechts zu notarieller Urkunde abzugeben, wozu der Verpflichtete selbstverständlich mitwirken muss (und im Fall der Nichtmitwirkung verklagt werden kann, mit dem Ziel, dass das Urteil die Mitwirkung des Verpflichteten ersetzt und somit erzwingt).

Häufig wird zudem in der Kaufvertragsurkunde eine **sofortige Zwangsvollstreckungsunterwerfung** (siehe hierzu Rdn 333 ff.) des Käufers hinsichtlich der Kaufpreiszahlung vorgenommen, um dem Verkäufer die Möglichkeit zu verschaffen, bei Nichtzahlung des Kaufpreises schnell anderweitige Wertgegenstände zu erhalten. Diese sofortige Zwangsvollstreckungsunterwerfung geht ebenfalls nicht automatisch auf die Vorkaufsberechtigten über. Ist eine solche vollstreckbare Kaufvertragsforderung von Seiten des Verkäufers gewünscht, muss die Unterwerfung unter die sofortige Zwangsvollstreckung von Seiten der Berechtigten neuerlich zu notarieller Urkunde erklärt werden. Gleiches gilt für in der ursprünglichen Kaufvertragsurkunde erteilte Vollmachten, wie z.B. eine Finanzierungsvollmacht.[90] Ebenso müssen erforderliche behördliche Genehmigungen erneut eingeholt werden.

89 BGH NJW 1997, 3235, 3236.
90 Siehe hierzu die Ausführungen in *Falkner*, Kaufvertrag, § 2 Rn 153 ff. dieser Ausbildungsreihe.

b) Verhältnis zwischen Verpflichtetem und Drittem

Durch die **Ausübung des Vorkaufsrechts erlischt nicht** etwa **der ursprüngliche Vertrag** zwischen dem Vorkaufsrechtsverpflichteten und dem Dritten. Das führt für den Vorkaufsrechtsverpflichteten zu der misslichen Lage, dass er durch zwei Verträge verpflichtet ist, ein Grundstück an zwei unterschiedliche Personen zu übereignen. Da es das Grundstück nur einmal gibt, muss er eine dieser Personen enttäuschen, die, falls ihr aus dieser Enttäuschung finanzieller Schaden entstanden ist, vom Vorkaufsrechtsverpflichteten grundsätzlich Schadensersatz verlangen könnte. 407

> *Beispiel:*
>
> Herr Suaraz als Käufer und Herr Khudira als Verkäufer schließen einen Vertrag über ein Grundstück, an dem Herr Polunski ein Vorkaufsrecht hat. Der Vertrag enthält eine Regelung, dass die Übergabe des Grundstücks spätestens zum 1. September erfolgt. Herr Suaraz bestellt deshalb ein Umzugsunternehmen zu diesem Datum. Kurze Zeit später übt Herr Polunski sein Vorkaufsrecht aus, sodass Herr Suaraz das Grundstück doch nicht erhält. Er kümmert sich um ein neues Grundstück, was jedoch nicht sofort zum 1. September möglich ist. Er muss daher den mit dem Umzugsunternehmen vereinbarten Termin stornieren, was ihm Stornogebühren verursacht.
>
> Diese Stornogebühren wären ohne Ausübung des Vorkaufsrechts nicht entstanden und können von dem Verkäufer grundsätzlich als Schadenseratz ersetzt verlangt werden, wenn diesbezüglich keine Regelungen im ursprünglichen Kaufvertrag getroffen sind.

Durch eine vertragliche Regelung kann man dieser Gefahr jedoch begegnen. Ist ein Vorkaufsrecht im Grundbuch eingetragen, sollte im Kaufvertrag ein **vertragliches Rücktrittsrecht** des Käufers für den Fall der Ausübung des Vorkaufsrechts vereinbart werden. Das Rücktrittsrecht stellt sicher, dass der Verkäufer von dem ursprünglichen der zwei Kaufverträge frei wird und somit auch einem Schadensersatzanspruch (wegen Nichterfüllung der Verpflichtung, das Eigentum zu verschaffen) den Boden entzieht. 408

c) Verhältnis zwischen Berechtigtem und Drittem

Für das Verhältnis zwischen Berechtigtem und Drittem treffen die §§ 1100–1102 BGB Regelungen, die sich wie folgt kurz zusammenfassen lassen: Mit Zustandekommen des Kaufvertrages nach Ausübung des Vorkaufsrechts muss der Dritte dem Berechtigten den Kaufgegenstand herausgeben. Hat der Dritte jedoch bereits den Kaufpreis gezahlt, hat die Herausgabe nur gegen Erstattung des Kaufpreises vom Berechtigten an den Dritten zu erfolgen. Der Berechtigte muss dann seinerseits wieder nicht mehr an den Verpflichteten zahlen. 409

d) Vormerkungswirkung (*)

§ 1098 Abs. 2 BGB: 410

Dritten gegenüber hat das Vorkaufsrecht die ***Wirkung einer Vormerkung*** *zur Sicherung des durch die Ausübung des Rechts entstehenden Anspruchs auf Übertragung des Eigentums.*

Das dingliche Vorkaufsrecht hat, anders als das schuldrechtliche Vorkaufsrecht, eine eingebaute Vormerkungswirkung. Soll ein ähnliches Schutzniveau beim schuldrechtlichen Vorkaufsrecht erreicht werden, ist zusätzlich zur Bestellung des schuldrechtlichen Vorkaufsrechts eine Vormerkung zur Absicherung in das Grundbuch einzutragen. 411

Die Vormerkungswirkung des dinglichen Vorkaufsrechts bedeutet, dass dieses genauso wie die Vormerkung gegen vormerkungswidrige Verfügungen, Insolvenz, Zwangsvollstreckung und Arrestvollziehung schützt und rangwahrende Wirkung entfalten würde. Die Rangwahrung ist jedoch beim Vorkaufsrecht nicht weiter bedeutsam, da das Eigentum an Grundstücken keinen Rang hat. 412

Zu den Details der Vormerkungswirkung kann auf die Ausführungen unten in Rdn 484 ff. verwiesen werden.

413 Um keine unerträgliche Sperrwirkung im Grundbuch hervorzurufen, hat die Rechtsprechung für den Beginn der Vormerkungswirkung des Vorkaufsrechts jedoch zwei unterschiedliche Zeitpunkte erarbeitet:

- Hinsichtlich des Vormerkungsschutzes vor einer vorkaufswidrigen Übereignung entsteht die Sicherungswirkung des dinglichen Vorkaufsrechts bereits mit seiner Eintragung im Grundbuch.[91]
- Der Vormerkungsschutz vor vorkaufswidrigen Belastungen entsteht hingegen erst ab Eintritt des Verkaufsfalls, nicht bereits mit Bestellung.[92]

V. Weiterer Inhalt der Vorkaufsrechtsbestellungsurkunde (*)

1. Materiell-rechtliche Erklärungen (*)

414 Ein Vorkaufsrecht wird wie die Grunddienstbarkeit **rechtsgeschäftlich durch Einigung, Eintragung bei Einigsein** und Verfügung des **Berechtigten** bestellt. Die oben in Rdn 79 ff. getätigten Ausführungen gelten entsprechend.

2. Grundbuchrechtliche Erklärungen (*)

a) Antrag und Bewilligung, schlagwortartige Bezeichnung und Berechtigungsverhältnis (*)

415 Die Eintragung eines Vorkaufsrechts im Grundbuch erfolgt wie bei der Grunddienstbarkeit auf formell-rechtlicher Seite durch mindestens öffentlich beglaubigte, d.h. z.B. notariell unterschriftsbeglaubigte **Bewilligung** und formlosen **Antrag**, der aber meistens zusammen mit der Bewilligung und somit auch in der öffentlichen Form der Bewilligung erfolgt, auch wenn das nicht erforderlich wäre (siehe hierzu ausführlicher Rdn 89 ff.). Zu den in Bezug genommenen Ausführungen zur Grunddienstbarkeit ist zu ergänzen, dass auch beim Vorkaufsrecht die **dingliche materiell-rechtliche Einigung** grundsätzlich **formfrei** möglich und somit eine Bestellung eines Vorkaufsrechts durch unterschriftsbeglaubigte Eintragungsbewilligung grundsätzlich denkbar ist.

416 Allerdings ist der **schuldrechtliche Vertrag** (vgl. Trennungs- und Abstraktionsprinzip, hierzu § 1 Rdn 24 ff.), mit dem der Vorkaufsrechtsverpflichtete sich zur Bestellung eines Vorkaufsrechts verpflichtet, **beurkundungsbedürftig**,[93] schließlich enthält das Vorkaufsrecht eine (bedingte) Verpflichtung zur Übertragung des Eigentums an einem Grundstück (§ 311b Abs. 1 BGB: „*Ein Vertrag, durch den sich der eine Teil verpflichtet, das Eigentum an einem Grundstück zu übertragen oder zu erwerben, bedarf der notariellen Beurkundung.*“). Ohne Einhaltung dieser Form ist der schuldrechtliche Vertrag zunächst unwirksam, auch wenn die Unwirksamkeit ggf. nachträglich geheilt werden kann. Die Bestellung des Vorkaufsrechts wird somit in der Regel nicht durch Unterschriftsbeglaubigung, sondern in einer beurkundeten notariellen Urkunde erfolgen.

417 Eine schlagwortartige Zusammenfassung des Vorkaufsrechts in der Bestellungsurkunde wie bei den Dienstbarkeiten ist nicht erforderlich, da das Vorkaufsrecht keine unterschiedlichen Nutzungen oder Unterlassungen, sondern immer den gleichen Rechtsinhalt gewährt, der somit nicht gesondert mit einer schlagwortartigen Bezeichnung festgehalten werden muss. Der Vorkaufsberechtigte kann im Fall eines Verkaufs des vorkaufsbelasteten Gegenstandes den Kaufvertrag auf sich überleiten. Das Vorkaufsrecht sollte jedoch in der Eintragungsbewilligung als Vorkaufsrecht bezeichnet werden. Ferner ist deutlich klarzustellen, ob ein subjektiv-dingliches oder ein subjektiv-persönliches Vorkaufsrecht bestellt werden soll.

418 Die Angabe des Berechtigungsverhältnisses ist beim **subjektiv-persönlichen Vorkaufsrecht**, dessen Entsprechung auf Dienstbarkeitsseite die beschränkt persönliche Dienstbarkeit ist, von deutlich größerer Bedeutung als beim subjektiv-dinglichen Vorkaufsrecht, dessen Ent-

91 Grüneberg/*Herrler*, § 1098 Rn 5.
92 Grüneberg/*Herrler*, § 1098 Rn 5.
93 Grüneberg/*Herrler*, § 1094 Rn 5.

sprechung auf Dienstbarkeitsseite die Grunddienstbarkeit ist. Bereits wenn ein subjektiv-persönliches Vorkaufsrecht einem Ehepaar, d.h. zwei natürlichen Personen zusteht, ist eine Aussage zum Berechtigungsverhältnis in der Eintragungsbewilligung zu treffen, die ins Grundbuch eingetragen wird.

Welches Berechtigungsverhältnis im Einzelnen sachgerecht ist, wird nachfolgend in Rdn 445 ff. erörtert.

Beim **subjektiv-dinglichen Vorkaufsrecht** stellt sich die Frage nach dem Berechtigungsverhältnis hingegen lediglich dann, wenn es **zugunsten mehrerer herrschender Grundstücke** bestellt wird, was zulässig ist,[94] aber eher einen Ausnahme- als den Regelfall darstellt. Hierfür gelten die Ausführungen in Rdn 154 ff. zur Grunddienstbarkeit grundsätzlich entsprechend. **419**

Nicht auf das Vorkaufsrecht übertragbar sind jedoch die dort gemachten Ausführungen, soweit sie das **Berechtigungsverhältnis** (hier gelten die unten zum subjektiv-persönlichen Vorkaufsrecht gemachten Erläuterungen genauso für das subjektiv-dingliche Vorkaufsrecht, Rdn 445 ff.) und den Vorteil für das herrschende Grundstück nach § 1019 BGB betreffen (dieses Erfordernis sieht das Recht des Vorkaufsrechts nicht vor) und soweit sie Vereinheitlichungseffekte bei den Unterhaltungspflichten der Dienstbarkeit anführen (solche Regelungen sind im Recht des Vorkaufsrechts ebenfalls nicht vorgesehen).

(Im Übrigen wird hinsichtlich der Angabe des Berechtigungsverhältnisses auf die Ausführungen zu Rdn 98 ff. verwiesen, die hier entsprechend gelten).

Anstelle der Bestellung eines Rechts zugunsten mehrerer Berechtigter bzw. mehrerer herrschender Grundstücke können ferner auch mehrere gleichrangige Vorkaufsrechte für einzelne Berechtigte bestellt werden, die sich dann gegenseitig beeinträchtigen.[95] Die Rechtsbestellung muss jedoch eine Regel zum Verhältnis der Rechte zueinander haben, sonst ist die Bestellung unzulässig.[96] **420**

b) Herrschvermerk und Vorlöschungsklausel (*)

Beim **subjektiv-dinglichen Vorkaufsrecht**, d.h. bei dem Vorkaufsrecht, das zugunsten des jeweiligen Eigentümers eines herrschenden Grundstücks bestellt ist, kann am herrschenden Grundstück genauso wie bei der Grunddienstbarkeit ein **Herrschvermerk** eingetragen werden. **421**

Eine solche Eintragung ist beim Vorkaufsrecht **von elementarer Bedeutung** und daher **unbedingt zu empfehlen**. Ein Recht zugunsten eines herrschenden Grundstücks kann aufgrund der dauerhaften Beständigkeit eines Grundstücks „**ewiges Recht**" begründen. Besteht ein Vorkaufsrecht jedoch für eine lange Zeit, ist es naheliegend, dass in der Zeit Veränderungen am herrschenden Grundstück erfolgen, wie z.B. eine Teilung des herrschenden Grundstücks. In diesem Fall setzt sich die Berechtigung durch das Vorkaufsrecht an beiden Teilen des Ausgangsgrundstücks fort, sodass sich die Berechtigten des Vorkaufsrechts verdoppeln. Dies geschieht bei jeder neuen Grundstücksteilung wiederum, sodass der Berechtigtenkreis immer weiter anwächst. **422**

Um jedoch den Verpflichtungen aus dem Vorkaufsrecht zu genügen, muss der Vorkaufsrechtsverpflichtete z.B. die Mitteilung des abgeschlossenen Kaufvertrags an alle Berechtigten vornehmen. Bei einem **unübersichtlich-großen Personenkreis wird dies kaum mehr möglich** sein, sodass die Ausübungsfrist des Vorkaufsrechts, welche ja nur durch vollständige Mitteilung ausgelöst wird, nicht zu laufen beginnt und somit zu einer dauerhaften Rechtsunsicherheit für den Käufer führen würde. Schließlich kann das Vorkaufsrecht, da die Frist nicht angelaufen ist, noch nach einer längeren Zeit ausgeübt werden. Diese Ungewissheit ist für keinen Käufer tragbar, sodass das Grundstück praktisch unverkäuflich wird.

94 Grüneberg/*Herrler*, § 1094 Rn 3.
95 *Schöner/Stöber*, Rn 1403.
96 *Schöner/Stöber*, Rn 1403.

Diese Problematik lässt sich durch die Eintragung eines **Herrschvermerks zumindest abmildern**, da dadurch ersichtlich ist, welche Grundstücke bzw. Grundstücksteile derzeit die Berechtigten des Vorkaufsrechts sind. Generell ist jedoch bei der Bestellung **subjektiv-dinglicher Vorkaufsrechte** aufgrund der Gefahr, dass sie zu einer Unverkäuflichkeit des Grundstücks führen, Vorsicht walten zu lassen und genau zu prüfen, ob nicht doch die Bestellung eines subjektiv-persönlichen Vorkaufsrechts möglich ist.

Praxistipp:

Ist die Bestellung eines subjektiv-dinglichen Vorkaufsrechts trotz aller Hinweise durch die Beteiligten gewünscht, könnten die Risiken neben der Eintragung eines Herrschvermerks durch eine **Bedingung/Befristung** des Rechts beschränkt werden. Gerade im Fall der Aufteilung in Wohnungs- und Teileigentum sind plötzlich eine Vielzahl von Personen Berechtigte des subjektiv-dinglichen Vorkaufsrechts, was zu erheblichen Abwicklungsschwierigkeiten bis hin zur Unmöglichkeit, eine Erklärung aller Berechtigter im Vorkaufsfall zu erlangen, führen kann. Die Vereinbarung einer auflösenden Bedingung des Vorkaufsrechts auf den Fall der Aufteilung in Wohnungs- und Teileigentum ist daher empfehlenswert.

Im Übrigen kann diesbezüglich auf die Ausführungen in Rdn 93 ff. bei der Grunddienstbarkeit verwiesen werden, die hier entsprechend gelten.

423 **Zur Vertiefung:**

Das subjektiv-persönliche Vorkaufsrecht kennt wie die beschränkt persönliche Dienstbarkeit keinen Herrschvermerk. Das macht auch Sinn, schließlich wird der Herrschvermerk am jeweiligen herrschenden Grundstück eingetragen; beim subjektiv-persönlichen Vorkaufsrecht gibt es jedoch kein herrschendes Grundstück, sondern einen Berechtigten, der z.B. Person oder Gesellschaft sein kann.

424 Andererseits ist beim subjektiv-persönlichen Vorkaufsrecht aufgrund seines personalen Bezugs die Eintragung einer **Vorlöschungsklausel** nach § 23 Abs. 2 GBO grundsätzlich möglich. Insoweit kann auf die Ausführungen in Rdn 187 ff. zur beschränkt persönlichen Dienstbarkeit verwiesen werden.

Die Kernfrage, ob die Eintragung einer Vorlöschungsklausel im Grundbuch zulässig ist, stellt sich an dem Punkt, an dem das Recht, bei dem die Eintragung der Vorlöschungsklausel erfolgen soll, das **Entstehen rückständiger Leistungen** zulässt. Während dies bei der Dienstbarkeit aufgrund ihres Duldungs- und Unterlassungscharakters, der aktive Leistungen im Grundsatz ausschließt, besonderer Begründung bedarf, ist die Möglichkeit, dass rückständige Leistungen entstehen, beim Vorkaufsrecht ohne weiteres gegeben. Durch Ausübung des Vorkaufsrechts kommt ein Kaufvertrag zustande, dessen Vollzug eine gewisse Zeit benötigt. Ein bestehender, aber nicht erfüllter Kaufvertrag ist ein Rückstand im Sinne der Vorschrift. Da bei einem Vorkaufsrecht jederzeit denkbar ist, dass ein solcher Kaufvertrag bereits besteht oder zur Entstehung gelangt, ist die Eintragung einer Vorlöschungsklausel grundsätzlich zulässig.

425 Ferner ist zu beachten, dass das subjektiv-persönliche Vorkaufsrecht anders als z.B. der Nießbrauch **nicht grundsätzlich als Lebenszeitrecht** ausgestaltet sein muss. Ob das Vorkaufsrecht ein Lebenszeitrecht im Einzelfall darstellt, richtet sich nach dem bei Bestellung des Vorkaufsrechts vereinbarten Rechtsinhalt. Nach der gesetzlichen Regelung der §§ 1098 Abs. 1 S. 1, 473 BGB ist das Vorkaufsrecht grundsätzlich unübertragbar und nicht vererblich, sofern nicht ein anderes bestimmt ist. Im gesetzlichen Regelfall würde es sich um ein Lebenszeitrecht handeln. Ist es jedoch zumindest vererblich ausgestaltet, so ist die Eintragung einer Vorlöschungsklausel nicht möglich.[97]

426 Beim **subjektiv-dinglichen Vorkaufsrecht** hingegen ist die Eintragung einer Vorlöschungsklausel nach § 23 Abs. 2 GBO nicht denkbar, da der **personale Bezug fehlt**. Ein herrschendes

97 Grüneberg/*Herrler*, § 1094 Rn 6.

Grundstück kann nicht versterben. Die Vorschrift des § 24 GBO (siehe hierzu auch Rdn 332) ordnet aber eine entsprechende Geltung des § 23 GBO und somit auch der Regelung zur Vorlöschungsklausel an, wenn entweder ein Recht mit der Erreichung eines bestimmten Lebensalters oder dem Eintritt eines sonstigen bestimmten Zeitpunkts oder Ereignisses erlischt.

Die **erste Variante** des § 24 GBO („*bestimmtes Lebensalter*") ist dem subjektiv-dinglichen Recht wesensfremd und somit unanwendbar,[98] schließlich würde es das subjektiv-dingliche Recht mit personalem Bezug versehen, was aber Sache des subjektiv-persönlichen Rechts ist.

Die **zweite Variante** („*bestimmter Zeitpunkt oder Ereignis*") bezieht sich jedoch auf Bedingungen und Befristungen, die auch bei einem subjektiv-dinglichen Vorkaufsrecht möglich sind. Bei einem bedingten/befristeten Recht ist somit auch die Eintragung einer Vorlöschungsklausel möglich.

Die Eintragung einer Vorlöschungsklausel ist somit zulässig wenn

- ein **subjektiv-persönliches Vorkaufsrecht** gegeben ist, und
- dieses **nicht übertragbar und nicht vererblich** ausgestaltet ist

oder

- ein **subjektiv-dingliches** oder **subjektiv-persönliches** Vorkaufsrecht gegeben ist und
- dieses auf ein bestimmtes Ereignis oder einen bestimmten Zeitpunkt **bedingt bzw. befristet** ist.

3. Rangbestimmung (*)

Beim Vorkaufsrecht trifft der Rang eine Aussage zum einen darüber, welche Rechte dem Vorkaufsrecht „gefährlich werden" können, d.h. welche Rechte das Vorkaufsrecht zum Erlöschen gegen Wertersatz (der ggf. nicht bezahlt wird) bringen können. Zum anderen regelt der Rang, welche Rechte der Vorkaufsberechtigte im Fall der Ausübung des Vorkaufsrechts mitübernehmen muss und gegen welche Rechte er sich wenden kann. **427**

Das Verhältnis zu den **Rechten in Abt. III** (und anderen Verwertungsrechten sowie weiteren Reallasten in Abt. II) ist wie bei den anderen dinglichen Rechten von großer Bedeutung, da auch das Vorkaufsrecht durch Zwangsvollstreckung aus einem vorrangigen Verwertungsrecht erlischt. **428**

Insofern gelten die Ausführungen zur Grunddienstbarkeit in Rdn 101 ff. (bis zum ersten Unterpunkt) und Rdn 106 ff. entsprechend.

Im Übrigen bestimmt der Rang, insbesondere im Verhältnis zu den **Rechten in Abt. II**, die mit Ausnahme der Reallast selbst keine Verwertungsbefugnis geben, welche Rechte im Falle der Ausübung des Vorkaufsrechts bestehen bleiben und welche nicht. **429**

Vorrangige Rechte „überleben" die Vorkaufsrechtsausübung und lasten weiterhin an dem Grundstück, das im Eigentum auf den Vorkaufsberechtigten übergeht. Bei **nachrangigen Rechten** ist zu unterscheiden: Diese sind grundsätzlich ebenfalls zu übernehmen, es sei denn, sie wurden erst nach Eintritt des Vorkaufsfalles ins Grundbuch eingetragen. Dann unterfallen sie der Vormerkungswirkung, die bei Belastungen erst ab diesem Zeitpunkt greift (siehe hierzu Rdn 410 ff.) und den Vorkaufsrechtsberechtigten, demgegenüber die Eintragung unwirksam ist, befähigt, vom Rechtsinhaber die Löschung zu verlangen (siehe hierzu Rdn 488 ff.).[99]

> *Praxistipp:*
>
> Ist eine **weitergehende Vormerkungswirkung** mit einem **Schutz ab Bestellung des Rechts** (nicht erst ab Eintritt des Vorkaufsfalls) gegen Belastungen gewünscht, ist ein schuldrechtliches Vorkaufsrecht zu vereinbaren, das durch Eintragung einer Vormerkung (siehe hierzu unten Rdn 484 ff.) im Grundbuch abgesichert wird.

98 *Böttcher* MittRhNotK 1987, 219, 221.
99 BGH NJW 1973, 1278, 1281.

Zu **in Abt. II eingetragenen Vorkaufsrechten und Vermerken** gelten im Übrigen die Ausführungen oben in Rdn 109 ff. entsprechend.

4. Schuldrechtliche Vereinbarungen

430 In der Bestellungsurkunde des Vorkaufsrechts können bei Gelegenheit einer Bestellung auch weitere schuldrechtliche Vereinbarungen zusammengefasst werden. Diesbezüglich gelten die Ausführungen in Rdn 114 ff. entsprechend.

VI. Belastungsgegenstand (*)

431 Belastungsgegenstand eines Vorkaufsrechts kann zunächst alles sein, was Belastungsgegenstand einer Grunddienstbarkeit sein kann (siehe hierzu oben Rdn 119 ff.). Belastungsgegenstand kann folglich ein **Grundstück**, ein **Grundstücksteil, Sondereigentum** und **grundstücksgleiche Rechte** (z.B. Erbbaurecht, Fischereirecht) sein. Zudem kann anders als bei der Grunddienstbarkeit auch ein **Miteigentumsanteil** Belastungsgegenstand des Vorkaufsrechts sein.

1. Grundstück im rechtlichen Sinne als Belastungsgegenstand des Vorkaufsrechts (*)

432 Ein Grundstück im Rechtssinne (zu den unterschiedlichen Grundstücksbegriffen siehe oben Rdn 120) kann tauglicher Belastungsgegenstand eines Vorkaufsrechts sein. **Nicht zulässig** ist hingegen ein **Gesamtvorkaufsrecht** an mehreren Grundstücken. Das ist nicht weiter problematisch, da es schließlich möglich ist, an einem jeden der Grundstücke, die mit einem Vorkaufsrecht belastet werden sollen, ein einzelnes Vorkaufsrecht zu bestellen. Wird ein mit einem Vorkaufsrecht belastetes Grundstück geteilt, entstehen Einzelrechte.

433 Ist am Belastungsgegenstand ein **dingliches Nutzungsrecht** eingetragen, so beeinträchtigt das Vorkaufsrecht den dinglichen Nutzungsberechtigten in der Regel nicht weiter. Eine Ausnahme von diesem Grundsatz gibt es in dem Fall, dass das Recht des dinglichen Nutzungsberechtigten erst nach Eintritt des Verkaufsfalls eingetragen wurde und somit von der Schutzwirkung des Vorkaufsrechts erfasst wird und vom Berechtigten des Vorkaufsrechts beseitigt werden kann. Das Vorkaufsrecht zielt auf den Wechsel des Eigentums ab; dieses steht aber, ganz egal bei welcher Belastung des Grundstücks mit Nutzungsrechten, weiterhin dem Eigentümer zu. Für den dinglich Nutzungsberechtigten, z.B. einen Nießbraucher, ergibt sich nur insofern eine Auswirkung, dass der Eigentümer, d.h. der Verpflichtete des Nutzungsrechts, mit dem z.B. Vereinbarungen über die Verkehrssicherungspflicht oder Unterhaltung getroffen wurden, wechselt.

> *Beispiel:*
>
> Auf dem Grundstück des Willi Wurstig, auf dem ein Vorkaufsrecht zugunsten von Frau Berta Bienchen eingetragen ist, verläuft ein Weg, den der Nachbar Paul Pingelig im Rahmen eines als Grunddienstbarkeit bestellten Geh- und Fahrtrechts mitbenutzen darf. In der Bestellungsurkunde wurde geregelt, dass sich beide Parteien gleichermaßen um das Schneeräumen kümmern. Mit Herrn Wurstig war das aber immer ein wenig schwierig, sodass Herr Pingelig ihn mehrfach an die Erfüllung seiner Verpflichtung erinnern musste.
>
> Nunmehr verkauft Willi Wurstig sein Grundstück an Udo Unwissend. Frau Bienchen sieht ihre Chance gekommen, übt ihr Vorkaufsrecht aus und wird Eigentümer. Berta Bienchen ist eine sehr pflichtbewusste und zuvorkommende ältere Dame. Nunmehr ist Frau Bienchen zum hälftigen Schneeräumen verpflichtet, eine Verpflichtung, die sie zur Freude des Herrn Pingelig überpünktlich erfüllt.

Im Übrigen gelten die oben zur Grunddienstbarkeit in Rdn 121 getätigten Ausführungen entsprechend.

2. Grundstücksteil als Belastungsgegenstand

Ein realer Grundstücksteil kann lediglich bei Beachtung des Nachfolgenden Belastungsgegenstand eines Vorkaufsrechts sein. Die Belastung eines realen Grundstücksteils erfolgt nach dem in § 7 Abs. 1 GBO geregelten und oben unter Rdn 35 ff. bereits ausführlich beschriebenen Vorgehen. 434

Anders als bei den Dienstbarkeiten ist eine Eintragung eines Vorkaufsrechts auch **nur** gemäß § 7 Abs. 1 GBO an einem selbstständig **vorgetragenen „Grundstücksteil"**, welcher selbst wieder nach Abschreibung ein selbstständiges Grundstück im Rechtssinne ist, möglich. Insofern ist die Belastung eines Grundstücksteils beim Vorkaufsrecht eigentlich eine Unterform der Belastung eines selbstständigen Grundstücks. Die Erleichterung des § 7 Abs. 2 GBO gilt nach ihrem Wortlaut schließlich **nur für Dienstbarkeiten**, zu denen das Vorkaufsrecht nicht zählt. Schließlich soll das Vorkaufsrecht den Eigentumswechsel auf den Vorkaufsberechtigten bewirken. Ein Grundstücksteil, der nicht selbstständig im Grundbuch vorgetragen ist, kann jedoch nicht ohne weitere Schritte im Eigentum auf einen Dritten übergehen. Zulässig ist jedoch, das Vorkaufsrecht in seiner Ausübung so zu beschränken, dass es sich auf einen noch zu bildenden Miteigentumsanteil oder eine noch zu vermessende Teilfläche bezieht (siehe oben Rdn 394 f.). Diese **Ausübungsbeschränkung** ist jedoch von einem beschränkten Belastungsgegenstand zu unterscheiden: Im Fall der Ausübungsbeschränkung ist Belastungsgegenstand schließlich das gesamte Grundstück.

Die Eigentumsverhältnisse am Grundstücksteil, d.h., ob er im Allein-, Mit-, Gesamthandseigentum o.Ä. steht, sind für die Bestellung des Vorkaufsrechts hingegen nicht weiter erheblich.

§ 1095 BGB: 435

*Ein Bruchteil eines Grundstücks kann mit dem **Vorkaufsrecht** nur belastet werden, wenn er in dem **Anteil eines Miteigentümers** besteht.*

Neben dem **realen Grundstücksteil** kann auch ein **ideeller Grundstücksteil** Belastungsgegenstand des Vorkaufsrechts sein. § 1095 BGB ordnet an, dass der Miteigentumsanteil im Zeitpunkt der Belastung bereits bestehen muss. Das bedeutet, dass grundsätzlich nur Grundstücke, die im Eigentum von Miteigentümern stehen, mit einem Vorkaufsrecht an einem Miteigentumsanteil belastet werden können.

Steht ein Grundstück im Alleineigentum einer Person, ist es nicht möglich, einen Miteigentumsanteil isoliert zu belasten; es ist jedoch denkbar, das ganze Grundstück mit einem Vorkaufsrecht, das auf einen noch zu bildenden Miteigentumsanteil gerichtet ist, zu belasten (siehe oben Rdn 394 f.).

3. Sondereigentum oder grundstücksgleiche Rechte als Belastungsgegenstand (*)

Wohnungs- oder Teileigentum, sowohl die einzelne Sondereigentumseinheit als auch die gesamte Anlage, und **grundstücksgleiche Rechte** (z.B. das Erbbaurecht) können Belastungsgegenstand des Vorkaufsrechts sein. 436

Die Ausführungen zur Grunddienstbarkeit in Rdn 128 ff. und 141 ff. gelten entsprechend auch für das Vorkaufsrecht. Hier ist jedoch zu beachten, dass die Ausführungen zu den drei Dienstbarkeitskategorien und zum tatsächlichen Charakter der Dienstbarkeit selbstverständlich nicht auf das Vorkaufsrecht passen.

VII. Berechtigter des Vorkaufsrechts (*)

1. Subjektiv-dingliches Vorkaufsrecht (*)

§ 1094 Abs. 2 BGB: 437

*Das Vorkaufsrecht kann auch zugunsten des **jeweiligen Eigentümers** eines **anderen Grundstücks** bestellt werden.*

§ 1103 Abs. 1 BGB:

Ein zugunsten des jeweiligen Eigentümers eines Grundstücks bestehendes Vorkaufsrecht kann nicht von dem Eigentum an diesem Grundstück getrennt werden.

Der Berechtigte des subjektiv-dinglichen Vorkaufsrechts ist der jeweilige Eigentümer des herrschenden Grundstücks. Beim subjektiv-dinglichen Vorkaufsrecht stehen somit sowohl auf Belastungs- als auch auf Berechtigungsseite Grundstücke.

438 Die Berechtigten des subjektiv-dinglichen Vorkaufsrechts lassen sich spiegelbildlich zu ihren Verpflichteten bestimmen. Berechtigt kann nur sein:

- der jeweilige Eigentümer eines herrschenden Grundstücks,
- der jeweilige Eigentümer eines herrschenden Sondereigentums,
- der jeweilige Eigentümer eines herrschenden grundstücksgleichen Rechts,
- der jeweilige Eigentümer eines herrschenden Miteigentumsanteils.[100]

439 **Zur Vertiefung:**

Eine Sonderstellung nimmt hierbei der reale Grundstücksteil ein: Soll ein **realer Grundstücksteil** herrschendes Grundstück sein, muss er als neues selbstständiges Grundstück gemäß § 7 Abs. 1 GBO abgeschrieben sein und zählt somit auch zu den Grundstücken als Berechtigungsgegenstand. Auch insoweit spiegelt die Berechtigtenseite den Belastungsgegenstand, da auch dort nur ein real abgeschriebener Grundstücksteil, der sodann wieder ein selbstständiges Grundstück bildet, Belastungsgegenstand sein kann.

440 *Lerntipp!*

Faustformel: Was **Belastungsgegenstand** sein kann, kann auch **Berechtigungsgegenstand** sein.

Im Übrigen gelten die Ausführungen zur Grunddienstbarkeit in Rdn 146 ff. entsprechend, wobei anstelle Dienstbarkeit Vorkaufsrecht zu lesen ist. Zum **Eigentümervorkaufsrecht**, also eines Rechts bei dem (derzeit) Personenidentität zwischen dem jeweiligen Eigentümer des Belastungsgegenstandes und dem jeweiligen Eigentümer des herrschenden Grundstücks besteht, ist anders als zum Eigentümervorkaufsrecht beim **subjektiv-persönlichen Vorkaufsrecht** noch keine Rechtsprechung ergangen. Da das Eigentümervorkaufsrecht jedoch beim subjektiv-persönlichen Vorkaufsrecht inzwischen anerkannt ist, ohne dass zu seiner Eintragung ein besonderes Interesse nachgewiesen werden müsste,[101] dürfte für das subjektiv-dingliche Vorkaufsrecht, bei dem die Stellung des jeweiligen Eigentümers (anders als häufig beim subjektiv-persönlichen Vorkaufsrecht) ja auch jederzeit wieder wechseln kann, erst recht nichts anderes gelten.

Die Rechtslage ist aber mangels gerichtlicher Entscheidung nicht als gesichert zu betrachten.

441 Ist am **herrschenden Grundstück** eines subjektiv-dinglichen Vorkaufsrechts ein Nutzungsrecht, wie z.B. ein Nießbrauch, eingetragen, so führt dies beim Vorkaufsrecht nicht dazu, dass die Ausübungsbefugnis des Vorkaufsrechts auf den Nutzungsberechtigten übergehen würde. Denn das Vorkaufsrecht gewährt keine „Nutzung“, die Gegenstand eines Nutzungsrechts sein kann.

2. Subjektiv-persönliches Vorkaufsrecht (*)

442 **§ 1103 BGB Abs. 2:**

*Ein zugunsten einer bestimmten Person bestehendes Vorkaufsrecht kann **nicht** mit dem Eigentum an einem **Grundstück verbunden** werden.*

100 BayObLG Rpfleger 1982, 274.
101 *Schöner/Stöber*, Rn 1402.

a) Allgemein (*)

Der Berechtigte des subjektiv-persönlichen Vorkaufsrechts zeigt genauso wie bei der beschränkt persönlichen Dienstbarkeit den **personalen Bezug** dieses Rechts. Berechtigter des subjektiv-persönlichen Vorkaufsrechts kann zunächst eine **juristische oder natürliche Person** oder **eine rechtsfähige Personengesellschaft,** einschließlich der BGB-Gesellschaft, sein. 443

Für die aus Personen bestehende rechtsfähige Gemeinschaft der Wohnungseigentümer ist die Berechtigteneigenschaft bisher nur für die beschränkt persönliche Dienstbarkeit von der Rechtsprechung ausdrücklich festgestellt worden.[102] Sie ist wie die als Berechtigter zulässige BGB-Gesellschaft jedoch hinsichtlich der ihr obliegenden Verwaltung des Gemeinschaftseigentums rechtsfähig, sodass es zumindest denkbar ist, dass auch eine Wohnungseigentümergemeinschaft Berechtigter ist. Faktisch wird die Konstellation selten bis nie vorkommen, da der Erwerb eines Grundstücks per Vorkaufsrecht zur Ausübung der Verwaltungstätigkeit der Wohnungseigentümergemeinschaft den absoluten Ausnahmefall darstellt. Hinsichtlich der Berechtigtenstellung der Wohnungseigentümergemeinschaft ist die Rechtslage beim subjektiv-persönlichen Vorkaufsrecht also als **unsicher** zu bezeichnen.

Etwas anderes dürfte für sonstige grundbuchfähige Personenvereinigungen, wie z.B. politische Parteien gelten, da deren Grundbuchfähigkeit nicht in der Art und Weise wie bei der Wohnungseigentümergemeinschaft inhaltlich begrenzt ist. Auch eine sonstige Personenvereinigung kann Berechtigter eines subjektiv-persönlichen Vorkaufsrechts sein (siehe Rdn 225).

> *Lerntipp!*
>
> Faustformel: Der Berechtigte eines **subjektiv-persönlichen Vorkaufsrechts** ist eine **Person** oder **eine Mehrzahl von Personen**.

b) Natürliche und juristische Person, Personengesellschaft und sonstige grundbuchfähige Personenvereinigungen als Berechtigter (*)

Eine oder mehrere natürliche Personen können Berechtigter eines subjektiv-persönlichen Vorkaufsrechts sein. Neben den natürlichen Personen können auch 444

- juristische Personen (z.B. die Aktiengesellschaft, die GmbH, die SE (= Europäische Gesellschaft, abgekürzt vom lateinischen „Societas Europaea"),
- rechtsfähige Personengesellschaften (z.B. die OHG, Kommanditgesellschaft, Partnerschaftsgesellschaft, EWIV),
- auch die rechtsfähige BGB-Gesellschaft und
- nach dem in Rdn 443 und 225 Erläuterten sonstige grundbuchfähige Personenvereinigungen (z.B. politische Parteien, Gewerkschaften)

Berechtigte sein.

Hinsichtlich der **Wohnungseigentümergemeinschaft** ist die Rechtslage nach dem oben in Rdn 443 Erläuterten als ungeklärt zu bezeichnen.

Im Übrigen gelten die Ausführungen zum Nießbrauch in Rdn 278 f. und 280, insbesondere hinsichtlich der Zulässigkeit des **Eigentümerrechts** für das subjektiv-persönliche Vorkaufsrecht entsprechend.

c) Mehrzahl von Berechtigten

Beim Vorkaufsrecht sind grundsätzlich drei Berechtigungsverhältnisse zu unterscheiden: 445

- Das **Berechtigungsverhältnis,** in dem das **Vorkaufsrecht gehalten** wird (hierauf beschränken sich die nachfolgenden Ausführungen): Dieses regelt, wie und an wen die Leistung an die Vorkaufsberechtigten zu erfolgen hat. (Hat der Vorkaufsverpflichtete seiner Verpflichtung Genüge getan, wenn er irgendeinem der Vorkaufsberechtigten das ganze Eigentum verschafft oder muss er es allen Berechtigten anteilig verschaffen?)

102 KG ZWE 2016, 23 Tz 13.

- Das **Berechtigungsverhältnis,** in dem das **Vorkaufsrecht ausgeübt** wird: Dieses regelt, wer alles die Ausübung des Vorkaufsrechts erklären muss, damit das Vorkaufsrecht im Ganzen wirksam ausgeübt werden kann.
- Das **Berechtigungsverhältnis**, in dem das Eigentum **nach Ausübung des Vorkaufsrechts** erworben wird: Dieses regelt, in welchem Verhältnis die Mehrheit der Berechtigten bei erfolgreicher Ausübung des Vorkaufsrechts und nach Abwicklung des Kaufgegenstandes Eigentümer des Belastungsgegenstandes werden.

446 Ein subjektiv-persönliches Vorkaufsrecht, dessen Berechtigter eine näher bestimmte natürliche oder juristische Person (oder Personenvereinigung) ist, steht häufiger mehreren solchen personalen Berechtigten zu. Den rechtlichen Rahmen hierfür gibt **§ 47 GBO** vor (siehe hierzu auch die Ausführungen oben Rdn 98 ff. und 154 ff. zur Grunddienstbarkeit), nach dem bei einem Recht, das für mehrere gemeinschaftlich eingetragen werden soll, entweder die Anteile der Berechtigten in Bruchteilen angegeben werden oder das für die Gemeinschaft maßgebliche Rechtsverhältnis bezeichnet wird.

447 Zur Frage, welche Berechtigungsverhältnisse beim dinglichen Vorkaufsrecht wirksam vereinbart werden können, hat sich leider eine umfangreiche und widersprüchliche juristische Literatur gebildet, sodass auch die hier empfohlenen Beteiligungsverhältnisse jeweils nicht unbestritten sind.

448 **Zur Vertiefung:**

Nach der Rechtsprechung des BGH nicht mehr zulässig[103] ist die früher häufig verwendete Bestellung des Vorkaufsrechts im Beteiligungsverhältnis der **Gesamtgläubigerschaft** nach § 428 BGB (die Details der einzelnen Beteiligungsverhältnisse wurden bereits in Rdn 226 ff. bei der beschränkt persönlichen Dienstbarkeit dargestellt, insoweit wird hierauf verwiesen). Die Bestellung eines Vorkaufsrechts zur Gesamtgläubigerschaft nach § 428 BGB hätte bedeutet, dass der Vorkaufsrechtsverpflichtete bereits durch Leistung an einen der Berechtigten von seiner Verpflichtung frei würde. D.h. kein Berechtigter hätte die Sicherheit, bei Ausübung des Vorkaufsrechts Eigentümer zu werden. Dies wird in der Regel nicht gewollt sein und wurde nunmehr noch ausdrücklich für unzulässig erklärt.

Durch die Entscheidung des BGH wird das **Berechtigungsverhältnis** für die Ausübung des Rechts und das Berechtigungsverhältnis, in dem das Recht gehalten wird (siehe die oben dargestellten Kategorien, Rdn 445), bis fast zur Identität aneinander angenähert, da gerade eine Eigentumsübertragung an nur einen der Berechtigten durch den Vorkaufsverpflichteten zur Erfüllung des Vorkaufsrechts nicht mehr möglich sein soll. Vielleicht wird also in Zukunft die Unterscheidung dieser beiden Kategorien an Berechtigungsverhältnissen nicht mehr notwendig sein.

Ob es möglich ist, ein subjektiv-persönliches Vorkaufsrecht zu **Bruchteilen**[104] oder in **Mitberechtigung** nach § 432 BGB[105] zu halten, wird unterschiedlich beurteilt. Dies zeigt ein Problem der Juristerei: Nicht immer sind sich alle einig, sodass es nicht immer eine klare Lösung gibt. Nach dem Urteil des BGH, der die bisher häufig verwendete Gestaltung über § 428 BGB für unwirksam erklärt hat,[106] werden jedoch die anderen Beteiligungsverhältnisse, allen voran § 432 BGB, der eine einheitliche Eigentumsübertragung an alle Berechtigten verlangt (was in der Regel auch gewünscht sein wird), an Bedeutung gewinnen. Schließlich kann rein praktisch nicht jede Angabe eines Beteiligungsverhältnisses unwirksam sein.

Als Besonderheit des Vorkaufsrechts wird zudem vorgeschlagen, die Vorschrift des § 472 BGB, der die Ausübung des Vorkaufsrechts regelt („*einer für alle*"), auch zur Regelung des Berechtigungsverhältnisses heranzuziehen. Bedeutsam für das Berechtigungsverhältnis wäre

103 BGH MittBayNot 2018, 30.
104 BeckOGK-BGB/*Omlor*, § 1094 Rn 47: Nein; *Schöner/Stöber*, Rn 1406: Ja.
105 BeckOGK-BGB/*Omlor*, § 1094 Rn. 47: Nein, stattdessen „*gesamthandartiges Verhältnis*"; *Falkner*, MittBayNot 2018, 30: Ja.
106 BGH MittBayNot 2018, 30.

hierbei das „für alle“, d.h., dass die Eigentumsübertragung nach Ausübung des Vorkaufsrechts (auch lediglich durch einen der Berechtigten) an alle Berechtigten (und nicht nur einen von ihnen) erfolgen muss. Auch diese Meinung ist jedoch nicht unbestritten.[107]

Weiter zulässig ist auch die Möglichkeit, das dingliche Vorkaufsrecht in **gesamthänderischer Berechtigung**, d.h. z.B. in Gütergemeinschaft oder einer Errungenschaftsgemeinschaft nach ausländischem Recht, zu halten.[108]

Auf der Basis des vorstehend Gesagten und der verschiedenen unterschiedlichen Meinungen kann in der Praxis versucht werden, eine Bestellung eines Vorkaufsrechts für mehrere Berechtigte nach **§ 432 BGB oder nach § 472 BGB** vorzunehmen. Wirklich gesichert erscheint derzeit nur die Bestellung nach § 472 BGB. Es sollte hierbei immer der Hintergedanke mitschwingen, dass das einzelne Grundbuchamt ggf. der jeweils anderen Ansicht anhängen könnte und somit eine Abänderung des Beteiligungsverhältnisses in der Vorkaufsrechtsbestellungsurkunde verlangt. In einem solchen Fall empfiehlt sich eine **Abstimmung mit dem Grundbuchamt** im Vorfeld und ein **Hinweis an die Beteiligten** auf die unsichere Rechtslage. 449

VIII. Übertragung des Rechts (*)

§ 473 BGB: 450

*Das Vorkaufsrecht ist **nicht übertragbar** und geht **nicht auf die Erben** des Berechtigten über, **sofern nicht ein anderes bestimmt ist**. Ist das Recht auf eine bestimmte Zeit beschränkt, so ist es im Zweifel vererblich.*

Für das schuldrechtliche Vorkaufsrecht ordnet das Gesetz den **Regelfall der Unübertragbarkeit** mit der Möglichkeit zur abweichenden Gestaltung an. Nach § 1098 Abs. 1 S. 1 BGB gilt diese Vorschrift grundsätzlich auch für das dingliche Vorkaufsrecht. 451

Das subjektiv-persönliche Vorkaufsrecht ist somit grundsätzlich, sollte nichts geregelt sein, **unübertragbar und nicht vererblich.** Es kann jedoch als Inhalt des Vorkaufsrechts, d.h. in der Bestellungsurkunde vereinbart werden, dass es übertragbar und vererblich oder als Mischform (nicht übertragbar, aber vererblich oder übertragbar, aber nicht vererblich) ausgestaltet werden soll.

Besondere Beachtung sollte dabei der **Zweifelsregel** des § 473 S. 2 BGB gegeben werden. Ein auf bestimmte Zeit beschränktes Recht, d.h. ein befristetes Recht, ist im Zweifel vererblich. 452

> *Beispiel:*
>
> Ein Vorkaufsrecht, das nur bis zum 31. Dezember eines Jahres bestehen soll.

Eine Zweifelsregel gibt immer Raum für das Gegenteil, sodass ohne klärende Regel eine Unsicherheit verbleiben würde, ob das befristete Vorkaufsrecht nun vererblich oder nicht vererblich ausgestaltet ist. Das Ziel der notariellen Praxis ist jedoch, **klare und eindeutige Regelungen** zu schaffen, sodass eine gesetzliche Zweifelsregel immer eine Erinnerung sein muss, diesen Punkt ausdrücklich in der Bestellungsurkunde zu regeln. 453

> *Lerntipp!*
>
> Faustformel: Jede auf den konkreten Fall anwendbare gesetzliche Zweifelsregel muss in der notariellen Urkunde geklärt werden.

Für die **notarielle Praxis** bedeutet das, dass beim subjektiv-persönlichen Vorkaufsrecht, wenn dieses befristet oder aber übertragbar und/oder vererblich sein soll, eine Aussage in der Bestellungsurkunde zur Frage der Übertragbarkeit und Vererblichkeit getroffen werden sollte.

107 *Schöner/Stöber*, Rn 1407a.
108 *Schöner/Stöber*, Rn 1406.

454 Ist das Vorkaufsrecht unübertragbar und unvererblich ausgestaltet, so ergibt sich im Zusammenspiel mit dem personalen Charakter des subjektiv-persönlichen Vorkaufsrechts, dass dieses grundsätzlich mit dem Tod des Berechtigten bzw. bei juristischen Personen, deren Vollbeendigung erlischt. Im Falle der Ausgestaltung als unübertragbar und unvererblich ergibt sich somit bei dem subjektiv-persönlichen Vorkaufsrecht eine ähnliche Situation wie bei Nießbrauch (§ 1059 BGB) und beschränkt-persönlicher Dienstbarkeit (§ 1092 Abs. 1 S. 1 BGB).

455 **Zur Vertiefung:**

§ 1098 Abs. 3 BGB:

Steht ein nach § 1094 Abs. 1 begründetes Vorkaufsrecht einer juristischen Person oder einer rechtsfähigen Personengesellschaft zu, so gelten, wenn seine Übertragbarkeit nicht vereinbart ist, für die Übertragung des Rechts die Vorschriften der §§ 1059a bis 1059d entsprechend.

Nach der Regelung des § 1098 Abs. 3 BGB gilt also auch für das dingliche Vorkaufsrecht die Regelung des § 1059a BGB aus dem Nießbrauchsrecht, der für die Fälle der **Gesamtrechtsnachfolge** und die **Übertragung eines Unternehmens oder Unternehmensteils** die Übertragbarkeit des Nießbrauchs, also hier somit des Vorkaufsrechts, anordnet.

(Im Übrigen gelten diesbezüglich die Ausführungen in Rdn 228 ff. zur beschränkt persönlichen Dienstbarkeit entsprechend).

456 Ein **subjektiv-dingliches Vorkaufsrecht** ist hingegen grundsätzlich **nicht selbstständig übertragbar**. Die selbstständige Übertragbarkeit kann auch nicht als Inhalt eines subjektiv-dinglichen Vorkaufsrechts vereinbart werden, sodass die §§ 1098 Abs. 1 S. 1, 473 S. 1 BGB diesbezüglich nur das subjektiv-persönliche Vorkaufsrecht erfassen. Das subjektiv-dingliche Vorkaufsrecht lastet am belasteten Grundstück und berechtigt das herrschende Grundstück als dessen Bestandteil nach § 96 BGB (siehe hierzu vorstehend Rdn 250).

Die Ausführungen zur Grunddienstbarkeit in Rdn 159 ff. gelten entsprechend. Beim subjektiv-dinglichen Vorkaufsrecht sind somit **keine Regelungen zur Übertragbarkeit und Vererblichkeit** als Inhalt des Rechts erforderlich.

457 Neben dem Recht an sich, das übertragen werden kann, gibt es auch noch den Anspruch auf Eigentumsübertragung nach Ausübung des Vorkaufsrechts. Denn mit Ausübung des Vorkaufsrechts kommt zwischen dem Vorkaufsverpflichteten und dem Vorkaufsberechtigten ein Kaufvertrag zustande, der insbesondere dem Vorkaufsberechtigten einen Anspruch gibt, zu den gleichen Konditionen wie der ursprüngliche Käufer, den er verdrängt hat, Eigentümer des Belastungsgegenstandes zu werden. Dieser **Anspruch** ist, sobald er mit Ausübung des Vorkaufsrechts entstanden ist, **grundsätzlich übertragbar und vererblich.**[109] Er ist insbesondere auch dann übertragbar und vererblich, wenn das Vorkaufsrecht selbst nicht als übertragbar und vererblich ausgestaltet war.

IX. Beendigung des Rechts (*)

1. Allgemein (*)

458 Ein Vorkaufsrecht erlischt in den folgenden Fällen:

- Eintritt einer auflösenden Bedingung/Befristung (siehe hierzu bereits die Ausführungen oben in Rdn 398 zur Dauer des Rechts);
- „Löschung“ bzw. Aufgabeerklärung durch den aktuellen jeweiligen Berechtigten (siehe hierzu bereits die Ausführungen in Rdn 165 ff. zur Grunddienstbarkeit; hierbei ist jedoch zu beachten, dass die Zustimmung nach § 876 S. 2 BGB natürlich nur beim subjektiv-dinglichen Vorkaufsrecht erforderlich ist);
- (nur subjektiv-persönliches Vorkaufsrecht): Wegfall des Berechtigten;
- (nur subjektiv-persönliches Vorkaufsrecht): Ausschluss gemäß § 1104 BGB;
- Erlassvertrag;

109 Eine Ausnahme hiervon besteht z.B., wenn im Kaufvertrag die Nichtübertragbarkeit vereinbart ist.

- Nichtausübung in den definierten Vorkaufsfällen;
- Erlöschen aufgrund Zwangsversteigerung aus vorrangigem Recht (siehe hierzu bereits die Ausführungen in Rdn 106 ff., die für das Vorkaufsrecht genauso gelten).

2. Erlöschen durch Erlassvertrag (*)

Kein Vorkaufsberechtigter muss von seinem Vorkaufsrecht Gebrauch machen. Weiß ein Vorkaufsberechtigter somit bereits bei Abschluss des Kaufvertrags durch den Vorkaufsverpflichteten mit dem Dritten, dass er diesen Kaufvertrag nicht auf sich überleiten möchte, muss er nicht abwarten, bis die Ausübungsfrist (siehe hierzu oben Rdn 399 ff.) abgelaufen ist. Er kann gegenüber dem Vorkaufsberechtigten erklären, dass er sein Vorkaufsrecht nicht ausübt und diesen von der im Vorkaufsrecht geregelten Verkaufspflicht an den Berechtigten befreit.[110] Diese Erklärung kann auch vor Ausübung des Vorkaufsrechts erfolgen. Umfasst der Erlass der Verkaufspflicht des Vorkaufsverpflichteten durch den Berechtigten alle Verkaufsfälle, so erlischt das Vorkaufsrecht. 459

Beispiel:

Es ist ein Vorkaufsrecht für den ersten Verkaufsfall bestellt. Der Verpflichtete Herr Schneeflocke schließt einen Kaufvertrag mit Frau Babyrobbe. Der Vorkaufsberechtigte Herr Tierlieb ist einverstanden damit, dass Frau Babyrobbe das Objekt erwirbt, da ihm die Konditionen zwischen Herrn Schneeflocke und Frau Babyrobbe auch zu ungünstig erscheinen. Er erklärt gegenüber Herrn Schneeflocke, dass er von seinem Vorkaufsrecht keinen Gebrauch machen wird.

In diesem Fall wurde das Vorkaufsrecht im ersten (und einzigen Verkaufsfall) für nicht ausübbar erklärt. Ein weiterer Ausübungsfall ist nicht denkbar, da das Vorkaufsrecht nur für den ersten Verkaufsfall bestellt war. Somit erlischt das Recht durch den Erlassvertrag.

Durch das (materiell-rechtliche) Erlöschen ist jedoch noch keine **Löschung im Grundbuch** bewirkt. Diese muss durch berichtigende Bewilligung des Vorkaufsrechtsberechtigten oder durch Nachweis des Erlöschens des Rechts in grundbuchtauglicher Form nachgewiesen werden, §§ 22 S. 1, 29 GBO. 460

Beispiel:

Ein solch grundbuchfähiger Nachweis kann geführt werden, wenn der Erlassvertrag zwischen Berechtigtem und Verpflichtetem in notarieller Form erfolgt ist.

3. Erlöschen durch Nichtausübung in den definierten Vorkaufsfällen (*)

Wird ein Vorkaufsrecht, das nur für einen Verkaufsfall bestellt ist, in diesem Verkaufsfall nicht durch den Berechtigten ausgeübt, so erlischt es materiell-rechtlich und ist im Grundbuch (berichtigend) zu löschen. 461

Diesbezüglich ist auf die Ausführungen in Rdn 390 ff. zu verweisen.

4. Besonderheiten beim subjektiv-persönlichen Vorkaufsrecht (*)

Ein subjektiv-persönliches Vorkaufsrecht kann, anders als das subjektiv-dingliche Vorkaufsrecht auch durch **Wegfall des Berechtigten** erlöschen. Damit das möglich ist, muss das Vorkaufsrecht als **nicht übertragbar und nicht vererblich** ausgestaltet sein. 462

Im Übrigen ist auf die Ausführungen zur beschränkt persönlichen Dienstbarkeit in Rdn 235 ff. zu verweisen, die für das subjektiv-persönliche Vorkaufsrecht genauso gelten.

Nicht auf das subjektiv-persönliche Vorkaufsrecht anwendbar ist jedoch die Löschungserleichterung des § 5 GBBerG, dass personale Rechte 110 Jahre nach dem Geburtstag des Berechtigten als erloschen gelten. Beim Vorkaufsrecht kann schließlich jederzeit zu Lebzeiten 463

110 Grüneberg/*Herrler*, § 1094 Rn 7.

des Berechtigten die Ausübung des Vorkaufsrechts erfolgt sein, was auch zum Fortbestand der Sicherungswirkung des Vorkaufsrechts führt.[111]

464 **Zur Vertiefung:**

§ 1104 BGB:

*(1) Ist der **Berechtigte unbekannt**, so kann er im Wege des **Aufgebotsverfahrens** mit seinem Recht ausgeschlossen werden, wenn die in § 1170 für die Ausschließung eines Hypothekengläubigers bestimmten Voraussetzungen vorliegen. Mit der Rechtskraft des Ausschließungsbeschlusses erlischt das Vorkaufsrecht.*

*(2) Auf ein Vorkaufsrecht, das zugunsten des **jeweiligen Eigentümers eines Grundstücks** besteht, finden diese Vorschriften **keine Anwendung**.*

Ein subjektiv-persönliches Vorkaufsrecht kann auch durch Ausschluss des Berechtigten erlöschen. Diesbezüglich gelten die Ausführungen zur Reallast in Rdn 364 entsprechend, wobei anstelle der Reallast Vorkaufsrecht zu lesen ist.

D. Dauerwohn- und Dauernutzungsrecht

465 Jenseits des BGB sieht das Gesetz in § 31 ff. WEG eine weitere Dienstbarkeit vor: das **Dauerwohn- oder Dauernutzungsrecht**. Dieses ist in der rechtlichen Praxis weniger häufig als die im BGB begründeten und vorstehend ausführlich dargestellten Rechte. Es wird daher hier erwähnt, um die Vollständigkeit der Darstellung zu gewährleisten, aber nur in seinen Grundzügen.

§ 31 WEG:

*(1) Ein Grundstück kann in der Weise belastet werden, daß derjenige, zu dessen Gunsten die Belastung erfolgt, berechtigt ist, **unter Ausschluß des Eigentümers** eine bestimmte **Wohnung** in einem auf dem Grundstück errichteten oder zu errichtenden Gebäude zu **bewohnen** oder in anderer Weise zu **nutzen** (Dauerwohnrecht). Das Dauerwohnrecht kann auf einen außerhalb des Gebäudes liegenden Teil des Grundstücks erstreckt werden, sofern die Wohnung wirtschaftlich die Hauptsache bleibt.*

*(2) Ein Grundstück kann in der Weise belastet werden, daß derjenige, zu dessen Gunsten die Belastung erfolgt, berechtigt ist, **unter Ausschluß des Eigentümers nicht zu Wohnzwecken** dienende bestimmte Räume in einem auf dem Grundstück errichteten oder zu errichtenden Gebäude zu **nutzen** (Dauernutzungsrecht).*

(3) Für das Dauernutzungsrecht gelten die Vorschriften über das Dauerwohnrecht entsprechend.

466 Das **Begriffspaar** Dauerwohnrecht und Dauernutzungsrecht lässt sich mit einer Parallele zum Begriffspaar **Wohnungseigentum** und **Teileigentum** verstehen:

Das Dauerwohnrecht betrifft das Recht an einer Wohnung, d.h. zu Wohnzwecken dienenden Räumlichkeiten, die jedoch sowohl zum Wohnen als auch zu anderen Zwecken genutzt werden dürfen. Das Dauernutzungsrecht hingegen betrifft die Nutzung von Räumlichkeiten, die nicht zu Wohnzwecken dienen, wie z.B. eine Garage. Nach § 31 Abs. 1 S. 2 WEG muss das Dauerwohnungsrecht auch nicht lediglich auf eine Wohnung beschränkt sein, es kann sich auch auf unbebaute Grundstücksteile erstrecken, wenn die Wohnung die Hauptsache bleibt.

Nach § 31 Abs. 3 WEG werden Dauerwohn- und -nutzungsrecht einheitlich behandelt, d.h. soweit das Gesetz von Dauerwohnrecht spricht, ist auch Dauernutzungsrecht gemeint. Ebenso werden die nachfolgenden Darstellungen der Einfachheit halber stellvertretend für beide Rechte von **Dauerwohnrecht** sprechen.

111 *Schöner/Stöber*, Rn 1436a.

§ 33 Abs. 3 WEG: 467

Der Berechtigte kann die zum ***gemeinschaftlichen Gebrauch*** *bestimmten Teile, Anlagen und Einrichtungen des Gebäudes und Grundstücks* ***mitbenutzen,*** *soweit* ***nichts anderes vereinbart*** *ist.*

Wie beim Wohnungsrecht nach § 1093 BGB (siehe hierzu Rdn 203 f. oben gewährt das Dauerwohn- bzw. -nutzungsrecht die Nutzung **unter Ausschluss des Eigentümers.** Der Berechtigte ist nach § 33 Abs. 3 WEG wie beim Wohnungsrecht grundsätzlich zum **Mitgebrauch** der dem gemeinschaftlichen Gebrauch unterliegenden Anlagen berechtigt (siehe hierzu Rdn 209 f.).

Diese Befugnis kann jedoch durch anderweitige Vereinbarung ausgeschlossen oder eingeschränkt werden.

§ 33 Abs. 1 S. 2 WEG: 468

Es [Das Dauerwohnrecht] kann ***nicht unter einer Bedingung*** *bestellt werden.*

Eine **Bedingung** des Dauerwohnungsrechts ist nach ausdrücklicher gesetzlicher Anordnung **unzulässig**. Dadurch unterscheidet es sich von allen anderen Dienstbarkeiten, der Reallast und dem Vorkaufsrecht, die allesamt bedingt und befristet bestellt werden können. § 41 WEG, der besondere Vorschriften für Dauerwohnrechte trifft, die für einen bestimmten Zeitraum vereinbart sind, zeigt jedoch, dass eine **Befristung** des Dauerwohnungsrechts **zulässig** ist.

§ 33 Abs. 4 WEG: 469

Als Inhalt des Dauerwohnrechts können Vereinbarungen getroffen werden über:

1. *Art und Umfang der Nutzungen;*
2. *Instandhaltung und Instandsetzung der dem Dauerwohnrecht unterliegenden Gebäudeteile;*
3. *die Pflicht des Berechtigten zur Tragung öffentlicher oder privatrechtlicher Lasten des Grundstücks;*
4. *die Versicherung des Gebäudes und seinen Wiederaufbau im Falle der Zerstörung;*
5. *das Recht des Eigentümers, bei Vorliegen bestimmter Voraussetzungen Sicherheitsleistung zu verlangen.*

Nach § 33 Abs. 4 WEG können im Rahmen des Dauerwohnrechts Regelungen über die Instandhaltung und die Lastentragung getroffen werden. Die als Inhalt des Dauerwohnrechts getroffenen Regelungen gehen wegen ihrer dinglichen Wirkung automatisch auf einen Rechtsnachfolger über, anders als rein schuldrechtliche Regelungen, die erst weitergegeben werden müssen.

Der **Hauptunterschied** des Dauerwohnrechts im Vergleich zu den anderen Dienstbarkeiten 470
ist in § 33 Abs. 1 S. 1 WEG geregelt:

§ 33 Abs. 1 S. 1 WEG:

Das Dauerwohnrecht ist ***veräußerlich und vererblich.***

Anders als die übrigen beschränkt persönlichen Dienstbarkeiten erlischt das Dauerwohnrecht somit nicht mit dem Ableben des Berechtigten.

Belastungsgegenstände des Dauerwohnrechts können sein: 471

- Grundstücke,
- reale Grundstücksteile nach § 7 Abs. 1 und 2 GBO,
- Wohnungs- und Teileigentum und
- das Erbbaurecht.[112]

Da es sich beim Dauerwohnrecht um eine Dienstbarkeit handelt, ist auch § 7 Abs. 2 GBO anwendbar. Kein tauglicher Belastungsgegenstand ist ein Miteigentumsanteil oder ein Sondernutzungsrecht.[113] Die Belastung mehrerer Grundstücke mit einem einheitlichen Recht ist zulässig.

112 Grüneberg/*Wicke*, § 31 WEG Rn 3.
113 Grüneberg/*Wicke*, § 31 WEG Rn 3.

472 **Berechtigter** des Dauerwohnrechts können natürliche und juristische Personen sowie rechtsfähige Personenmehrheiten sein.[114] Das Dauerwohnrecht ist somit aufgrund seines **personalen Charakters** bei den beschränkt persönlichen Dienstbarkeiten einzuordnen. Bei mehreren Berechtigten ist die Bestellung zu Bruchteilen und als Gesamtgläubiger nach § 428 BGB zulässig.[115] Letzteres ist jedoch umstritten und im Lichte der neuen Entscheidung des BGH zum Vorkaufsrecht (siehe hierzu Rdn 448) mit Vorsicht zu betrachten.

473 Das Dauerwohnungsrecht kann durch **Zeitablauf** bei Befristung und durch **Aufhebung** durch den Berechtigten erlöschen. Wird ein Grundstücksteil wegvermessen, der nicht vom Dauerwohnrecht erfasst ist, gilt § 1026 BGB entsprechend (siehe hierzu Rdn 45 ff.); auch dieser kann also lastenfrei abgeschrieben werden.

E. Erbbaurecht (*)

474 Ein weiteres Recht in Abt. II ist das Erbbaurecht. Die ausführliche Erläuterung des Erbbaurechts würde diese Darstellung sprengen und ist für einen gesonderten Band der Ausbildungsreihe vorgesehen.[116] Der Vollständigkeit halber sind jedoch an dieser Stelle die Grundzüge dargestellt.

475 **§ 1 Abs. 1 ErbbauRG:**

> *Ein Grundstück kann in der Weise belastet werden, daß demjenigen, zu dessen Gunsten die Belastung erfolgt, das veräußerliche und vererbliche **Recht** zusteht, auf oder unter der Oberfläche des Grundstücks ein **Bauwerk zu haben** (Erbbaurecht).*

Wie bereits in Rdn 141 ff. ausgeführt, bewirkt das Erbbaurecht, dass **Gebäude und Grundstück** voneinander **getrennt** behandelt werden und in unterschiedlichem Eigentum stehen können. Das Grundstück gehört weiterhin dem Grundstückseigentümer, das Gebäude dem Erbbauberechtigten.

Im Grundbuch wird bei einer solchen Trennung neben dem Grundbuch des (Erbbau-)Grundstücks ein gesondertes **Erbbaugrundbuch** für das Erbbaurecht angelegt. Im Grundbuch des Erbbaugrundstücks ist **in Abt. II zwingend an erster Rangstelle** das Erbbaurecht eingetragen (§ 10 Abs. 1 S. 1 ErbbauRG: „*Das Erbbaurecht kann nur zur ausschließlich ersten Rangstelle bestellt werden; der Rang kann nicht geändert werden.*“)

476 Der Erbbauberechtigte entrichtet an den Eigentümer des Erbbaugrundstücks für die Nutzung des Erbbaurechts einen **Erbbauzins**, d.h. eine regelmäßig zu entrichtende Geldzahlung. Dieser wird in der Regel als wertgesicherte und versteigerungsfeste (= ohne vorrangige Abt. III-Rechte oder mit dem Inhalt nach § 9 Abs. 3 S. 1 Nr. 1 ErbbauRG) Reallast (siehe hierzu Rdn 313 ff.) in Abt. II des Grundbuchs des Erbbaurechts eingetragen.

477 Das Erbbaurecht wird in der Regel **befristet**, d.h. mit einer **beschränkten Laufzeit** bestellt, die grundsätzlich frei wählbar ist, in der Regel aber **99 Jahre** beträgt. Mit Zeitablauf erlischt das Erbbaurecht.

§ 27 ErbbauRG:

> *(1) Erlischt das Erbbaurecht durch **Zeitablauf**, so hat der Grundstückseigentümer dem Erbbauberechtigten eine **Entschädigung** für das Bauwerk zu leisten. (...)*
>
> *(2) (...)*
>
> *(3) Der Grundstückseigentümer kann seine Verpflichtung zur Zahlung der **Entschädigung** dadurch **abwenden**, daß er dem Erbbauberechtigten das **Erbbaurecht** vor dessen Ablauf für die voraussichtliche **Standdauer des Bauwerks verlängert**; **lehnt** der Erbbauberechtigte die Verlängerung **ab**, so **erlischt** der Anspruch auf **Entschädigung**. Das Erbbaurecht kann zur Abwendung der Entschädigungspflicht **wiederholt verlängert** werden.*
>
> *(4) (...)*

114 Grüneberg/*Wicke*, § 31 WEG Rn 4.
115 Grüneberg/*Wicke*, § 31 WEG Rn 4.
116 Siehe *Spernath*, Grundstücksrecht Spezial.

Bei Beendigung des Erbbaurechts verschwindet aber natürlich nicht automatisch das ggf. vom Erbbauberechtigten dort errichtete Gebäude. Der Eigentümer des Erbbaugrundstücks muss den Erbbauberechtigten daher angemessen für die Bebauung des Grundstücks entschädigen. Kann der Eigentümer eine solche Entschädigung nicht zahlen, kann er die Entschädigungszahlung abwenden, indem er dem Erbbauberechtigten anbietet, das Erbbaurecht zu verlängern. Möchte dieser nicht verlängern, muss der Eigentümer auch keine Entschädigung mehr zahlen.

F. Leibgeding (*)

Das Leibgeding (auch z.B. Altenteil oder Altenzucht genannt), ist **kein Recht in Abt. II**, soll aber trotzdem der Vollständigkeit halber erwähnt werden, da es **in Abt. II eingetragen** wird. 478

Das Leibgeding beschreibt als **Oberbegriff** eine Mehrzahl von Nutzungen und Leistungen, die einem Berechtigten, der mit dem Verpflichteten in familiärer oder familienähnlicher Verbindung steht, die **meist lebenslange Altersversorgung** sicherstellen sollen. Die Einräumung eines Leibgedings erfolgt im Gegenzug zur Übergabe einer Wirtschaftseinheit, die zumindest teilweise zur Schaffung der Lebensgrundlage beiträgt, an die nächste Generation.[117] Das **Landesrecht** trifft für das Verhältnis zwischen Berechtigten und Verpflichteten weitergehende Regelungen, die von der Abwägung der Interessen der weichenden „*Altenteiler*" oder „*Übergeber*" und der „*Übernehmer*" geprägt ist. In Bayern finden sich diese Regelungen in Art. 7–23 AGBGB. 479

Typischerweise werden Leibgedinge in Hofübergabeverträgen vereinbart, da diese all die vorgenannten Merkmale erfüllen: Übergabe einer teilweise existenzbegründenden Wirtschaftseinheit an die nächste Generation im Gegenzug für lebenslange Altersversorgung.

§ 49 GBO: 480

Werden Dienstbarkeiten und Reallasten als ***Leibgedinge****, Leibzucht, Altenteil oder Auszug eingetragen, so bedarf es nicht der Bezeichnung der einzelnen Rechte, wenn auf die Eintragungsbewilligung Bezug genommen wird.*

Unter dem **Sammelbegriff** „Leibgeding" werden die in einem Hofübergabevertrag bestellten Versorgungsrechte für die Übergeber zusammengefasst. Diese Versorgungsrechte werden zunächst als Einzelrechte, z.B. als Reallast, als Wohnungsrecht etc. bestellt. Damit sie materiellrechtlich zur Entstehung gelangen, müssten sie nunmehr eigentlich alle in das Grundbuch eingetragen werden, das zu einem unübersichtlichen und überladenen Grundbuchblatt führen kann.

Nach § 49 GBO können jedoch die Dienstbarkeiten und Reallasten eines Leibgedings auch **einheitlich im Grundbuch** als „Leibgeding" eingetragen werden. Es handelt sich somit nicht um ein neues Recht, sondern lediglich eine **Erleichterung der Bezeichnung** vieler einzelner Rechte im Grundbuch. Die Eintragung im Grundbuch selbst muss dabei die einzelnen, vom Leibgeding umfassten Rechte nicht bezeichnen. Erst die Eintragungsbewilligung, die in der Eintragung in Bezug genommen wird, gibt somit Aufschluss darüber, welche Rechte konkret alle vom Leibgeding umfasst sind.

Dabei besteht Gestaltungsspielraum: Die einzelnen, im Leibgeding zusammengefassten Rechte können an unterschiedlichen Grundstücken lasten und von mehreren Berechtigten in einem unterschiedlichen Gemeinschaftsverhältnis gehalten werden. Das zeigt auch, dass das Gemeinschaftsverhältnis beim Leibgeding nicht zwingend in der Eintragung aufgeführt werden muss (schließlich müssten dann bei unterschiedlichen Gemeinschaftsverhältnissen mehrere eingetragen werden), sondern bereits durch Bezugnahme auf die Eintragungsbewilligung, in der es aber natürlich enthalten sein muss, verlautbart werden kann. 481

117 *Schöner/Stöber*, Rn 1323.

482 Die Eintragung einer **Vorlöschungsklausel** nach § 23 Abs. 2 GBO (siehe hierzu Rdn 154 ff.) kann beim Leibgeding erfolgen, wenn alle zusammengefassten Rechte Lebenszeitrechte sind, bei denen die Eintragung einer Vorlöschungsklausel ebenfalls zulässig wäre.

Praxistipp:

Bei Hofübergabeverträgen kann für das gesamte Leibgeding keine Vorlöschungsklausel eingetragen werden, wenn in diesem auch eine Reallast zur Absicherung der Grabpflege über den Tod hinaus enthalten ist. Diese ist gerade kein Lebenszeitrecht (siehe Rdn 332).

Soll eine Vorlöschungsklausel trotzdem eingetragen werden, darf die Reallast hinsichtlich der Grabpflegeverpflichtung daher entweder nicht zum Gegenstand des Leibgedings gemacht werden oder nicht per Reallast abgesichert werden.

483 **Zur Vertiefung:**

Die Eintragung eines Leibgedings hat zudem noch eine weitere Sicherungskomponente für die zusammengefassten Rechte:

§ 9 EGZVG:

(1) Soweit ein nach Landesgesetz begründetes Recht an einem Grundstück, das nicht in einer Hypothek besteht, zur Wirksamkeit gegen Dritte der Eintragung nicht bedarf oder soweit eine Dienstbarkeit oder eine Reallast als ***Leibgedinge****, Leibzucht, Altenteil oder Auszug eingetragen ist, bleibt das Recht nach Maßgabe des Landesgesetzes von der* ***Zwangsversteigerung unberührt****, auch wenn es bei der Feststellung des geringsten Gebots nicht berücksichtigt ist.*

(2) Das ***Erlöschen*** *eines solchen Rechts ist auf Verlangen eines Beteiligten als* ***Versteigerungsbedingung*** *zu bestimmen, wenn durch das Fortbestehen ein dem Recht vorgehendes oder gleichstehendes Recht des Beteiligten beeinträchtigt werden würde; die Zustimmung eines anderen Beteiligten ist nicht erforderlich.*

Die Vorschrift regelt, dass ein Leibgeding, auch wenn es im „gefährlichen" Rang nach einem Verwertungsrecht wie einer Grundschuld eingetragen ist, bestehen bleiben kann. Den Bezug auf den Nachrang stellt die Vorschrift mit der Formulierung „*bei der Feststellung des geringsten Gebots nicht berücksichtigt*" her. Nur die Rechte, die in der Zwangsversteigerung bestehen bleiben, d.h. die vorrangigen Rechte werden in das „Ausgangsgebot", d.h. das „*geringste Gebot*" in der Zwangsversteigerung aufgenommen. Die nachrangigen Rechte erlöschen und erhalten lediglich Wertersatz. Ausnahmsweise darf nach § 9 Abs. 1 EGZVG auch das nachrangige Leibgeding bestehen bleiben.

Allerdings bestimmt § 9 Abs. 2 EGZVG hiervon eine **Ausnahme**, die diesen Grundsatz wiederum stark einschränkt: Es muss ein sog. Doppelausgebot erfolgen, d.h., es muss ein Ausgebot in der Zwangsversteigerung einmal mit Bestehenbleiben des Leibgedings und einmal mit Erlöschen des Leibgedings erfolgen; schließlich kann das Bestehenbleiben des Leibgedings die Versteigerungsfähigkeit deutlich einschränken (Wer kauft schon gerne ein Grundstück, auf dem noch die Eltern des Voreigentümers leben?). Der Zuschlag ist dem Angebot, bei dem das Leibgeding bestehen bleibt, zu erteilen, wenn der Versteigerungserlös zur vollständigen Befriedigung der vorrangigen Gläubiger ausreicht, sonst nicht.

Einen umfassenden Schutz gegen das Erlöschen des Leibgedings bietet § 9 EGZVG also nicht; das Leibgeding ist lediglich ein wenig besser gestellt als andere Rechte.

G. Vormerkung (*)

I. Allgemein (*)

484 **§ 883 Abs. 1 BGB:**

Zur Sicherung des Anspruchs auf Einräumung oder Aufhebung eines Rechts an einem Grundstück oder an einem das Grundstück belastenden Recht oder auf Änderung des Inhalts oder des Ranges eines solchen Rechts kann eine Vormerkung in das Grundbuch eingetragen werden.

Die Vormerkung ist ein **Sicherungsmittel eigener Art** und somit kein klassisches „Recht" in Abt. II. Ihre Eintragung erfolgt jedoch ebenfalls in Abt. II des Grundbuchs, sodass sie der Vollständigkeit halber erwähnt werden sollte.[118]

Die Vormerkung dient der Absicherung eines *„Anspruchs auf dingliche Rechtsänderung"*. Ein solcher Anspruch besteht bei jeder rechtsgeschäftlichen Regelung, die zur Durchführung einer wie auch immer gearteten Verfügung (= Aufhebung, Übertragung, Inhaltsänderung oder Belastung; im Übrigen zur genaueren Erläuterung siehe § 1 Rdn 21 ff.) verpflichtet.

Beispiele:

a) Die Übereignung eines Grundstücks ist eine Verfügung über das Grundstück, da das Eigentum **übertragen** wird.

b) Die Bestellung einer Dienstbarkeit ist eine Verfügung über ein Grundstück, da das Grundstück mit der Dienstbarkeit **belastet** wird.

c) Die Löschung eines Nießbrauchs am Grundstück ist eine Verfügung über ein an einem Grundstück eingetragenes Recht, da dieses **Recht aufgehoben** wird.

Nach dem Trennungs- und Abstraktionsprinzip (zum Begriff siehe § 1 Rdn 35 ff.) gibt es 485
grundsätzlich immer zwei Rechtsgeschäfte:

- ein **schuldrechtliches Verpflichtungsgeschäft** und
- ein **dingliches Erfüllungsgeschäft.**

Die Vormerkung wird immer dann interessant, wenn zwischen dem Abschluss des schuldrechtlichen Verpflichtungsgeschäfts und dem dinglichen Erfüllungsgeschäft eine Zeitspanne liegt. So führt z.B. ein Grundstückskaufvertrag wie in Beispiel a) nicht sofort zum Eigentumswechsel. Zunächst ist nur der schuldrechtliche Vertrag geschlossen, auf dessen Basis weitere Vollzugsschritte, wie z.B. die Kaufpreiszahlung durch den Käufer erforderlich sind. Erst ca. drei Monate (oder je nach Geschwindigkeit des Grundbuch- und Finanzamts auch länger oder kürzer) nach Abschluss des Grundstückskaufvertrags kann dann die Eintragung des Käufers als Eigentümer im Grundbuch erfolgen. In dieser Zwischenzeit vom Abschluss des Kaufvertrags bis zur Eintragung des Käufers als Eigentümer im Grundbuch können sich jedoch noch Veränderungen ergeben, die im schlimmsten Fall den Eigentumserwerb des Käufers vereiteln:

So kann z.B. der Käufer einen weiteren Vertrag mit einem anderen schließen, dem er dann das Grundstück überschreibt. Ebenso ist es denkbar, dass der Verkäufer das kaufgegenständliche Grundstück mit weiteren Grundschulden belastet, die nicht aus dem Kaufpreis des Käufers ablösbar sind. Über das Vermögen des Verkäufers kann das Insolvenzverfahren eröffnet werden und der Insolvenzverwalter die Erfüllung des schuldrechtlichen Vertrags ablehnen, was zulässig ist (§ 103 Abs. 2 InsO).

Gegen diese Szenarien schützt allesamt die Vormerkung, die für Absicherung in der Schwebe- 486
phase zwischen Abschluss eines Rechtsgeschäfts bis zu seiner Erfüllung sorgt. Zu diesem Zwecke hat die Vormerkung **verschiedene Sicherungswirkungen**:

- relative Unwirksamkeit beeinträchtigender Verfügungen, § 883 Abs. 2 S. 1 BGB,
- Insolvenzschutz, § 883 Abs. 2 S. 2 BGB, § 106 InsO,
- Rangschutz („Rangwirkung"), § 883 Abs. 3 BGB.

Die Vormerkung ist abhängig von der durch sie gesicherten schuldrechtlichen Forderung auf 487
dingliche Rechtsänderung, d.h. sie ist „akzessorisch". Das bedeutet, dass die Vormerkung dem Schicksal der schuldrechtlichen Forderung folgt: Erlischt die schuldrechtliche Forderung, erlischt die Vormerkung; wird die schuldrechtliche Forderung übertragen, folgt die Vormerkung etc.

118 Im Übrigen siehe hierzu auch die Ausführungen von *Falkner,* Kaufvertrag, § 2 Rn 245 ff.

II. Relative Unwirksamkeit beeinträchtigender Verfügungen (*)

488 **§ 883 Abs. 2 S. 1:**

*Eine **Verfügung**, die **nach der Eintragung** der Vormerkung über das Grundstück oder das Recht getroffen wird, ist **insoweit unwirksam**, als sie den Anspruch vereiteln oder beeinträchtigen würde.*

§ 888 Abs. 1 BGB:

*Soweit der Erwerb eines eingetragenen Rechts oder eines Rechts an einem solchen Recht gegenüber demjenigen, **zu dessen Gunsten die Vormerkung** besteht, unwirksam ist, kann dieser von dem Erwerber die **Zustimmung** zu der **Eintragung oder der Löschung** verlangen, die zur **Verwirklichung** des durch die Vormerkung **gesicherten Anspruchs erforderlich** ist.*

489 Ist eine Vormerkung im Grundbuch eingetragen, so sind alle Verfügungen, die den durch die Vormerkung abgesicherten Anspruch auf dingliche Rechtsänderung beeinträchtigen oder sogar komplett vereiteln würden, relativ unwirksam.

Relative Unwirksamkeit bedeutet, dass die Verfügung **nur gegenüber dem Vormerkungsberechtigten unwirksam** ist, gegenüber allen anderen jedoch wirksam. Nur der Vormerkungsberechtigte hat somit das Recht, eine vormerkungswidrige Verfügung rückgängig zu machen, jemand anderes nicht.

Beispiel:

Herr Kohl verkauft ein Grundstück an Frau Zucchini. Nach Abschluss des Kaufvertrags und Eintragung einer Vormerkung zugunsten von Frau Zucchini ärgert sich Herr Kohl jedoch so über Frau Zucchini, dass er ihr das Grundstück nicht mehr verkaufen möchte und einen neuen Vertrag mit Herrn Languste abschließt, dem er das Eigentum auch gleich im Grundbuch überschreibt.

Nach dem Absolutheitsgrundsatz wäre Herr Languste für alle anderen durch die Eintragung im Grundbuch wirksam Eigentümer geworden. Die Vormerkung zugunsten von Frau Zucchini durchbricht dieses Prinzip nun insofern, dass diese Eigentümerstellung von Herrn Languste Frau Zucchini gegenüber relativ unwirksam ist. D.h. Frau Zucchini kann, wenn sie möchte, erzwingen, dass Herr Languste wieder aus dem Grundbuch entfernt und sie, Frau Zucchini, stattdessen in das Grundbuch eingetragen wird.

490 Nach § 888 BGB gibt die Vormerkung dem Vormerkungsberechtigten einen **Anspruch** gegen den vormerkungswidrigen Erwerber (im obigen Beispiel: Herr Languste) **auf Zustimmung** zu der Löschung oder Eintragung, durch die der durch die Vormerkung gesicherte Anspruch verwirklicht werden kann. Im obigen Beispiel muss also Herr Kohl den Eigentumsübergang an Frau Zucchini erklären und Herr Languste als derzeit eingetragener Eigentümer dem zustimmen, d.h. die Eintragung des Eigentumsübergangs auf Frau Zucchini bewilligen. Beide sind hierzu rechtlich verpflichtet und können, wenn sie die Erklärungen nicht abgeben, auf deren Abgabe verklagt werden, wobei das jeweilige obsiegende Urteil die Erklärung ersetzt (§ 894 S. 1 ZPO). So wird Frau Zucchini Eigentümerin.

III. Insolvenzschutz (*)

491 **§ 883 Abs. 2 BGB:**

*Eine Verfügung, die nach der Eintragung der Vormerkung über das Grundstück oder das Recht getroffen wird, ist insoweit unwirksam, als sie den Anspruch vereiteln oder beeinträchtigen würde. **Dies gilt auch**, wenn die Verfügung im Wege der **Zwangsvollstreckung** oder der **Arrestvollziehung** oder durch den **Insolvenzverwalter** erfolgt.*

492 Eine vor Eröffnung eines **Insolvenzverfahrens** eingetragene Vormerkung schützt auch gegen vormerkungswidrige Verfügungen eines Insolvenzverwalters. Hinsichtlich eines vormerkungsgeschützten Anspruchs steht dem Insolvenzverwalter kein Wahlrecht nach § 103 Abs. 2 InsO zu, sodass er auch die Nichterfüllung des Anspruchs wählen könnte. Der vormerkungs-

gesicherte Anspruch ist zu erfüllen (§ 106 Abs. 1 S. 1 InsO). Dies bedeutet, dass auch die Eröffnung eines Insolvenzverfahrens bei Eintragung einer Vormerkung dem Ziel des Käufers, Eigentümer zu werden, nichts anhaben kann.

Im Fall der **Zwangsversteigerung** ist wichtig, dass die Vormerkung dem Verwertungsrecht, 493
aus dem die Zwangsvollstreckung betrieben wird, vorgeht. In diesem Fall muss auch der neue Erwerber in der Zwangsversteigerung die Vormerkung übernehmen und akzeptieren, wenn das Eigentum aufgrund des gesicherten Anspruchs auf den Vormerkungsberechtigten übergeht. Insoweit ist der Zuschlag in der Zwangsversteigerung dem Vormerkungsberechtigten gegenüber relativ unwirksam.

Ist die Vormerkung dem Verwertungsrecht nachrangig, so erlischt sie nach allgemeinen Grundsätzen in der Zwangsversteigerung und der Berechtigte erhält allenfalls Wertersatz.

IV. Rangwahrung (*)

§ 883 Abs. 3 BGB: 494

*Der **Rang des Rechts**, auf dessen Einräumung der Anspruch gerichtet ist, bestimmt sich **nach der Eintragung** der Vormerkung.*

Die Vormerkung sichert zudem die Rangstelle für eine spätere Eintragung eines Rechts. Bei ihrer Eintragung im Grundbuch erhält die Vormerkung, auch wenn sie ein Sicherungsmittel eigener Art und kein Recht ist, einen eigenen Rang. Werden nach der Vormerkung noch weitere Rechte im Grundbuch eingetragen, könnte bei der Bestellung des durch die Vormerkung gesicherten Rechts nur noch die nächstoffene Rangstelle verschafft werden, die aufgrund der in der Zwischenzeit erfolgten weiteren Eintragungen schlechter ist, als der Rang der Vormerkung.

Der Rangschutz der Vormerkung bewirkt jedoch, dass die Vormerkung in das abgesicherte 495
Recht umgeschrieben wird, welches somit den gleichen Rang wie die Vormerkung erhält und den eigentlich vor ihm eingetragenen Rechten im Rang vorgeht.

> *Beispiel:*
>
> Im Grundbuch wird an erster Rangstelle eine Vormerkung zur Absicherung der Eintragung eines Nießbrauchs zugunsten der Eltern des Eigentümers eingetragen. Nach der Vormerkung bestellt der Eigentümer zwei Grundschulden zugunsten seiner örtlichen Kreissparkasse.
>
> Ohne die Rangwirkung müsste der Nießbrauch an der gefährlichen Rangstelle nach den beiden Grundschulden zugunsten der Kreissparkasse eingetragen werden. Aufgrund der Vormerkung kann jedoch der Nießbrauch in den Rang der Vormerkung, d.h. in den Vorrang vor den Grundschulden, umgeschrieben werden.

H. Vermerke (*)

Neben den Rechten in Abt. II können dort auch weitere Eintragungen erfolgen, die selbst 496
keine Rechte sind, keinen Rang haben und neben weiteren Rechtswirkungen **Informationszwecke** im Sinne des Publizitätsgrundsatzes erfüllen. Sie bewirken somit u.a. die Information des Rechtsverkehrs in Situationen, in denen die Eintragungen im Grundbuch ohne diese Information unvollständig und irreführend wären.

I. Widerspruch (*)

Das **Grundbuch** ist grundsätzlich mit **öffentlichem Glauben** ausgestattet (§ 891 BGB). Das 497
bedeutet, dass jedermann davon ausgehen darf, dass das Grundbuch richtig ist und keine weiteren Nachforschungen, ob der im Grundbuch eingetragene Eigentümer wirklich der Eigentümer ist, anstellen muss. Trotzdem gibt es Situationen, in denen die Eintragung im Grundbuch falsch ist. Die Rechtsordnung schützt in diesem Fall die Öffentlichkeit, die auf die Rich-

tigkeit des Grundbuchs vertraut, vor einem bösen Erwachen, was aber dazu führt, dass ggf. der wahre Rechtsinhaber sein Recht verliert.

498 *Beispiel:*

Der Grundstückseigentümer Bob Minión verkauft ein Plantagengrundstück an den Obst- und Gemüsehändler Bruno Banana. Während der notariellen Beurkundung wirkt Herr Minión recht infantil und ein wenig absonderlich, aber Herr Banana denkt sich nichts weiter dabei und verkauft das Grundstück seinerseits bald wieder an einen Dritten.

Einige Zeit später stellt sich heraus, dass Herr Minión unerkannt psychisch erkrankt und der Kaufvertrag zwischen ihm und Herrn Banana daher unwirksam war. Herr Banana hätte also nie als Eigentümer ins Grundbuch eingetragen werden dürfen. Aufgrund des Weiterverkaufs durch Herrn Banana ist jedoch bereits der unwissende Dritte wirksam Eigentümer geworden, da das Gesetz sein Vertrauen geschützt hat.

Herr Minión wird daher sein Plantagengrundstück, sollte sich der Dritte nicht für einen Rückkauf aufgeschlossen zeigen, nicht zurückbekommen.

Dies hätte sich verhindern lassen, wenn im Grundbuch ein **Widerspruch** eingetragen gewesen wäre.

§ 899 Abs. 1 BGB:

*In den Fällen des **§ 894** [= bei Unrichtigkeit des Grundbuchs] kann ein **Widerspruch** gegen die Richtigkeit des Grundbuchs eingetragen werden.*

499 Ein Widerspruch ist ein **Sicherungsmittel eigener Art**, das im Fall der **Unrichtigkeit des Grundbuchs** den Anspruch auf Grundbuchberichtigung absichert. Ist ein solcher Widerspruch eingetragen, beendet er den Schutz der Rechtsordnung für denjenigen, der auf das Grundbuch vertraut. Ist im Grundbuch ein Widerspruch eingetragen, d.h. ausdrücklich vermerkt, dass eine Unrichtigkeit vorliegt, darf darauf nicht mehr berechtigterweise vertraut werden.

Im obigen Beispiel wäre bei eingetragenem Widerspruch der Dritte somit nicht gutgläubig Eigentümer geworden.

II. Insolvenzvermerk, Nacherbenvermerk, Zwangsversteigerungsvermerk, Testamentsvollstreckervermerk (*)

500 Eine Verfügung (siehe hierzu § 1 Rdn 21 ff.) muss grundsätzlich durch den Berechtigten ausgeführt werden, damit sie wirksam ist (siehe hierzu Rdn 87 f.). Im Regelfall stehen dem Eigentümer, soweit es das Gesetz erlaubt, alle Befugnisse hinsichtlich eines Grundstücks zu, sodass der Eigentümer auch üblicherweise der zur Verfügung Berechtigte ist.

501 Es gibt jedoch **Ausnahmen** von diesem Grundsatz. In Situationen wie der Insolvenz, bei Anordnung eines Zwangsversteigerungsverfahrens, bei Anordnung von Testamentsvollstreckung oder der Vor- und Nacherbfolge ist die Verfügungsbefugnis des Eigentümers beschränkt oder ganz ausgeschlossen. Um den Rechtsverkehr auf diese Besonderheit hinzuweisen, werden in diesen Fällen in Abt. II des Grundbuchs **Vermerke** eingetragen.

1. Insolvenzvermerk

502 **§ 32 Abs. 1 InsO:**

Die Eröffnung des Insolvenzverfahrens ist in das Grundbuch einzutragen:

1. bei Grundstücken, als deren Eigentümer der Schuldner eingetragen ist;

2. (...)

Ist der Eigentümer insolvent, so steht die Verfügungsbefugnis dem Insolvenzverwalter zu. Soll ein Grundstück veräußert werden, schließt also der Insolvenzverwalter den Vertrag und erklärt die Auflassung und nicht der Eigentümer. Der Insolvenzvermerk nach § 32 Abs. 1

InsO wird gemäß § 38 GBO auf Ersuchen des Insolvenzgerichts automatisch, d.h. ohne Mitwirkung des insolventen Eigentümers, dem das in der Regel ja gerade nicht Recht sein dürfte, in das Grundbuch eingetragen.

§ 38 GBO:

In den Fällen, in denen nach ***gesetzlicher Vorschrift*** *eine Behörde befugt ist, das Grundbuchamt um eine Eintragung zu ersuchen, erfolgt die Eintragung aufgrund des Ersuchens der Behörde.*

Lerntipp!

Die Vorschriften der InsO und des ZVG, die dem Insolvenz- bzw. Vollstreckungsgericht die Befugnis geben, das Grundbuchamt um eine Eintragung zu ersuchen, können Sie im Gesetz bei § 38 GBO am Rand vermerken.

2. Zwangsversteigerungsvermerk

§ 19 Abs. 1 ZVG: 503

Ordnet das Gericht die Zwangsversteigerung an, so hat es zugleich das Grundbuchamt um Eintragung dieser Anordnung in das Grundbuch zu ersuchen.

Wird das Zwangsversteigerungsverfahren über ein Grundstück eröffnet, unterliegt das Grundstück einer rechtlichen Beschlagnahme, die die Wirkung eines Veräußerungsverbots hat, d.h. das Grundstück darf grundsätzlich von niemandem mehr, auch nicht vom Eigentümer, veräußert werden.

Der Zwangsvollstreckungsvermerk, der ebenfalls aufgrund Ersuchens des Vollstreckungsgerichts nach § 38 GBO ins Grundbuch eingetragen wird, macht diesen Zustand nach außen sichtbar.

3. Testamentsvollstreckervermerk

§ 52 GBO: 504

Ist ein ***Testamentsvollstrecker*** *ernannt, so ist dies bei der* ***Eintragung des Erben*** *von Amts wegen* ***miteinzutragen,*** *es sei denn, daß der Nachlaßgegenstand der Verwaltung des Testamentsvollstreckers nicht unterliegt.*

Ist über einen Nachlass, in dem sich Grundstücke befinden, Testamentsvollstreckung angeordnet, ist der Testamentsvollstrecker über die Grundstücke verfügungsbefugt und nicht der Erbe, der zwar Eigentümer ist, aber keine Verfügungen vornehmen darf.

Auch in diesem Fall schließt der Testamentsvollstrecker einen etwaigen Veräußerungsvertrag und erklärt die Auflassung, nicht der Erbe. Nach § 52 GBO ist die Anordnung der Testamentsvollstreckung im Grundbuch zu vermerken.

4. Nacherbenvermerk

Bei Vor- und Nacherbfolge ordnet der Erblasser (also der, der verstirbt und somit vererbt) 505
an, dass ein Gegenstand nach dem Nacherbfall, was in der Regel der Tod des von ihm benannten (ersten) Erben („Vorerben“) ist, nicht wie üblich den Erben seines (ersten) Erben zufallen soll, sondern abweichend an Personen gehen soll, die der Erblasser als „zweite Erben“ („Nacherben“) benannt hat.

Der **Vorerbe** hat den Nachlass in der Vor- und Nacherbfolge somit nur für einen bestimmten Zeitraum „geliehen“ und muss ihn dann wieder weitergeben. Damit für den Nacherben auch noch „etwas übrig bleibt“, trifft das Gesetz verschiedene Beschränkungen des Vorerben in seiner Verfügungsbefugnis.

Die Anordnung von Vor- und Nacherbfolge und gewisse Ausführungen über den Umfang der Befugnis des Vorerben sind im Grundbuch zu vermerken.

§ 51 GBO:

*Bei der **Eintragung eines Vorerben** ist zugleich das **Recht des Nacherben** und, soweit der Vorerbe von den Beschränkungen seines Verfügungsrechts befreit ist, auch die **Befreiung** von Amts wegen einzutragen.*

§ 3 Prüfe dein Wissen

A. Prüfe dein Wissen – so geht's

Der nachfolgende Abschnitt soll Ihnen die Wiederholung des Gelernten erleichtern. Er ist zweigeteilt: 1

Zum einen finden Sie Verständnisfragen zu den wichtigsten Themenkomplexen dieses Buches.

Zum anderen enthält er jeweils mindestens einen großen und schwierigen Beispielsfall zur dargestellten Theorie. Lassen Sie sich nicht entmutigen, wenn Sie diesen Fall nicht (sofort) lösen können. Er dient zur Vertiefung des Gelernten und zur Veranschaulichung dessen, wie die Theorie in der Praxis tatsächlich für konkrete Menschen Bedeutung erlangen kann.

Sehen Sie es als Motivation: Wenn Sie kontinuierlich in Ihrer Ausbildung und beruflichen Fortentwicklung „am Ball bleiben", wird der Tag kommen, an dem Sie auch solch einen Fall „mit links" lösen.

B. Allgemeines

Aufgabe 1 2

Frage:

Was ist Abteilung II und was ist Abteilung III?

Antwort:

Abt. II und Abt. III folgen in ihrer Bezeichnung der **Aufteilung des Grundbuchs** und beschreiben Abteilungen im Grundbuch. Die Überschriftszeile in Abt. II des Grundbuchs lautet auf „Lasten und Beschränkungen". In Abt. II des Grundbuchs sind alle Belastungen und Beschränkungen des im Bestandsverzeichnis eingetragenen Gegenstandes verzeichnet, die nicht ausdrücklich in Abt. III eingetragen werden müssen. Ein Eigentümer oder Berechtigter darf sein Eigentum bzw. den Gegenstand seiner Berechtigung grundsätzlich im Rahmen der Gesetze nach seinem Belieben frei nutzen. Belastungen sind Rechte, die diese Befugnis zur freien Benutzung zugunsten des jeweiligen Berechtigten des belastenden Rechts einschränken.

In Abt. III des Grundbuchs werden ebenfalls Belastungen des im Bestandsverzeichnis verzeichneten Grundstücks, Sondereigentums oder grundstückgleichen Rechts verzeichnet. Ausweislich der Überschriftszeile im Grundbuch können in Abt. III jedoch nur **Hypotheken, Grundschulden und Rentenschulden** vermerkt werden. Es handelt sich somit um ausgewählte Belastungen, die statt in Abt. II in Abt. III verzeichnet werden und ihrem Berechtigten, häufig einer Bank, das Recht geben, die Zwangsvollstreckung (durch Zwangsversteigerung oder Zwangsverwaltung) in den belasteten Grundbesitz zu betreiben.

(Siehe hierzu § 1 Rdn 13 ff.).

Aufgabe 2 3

Frage:

Was ist ein beschränkt dingliches Recht?

Antwort:

Dingliche Rechte sind Rechte, die zum Sachenrecht gehören und für die die sachenrechtlichen Grundsätze gelten. Sie sind somit insbesondere im Gesetz abschließend festgelegt (Typenzwang), von jedermann zu beachten (Absolutheit) und müssen für jedermann erkennbar sein (Publizität).

Das dingliche Hauptrecht, das dem Berechtigten die Befugnis zur beliebigen Nutzung eines Gegenstandes gewährt, die nur durch die Gesetze beschränkt wird, ist das **Eigentum**. Alle anderen Rechte gewähren nur einen **Ausschnitt der Befugnisse des Eigentümers**. Sie werden daher auch „**beschränkt dingliche Rechte**" genannt.

(Siehe hierzu § 1 Rdn 16 f.).

4 **Aufgabe 3**
Frage:

Was ist formelles, was ist materielles Recht? Nennen Sie jeweils ein Beispiel!

Antwort:

Das materielle Recht regelt die **Materie** eines Rechts in Abt. II, d.h. seinen Inhalt, seine Entstehung, seine Änderung, seine Übertragung, seine Belastung und sein Erlöschen. Das formelle Recht regelt die **Formalien,** welche Formvorschriften gegenüber dem Grundbuchamt und anderen Stellen eingehalten werden müssen, damit die materiellen, d.h. die inhaltlichen, Rechtswirkungen entstehen oder nach außen sichtbar werden.

Bei der Bestellung eines dinglichen Rechts gehören die Voraussetzungen aus § 873 f. BGB (rechtsgeschäftlicher Erwerb, Einigung zwischen Verpflichtetem und Berechtigtem, Eintragung des Rechts in das Grundbuch, Fortbestehen der Einigung im Zeitpunkt der Eintragung und Berechtigung dessen, der das Eigentum belastet) zum **materiellen Recht**. Die **grundbuchrechtlichen Anforderungen,** dass eine Eintragung in das Grundbuch erfolgt, wie der Antrag nach § 13 GBO und die Bewilligung nach § 19 GBO, zählen hingegen zum **formellen Recht**.

(Siehe hierzu § 1 Rdn 18 ff., § 2 Rdn 79 ff. und Rdn 89 ff.).

5 **Aufgabe 4**
Frage:

Was ist eine Verfügung?

Antwort:

Rechtsänderungen im Sachenrecht erfolgen u.a. im Weg der sog. **Verfügung**. Eine Verfügung kann die **Aufhebung**, die **Übertragung**, die **Inhaltsänderung** oder die **Belastung** eines Rechts sein.

(Siehe hierzu § 1 Rdn 21 ff.).

6 **Aufgabe 5**
Frage:

Nennen Sie die sachenrechtlichen Grundsätze und erläutern Sie diese jeweils kurz!

Antwort:

Die sachenrechtlichen Grundsätze umfassen das **Publizitätsprinzip,** das **Absolutheitsprinzip,** den **Spezialitäts- und Bestimmtheitsgrundsatz,** den **Typenzwang** und das **Abstraktions- und Trennungsprinzip.**

Das **Publizitätsprinzip** besagt, dass dingliche Rechte und ihre Zuordnung an den Rechtsinhaber der Öffentlichkeit grundsätzlich erkennbar sein müssen. Bei beweglichen Gegenständen wird diese Öffentlichkeit durch den **Besitz einer Sache** hergestellt. Bei **unbeweglichen Gegenständen** erfolgt dies durch das Grundbuch.

Das **Absolutheitsprinzip** besagt, dass dingliche Rechte **absolut, d.h. von jedermann**, und nicht nur relativ, d.h. von einem bestimmten Personenkreis, zu beachten sind. Durch diese Absolutheit seiner Rechte unterscheidet sich das Sachenrecht vom Schuldrecht, dem Recht der Verträge. Ein Vertrag gilt grundsätzlich immer nur zwischen den Parteien, die ihn eingehen, ein Dritter muss diesen nicht beachten.

Der **Spezialitätsgrundsatz** und der **Bestimmtheitsgrundsatz** sind zwei Grundsätze, die zunächst so eng miteinander verbunden sind, dass sie häufig sogar als ein Grundsatz verstanden werden. Der **Spezialitätsgrundsatz** besagt, dass Eigentum und Rechte grundsätzlich an einem jeden eigentumsfähigen (hierzu siehe § 2 Rdn 250) Gegenstand gesondert und einzeln, d.h. **„speziell"** bestehen. Der **Bestimmtheitsgrundsatz** verlangt die Angabe, **welcher Gegenstand**

oder welche Gegenstände von vielen Einzelgegenständen **genau** Gegenstand einer Verfügung sind.

Der **Typenzwang** des Sachenrechts zeigt einen wesentlichen Unterschied zwischen Schuldrecht und Sachenrecht. Der allesdefinierende Grundsatz des Schuldrechts ist die **Privatautonomie**. Das lässt sich mit *„erlaubt ist alles, was nicht verboten ist“* umschreiben. Das Sachenrecht hingegen ist in ein enges Korsett geschnürt und funktioniert nach dem allesdefinierenden Grundsatz: *„was nicht ausdrücklich erlaubt ist, ist verboten“*. Das Sachenrecht beschränkt also seine Anwender auf die im Gesetz geregelten Rechte und Rechtsverhältnisse, es zwingt ihnen bestimmte Rechtsformen (oder „**-typen**“) auf.

Das **Trennungsprinzip** besagt, dass Verpflichtungs- und Erfüllungsgeschäft getrennt zu betrachten und zu behandeln sind. Das **Abstraktionsprinzip** knüpft an dieser getrennten Betrachtung an und regelt, dass ein Mangel an einem Rechtsgeschäft (z.B. Unwirksamkeit des Verpflichtungsgeschäfts) nicht den anderen Vertrag berührt. Die beiden Rechtsgeschäfte sind voneinander unabhängig oder „**abstrakt**“ zu betrachten.

(Siehe hierzu § 1 Rdn 24 ff.).

Aufgabe 6 7

Frage:

Es gibt Eintragungen in Abt. II, die keinen Rang haben und kein Recht sind. Worum handelt es sich? Nennen Sie zwei Beispiele und erläutern Sie sie kurz!

Antwort:

In Abt. II können u.a. **Vermerke** oder ein **Widerspruch** eingetragen werden. Diese Eintragungen sind keine Rechte und haben daher keinen Rang. Sie dienen neben weiteren Rechtswirkungen der **Information** des Rechtsverkehrs in Situationen, in denen die Eintragungen im Grundbuch ohne diese Information unvollständig und irreführend wären.

Als erstes Beispiel ist der Widerspruch zu nennen: Ein Widerspruch ist ein **Sicherungsmittel eigener Art**, das im Fall der **Unrichtigkeit des Grundbuchs** den Anspruch auf Grundbuchberichtigung absichert. Grundsätzlich darf jedermann davon ausgehen, dass das Grundbuch richtig ist. Ist es im Einzelfall doch einmal nicht richtig, vermerkt der Widerspruch ausdrücklich im Grundbuch, dass möglicherweise eine Unrichtigkeit vorliegt, sodass sich niemand mehr auf die ursprüngliche, falsche Eintragung verlässt (und verlassen darf).

Als zweites Beispiel ist der Insolvenzvermerk zu nennen: Grundsätzlich ist der Eigentümer **verfügungsbefugt** über seinen Grundbesitz, kann also z.B. neue dingliche Rechten an seinem Grundbesitz bestellen und zur Eintragung bewilligen. Es gibt jedoch **Ausnahmen** von diesem Grundsatz. Z.B. ist im Fall der Insolvenz des Eigentümers die Verfügungsbefugnis des Eigentümers ausgeschlossen und steht stattdessen dem Insolvenzverwalter zu. Um den Rechtsverkehr auf diese Besonderheit hinzuweisen, wird in diesem Fall nach § 32 Abs. 1 InsO, § 38 GBO ein Vermerk im Grundbuch eingetragen.

(Siehe hierzu § 2 Rdn 496 ff.).

C. Dienstbarkeiten

I. Verständnisfragen

Aufgabe 1 8

Frage:

Wie unterscheidet sich eine Grunddienstbarkeit von der beschränkt persönlichen Dienstbarkeit, von der Reallast und vom Nießbrauch?

Antwort:

Grunddienstbarkeit und **beschränkt persönliche Dienstbarkeit** sind beides Dienstbarkeiten. Alles, was Inhalt einer Grunddienstbarkeit sein kann, kann auch Inhalt einer beschränkt persönlichen Dienstbarkeit sein. Die beiden Rechte unterscheiden sich im **Berechtigten**. Während bei der Grunddienstbarkeit der Berechtigte der jeweilige Eigentümer eines herrschenden Grundstücks ist, ist es bei der beschränkt persönlichen Dienstbarkeit eine natürliche/juristische Person, rechtsfähige Personenmehrheit (einschließlich Wohnungseigentümergemeinschaft) oder sonstige grundbuchfähige Personenvereinigung wie z.B. eine politische Partei.

Grunddienstbarkeit und **Reallast** unterscheiden sich darin, dass es niemals **primäre Hauptpflicht** einer Grunddienstbarkeit sein kann, eine **Leistung**, d.h. ein aktives Tun vom Dienstbarkeitsverpflichteten zu verlangen. Die Dienstbarkeit kann ihm **nur das „Nichtstun"** auferlegen, sei es durch eine Duldungs- oder eine Unterlassungspflicht. Die **Reallast** ist hingegen in ihrer primären Leistungspflicht auf ein aktives Tun gerichtet. Die **Grunddienstbarkeit** kann lediglich in Nebenpflichten (§§ 1021 ff. BGB) zu aktivem Tun verpflichten.

Vom **Nießbrauch** unterscheidet sich die **Grunddienstbarkeit** darin, dass sie anders als der Nießbrauch **kein umfassendes Nutzungsrecht,** sondern lediglich die **Nutzung in einzelnen Beziehungen** oder Unterlassung in einzelnen Aspekten gewährt.

(Siehe hierzu § 2 Rdn 2 ff., 171 ff. und 221 ff.).

9 **Aufgabe 2**
Fragen:

Kann eine Dienstbarkeit zu einem vollständigen Ausschluss des Eigentümers von jeglicher Nutzung des Grundstücks führen?

Können Dienstbarkeiten unter Mitbenutzung des Eigentümers bestellt werden?

Antwort:

Bei dieser Frage ist zu unterscheiden: Eine Dienstbarkeit kann nicht zu einem vollständigen Ausschluss des Eigentümers von **jeglicher Nutzung des Grundstücks führen**, da ein Wesensmerkmal der Dienstbarkeit ist, dass dem Berechtigten gerade **kein umfassendes Nutzungsrecht** gewährt wird und somit dem Eigentümer des belasteten Grundstücks eine Nutzungsmöglichkeit verbleiben muss. Nach der herrschenden, aber nicht unbestrittenen Meinung reicht es hierbei aus, wenn dem Eigentümer lediglich eine **theoretische Nutzungsmöglichkeit** verbleibt.

Davon zu unterscheiden ist die Frage, ob im Ausübungsbereich einer Dienstbarkeit, d.h. hinsichtlich der konkreten Nutzung, die die Dienstbarkeit gewährt, auch stets eine zumindest theoretische Nutzungsmöglichkeit des Eigentümers gegeben sein muss, d.h. ob eine Dienstbarkeit grundsätzlich nur unter Mitbenutzung des Eigentümers bestellt werden darf. Das ist zu verneinen. Von den Nutzungen, die die Dienstbarkeit gewährt, kann der Eigentümer vollständig ausgeschlossen werden. Es ist lediglich sicherzustellen, dass ihm **jenseits** der durch die Dienstbarkeit gewährten **einzelnen Nutzungen** noch eine zumindest **theoretische Nutzungsmöglichkeit** verbleibt.

(Siehe hierzu § 2 Rdn 2 ff., 52 f.).

10 **Aufgabe 3**
Frage:

Welche drei Formen des Inhalts einer Grunddienstbarkeit kennt das Gesetz?

Antwort:

Eine Grunddienstbarkeit ist eine Dienstbarkeit, sie kann also den Inhalt einer Dienstbarkeit haben. Man unterscheidet drei Kategorien:

- **Variante eins:** einem Berechtigtem zu erlauben, das Grundstück des Verpflichteten in einzelnen Beziehungen zu benutzen (= **Duldung einer Nutzung;**)
- **Variante zwei:** dem Verpflichteten zu untersagen, auf dem Grundstück gewisse Handlungen vorzunehmen (= **Unterlassung eines tatsächlichen Tuns**);

- **Variante drei**: dem Verpflichten zu untersagen, auf dem Grundstück ein gewisses Recht, das das Grundstück gewährt, auszuüben (= **Unterlassung der Rechtsausübung**).

(Siehe hierzu § 2 Rdn 19 ff.).

Aufgabe 4 11
Frage:

Was ist der Unterschied zwischen Ausübungsbereich und Belastungsgegenstand?

Antwort:

Der **Belastungsgegenstand** ist das **Grundstück**, der **Grundstücksteil**, das **Sondereigentum** oder das **grundstücksgleiche Recht** (z.B. Erbbaurecht), das mit der Dienstbarkeit belastet ist. Die Belastung ergibt sich u.a. durch die Eintragung im Grundbuch, sodass Belastungsgegenstand (mit einer Ausnahme, § 7 Abs. 2 GBO) grundsätzlich nur sein kann, **was** ohne weitere Schritte wie z.B. Vermessung **unter einer eigenen laufenden Nummer im Bestandsverzeichnis des Grundbuchs eingetragen** sein kann.

Der **Ausübungsbereich** hingegen bestimmt, **wo** auf dem Belastungsgegenstand die **Ausübung** der Dienstbarkeit erfolgen darf. **Wenn keine Regelung** zum Ausübungsbereich getroffen ist und sich auch kein Ausübungsbereich aus der tatsächlichen Nutzung der Dienstbarkeit ableiten lässt, **entspricht** der **Ausübungsbereich dem gesamten Belastungsgegenstand**. Ist hingegen eine solche Regelung getroffen, oder ergibt sich ein Ausübungsbereich aus der Nutzung, so kann die Dienstbarkeit nicht mehr auf dem gesamten Belastungsgegenstand, sondern nur mehr auf der Teilfläche des Belastungsgegenstandes ausgeübt werden, die vom Ausübungsbereich erfasst ist. Diese Teilfläche muss auch, weil sie gerade nicht Belastungsgegenstand ist, nicht vermessen sein. Der **Ausübungsbereich** kann also auch **Flächen** umfassen, die ohne weitere Maßnahmen wie die Vermessung **nicht im Bestandsverzeichnis** eingetragen werden könnten (und nicht von der Ausnahme des § 7 Abs. 2 GBO erfasst sind).

(Siehe hierzu § 2 Rdn 30 ff.).

Aufgabe 5 12
Sachverhalt und Frage:

Rose und Jack Dewson kommen ins Notariat. Sie möchten lediglich auf einem 5 qm großen Streifen ihres Grundstücks ihrem Nachbarn erlauben, das Fundament seines Pools auch in ihrem Grundstück zu verlegen. Der Rest ihres Grundstücks soll von dieser Befugnis nicht erfasst sein.

Welche zwei Wege gibt es grundsätzlich, nur einen Teil eines Grundstücks zum Gegenstand einer Dienstbarkeit zu machen? Welchen Weg sollten Sie vorschlagen?

Antwort:

Zur Umsetzung des Wunsches des Ehepaares gibt es zwei Möglichkeiten:

- Entweder: Wahl lediglich eines **Grundstücksteils** als Belastungsgegenstand
  Hierfür gibt es wiederum zwei Wege: Grundsätzlich müsste der 5 qm große Streifen vermessen und im Grundbuch als selbstständiges Grundstück (d.h. unter einer eigenen laufenden Nummer im Bestandsverzeichnis) eingetragen werden (§ 7 Abs. 1 GBO). Hiervon regelt § 7 Abs. 2 GBO für Dienstbarkeiten eine Ausnahme: Die kostenpflichtige Vermessung und Abschreibung des Grundstücksteils kann unterbleiben, wenn **Verwirrung nicht zu besorgen** ist. Ist dieser Fall gegeben, ist **anstelle der Abschreibung** des neu vermessenen Grundstücksteils lediglich ein vom Liegenschaftsamt **beglaubigter Auszug aus einer amtlichen Karte** vorzulegen, in der der Grundstücksteil eingezeichnet ist, ohne dass für ihn bereits eine eigene Flurstücknummer bestehen muss. Auch eine amtliche Karte muss nicht vorgelegt werden, wenn der Grundstücksteil „*unter einer besonderen Nummer verzeichnet ist*“. Damit ist gemeint, dass bereits eine Flurstücknummer für eine Fläche besteht, welche jedoch (noch) nicht als selbstständiges Grundstück im Grundbuch gebucht ist.

Der so ermittelte Grundstücksteil könnte sodann mit der Grunddienstbarkeit ohne Bestimmung eines weiteren Ausübungsbereichs belastet werden, d.h. der Ausübungsbereich der Dienstbarkeit entspräche dem Umfang des Belastungsgegenstandes.

- Oder: Belastung des **gesamten Grundstücks mit Beschränkung des Ausübungsbereichs** auf den 5 qm großen Grundstücksstreifen
  In diesem Fall kann das existierende Grundstück mit der Grunddienstbarkeit belastet werden, ohne dass eine weitere Vermessung notwendig ist. Zur Bestimmung des Ausübungsbereichs reicht aus, diesen textuell in der Dienstbarkeitsurkunde zu beschreiben und/oder einen Lageplan, aus dem der Ausübungsbereich eindeutig ersichtlich ist, der Dienstbarkeitsbestellungsurkunde beizufügen.

Von den beiden vorgestellten Varianten **vorzuziehen ist die zweite**. Denn im ersten Fall entstehen den Beteiligten entweder **zusätzliche Kosten durch die Vermessung und Abschreibung** des Grundstücksteils, oder aber es besteht bei Einsatz des (ebenfalls nicht kostenfreien) Verfahrens des § 7 Abs. 2 GBO die Gefahr, dass das Grundbuchamt im Einzelfall doch die Gefahr der Verwirrung sieht und es somit zu Verzögerungen im Grundbuchvollzug kommt. Der Begriff der **Verwirrung** ist nicht immer leicht greifbar und kann von Grundbuchamt zu Grundbuchamt unterschiedlich ausgelegt werden. Bei der Bestimmung eines beschränkten Ausübungsbereichs hat hingegen ohne weitere Kosten lediglich **eine dem Bestimmtheitsgrundsatz entsprechende Beschreibung des Ausübungsbereichs** nach den soeben dargelegten Grundsätzen (mit Lageplan und/oder textueller Beschreibung) zu erfolgen.

(Siehe hierzu § 2 Rdn 30 ff.).

13 **Aufgabe 6**

Aufgabe:

Nennen Sie die materiell-rechtlichen und formell-rechtlichen Erklärungen, die erforderlich sind, um eine Dienstbarkeit zu bestellen und erläutern Sie sie kurz!

Lösung:

Um eine Grunddienstbarkeit **nach materiellem Recht** entstehen zu lassen (§ 873 BGB), sind die folgenden Voraussetzungen erforderlich:

- rechtsgeschäftlicher Erwerb,
- Einigung zwischen Verpflichtetem und Berechtigtem,
- Eintragung des Rechts in das Grundbuch,
- Fortbestehen der Einigung im Zeitpunkt der Eintragung („Einigsein“),
- Berechtigung dessen, der das Eigentum belastet,

Um eine Grunddienstbarkeit nach **formellem Recht** zur Eintragung gelangen zu lassen, sind die folgenden Voraussetzungen erforderlich:

- Bewilligung des Verpflichteten (§ 19 GBO),
- Bewilligung in öffentlicher, d.h. in beurkundeter, oder in öffentlich beglaubigter, d.h. von einer öffentlichen Stelle, wie z.B. dem Notar oder der Gemeinde, in beglaubigter Form (§ 29 Abs. 1 S. 1 GBO),
- Antrag des Berechtigten oder des Verpflichteten (§ 13 GBO).

Die Regelung des § 873 BGB **gilt nur** für den **Rechtserwerb durch Rechtsgeschäft,** d.h. durch einen Erwerb, der durch eine willentliche Entscheidung der Beteiligten begonnen wird. Davon zu unterscheiden sind die automatischen Erwerbsarten, die eintreten, ganz egal ob die Beteiligten es wollen oder nicht: der Erwerb kraft Gesetzes (z.B. im Erbfall) und der Erwerb durch Hoheitsakt (= staatliche Maßnahme), z.B. bei der Zwangsversteigerung.

Verpflichteter und Berechtigter müssen sich **einig** sein, dass die Dienstbarkeit bestellt werden soll. Eine besondere Form für diese Einigung schreibt das Gesetz nicht vor, sodass sie **in jeder beliebigen Form** erfolgen kann.

Für die materielle Rechtsentstehung muss die **Eintragung im Grundbuch lediglich erfolgt** sein, wobei unerheblich ist, ob das Grundbuchamt seine formell-rechtlichen Vorschriften (siehe hierzu § 2 Rdn 89 ff.) eingehalten hat oder nicht.

Die Einigung zwischen Verpflichtetem und Berechtigten muss **im Zeitpunkt der Eintragung** noch **fortbestehen**. Das kann durch tatsächliches Fortbestehen (= beide sind sich weiterhin einig) erfolgen, oder dadurch, dass die Einigung nach § 873 Abs. 2 BGB, also z.B. durch notarielle Beurkundung der Erklärungen, bindend geworden ist, d.h. nicht mehr widerrufen werden kann.

Die Dienstbarkeit kann zudem materiell-rechtlich **nur** entstehen, **wenn derjenige** sie bestellt, der auch dazu **berechtigt** ist. Es kann also grundsätzlich kein Fremder, der nicht Eigentümer oder Verfügungsberechtigter ist, das Grundstück eines anderen belasten, sondern immer nur der, dem das Grundstück gehört (= Eigentümer) oder der, der zur Verfügung über das Grundstück berechtigt ist (= z.B. Insolvenzverwalter, Testamentsvollstrecker).

Die **Bewilligung** ist eine **grundbuchrechtliche** Erklärung, die in die Dienstbarkeitsbestellungsurkunde zwingend aufgenommen werden muss, da sonst die Eintragung im Grundbuch nicht erfolgen kann. Sie muss in der Form des § 29 GBO erfolgen, also einer notariell beurkundeten Urkunde oder im Wege der Unterschriftsbeglaubigung. Nicht in der Form des § 29 GBO erfolgen muss hingegen der Antrag nach § 13 GBO, der aber ebenfalls zur Bestellung des Rechts von formeller Seite her vorliegen muss. Antragsberechtigt sind der Verpflichtete und/oder der Berechtigte.

(Siehe hierzu § 2 Rdn 79 ff. und 89 ff.).

Aufgabe 7 14

Sachverhalt und Fragen:

Im Grundbuch ist eine Grundschuld eingetragen. Nun soll auch eine Grunddienstbarkeit eingetragen werden.

Welche zwei Vorgehensweisen hinsichtlich der Rangbestimmung sollten sie erwägen? Welche ist vorzuziehen?

Ändert sich an dieser Bewertung etwas, wenn statt einer Grunddienstbarkeit ein Nießbrauch eingetragen werden soll?

Antworten:

Im Grundbuch ist eine Grundschuld eingetragen. Diese gibt als Verwertungsrecht die Befugnis zur Zwangsvollstreckung in das Grundstück, z.B. im Wege der **Zwangsversteigerung**. Erfolgt der Zuschlag in der Zwangsversteigerung, **erlöschen** grundsätzlich alle Rechte, die dem Recht, aus dem die Zwangsversteigerung betrieben wird, im Rang nachgehen. Ohne weitere Erklärungen kann die Grunddienstbarkeit jedoch nur an **nächstoffener Rangstelle** eingetragen werden, würde also der Grundschuld nachgehen. Grundsätzlich ist für den Fall des Erlöschens der Grunddienstbarkeit dann zwar eine Abfindung in Geld als Ersatz vorgesehen, diese kann jedoch nur gezahlt werden, wenn noch ein Versteigerungserlös (d.h. Geld aus der Zwangsversteigerung) nach Bezahlung der im Rang vorgehenden Gläubiger übrig ist. Dies ist häufig nicht der Fall, sodass die Grunddienstbarkeit in diesem Fall **ersatzlos erlöschen** würde.

Ein Weg, diesem Risiko zu begegnen, ist der **Grunddienstbarkeit Rang vor der Grundschuld** zu verschaffen. Diesbezüglich ist von dem Berechtigten der Grundschuld die Erklärung eines Rangrücktritts einzuholen und vom Grundstückseigentümer die Zustimmung zu diesem Rangrücktritt. In der Dienstbarkeitsurkunde ist zu regeln, dass Rangrücktrittserklärungen eingeholt werden und wer deren Kosten trägt.

Eine andere Variante ist, die Grunddienstbarkeit in Kenntnis dieses Risikos im Rang nach der Grundschuld einzutragen. In diesem Fall muss in die Bestellungsurkunde die Entscheidung für den Nachrang, verbunden mit einem deutlicher **Hinweis**, der nicht nur auf das Rangverhältnis hinweist, **aufgenommen** werden. Der Hinweis muss zudem in deutlichen Worten davor warnen, dass eine Zwangsversteigerung zum Erlöschen der nachrangigen Rechte führt, ein Wertersatz nur geleistet wird, soweit vom Versteigerungserlös nach Befriedigung der vorrangigen Gläubiger etwas übrig bleibt und der Fall des mangelnden Versteigerungserlöses schneller eintreten kann als erwartet, da der Betrag der vorrangigen Rechte aufgrund der eingetragenen Nebenrechte deutlich höher als ihr Nennbetrag ist.

Von den beiden Varianten ist im **Sinne des sichersten Wegs klar der ersten der Vorzug zu geben**.

Sollte statt einer Grunddienstbarkeit ein Nießbrauch im Grundbuch eingetragen werden, ist noch stärker auf die Rangstelle zu achten. Das Nießbrauchsrecht soll schließlich häufig wie das Wohnungsrecht eine **Absicherung** der Berechtigten im hohen Alter gewährleisten. Eine solche Absicherung ist aber nur durch ein Nießbrauchsrecht an Rangstelle vor allen Verwertungsrechten im Grundbuch gewährleistet, ansonsten besteht stets die Gefahr, dass der Nießbrauch in der Zwangsversteigerung aus vorrangigen Rechten zum Erlöschen kommt. Allerdings wird in der skizzierten Konstellation die Erlangung eines Rangrücktritts in der Praxis wenig Aussicht auf Erfolg haben, da in den wenigsten Fällen der Vorrang eines Nießbrauchs vor einer Grundschuld von Seiten der Kreditinstitute eingeräumt werden wird, da dieser die wirtschaftliche Verwertungsfähigkeit des Grundstücks einschränkt. Zum Themenkreis „**Absicherung**" ist zudem immer zu bedenken, dass auch der Vorrang des Nießbrauchs vor der Grundschuld keine vollständige Sicherheit gewähren würde, da er, anders als das Wohnungsrecht, im Falle einer finanziellen Schieflage der Berechtigten **pfändbar** ist. Eine vollständige Sicherheit lässt sich in diesem Fall nur durch die vorrangige Bestellung eines „**Schutzwohnungsrechts**" erreichen, das im Fall der Fälle zumindest die Wohnungsnutzung sichert.

(Siehe hierzu § 2 Rdn 106 ff., 267 f.).

15 **Aufgabe 8**
Frage:

Welche drei Grundstücksbegriffe gibt es und was bedeuten sie jeweils?

Antwort:

Man unterscheidet das **Grundstück im tatsächlichen Sinn,** das **Grundstück im katastermäßigen Sinn** und das **Grundstück im rechtlichen Sinn**.

Das **Grundstück im tatsächlichen Sinn** ist ein rundum abgegrenzter Teil der Erdoberfläche, d.h. die Fläche, die die Eigentümer als *„ihr Grundstück"* begreifen. Bei einem Grundstück mit Haus, Garage und Garten, das von einem Zaun umgeben ist, verlaufen die Grenzen des Grundstücks im tatsächlichen Sinn entlang des Zauns.

Das **Grundstück im katastermäßigen Sinn** ist eine separat vermessene Fläche, der eine Flurstücksnummer zugeordnet ist und die mit ihrem amtlichen Messungsergebnis in einer amtlichen Flurkarte festgehalten ist.

Das **Grundstück im rechtlichen Sinn** ist der Teil der Erdoberfläche, der rechtlich als ein Grundstück angesehen wird. Dies ist immer dann der Fall, wenn es im Grundbuch als **selbstständiges Grundstück**, d.h. unter einer **eigenen laufenden Nummer gebucht** ist.

(Siehe hierzu § 2 Rdn 120).

16 **Aufgabe 9**
Frage:

Kann ein Miteigentumsanteil Belastungsgegenstand einer Grunddienstbarkeit, einer beschränkt persönlichen Dienstbarkeit oder eines Nießbrauchs sein? Begründen Sie ihr Ergebnis jeweils kurz!

Antwort:

Ein **Miteigentumsanteil** kann **nicht** Belastungsgegenstand einer Grunddienstbarkeit sein. Eine Dienstbarkeit gewährt tatsächliche Nutzungen oder den Ausschluss einer grundstücksbezogenen Rechtsausübung. Ein Miteigentumsanteil hingegen ist, da „rein ideell", grundsätzlich nicht mit einem bestimmten Teil der Grundstücksoberfläche verbunden. Bei der Belastung lediglich eines Miteigentumsanteils mit der Grunddienstbarkeit würde diese nicht zur Nutzung der ganzen für die Dienstbarkeit erforderlichen Grundstücksoberfläche berechtigen, da diese Oberfläche den Eigentümern der anderen, unbelasteten Miteigentumsanteile genauso zu einem gewissen „ideellen" Anteil gehört. Diese wären aber gerade nicht zur Duldung verpflichtet, da ihre Anteile nicht belastet wären.

Die Belastungsgegenstände der Grunddienstbarkeit und der beschränkt persönlichen Dienstbarkeit sind identisch, sodass aus den gleichen Gründen wie bei der Grunddienstbarkeit auch bei der beschränkt persönlichen Dienstbarkeit ein Miteigentumsanteil kein tauglicher Belastungsgegenstand sein kann.

Im **Unterschied zur Grunddienstbarkeit** und zur **beschränkt persönlichen Dienstbarkeit** kann jedoch nach § 1066 BGB auch ein Miteigentumsanteil tauglicher Belastungsgegenstand eines Nießbrauchs sein. Der Nießbrauch an einem Miteigentumsanteil wird als „**Bruchteilsnießbrauch**" bezeichnet.

Der Nießbraucher tritt in die Gemeinschaft der Miteigentümer ein und übt die verwaltungsbezogenen Rechte eines Miteigentümers, einschließlich seines Stimmrechts in der Gemeinschaft der Miteigentümer, aus. Die Rechte eines Miteigentümers stehen dem Nießbraucher, soweit sie den Beschluss von Verwaltungsmaßnahmen (z.B. zur Erhaltung des im gemeinschaftlichen Miteigentum stehenden Gegenstands) und die Regelung der Benutzung betreffen, zu. Die Aufhebung der Gemeinschaft kann hingegen nur gemeinschaftlich mit dem Miteigentümer verlangt werden, § 1066 Abs. 2 BGB.

(Siehe hierzu § 2 Rdn 124 ff., 218 ff. und 274 f.).

Aufgabe 10 17

Frage:

Was sind die möglichen Belastungsgegenstände einer beschränkt persönlichen Dienstbarkeit und eines Nießbrauchs?

Antwort:

Belastungsgegenstand einer beschränkt persönlichen Dienstbarkeit und des Nießbrauchs kann zunächst alles sein, was Belastungsgegenstand einer Grunddienstbarkeit sein kann. Belastungsgegenstand kann folglich ein **Grundstück**, ein **Grundstücksteil**, **Sondereigentum** und **grundstücksgleiche Rechte** (z.B. Erbbaurecht, Fischereirecht) sein. Zudem kann nach § 1066 BGB auch ein Miteigentumsanteil Belastungsgegenstand eines Nießbrauchs sein.

(Siehe hierzu § 2 Rdn 218 ff., 271 ff.).

Aufgabe 11 18

Frage:

Was geschieht mit der Berechtigung aus einer Grunddienstbarkeit, wenn am herrschenden Grundstück ein Nießbrauch eingetragen ist?

Antwort:

Ist das herrschende Grundstück selbst wiederum mit **einem Nießbrauch** belastet, **stehen die Vorteile** aus der Dienstbarkeit statt dem jeweiligen Eigentümer des herrschenden Grundstücks dem **dinglich Nutzungsberechtigten** zu, schließlich gewährt der Nießbrauch ein umfassendes Nutzungsrecht. Es handelt sich dabei nur um eine **Weiterleitung** der Berechtigung vom eigentlich Berechtigten, d.h. dem jeweiligen Eigentümer, auf den Nießbraucher für die Dauer der Nutzungsberechtigung.

(Siehe hierzu § 2 Rdn 151).

19 **Aufgabe 12**
Frage:

Wie unterscheiden sich Wohnungsrecht und beschränkt persönliche Dienstbarkeit?

Antwort:

Das **Wohnungsrecht** ist ein **Sonderfall** der beschränkt persönlichen Dienstbarkeit und unterscheidet sich von dieser in den Punkten

- Wohnen als Hauptzweck,
- Ausschluss des Eigentümers,
- Verweis auf Vorschriften aus dem Nießbrauchsrecht z.B. zur Erhaltung der Sache, § 1093 Abs. 1 S. 2 BGB.

Während Inhalt der beschränkt persönlichen Dienstbarkeit alles sein kann, was Inhalt einer Grunddienstbarkeit sein kann, muss Gegenstand des Wohnungsrechts immer eine Nutzung sein, deren **Hauptzweck die Wohnnutzung** ist.

Ein weiteres Wesensmerkmal des Wohnungsrechts ist die Nutzung durch den Berechtigten **unter Ausschluss des Eigentümers** (des belasteten Grundstücks). Während im Übrigen bei Grunddienstbarkeit und beschränkt persönlicher Dienstbarkeit sowohl Ausschluss als auch Mitbenutzung durch den Eigentümer zulässig sind (siehe § 2 Rdn 52 f., 175 f.), gibt das Wohnungsrecht vor, dass ein Ausschluss zu erfolgen hat.

Für das Wohnungsrecht als beschränkt persönliche Dienstbarkeit gelten über § 1090 Abs. 2 BGB, der wiederum auf u.a. die §§ 1020–1024 BGB verweist, für die Regelung der Unterhaltungspflichten (einschließlich der Erhaltung der Verkehrssicherheit) die **gleichen Regelungen** wie für Grunddienstbarkeit (siehe hierzu oben § 2 Rdn 66 ff.) und beschränkt persönliche Dienstbarkeit. § 1093 Abs. 1 S. 2 BGB erklärt jedoch auch Regelungen aus dem Nießbrauchsrecht für anwendbar, die den Pflichtenkatalog der §§ 1020–1024 BGB noch erweitern und somit im Rahmen des Wohnungsrechts eine genauer auf den Fall der Grundstücksnutzung zugeschnittene Regelung der **Ausbesserungen und Erneuerungen der Sache** ermöglichen.

(Siehe hierzu § 2 Rdn 195 ff.).

20 **Aufgabe 13**
Frage:

Kann ein Wohnungsrecht an einem ganzen Grundstück mit aufstehendem Gebäude bestellt werden?

Antwort:

Beim Wohnungsrecht muss grundsätzlich **immer ein Gebäude- oder Gebäudeteil** vom Nutzungsrecht erfasst sein. Unter diesem Gesichtspunkt scheint die Bestellung eines Wohnungsrechts an einem ganzen Grundstück mit aufstehendem Gebäude zunächst unproblematisch zu sein. Jedoch besteht für andere Dienstbarkeiten der Grundsatz, dass dem Eigentümer eines durch eine Dienstbarkeit belasteten Grundstücks eine zumindest **theoretische Nutzungsmöglichkeit** verbleiben muss. Darauf basierend wird argumentiert, dass die Belastung eines gesamten Grundstücks mit Gebäude mit einem Wohnungsrecht nicht möglich wäre, da der Eigentümer dann vollständig von der Nutzung des Grundstücks ausgeschlossen wird. Heute ist für das Wohnungsrecht jedoch anerkannt, dass auch ein **vollständiger Ausschluss** des Eigentümers von der Grundstücksnutzung durch das Wohnungsrecht **zulässig** ist. Es handelt sich somit also um eine Durchbrechung des genannten Grundsatzes für das Wohnungsrecht.

(Siehe hierzu § 2 Rdn 203 f.).

21 **Aufgabe 14**
Frage:

Welche Regelungen zur Erhaltung des Belastungsgegenstands des Nießbrauchs und zur Lastentragung in der Dienstbarkeitsbestellungsurkunde sieht das Gesetz vor und welche Regelungen können getroffen werden?

Antwort:

Zur **Erhaltung des Belastungsgegenstandes** des Nießbrauchs werden den Befugnissen des Nießbrauchers zum einen durch §§ 1036, 1037 BGB Grenzen gezogen: Der Nießbraucher darf im Rahmen seines Nutzungsrechts den **wirtschaftlichen Charakter** des Belastungsgegenstandes **nicht ändern** (§ 1036 Abs. 2 BGB) oder den Belastungsgegenstand **wesentlich verändern oder umgestalten** (§ 1037 Abs. 1 BGB). Er hat die bisherige Bestimmung des Belastungsgegenstandes nach den Regeln ordnungsgemäßer Wirtschaft weiterzuführen.

§ 1041 BGB regelt sodann die eigentliche Unterhaltungspflicht des Nießbrauchers. Die **Erhaltung** der dem Nießbrauch unterliegenden Sache ist bereits **kraft Gesetzes Pflicht** des Nießbrauchers. **Ausbesserungen und Erneuerungen,** d.h., Reparaturen muss er jedoch nur vornehmen, wenn sie zur **gewöhnlichen Unterhaltung der Sache** gehören, im Übrigen wären sie weiterhin vom Eigentümer vorzunehmen. Durch eine Regelung in der Dienstbarkeitsbestellungsurkunde können jedoch auch die **außergewöhnlichen Ausbesserungen und Erneuerungen** dem Nießbraucher auferlegt werden. Die Kostentragung folgt jeweils der Pflicht, d.h., der Verpflichtete hat auch die Kosten der jeweiligen Maßnahme zu tragen.

Hinsichtlich der **Lastentragung** obliegt dem Nießbraucher nach § 1047 BGB die Tragung der **gewöhnlichen öffentlichen Lasten** und **privatrechtlichen Lasten**, welche schon zur Zeit der Bestellung des Nießbrauchs auf der Sache ruhten. Ferner ist er ebenfalls zur Tragung der Betriebskosten und der sich aus seinen Erhaltungspflichten ergebenden Kosten verpflichtet. Durch Regelung in der Bestellungsurkunde können diese Vorschriften noch erweitert werden: Dem Nießbraucher kann auch die Tragung der **außergewöhnlichen öffentlichen Lasten**, die als auf den Stammwert der Sache gelegt anzusehen sind, sowie der **übrigen privatrechtlichen Lasten** auferlegt werden.

(Siehe hierzu § 2 Rdn 256 ff.).

Aufgabe 15 22
Fragen:

Wann erlischt ein Nießbrauchsrecht? Was geschieht mit einem Mietverhältnis bei Beendigung des Nießbrauchs?

Antworten:

Ein **Nießbrauch** erlischt mit **Wegfall des Berechtigten** (§ 1061 BGB), d.h. durch Versterben einer natürlichen Person oder Vollbeendigung einer juristischen Person. Ist eine **auflösende Bedingung/Befristung** vereinbart, erlischt der Nießbrauch durch deren Eintritt. Er kann durch **Aufgabeerklärung** des Berechtigten (mit Bewilligung und Vollzug seiner Löschung im Grundbuch) zum Erlöschen gebracht werden. Ferner erlischt er **aufgrund Zwangsversteigerung** aus vorrangigem Recht.

Da der Nießbrauch die Möglichkeit zur Vermietung gewährt, ist es problemlos denkbar, dass der Berechtigte während der Dauer des Nießbrauchs einen unbefristeten **Mietvertrag** mit einem Dritten abgeschlossen hat, der grundsätzlich das **Erlöschen des Nießbrauchs überdauern** würde. Mit Erlöschen des Nießbrauchs ist hingegen der Eigentümer wieder Berechtigter des Grundstücks. Der Eigentümer hat den Mietvertrag jedoch nicht abgeschlossen, müsste diesen also grundsätzlich auch nicht beachten und könnte die Mieter „aus der Wohnung werfen“. Damit dies nicht geschieht, treffen die §§ 1056, 566 BGB Mieterschutzregelungen: Kommt es zum Wechsel des Berechtigten an der vermieteten Sache durch Beendigung des Nießbrauchs, geht das Mietverhältnis automatisch auf den neuen Berechtigten über. Der Eigentümer muss also die **Vereinbarungen des Mietverhältnisses** grundsätzlich **gegen sich gelten lassen**. Gleichzeitig steht ihm jedoch aus § 1059 Abs. 2 BGB ein **Sonderkündigungsrecht** zu, d.h. er kann in der gesetzlichen Frist das Mietverhältnis zur Beendigung bringen.

(Siehe hierzu § 2 Rdn 287 ff.).

II. Beispielsfall 1: „Bauvorhaben unter Fußballfreunden“

1. Sachverhalt

23 Herr Totto möchte sein bisher leerstehendes Grundstück bebauen und hat dafür eine Baugenehmigung beantragt. Da Herr Totto ein übersteigertes Raumbedürfnis hat, möchte er sein Haus größer und näher an die Grundstücksgrenze bauen, als es eigentlich nach dem geltenden Baurecht zulässig ist. Die Baugenehmigungsbehörde erteilt Herrn Totto daher auch keine uneingeschränkte Baugenehmigung, sondern nur eine Baugenehmigung unter der Auflage, dass die vorgeschriebenen Abstandsflächen auf dem Nachbargrundstück, das im Eigentum des Nachbarn von Herrn Totto, Herrn Dalpiero steht, eingehalten, d.h. von Bebauung freigehalten werden. Zudem soll auf dem Nachbargrundstück eine Bepflanzung mit einheimischen Bäumen erfolgen und unterhalten werden, die einen Sichtschutz zwischen den beiden Grundstücken darstellen soll. Die Maßnahmen sollen innerhalb einer von der Baugenehmigungsbehörde gesetzten Frist im Grundbuch dauerhaft abgesichert werden.

Herr Totto wendet sich daher an Herrn Dalpiero, mit dem ihn ein gutes Verhältnis verbindet, da sie regelmäßig gemeinsam Fußball schauen und spielen, und bespricht mit ihm, unter welchen Voraussetzungen er sich vorstellen könnte, Rechte auf seinem Grundstück einzuräumen, die die von der Baubehörde verlangte Absicherung bewirken. Die Nachbarn einigen sich darauf, dass gegen die Zahlung eines einmaligen Entgelts die Rechte eingetragen werden. Herrn Dalpiero ist lediglich wichtig, dass sichergestellt ist, dass die Rechte nur dann Wirkung entfalten, wenn die Zahlung des Entgelts erfolgt ist und dass er die Abstandsfläche, wenn schon nicht bebauen, doch weiterhin benutzen kann, da er dort gerne, dann vor den Bäumen, einen Fernseher zum Fußballschauen im Garten aufstellt.

Nunmehr kommen Herr Totto und Herr Dalpiero in Ihr Ausbildungsnotariat und bitten um Beratung zu diesem Sachverhalt. Im Einzelnen möchten sie die nachfolgenden Fragen beantwortet haben.

2. Fragen

24 **a)** Kann die gewünschte Absicherung durch Nießbrauch erfolgen?
b) Kann die gewünschte Absicherung durch Eintragung eines einzigen („einheitlichen“) Rechts erfolgen? Was kann ein *„einheitliches Recht“* noch bedeuten?
c) Welches/welche Recht/e würden Sie zur Absicherung im Grundbuch empfehlen?
d) Wie kann die Entgeltzahlung abgesichert werden?

3. Lösungen

25 **Zu a)**

Der Nießbrauch gewährt ein **umfassendes Nutzungsrecht**, d.h. der Nießbraucher darf, wenn keine Beschränkung nach § 1030 Abs. 2 BGB vorgenommen ist, **alle Nutzungen der Sache oder des Rechts ziehen** und der Eigentümer muss dies **dulden.** Ein **aktives Tun** des verpflichteten Eigentümers kann als Hauptpflicht des Nießbrauchs aufgrund seines Dienstbarkeitscharakters hingegen nicht vereinbart werden (siehe § 2 Rdn 246 ff.). Es ist zudem möglich, wie bei jeder anderen Dienstbarkeit auch, den Nießbrauch, der auf dem gesamten Belastungsgegenstand lastet, zugunsten eines **örtlichen Ausübungsbereichs** zu beschränken. Soll kein örtlicher Ausübungsbereich definiert, sondern direkt auf Ebene des Belastungsgegenstandes dieser auf den gewünschten Ausübungsbereich „zugeschnitten werden“, **gilt § 7 GBO**, der, einschließlich Abs. 2, ebenfalls auf den Nießbrauch Anwendung findet.

Im konkreten Fall soll nur ein bestimmter Bereich des Grundstücks von Bebauung freigehalten und bepflanzt werden. Nach dem soeben Dargestellten könnte der Nießbrauch auch auf die beabsichtigte Abstandsfläche beschränkt werden, entweder durch Beschränkung seines Ausübungsbereichs, Abmessung einer Teilfläche (die sodann einen neuen Belastungsgegenstand darstellen würde) oder Bestimmung eines Belastungsgegenstandes nach § 7 Abs. 2 GBO ohne Abschreibung. Da die gesonderte Abschreibung zusätzliche Kosten verursacht und das (ebenfalls nicht kostenlose) Verfahren des § 7 Abs. 2 GBO im Grundbuchverfahren wegen der Voraussetzung, „*keine Verwirrung zu besorgen*", zu Vollzugsproblemen führen kann, wäre der Bestimmung des beschränkten Ausübungsbereichs unter Inbezugnahme eines amtlichen Lageplans mit Einzeichnung des Ausübungsbereichs der Vorzug zu geben.

Da der Nießbrauch ein umfangreiches Nutzungsrecht gewährt, würden durch den Nießbrauch auf der Fläche, die der Ausübungsbereich ist, Herrn Totto alle Grundstücksnutzungen an dieser Fläche zustehen. Herr Totto möchte aber lediglich, dass dort nicht gebaut wird und die notwendigen Bäume gepflanzt werden, damit er die Auflagen seiner Baugenehmigung erfüllt. Die ganzen anderen zusätzlichen Nutzungen, die der Nießbrauch ihm auch noch gewähren würde (z.B. Abholzen der Bäume, Verpachten der Fläche, Befahren der Fläche), benötigt Herr Totto nicht. Zudem würde der Nießbrauch zu einem Ausschluss von Herrn Dalpiero von der Nutzung führen; schließlich stehen alle Nutzungen, also auch die Möglichkeit, auf der Fläche gelegentlich einen Fernseher zum Fußballschauen aufzustellen, aufgrund des Nießbrauchs Herrn Totto zu. Das ist jedoch von den Beteiligten nicht gewünscht.

Des Weiteren ist der Nießbrauch auch deshalb ungeeignet, weil es sich um eine Dienstbarkeit handelt. Diese kann die Duldung einer Nutzung, ein Unterlassen oder den Ausschluss einer Rechtsausübung gewähren, nicht aber ein aktives Tun. Das ist unproblematisch, solange es darum geht, die Ausübungsfläche von Bebauung freizuhalten. Das „*Unterlassen von Bebauung*" kann nach dem Gesagten Dienstbarkeitsinhalt sein. Jedoch soll Herr Dalpiero zusätzlich auch noch Bäume auf der Fläche anpflanzen und diese unterhalten. Es ist also ein aktives Tun von Herrn Dalpiero erforderlich, das nicht Gegenstand einer Dienstbarkeit und somit auch nicht des Nießbrauchs sein kann.

Zu b) 26

Die Eintragung eines inhaltlich einheitlichen Rechts wäre denkbar, wenn **alle vereinbarten Regelungsziele Gegenstand ein und desselben Rechtstyps** sein könnten. Hier ist jedoch eine Nutzung vorgesehen (Unterlassen der Bebauung) die Inhalt einer Dienstbarkeit sein kann und eine Nutzung (Bepflanzung und Unterhaltung), die als aktives Tun nicht Inhalt einer Dienstbarkeit sein kann. Eine zusammengefasste Bestellung als ein einzelnes Recht ist daher nicht möglich, da weder eine Dienstbarkeit für beide beabsichtigten Regelungen bestellt werden kann noch eine Reallast, da beide Rechtstypen jeweils nur eine der beabsichtigten Regelungen als Rechtsinhalt haben dürfen. Die Eintragung eines einzelnen Rechts kann somit nicht erfolgen; es müssen zwei separate Rechte bestellt werden.

Die Bezeichnung „**einheitliches Recht**", steht, wenn sie sich nicht auf ein inhaltlich einheitliches Recht bezieht, für ein Recht, das als **ein Recht** an **mehreren Belastungsgegenständen eingetragen** ist (siehe hierzu § 2 Rdn 122). An jedem Belastungsgegenstand lastet somit kein separates Recht, sondern der jeweilige Belastungsgegenstand stellt einen Teil des einheitlichen (Gesamt-)Rechts dar. Bei einem Nießbrauch ist die Bestellung als einheitliches Recht an mehreren Grundstücken von vornherein gar nicht zulässig (siehe hierzu § 2 Rdn 273). Bei anderen Dienstbarkeiten und der Reallast (siehe § 2 Rdn 344) wäre es im Übrigen denkbar. Hier soll jedoch nur ein Grundstück belastet werden, sodass ein einheitliches Recht, das mehrere Grundstücke umfasst, von vornherein ausscheidet.

Zu c) 27

Nach dem vorstehend Gesagten muss eine Absicherung durch mehrere Rechte im Grundbuch erfolgen.

Ein **Nießbrauchsrecht** gewährt ein umfassendes Nutzungsrecht, das hier jedoch nicht gewünscht ist. Schließlich soll Herr Dalpiero weiterhin die Möglichkeit haben, die Fläche z.B. zum Aufstellen eines Fernsehers zu nutzen. Er soll sich lediglich der Bebauung enthalten. Es wird von Herrn Dalpiero also das Unterlassen einer bestimmten tatsächlichen Handlung verlangt, was **typischer Dienstbarkeitsinhalt** sein kann (siehe oben § 2 Rdn 19 ff.).

Die Verpflichtung zum Bepflanzen der Fläche einschließlich der Unterhaltung der Bepflanzung durch Herrn Dalpiero hingegen umfasst die Verpflichtung zu einem (tatsächlichen) aktiven Tun, welches nicht Inhalt einer Dienstbarkeit sein kann. Hier könnte die Eintragung einer **Reallast** in Betracht kommen.

Die **Reallast** verpflichtet zu einem **aktiven, wiederkehrenden Tun** des Verpflichteten zugunsten des Berechtigten. Es ist eine **beliebige wiederkehrende Leistung** – die zwar **Geldwert** haben, aber nicht auf die Zahlung von Geld gerichtet sein muss – als Inhalt der Reallast vereinbar (siehe hierzu § 2 Rdn 301 ff.). Würde die Verpflichtung zur Bepflanzung auf die einmalige und erstmalige Bepflanzung gerichtet sein, könnten sich hieraus Probleme ergeben, schließlich kann als Inhalt einer Reallast gerade nicht das einmalige, sondern nur das wiederkehrende Tätigwerden vereinbart werden. Nach der Rechtsprechung des BGH kann jedoch auch eine einmalige Leistungserbringung als **eine von mehreren** wiederkehrenden Leistungen vereinbart werden (siehe hierzu § 2 Rdn 307 ff.).[1]

Vorliegend ist die Verpflichtung nicht ausdrücklich auf die einmalige und erstmalige Bepflanzung beschränkt. Herr Dalpiero soll die Fläche generell bepflanzen und die Bepflanzung unterhalten. Es ist also durchaus denkbar, dass z.B. nach einem Sturm eine neuerliche Bepflanzung erforderlich sein könnte. Ferner ist die Pflicht zur Unterhaltung der Bepflanzung durch z.B. Nachschneiden, Düngen etc. unproblematisch eine wiederkehrende Verpflichtung. Die Verpflichtung zur Bepflanzung kann somit durch eine Reallast abgesichert werden.

Dienstbarkeit und Reallast können zudem beide jeweils zugunsten des jeweiligen Eigentümers eines herrschenden Grundstücks oder zugunsten eines personalen Berechtigten bestellt werden. Hier könnten die Rechte also Herrn Totto persönlich zustehen oder dem jeweiligen Eigentümer des Grundstücks, auf dem Herr Totto nach Erfüllung der Auflagen der Baugenehmigung seine Immobilie errichten will.

Bei der Einräumung der Rechte zugunsten von Herrn Totto persönlich (subjektiv-persönliche Reallast und beschränkt persönliche Dienstbarkeit zugunsten von Herrn Totto) würden sie Herrn Totto auch dann weiter zustehen, wenn er das Grundstück, das er zu bebauen beabsichtigt, veräußern würde. Das würde allerdings zu der misslichen Lage führen, dass zwar zugunsten von Herrn Totto weiterhin eine Abstandsfläche eingehalten würde, nicht allerdings zugunsten des Nachbargrundstücks. Zudem würden mit Herrn Tottos Ableben die Rechte erlöschen und Herr Dalpiero wäre weder zur Unterlassung der Bebauung noch zur Bepflanzung weiter verpflichtet. Besonders problematisch wäre das für den neuen Eigentümer des Nachbargrundstückes: Schließlich würden plötzlich die baurechtlichen Auflagen aus der Baugenehmigung und die baurechtlichen Vorschriften wie Abstand und Sichtschutz ggf. nicht mehr eingehalten werden.

Wird hingegen ein Recht zugunsten des jeweiligen Eigentümers des herrschenden Grundstücks (d.h. des zu bebauenden Nachbargrundstücks) eingetragen, stehen diese Rechte auch im Falle einer etwaigen Veräußerung des Grundstücks durch Herrn Totto und im Todesfall des Herrn Totto weiterhin dem Nachbargrundstück zu. Durch die Bestellung zugunsten des jeweiligen Eigentümers des herrschenden Grundstücks ist somit sichergestellt, dass nicht nachträglich baurechtswidrige Zustände entstehen können.

Die Bestellung einer subjektiv-dinglichen Reallast und einer Grunddienstbarkeit ist somit zu empfehlen.

28 **Zu d)**

Eine Verpflichtung, die nicht Dienstbarkeitsinhalt sein kann, kann entweder komplett begleitend schuldrechtlich vereinbart oder durch eine Bedingung mit der Dienstbarkeit verbunden werden.

In der Urkunde auf Bestellung der Unterlassungsdienstbarkeit und der Reallast zugunsten des jeweiligen Eigentümers des herrschenden Nachbargrundstücks könnte somit ein schuldrechtlicher Zahlungsanspruch von Herrn Totto an Herrn Dalpiero aufgenommen werden. Dieser Anspruch wäre aber nicht abgesichert. Würde Herr Totto nicht zahlen, wären die

1 BGH NJW 2014, 1000, 1001.

Rechte trotzdem am Grundstück von Herrn Dalpiero eingetragen und von diesem zunächst einmal zu gewähren. Die Entfernung der Rechte aus dem Grundbuch kann sich, wenn Herr Totto nicht zur Abgabe einer Löschungsbewilligung und materiell-rechtlichen Aufgabeerklärung (als derzeitiger jeweiliger Eigentümer des herrschenden Grundstücks) greifbar ist, schwierig gestalten. Ebenso könnte eine Zwangsvollstreckung bei Herrn Totto, wenn dieser insolvent, d.h. „pleite" ist, nicht helfen, denn *„das letzte Hemd hat keine Taschen"* (= wer nichts hat, kann auch nichts bezahlen); in diesem Fall würde Herr Dalpiero auf seinem Zahlungsanspruch sitzen bleiben. Die rein schuldrechtliche Vereinbarung eines Zahlungsanspruchs gibt Herrn Dalpiero also nicht die gewünschte Absicherung.

Jenseits der rein schuldrechtlichen Vereinbarung einer Verpflichtung, die nicht Dienstbarkeitsinhalt sein kann, kann dieser auch eine Art „Zwitterstellung" verschafft werden. Es ist anerkannt, dass die **Ausübung der Dienstbarkeit unter eine Bedingung** gestellt werden kann, solange diese ausreichend bestimmt ist. So kann die Ausübung der Dienstbarkeit z.B. von der Zahlung eines Geldbetrages abhängig gemacht werden. Die Zahlungspflicht selbst ist dann kein Dienstbarkeitsinhalt, aber die Bedingung sorgt dafür, dass die Rechtswirkungen der Dienstbarkeit erst bei Zahlung aufleben (siehe hierzu § 2 Rdn 114 ff.). Gleiches gilt für die Reallast, deren einzelne Leistungen auch bedingt vereinbart werden können, da sie schließlich gerade nicht regelmäßig wiederkehrend vereinbart sein müssen (siehe hierzu § 2 Rdn 307 ff.).

Durch diese Lösung würde sichergestellt werden, dass sowohl die Dienstbarkeit als auch die Reallast keine Rechtswirkungen entfalten, bis die Zahlung geleistet ist.

Ebenfalls denkbar wäre es, die Entstehung der Dienstbarkeit/Reallast selbst nach hinten zu schieben, indem eine aufschiebende Bedingung für ihre Entstehung vereinbart wird, die erst mit Zahlung des Entgelts auflebt.

III. Beispielsfall 2: „Das finanzschwache Yogastudio"

1. Sachverhalt

Die Familie Schaffer betreibt auf ihrem Grundstück Flurnummer 12 in Zenstadt ein Yogastudio. Das Yogastudio befindet sich in einem Mehrfamilienhaus im Erdgeschoss. Im ersten Stock des Mehrfamilienhauses, direkt über dem Yogastudio, wohnen die Eltern der Familie Schaffer, Claudia und Franz, denen auch das Grundstück, auf dem das Mehrfamilienhaus steht, gehört. Im Dachboden über der Wohnung der Eltern wohnt der einzige Sohn der Familie, Finn Schaffer. Zu dem Mehrfamilienhaus gehört ein großer Garten, von dem ein Teil als Ziergarten für das Yogastudio angelegt ist und von den Gästen des Studios genutzt werden kann. Der andere Teil des Gartens steht nur der Familie zu. Das Grundstück Flurnummer 12 grenzt an eine öffentliche Straße an. Gegenüber liegt ein weiteres Grundstück (Flurnummer 13), das ebenfalls den Eltern Schaffer gehört, auf dem mehrere Stellplätze für Kunden des Yogastudios errichtet sind und drei Garagen, davon eine für Finn und jeweils eine für Franz und Claudia Schaffer. 29

Finn engagiert sich schon lange im Yogastudio und hilft seinen Eltern. Mit zunehmendem Alter der Eltern hat er immer mehr Kurse übernommen, sodass sie das Studio derzeit zu dritt betreiben. Nun möchten die Eltern Schaffer im Wege der vorweggenommenen Erbfolge die Grundstücke Flurnummer 12 und 13 an ihren Sohn Finn übergeben. Das würde bedeuten, dass nicht mehr die Eltern Schaffer, sondern Finn Eigentümer der Grundstücke Flurnummer 12 und 13 ist. Das Yogastudio soll jedoch weiterhin durch die Eltern und Finn gemeinsam betrieben werden, da Yoga den Eltern weiterhin Spaß macht und sie sich die Belastung durch die wöchentlichen Kurse flexibel mit Finn aufteilen können.

Nun kommen die Eltern Schaffer zusammen mit Finn ins Notariat zur Besprechung. Sie erklären, dass es ihnen wichtig ist, dass sie das Yogastudio, auch nachdem es ihnen nicht mehr gehört, weiter mitbenutzen können, auch wenn ggf. Finn sich nicht mehr gut mit ihnen versteht. Die Nutzungsmöglichkeit soll durch *„etwas Rechtliches"* möglichst sicher geregelt werden. Noch wichtiger wäre ihnen aber, dass sie in ihrer Wohnung im ersten Stock wohnen bleiben können, soweit es möglich ist. Sie könnten sich zu diesem Zweck auch vorstellen, Pflegepersonal in die Wohnung aufzunehmen, das ihnen bei den täglichen Verrichtungen zur Hand geht und so verhindert, dass sie in ein Altenheim ziehen müssen. Auch diese Möglichkeit sollte rechtlich erlaubt sein. Sie erklären etwas beschämt, dass das Yogastudio nicht immer gut läuft und sie deshalb wenig Geld zur Verfügung haben. Es wäre ihnen daher ein Herzensanliegen, dass die Nutzung ihrer Wohnung dauerhaft abgesichert ist und auch im Falle von finanziellen Engpässen nicht *„in Probleme“* kommen könnte. Ebenso würden sie gerne ihre beiden Garagen weiternutzen und die Stellplätze für das Yogastudio auch ihren Kunden zur Verfügung stellen können. An der Aufteilung des Gartens sollte sich ebenfalls nichts ändern.

Bei einem Blick in das Grundbuch sehen Sie, dass in Abt. III an erster Rangstelle eine Grundschuld eingetragen ist. Auf Rückfrage erklären die Schaffers, dass sie zwar wenig Geld haben, diese Grundschuld aber *„abgezahlt wurde“* und keinen Kredit mehr sichert. Zuletzt erläutern die Eltern Schaffer, dass sie sich eigentlich schon eine Lösung für all die Probleme überlegt haben: Schließlich könnten sie die Wohnung im ersten Stock, das Yogastudio und seine Stellplätze (zur Mitnutzung) und die Garagen jeweils gegen ein geringes Entgelt von ihrem Sohn Finn mieten. Trotzdem wollten sie sich jetzt aber einmal beim Notar informieren, was er von dieser Regelungsmöglichkeit hält.

2. Fragen

30 **a)** Würden Sie der Familie Schaffer zur Regelung per Mietvertrag raten? Wenn nein, warum nicht?

b) Falls Sie von der Nutzung per Mietvertrag abraten: Welches oder welche Rechte sollten für die Absicherung der Nutzung am Mehrfamilienhaus stattdessen empfohlen werden (erwähnt werden sollten: Nießbrauch, beschränkt-persönliche Dienstbarkeit, Wohnungsrecht und Reallast)?

c) Muss eine Regelung bezüglich des Gartens getroffen werden? Und wenn ja, welche?

d) Falls Sie von der Nutzung per Mietvertrag abraten: Welches oder welche Rechte sollten für die Absicherung der Nutzung am Garagengrundstück stattdessen empfohlen werden?

e) Welche Möglichkeiten gibt es bezüglich der im Grundbuch eingetragenen Grundschuld? Welche ist zu empfehlen?

f) Können die Eltern Schaffer im Fall der Fälle Pflegepersonal in ihre Wohnung aufnehmen?

3. Lösungen

31 **Zu a)**

Aufgrund des Grundsatzes der Privatautonomie ist ein **Mietvertrag** mit dem geplanten Inhalt (alleinige Nutzung der Wohnung, Mitnutzung der Räumlichkeiten des Yogastudios und der Stellplätze, alleinige Nutzung der Garage) **denkbar**. Ein Vorteil der Vereinbarung des Mietvertrags wäre, dass er **kostengünstig** wäre. Er könnte von den Beteiligten ohne Eintragungen im Grundbuch, die Gebühren auslösen, und ohne notarielles Tätigwerden, welches ebenfalls Gebühren auslöst, abgeschlossen werden.

Jedoch bietet ein Mietvertrag keine Absicherung im Fall der Insolvenz oder Zwangsversteigerung auf Seiten des Vermieters. Im Falle der Insolvenz des Vermieters, d.h. in einer Situation für die der Mieter in der Regel nichts kann, kann das Mietverhältnis durch den neuen Eigentümer gekündigt werden, wenn der Insolvenzverwalter zur Verwertung des Vermögens des Vermieters das vermietete Objekt verkauft. Gleiches gilt im Fall der Zwangsversteigerung. Dort regelt § 57a ZVG, dass dem neuen Eigentümer, der ein Objekt in der Zwangsversteigerung erworben hat, ebenfalls ein **Sonderkündigungsrecht** zusteht (siehe hierzu § 2 Rdn 195 ff.).

Wie von den Eltern Schaffer geschildert, ist das Yogastudio nicht immer besonders profitabel, d.h. es ist durchaus denkbar, dass auch Finn einmal in finanzielle Schwierigkeiten geraten könnte. In einem solchen Fall könnte die Sonderkündigung des Mietverhältnisses drohen, mit dem Ergebnis, dass die Eltern Schaffer u.a. aus ihrer Wohnung im ersten Stock ausziehen müssten, was sie ja gerade vermeiden wollten. Von einer Regelung über ein Mietverhältnis ist somit abzuraten.

Praxistipp:

Es kann im Einzelfall sein, dass die Beteiligten **aus Kostengründen** trotzdem für einzelne Bereiche Mietverhältnisse abschließen möchten (z.B. die Stellplätze für das Yogastudio). Solange den Beteiligten die Konsequenzen ihres Tuns bewusst sind, ist hiergegen nichts einzuwenden. Von der Tendenz her ist sicherzustellen, dass die Rechte, die für die Beteiligten elementar sind (in der Regel das Wohnen) durch dingliche Rechte im Grundbuch abgesichert werden, wohingegen die Rechte, die weniger wichtig sind und deren Verlust im Insolvenz/Versteigerungsfall auch verschmerzbar wäre, durch Mietvertrag geregelt werden.

Zu b) 32

Zunächst ist zu überlegen, ob die beabsichtigte Nutzung des Mehrfamilienhauses (Mitbenutzung der Räumlichkeiten des Yogastudios im Erdgeschoss, alleinige Nutzung der Wohnung im ersten Stock, Nutzung der Wohnung im zweiten Stock durch den neuen Eigentümer Finn) durch Bestellung eines **Nießbrauchs** geregelt werden kann.

Der Nießbrauch gewährt ein **umfassendes Nutzungsrecht,** d.h. der Nießbraucher darf, wenn keine Beschränkung nach § 1030 Abs. 2 BGB vorgenommen ist, **alle Nutzungen der Sache oder des Rechts ziehen** und der Eigentümer muss dies **dulden** (siehe hierzu § 2 Rdn 246 ff.). Eine Bestellung eines Nießbrauchs am gesamten Grundstück Flurnummer 12 wäre somit zu weitgehend: Sie würde zum Ausschluss von Finn als neuem Eigentümer von allen Nutzungen des Grundstücks führen. Finn soll aber die Wohnung im zweiten Stock sogar allein nutzen und das Yogastudio und den Garten mitbenutzen können. Lediglich die Wohnung im ersten Stock soll den Eltern allein zustehen.

Eine **Beschränkung nach § 1030 Abs. 2 BGB kann diesbezüglich auch nicht helfen**. Die Regelung betrifft keine räumlichen Beschränkungen, sondern Beschränkungen sachlicher Natur, sodass einzelne Nutzungen für den gesamten Belastungsgegenstand ausgeschlossen werden (siehe hierzu § 2 Rdn 247). Es könnte somit die Vermietbarkeit der Räumlichkeiten ausgeschlossen werden oder ihre Nutzung zum Betrieb eines Yogastudios, dies würde sodann aber für das gesamte Grundstück gelten und eben gerade keine räumliche Abgrenzung (Studio im Erdgeschoss, Wohnung im ersten Stock, Wohnung im zweiten Stock) bedeuten.

Auch die Vereinbarung eines **Quotennießbrauchs** würde die Ziele der Beteiligten nicht verwirklichen. Belastet ist auch in diesem Fall das gesamte Grundstück, jedoch wird als Inhalt des Nießbrauchs geregelt, dass dem Nießbraucher im Verhältnis nur eine bestimmte Quote der Nutzungen (z.B. 50 %) zusteht (siehe hierzu § 2 Rdn 248). Diese Quote kann jedoch nicht mit bestimmten Grundstücksteilen dahingehend verbunden werden, dass z.B. die Wohnung im ersten Stock nicht zu 100 % von den Eltern als Nießbraucher genutzt werden könnte, das Yogastudio aber nur zu 50 %. Es wäre nur eine einheitliche Regelung z.B. zu 50 % möglich, die eine Mitbenutzung für alles, also auch die Wohnungen im ersten und zweiten Stock, die ja jeweils ausschließlich durch die Eltern bzw. Finn genutzt werden sollen, begründen würde. Die ist nicht gewünscht.

Ein Nießbrauch würde also nur Sinn machen, wenn er räumlich aufgeteilt und z.B. nur an der Wohnung im ersten Stock bestellt werden könnte. Rechtlich würde in diesem Fall der Ausübungsbereich des Nießbrauchs auf einen bestimmten realen Gebäudeteil beschränkt. Eine solche räumliche Aufteilung des Nießbrauchsrechts ist jedoch nicht möglich (siehe hierzu § 2 Rdn 242).

Zudem wünschen die Eltern Schaffer eine hundertprozentige Absicherung ihrer Wohnnutzung, da sie Sorge haben, was sonst im Falle eines finanziellen Engpasses mit dieser geschehen würde. Der Nießbrauch lässt nach § 1059 S. 2 BGB grundsätzlich die **Überlassung zur Ausübung** an einen Dritten zu (siehe hierzu § 2 Rdn 284). Anders als bei der beschränkt persönlichen Dienstbarkeit benötigt der Nießbraucher also nicht etwa eine besondere Ausgestaltung des Rechts oder Gestattung des Eigentümers, um z.B. Vermieten zu können; die Möglichkeit der Überlassung der Ausübung an einen Dritten ist bereits **im Grundzustand des Nießbrauchsrechts enthalten**. Auch in diesem Fall ändert sich nicht der Berechtigte, er gibt aber seine Befugnisse aus dem Nießbrauchsrecht, die eigentlich ihm zustehen würden, an einen Dritten weiter. Die im Nießbrauchsrecht enthaltene grundsätzliche Möglichkeit der Überlassung der Ausübung führt auch dazu, dass das Nießbrauchsrecht grundsätzlich **pfändbar** ist. Ein Ausschluss der Pfändbarkeit durch Ausschluss der Möglichkeit, die Ausübung an einen Dritten zu überlassen ist ebenfalls nicht möglich.[2]

Die Bestellung eines Nießbrauchsrechts hätte für die Ehegatten Schaffer somit zur Folge, dass das Recht im Fall finanzieller Probleme **pfändbar** wäre und somit in diesem Fall keine Absicherung ihrer Wohnungsnutzung gewähren würde. Da die Ehegatten Schaffer auch gar keine Vermietung wünschen, sondern die Wohnung im ersten Stock nur selbst nutzen wollen, ist der Nießbrauch nicht das richtige Recht für sie.

Exkurs:

Eine räumliche Aufteilung wie empfohlen könnte zudem durch Aufteilung des Mehrfamilienhauses in Wohnungs- und Teileigentum erreicht werden. Sinnvoll wäre eine Aufteilung in drei Sondereigentumseinheiten: Das Yogastudio im Erdgeschoss als Teileigentum, die Wohnung im ersten und zweiten Stock jeweils als Wohnungseigentum. So könnten, da die einzelnen Einheiten dann eigenständig sonderrechtsfähig wären, unterschiedliche Eigentumsverhältnisse begründet werden und z.B. die Wohnung im ersten Stock ganz im Eigentum der Eltern Schaffer belassen werden, während nur das Yogastudio und die Wohnung im zweiten Stock auf Finn übertragen werden. Ist dies nicht gewünscht, könnten nach Aufteilung in Wohnungseigentum alle drei Einheiten auf Finn übertragen werden und an der Wohnung im ersten Stock ein (Quoten-)Nießbrauch zu 100 % und an den Räumlichkeiten des Yogastudios ein Nießbrauch zu 50 % begründet werden. Selbstständig sonderrechtsfähige Objekte können nämlich auch selbstständig belastet werden, da sie jeweils einen vollständigen Belastungsgegenstand für den Nießbrauch darstellen. So würden die alleinige Benutzung an der Wohnung im ersten Stock und die Mitbenutzung an den Räumlichkeiten des Studios im Erdgeschoss erreicht werden können. Weiterhin nicht erreicht werden könnte jedoch die Absicherung auch für den Fall des finanziellen Engpasses.

33 Ferner ist zu untersuchen, ob die beabsichtigten Nutzungen durch eine beschränkt-persönliche Dienstbarkeit zugunsten der Eltern Schaffer erreicht werden könnten. § 1090 Abs. 1 BGB regelt, dass **gesetzlicher Inhalt** der beschränkt persönlichen Dienstbarkeit alles ist, was auch **Inhalt einer Grunddienstbarkeit** sein kann (siehe hierzu § 2 Rdn 175 f.). Es kann somit die Duldung der Nutzung in einzelnen Beziehungen, das Unterlassen einer bestimmten (tatsächlichen) Nutzung oder der Ausschluss einer grundstücksbezogenen Rechtsausübung vereinbart werden. Hier möchten die Eltern Schaffer die Wohnung im ersten Stock weiter wie bisher, also unter Ausschluss ihres Sohns Finn nutzen und die Räumlichkeiten des Yogastudios im Erdgeschoss zusammen mit Finn weiternutzen. Finn soll also in beiden Fällen eine gewisse Nutzung durch seine Eltern dulden. Die beabsichtigten Regelungen könnten somit als Inhalt einer beschränkt persönlichen Dienstbarkeit vereinbart werden.

Allerdings gewährt die beschränkt persönliche Dienstbarkeit anders als das Wohnungsrecht nicht grundsätzlich eine Nutzung unter Ausschluss des Eigentümers (siehe hierzu § 2 Rdn 203 f.). Wie bei der Grunddienstbarkeit ist bei der beschränkt-persönlichen Dienstbarkeit sowohl die Alleinbenutzung durch den Berechtigten als auch die Mitbenutzung zwischen Berechtigten und Eigentümer möglich. Was gewünscht ist, muss ausdrücklich als Inhalt des Rechts vereinbart werden. Hier ist einmal der Ausschluss des Eigentümers (Wohnung im ersten Stock) und einmal die Mitbenutzung (Yogastudio im Erdgeschoss) gewünscht.

2 Grüneberg/*Herrler*, § 1059 Rn 5; BGH NJW 1985, 2827.

Eine beschränkt persönliche Dienstbarkeit kann zudem, anders als der Nießbrauch, **auf einzelne Gebäudeteile beschränkt** werden. Es wäre somit möglich, eine beschränkt persönliche Dienstbarkeit für die Wohnung im ersten Stock und eine beschränkt persönliche Dienstbarkeit, gerichtet auf die Mitbenutzung des Yogastudios („Mitbenutzungsrecht") ins Grundbuch einzutragen. Mit der Dienstbarkeitsbestellungsurkunde sollte jeweils ein Plan des Mehrfamilienhauses verbunden sein, in dem eingezeichnet wird, welche Räumlichkeiten welchem Recht unterliegen.

Solange die beschränkt persönliche Dienstbarkeit nicht so ausgestaltet wird, dass ihre Ausübung Dritten überlassen werden kann, ist sie zudem nicht pfändbar (siehe hierzu § 2 Rdn 228 ff.), sodass die Eltern Schaffer auch im Fall der befürchteten finanziellen Engpässe abgesichert wären.

Soll zwischen den beiden beschränkt persönlichen Rechten jedoch ein materieller Unterschied bestehen und den Wünschen der Ehegatten Schaffer Rechnung getragen werden, müsste die beschränkt persönliche Dienstbarkeit für die Wohnung im ersten Stock unter Ausschluss des Eigentümers bestellt werden. Dann würde es sich jedoch um ein Wohnungsrecht handeln (siehe hierzu sogleich Rdn 34).

Eine Bestellung einer **Grunddienstbarkeit** ist hingegen nicht denkbar, da diese dem jeweiligen Eigentümer eines herrschenden Grundstücks zusteht, die beabsichtigten Nutzungen jedoch nur den Ehegatten Schaffer zustehen sollen, schließlich haben nur sie Interesse an der Nutzung der Räumlichkeiten des Yogastudios. Zudem möchte Finn selbstverständlich nicht einfach mit einem fremden Dritten (dem jeweiligen Eigentümer des herrschenden Grundstücks) im Mehrfamilienhaus zusammenwohnen, sollten seine Eltern ein etwaiges herrschendes Grundstück veräußern.

Das Wohnungsrecht gewährt lediglich eine Nutzung, deren **Hauptzweck die Wohnnutzung** 34
ist, **unter Ausschluss des Eigentümers** (näheres hierzu siehe § 2 Rdn 201 ff.). Das Wohnungsrecht muss immer ein **Gebäude oder einen Gebäudeteil** erfassen. Das bedeutet, dass im hiesigen Fall eine Aufteilung nach dem Schema „Wohnung im ersten Stock"/„Yogastudio im Erdgeschoss" grundsätzlich möglich wäre. Die Wohnung im zweiten Stock würde ohne Bestellung eines Nutzungsrechts im Eigentum von Finn belassen, sodass dieser aufgrund seiner Eigentümerbefugnisse die Wohnung im zweiten Stock unter Ausschluss seiner Eltern allein benutzen kann.

Das Yogastudio im Erdgeschoss wird jedoch nicht zu Wohnzwecken genutzt und soll auch gerade von Finn, d.h. vom Eigentümer mitbenutzt werden. Ein Wohnungsrecht kann hieran also nicht bestellt werden.

Anders verhält es sich bei der Wohnung im ersten Stock. Die Wohnnutzung unter Ausschluss des Eigentümers ist genau das, was die Eltern Schaffer wünschen. Im Unterschied zur auf Wohnnutzung gerichteten beschränkt persönlichen Dienstbarkeit ist dabei das Wohnungsrecht direkt auf diesen Wunsch zugeschnitten. Gerade für besondere Fragen, wie die Instandhaltung der Wohnung, Lastentragung hinsichtlich der Immobilie enthält das Wohnungsrecht anders als die beschränkt persönliche Dienstbarkeit zudem spezialisierte Regelungen, da es in § 1093 Abs. 1 S. 2 auf Nießbrauchsvorschriften verweist (siehe hierzu genauer § 2 Rdn 211 ff.).

Die Frage der Übertragbarkeit ist beim Wohnungsrecht, das eine Unterform der beschränkt persönlichen Dienstbarkeit darstellt, genauso geregelt wie bei der beschränkt persönlichen Dienstbarkeit. Das Wohnungsrecht ist grundsätzlich nicht übertragbar (siehe hierzu § 2 Rdn 228). Seine Ausübung kann jedoch an einen Dritten überlassen werden, wenn dies ausdrücklich geregelt ist, § 1092 Abs. 1 S. 2 BGB. Ist nichts geregelt, kann die Ausübung ohne Zustimmung des Eigentümers nicht überlassen werden. Solange dies der Fall ist, ist das Wohnungsrecht auch nicht pfändbar und würde den Eltern Schaffer somit die gewünschte Absicherung ihrer Wohnungsnutzung geben.

Zu überlegen wäre ferner, ob die beabsichtigte Nutzung durch die Ehegatten Schaffer durch 35
eine **Reallast** zu ihren Gunsten im Grundbuch abgesichert werden könnte. Die Reallast ist

jedoch auf ein aktives Tun gerichtet, wohingegen die beabsichtigten Nutzungen (Duldung der Wohnnutzung, Duldung der Mitbenutzung der Räumlichkeiten des Yogastudios) lediglich die Duldung durch den Eigentümer verlangen und somit kein tauglicher Inhalt einer Reallast sein können.

Da die meisten Unterlassungsverpflichtungen jedoch auch in ein aktives Tun umformuliert werden können, könnte grundsätzlich als Reallastinhalt die Gewährung von Wohnraum und die Gewährung von Gewerberaum vereinbart werden. Dieser Inhalt richtet sich jedoch auf **irgendeinen Wohn-** oder **Gewerberaum** und nicht auf bestimmte Räumlichkeiten (siehe hierzu § 2 Rdn 297). Den Eltern Schaffer ist es aber gerade wichtig, in genau der Wohnung, in der sie bisher leben, wohnen bleiben und auch das ihnen gewohnte Yogastudio im Erdgeschoss weiter mitbenutzen zu können.

Hinsichtlich der Übertragbarkeit können Einzelleistungen einer Reallast (subjektiv-persönliche Reallast mit nicht übertragbaren und nicht vererblichen Einzelleistungen), wenn

- sie persönlicher Natur sind,
- so ausgestaltet werden, dass eine Pfändbarkeit nicht gegeben wäre.

Allerdings ist hier die persönliche Natur zweifelhaft, schließlich wäre die Reallast auf die Gewährung irgendeinen Wohn- oder Gewerberaums gerichtet. Diese Pflicht muss aber nicht zwingend Finn erbringen. Somit würde die Vereinbarung einer Reallast weder einen gesicherten Pfändungsschutz mit sich bringen noch nach dem vorstehend Dargestellten eine Absicherung der Wohnungsnutzung genau an der Wohnung im ersten Stock bewirken.

Die Bestellung einer Reallast ist somit zur Erreichung der Ziele der Beteiligten nicht geeignet (die Bestellung einer subjektiv-dinglichen Reallast im Übrigen schon aus den zur Grunddienstbarkeit in Rdn 33 erläuterten Gründen noch viel weniger).

36 *Fazit*

Den Beteiligten sollte hinsichtlich der **Mitbenutzung der Räumlichkeiten des Yogastudios** die Bestellung einer beschränkt persönlichen Dienstbarkeit empfohlen werden. Hinsichtlich der ausschließlichen Nutzung der **Wohnung im ersten Stock** ist ein Wohnungsrecht die beste Wahl, da es anders als die beschränkt persönliche Dienstbarkeit genau für diesen Fall zugeschnitten ist. Für die **Wohnung im zweiten Stock** sind keine Regelungen erforderlich, da sie bereits aufgrund der Eigentümerbefugnisse Finn zur alleinigen Nutzung zusteht.

37 **Zu c)**

Nach dem in b) (siehe Rdn 32 ff.) Erläuterten ist für die Wohnungsnutzung im ersten Stock ein Wohnungsrecht zu bestellen und für die Mitbenutzung der Räumlichkeiten des Yogastudios eine beschränkt persönliche Dienstbarkeit (die z.B. schlagwortartig als „*Yogastudiomitbenutzungsrecht*“ bezeichnet werden kann).

Hinsichtlich des Gartens wünschen die Eltern Schaffer, dass „*alles wie bisher bleibt*“, d.h. es stellt sich die Frage, welcher **Gartenteil welchem Recht** zugeordnet ist und ob die Rechte **jeweils die Mitbenutzung von Nebenanlagen** mitumfassen. Nach dem Sachverhalt ist der Ziergarten dem Yogastudio zugeordnet und der restliche Gartenteil den beiden Privatwohnungen (Wohnungen im ersten und im zweiten Stock).

Das Wohnungsrecht regelt in § 1093 Abs. 3 BGB ausdrücklich, dass der Berechtigte die zum **gemeinschaftlichen Gebrauch der Bewohner** bestimmten Anlagen und Einrichtungen mitbenutzen darf (siehe hierzu § 2 Rdn 209 f.). Was zum gemeinschaftlichen Gebrauch dient, ergibt sich aus den Verhältnissen des konkreten belasteten Grundstücks und den Gewohnheiten seiner Bewohner. Hier wird ein Gartenteil von den Bewohnern beider Wohnungen gemeinschaftlich genutzt. Die Mitbenutzung wäre somit schon als Inhalt des Wohnungsrechts geregelt und müsste nicht zwingend in die Wohnungsrechtsbestellungsurkunde aufgenommen werden.

Die notarielle Tätigkeit zielt jedoch auf die Herstellung möglichst **eindeutiger und klarer Verhältnisse**, um durch „*vorsorgende Rechtspflege*“ Streitigkeiten von vornherein zu vermeiden. Auch wenn das Gesetz bereits eine allgemeine Regelung trifft, ist es daher sinnvoll, eine Klarstellung verbunden mit einem Lageplan mit Einzeichnungen in die Bestellungsurkunde aufzunehmen, welche Nebenanlagen genau dem gemeinschaftlichen Gebrauch unterliegen.

Die **beschränkte persönliche Dienstbarkeit** hingegen kennt anders als das Wohnungsrecht **keine ausdrückliche Regelung** zur **gemeinschaftlichen Benutzung von Nebenanlagen**. Dies macht auch Sinn, schließlich umfasst die beschränkt persönliche Dienstbarkeit ein deutlich umfangreicheres Spektrum an Nutzungen als das Wohnungsrecht, dessen Hauptzweck immer auf Wohnnutzung gerichtet ist. Es macht also Sinn, dass die beschränkt persönliche Dienstbarkeit keine detaillierten Einzelfallregelungen enthält, schließlich ist es denkbar, dass als Inhalt der beschränkt persönlichen Dienstbarkeit nicht einmal im Entferntesten die Nutzung einer Immobilie vereinbart ist. Es muss somit hinsichtlich der Mitbenutzung des Ziergartens für das Yogastudio ausdrückliche geregelt werden, dass dieser vom Mitbenutzungsrecht hinsichtlich der Räumlichkeiten des Yogastudios umfasst ist. Dies kann ebenfalls in der Dienstbarkeitsbestellungsurkunde erfolgen, die sodann nicht nur die Mitbenutzung der Räumlichkeiten im Erdgeschoss, sondern auch des zum Yogastudio gehörenden Ziergartens gewährt.

Zu d) 38

Nach dem Sachverhalt ist das Garagengrundstück ein separates Grundstück. Da mit dem Mehrfamilienhausgrundstück und dem Garagengrundstück mehrere Grundstücke in Rede stehen, ist zu prüfen, ob es sinnvoll wäre, **einheitliche Rechte** für beide Grundstücke (ein Wohnungsrecht an beiden Grundstücken, eine beschränkt persönliche Dienstbarkeit an beiden Grundstücken) zu bestellen oder nicht. Ein einheitliches Recht ist immer dann denkbar, wenn an allen Grundstücken eine **gleichartige und gleichzeitige** Rechtsausübung beabsichtigt ist. Dies ist beispielsweise der Fall bei einer über mehreren Grundstücken verlaufenden Ölpipeline, die nicht mehr funktionieren würde, wenn auf lediglich einem Grundstück ein Abschnitt der Pipeline fehlen würde (hierzu auch siehe § 2 Rdn 122). Hier befinden sich jedoch auf den einzelnen Grundstücken unterschiedliche Gebäude, die auch unterschiedliche Nutzungen gewähren: Auf dem einen Grundstück befindet sich eine Wohn- und Gewerbeeinheit und auf dem anderen Grundstück eine Garageneinheit. Es sind somit **Einzelrechte** zu bestellen, da eine Zusammenfassung als einheitliches Recht nicht möglich ist.

Es wäre denkbar, am Garagengrundstück zugunsten der Ehegatten Schaffer **einen Nießbrauch** einzutragen. Jedoch besteht hinsichtlich des Garagengrundstücks die gleiche Problematik wie hinsichtlich des Grundstücks des Mehrfamilienhauses: Der Nießbrauch würde ein umfangreiches Nutzungsrecht gewähren, was ihren Sohn als künftigen Eigentümer im Ausübungsbereich des Nießbrauchs von der Nutzung ausschließen würde und somit insbesondere die Mitbenutzung der Außenstellplätze durch Besucher des Yogastudios, die zu den Kursen von Sohn Finn gehen, vereiteln würde. Ebenso könnte Finn seine ebenfalls auf dem Grundstück befindliche Garage nicht mehr nutzen, da deren Nutzung durch den Nießbrauch allein seinen Eltern zustehen würde. Es wäre zwar grundsätzlich denkbar zwei Nießbrauchsrechte zu bestellen, eines im Ausübungsbereich beschränkt auf die Garagen und 100-%-Nutzung durch die Eltern Schaffer, ein weiteres im Ausübungsbereich beschränkt auf die Stellplätze und mit 50-%-Nutzung durch die Eltern Schaffer (Quotennießbrauch). Auch in diesem Fall würde jedoch die Eintragung des Nießbrauchs nicht die Absicherung für Fälle finanzieller Engpässe geben, da dieser grundsätzlich wegen seiner **Übertragbarkeit pfändbar** ist, selbst wenn die Übertragbarkeit in der Bestellungsurkunde ausgeschlossen wird. Auch für das Garagengrundstück ist somit die Bestellungen eines Nießbrauchs nicht zu empfehlen.

Die Bestellung einer **Reallast** kommt von vorneherein nicht in Betracht, da die auf dem Garagengrundstück beabsichtigten Nutzungen auf eine Duldung des Eigentümers hinauslaufen. Finn soll dulden, dass seine Eltern die beiden ihnen zustehenden Garagen weiter alleine gebrauchen und die Stellplätze für das Yogastudio mitbenutzen. Bei den Nutzungen handelt es sich somit nicht um ein aktives Tun, sodass sie nicht als Reallast, sondern in Dienstbarkeitsform vereinbart werden müssen.

Die Einräumung eines **Wohnungsrechts** kommt auf dem Garagengrundstück, anders als bei dem Mehrfamilienhausgrundstück, nicht in Betracht. Auf den ersten Blick erscheint die Bestellung eines Wohnungsrechts sinnvoll zu sein, da schließlich auch Nebenanlagen wie eine Garage vom Wohnungsrecht erfasst sein können, wenn die Hauptnutzung des Wohnungsrechts weiterhin Wohnzwecken dient. Ebenso würde das Wohnungsrecht den Ausschluss des Eigentümers gewähren, was bei den beiden Garagen, die von den Ehegatten Schaffer weiter allein genutzt werden sollen, sinnvoll wäre. Hier ist jedoch das Garagengrundstück ein separates Grundstück, auf dem sich keine Wohnimmobilie befindet. Der Hauptzweck eines auf dem Garagengrundstück eingetragenen Rechts kann somit kein Wohnzweck sein. Die Bestellung eines Wohnungsrechts ist daher auf dem isolierten Garagengrundstück nicht zulässig, vielmehr müssen die übrigen Merkmale des Wohnungsrechts im Rahmen der beschränkt persönlichen Dienstbarkeit nachgebildet werden. Dies ist unproblematisch möglich, sodass für die Garagen, die der alleinigen Nutzung der Eltern Schaffer unterstehen sollen, eine beschränkt persönliche Dienstbarkeit unter Ausschluss des Eigentümers und räumliche Begrenzung auf die beiden Garagen bestellt werden kann.

Hinsichtlich der Stellplätze kommt ebenfalls die Bestellung einer beschränkt persönlichen Dienstbarkeit mit geeignet örtlich beschränktem Ausübungsbereich in Betracht, diesmal aber ohne Ausschluss des Eigentümers („Mitbenutzungsrecht").

Die Bestellung von **zwei Grunddienstbarkeiten** würde hierzu keine sinnvolle Alternative bedeuten. Schließlich hat die Nutzungsgewährung durch Sohn Finn eine klar familienbezogene Komponente. Finn würde niemand anderem außer seinen Eltern und somit auch nicht dem beliebigen Eigentümer eines herrschenden Grundstücks diese Nutzungsrechte einräumen.

Exkurs:

Sollten die Ehegatten Schaffer überlegen, ob sie die Eintragungs- und Notargebühren für insgesamt vier dingliche Rechte (beschränkt persönliche Dienstbarkeit hinsichtlich der Räumlichkeiten des Yogastudios, Wohnungsrecht hinsichtlich der Wohnung im ersten Stock, beschränkt persönliche Dienstbarkeit hinsichtlich der Garagen und beschränkt persönliche Dienstbarkeit als Mitbenutzungsrecht hinsichtlich der Stellplätze) aufbringen möchten, ist es vertretbar, bei den weniger wichtigen Rechten auf die Eintragung eines dinglichen Rechts zu verzichten und die angedachte Mietlösung in Teilen umzusetzen. Diese ist natürlich weniger sicher als die Eintragung von Rechten im Grundbuch; wenn den Beteiligten jedoch die Risiken im Insolvenz- und Zwangsversteigerungsfall bewusst sind und die wesentlichen Rechte wie das Wohnungsrecht an der Wohnung im ersten Stock im Grundbuch abgesichert werden, spricht grundsätzlich nichts gegen diesen Wunsch.

39 **Zu e)**

Am Grundstück Flurnummer 12 ist eine **Grundschuld** eingetragen. Das durch diese Grundschuld ursprünglich abgesicherte Darlehen ist nach Angabe der Eltern Schaffer jedoch abbezahlt. Man könnte meinen, dass eine nicht valutierte Grundschuld für die Eltern Schaffer keine weitere Gefahr darstellen dürfte, da der Eigentümer sie jederzeit löschen lassen könnte und kein Kreditinstitut aktuell berechtigterweise aus der Grundschuld vollstrecken dürfte. Trotzdem würde die Eintragung des Wohnungsrechts der Eltern und auch der beschränkt persönlichen Dienstbarkeit hinsichtlich des Yogastudios im Rang hinter der Grundschuld ohne weitere Regelungen große Risiken für diese nachrangigen Rechte bergen.

Mit der Überschreibung von Flurnummer 12 auf Finn geht auch die im Grundbuch dort eingetragene Grundschuld auf Finn als neuen Eigentümer über. Finn könnte, wenn keine weitergehenden rechtlichen Regelungen getroffen sind, die Grundschuld **jederzeit** wieder scharfstellen („**valutieren**", siehe hierzu auch § 2 Rdn 186). Er könnte einen neuen Kredit aufnehmen, den er in vielen Fällen lediglich durch Unterschreiben eines schriftlichen Dokuments in der Bank, also ohne notarielles Verfahren und Grundbucheintragung, durch die noch eingetragene Grundschuld absichern könnte. Die Grundschuld kann folglich jederzeit durch Finn aus ihrem passiven Zustand in einen aktiven Zustand gewandelt werden, sogar ohne dass der Berechtigte der nachrangigen Rechte (d.h. seine Eltern) etwas hiervon erfährt.

Eine Lösungsmöglichkeit für dieses Problem wäre eine schuldrechtliche Regelung. Im Rahmen dieser Regelung würden die Eltern Schaffer mit ihrem Sohn Finn vereinbaren, dass er die eingetragene Grundschuld, die dann den Rechten der Eltern Schaffer vorgeht, nicht ohne Zustimmung seiner Eltern neu valutieren darf. Der Nachteil an dieser Lösung ist, dass es sich um eine schuldrechtliche Regelung handelt. Finn kann also gegen die Regelung verstoßen und die Grundschuld trotzdem neu valutieren. Tut er dies, macht er sich schadensersatzpflichtig, was den Eltern Schaffer im Fall der Fälle aber nicht viel helfen würde: Würde es zur Zwangsversteigerung aus der vorrangigen Grundschuld kommen, würde ihr Wohnungsrecht und ihre beschränkte persönliche Dienstbarkeit erlöschen, obwohl sie diesen Fall gerade hatten vermeiden wollen. Aufgrund der schuldrechtlichen Vereinbarung hätten sie lediglich einen Schadensersatzanspruch, also einen Anspruch auf Geldzahlung, den Finn aber in solch einem Fall wahrscheinlich nicht bezahlen können würde.

Eine weitere Lösungsmöglichkeit wäre, zu vereinbaren, dass der „Rückgewähranspruch" aus der Grundschuld (zumindest auch) weiterhin den Eltern Schaffer zusteht. Der Rückgewähranspruch gibt den Eltern Schaffer, da sie das grundschuldgesicherte Darlehen „abbezahlt" haben, einen Anspruch gegen die Bank wahlweise auf

- Aufhebung der Grundschuld,
- Verzicht auf diese oder
- Abtretung an sich oder einen Dritten.

Verbleibt dieser Anspruch bei den Eltern Schaffer, würde eine Neuvalutierung gegen diesen Anspruch verstoßen und bedürfte somit ihrer Zustimmung. Würde Finn trotzdem neuvalutieren und in Folge dessen die Zwangsvollstreckung aus dem vorrangigen Grundpfandrecht betrieben, könnten sich die Eltern Schaffer dagegen wehren und das Erlöschen ihres Rechts somit verhindern.

Der Rückgewähranspruch bewirkt somit, anders als eine rein schuldrechtliche Vereinbarung, eine taugliche Absicherung der Eltern Schaffer gegen das Erlöschen ihres Wohnungsrechts. Vor diesem Hintergrund käme eine nachrangige Eintragung des Wohnungsrechts und der beschränkt persönlichen Dienstbarkeit somit in Betracht.

Da die Grundschuld aktuell nicht valutiert, ist es selbstverständlich auch möglich, die Grundschuld aufzuheben (*„aus dem Grundbuch löschen"*). Auch wenn die Grundschuld keinen Kredit mehr absichert, ist sie weiterhin zugunsten eines bestimmten Kreditinstituts im Grundbuch eingetragen. Nach den Regelungen des formellen Rechts bedarf es zur Löschung des Rechts der Bewilligung des Berechtigten nach § 19 GBO (also des Kreditinstituts) und eines Antrags, den sowohl der Berechtigte als auch der Belastete stellen können, § 13 GBO (siehe hierzu § 2 Rdn 89 ff.). Ferner ist nach § 27 S. 1 GBO die Zustimmung des Eigentümers zur Löschung erforderlich. Valutiert die Grundschuld nicht mehr, ist die Bank verpflichtet, sowohl die materiell-rechtliche Aufgabeerklärung als auch die Löschungsbewilligung zu erteilen. Die Eltern Schaffer müssen lediglich die Bank kontaktieren und um Erteilung einer Löschungsbewilligung bitten. Ebenso kann die Einholung selbstverständlich das Notariat übernehmen. Empfehlenswert ist, die Aufhebung der Grundschuld im Rahmen der Übertragungsurkunde abzuwickeln, da sie dort gebührenfrei erfolgen könnte und die Eltern Schaffer noch selbst die vom Eigentümer erforderlichen Anträge (Löschungszustimmung und Vollzugsantrag des Eigentümers) in der Urkunde abgeben können und nicht von der Mitwirkung ihres Sohns Finn abhängig sind.

Zug-um-Zug mit Löschung der Grundschuld (§ 16 Abs. 2 GBO) können Wohnungsrecht und beschränkt persönliche Dienstbarkeit im Gleichrangig an erster Rangstelle eingetragen werden, schließlich beschränken sich die Rechte nicht (was jedoch ebenfalls einer Eintragung im Gleichrang nicht entgegenstehen würde), sondern ergänzen sich.

40 **Zu f)**

Nach § 1093 Abs. 2 BGB ist die **Mitbenutzung durch Dritte** im Rahmen der Wohnnutzung durch den Eigentümer des belasteten Grundstücks zu dulden (siehe hierzu § 2 Rdn 205 ff.). Der Wohnungsberechtigte darf neben Familienangehörigen auch Dritte zur **Pflege** oder **standesgemäßen Bedienung** mitaufnehmen. Ferner muss es sich grundsätzlich um eine **Mitbenutzung** handeln, da das Wohnungsrecht grundsätzlich keine Vermietung an Dritte gewährt (siehe hierzu § 2 Rdn 197).

Die Eltern Schaffer wünschen die Möglichkeit, sollte es ihr gesundheitlicher Zustand erfordern und es ihre finanziellen Möglichkeiten erlauben, Pflegepersonal in ihre Wohnung im ersten Stock aufzunehmen, damit sie dort so lange wie möglich wohnen bleiben können. Diese Befugnis ist nach dem Gezeigten bereits mit der Bestellung eines Wohnungsrechts verbunden. Da die notarielle Praxis auf die Herbeiführung klarer und eindeutiger Verhältnisse abzielt, kann die Befugnis noch einmal in der Dienstbarkeitsbestellungsurkunde klargestellt werden.

D. Reallast

I. Verständnisfragen

41 **Aufgabe 1**
Frage:

Wie unterscheiden sich Reallast und Dienstbarkeiten?

Antwort:

Die Reallast hat nach § 1105 BGB zum Inhalt „*wiederkehrende Leistungen aus dem Grundstück zu entrichten*“ und ist damit auf ein **aktives, wiederkehrendes Tun gerichtet**. Damit bildet sie das Gegenstück zur **Dienstbarkeit**, die jeweils nur Duldungs-, Unterlassungs- oder Ausschlusspflichten und gerade kein aktives Tun als Hauptpflicht zum Rechtsinhalt haben kann. So haben **Grunddienstbarkeit** und **beschränkt persönliche Dienstbarkeit** bereits grundsätzlich den gleichen Inhalt, der als Hauptpflicht kein aktives Tun gewährleisten kann. Ebenfalls ist das **Wohnungsrecht** als Sonderform der beschränkt persönlichen Dienstbarkeit auf die Duldung des Hauptzwecks Wohnnutzung durch den Berechtigten seitens des Eigentümers gerichtet. Auch der **Nießbrauch** gewährt die **Duldung** der umfassenden Nutzung des Belastungsgegenstandes durch den Berechtigten und nicht etwa ein aktives Tun.

Die Unterscheidung Duldung/aktives Tun ist jedoch nicht unverrückbar: Inhaltlich können viele Duldungspflichten, die Gegenstand einer **Dienstbarkeit** sein können, auch (mit zumindest ähnlichem Leistungsumfang) als aktive Leistungspflicht, die Gegenstand einer **Reallast** sein kann, formuliert werden.

(Siehe hierzu § 2 Rdn 296 ff.).

42 **Aufgabe 2**
Aufgabe:

Beschreiben Sie die Struktur der Reallast!

Lösung:

Bei der **Reallast** sind **zwei Aspekte** zu unterscheiden: Es gibt zum einen das **Stammrecht**, d.h. das ganze Recht „Reallast“ an sich, das wie jedes andere Recht die Gesamtheit der in ihm enthaltenen Befugnisse verkörpert. Zum anderen gewährt die Reallast **Einzelleistungen**, die wiederkehrend in einem bestimmten Turnus zu erbringen sind. Die persönliche Haftung nach § 1108 BGB und die durch die Reallast gewährte Zwangsvollstreckung in den Grundbesitz erfolgen jeweils wegen der Einzelleistungen. Der Unterschied zeigt sich, wenn man sich einen **Verzicht** auf den einen oder anderen Aspekt vorstellt: Verzichtet der Berechtigte auf das Stammrecht, so erlischt die gesamte Reallast und mit ihr der Anspruch auf die Einzelleistungen. Verzichtet der Berechtigte auf eine Einzelleistung, so erlischt nur diese, das Stammrecht bleibt aber bestehen und kann dem Berechtigten weitere Einzelleistungen gewähren.

(Siehe hierzu § 2 Rdn 301).

Aufgabe 3 43

Frage:

Was ist Inhalt der Reallast?

Begründen Sie, welche der nachfolgenden Beispiele als Inhalt einer Reallast vereinbart werden können und welche nicht:

- Verpflichtung, einmalig ein Haus zu errichten
- Verpflichtung, nicht zu verhindern, dass die Nachbarskinder eine Rasenfläche zum Fußballspielen nutzen
- Verpflichtung, nach eigenem Ermessen, aber mindestens zweimal im Jahr die Hecke der Eltern zu schneiden

Antwort:

Die Reallast verpflichtet zu einem **aktiven, wiederkehrenden Tun** des Verpflichteten zugunsten des Berechtigten. Der Inhalt der Reallast (eine aus dem Grundstück zu entrichtende Leistung) ist dabei nicht dahingehend misszuverstehen, dass die Reallast **nur Nutzungen** gewähren würde, **die einen Grundstücksbezug**, wie z.B. die Nähe zum Grundstück, aufweisen müssten oder die sogar in irgendeiner Form „aus dem Grundstück" produziert werden müssten, wie z.B. Bodenfrüchte (Kartoffeln, Karotten, Kohlrabi, Weizen etc.).

Die Formulierung soll vielmehr lediglich darauf hinweisen, dass die Reallast bei Nicht- oder Schlechterfüllung der vereinbarten Leistung die Möglichkeit der Zwangsvollstreckung in den Grundbesitz gewährt. Es ist also eine **beliebige wiederkehrende Leistung**, die zwar **Geldwert** haben, aber nicht auf die Zahlung von Geld gerichtet sein muss, als Inhalt der Reallast vereinbar.

Die aktiven Leistungen, die der Verpflichtete der Reallast zu erbringen hat, müssen **wiederkehrend** zu erbringen sein. Unerheblich ist, ob die wiederkehrende Erbringung nur für einen **bestimmten Zeitraum oder dauerhaft** vorgesehen ist. Ebenso muss die wiederkehrende Erbringung nicht regelmäßig erfolgen.

Die Leistungen können auch in ihrem **Umfang variieren**, solange sie insgesamt in **Art und Umfang bestimmbar bleiben**, sodass es z.B. möglich ist, bei wiederkehrenden Geldzahlungen eine „**Wertsicherungsklausel**" zu vereinbaren, die durch Vergleich der Entwicklung der Verbraucherpreise eine Inflationsbereinigung der Geldzahlung ermöglicht.

Eine **einmalige Leistungserbringung** kann hingegen nicht Gegenstand einer Reallast sein, wenn sie die einzige Hauptpflicht darstellt.[3] Als **eine von vielen** wiederkehrenden Leistungen kann sie hingegen schon als Bestandteil der Reallast vereinbart werden.[4]

Die **erste** genannte **Verpflichtung**, einmalig ein Haus zu errichten, kann somit nicht Inhalt einer Reallast sein, da hier eine einmalige Leistungserbringung einziger Gegenstand der Reallast wäre.

Die **zweite Verpflichtung**, nicht zu verhindern, dass die Nachbarskinder eine Rasenfläche zum Fußballspielen nutzen, umfasst bei genauer Betrachtung kein aktives Tun. Schließlich wird nicht etwa dem Eigentümer des Grundstücks auferlegt, eine beliebige Fläche zum Fußballspiel für die Nachbarskinder herzurichten, sondern er soll sich lediglich nicht dagegen wehren, wenn diese einen Abschnitt seines Grundstücks nutzen. Die Verpflichtung ist auf die Duldung einer Nutzung gerichtet und kann somit nur als Dienstbarkeit vereinbart werden.

3 Grüneberg/*Herrler*, § 1105 Rn 5.
4 BGH NJW 2014, 1000, 1001.

Die **dritte Verpflichtung**, nach eigenem Ermessen, aber mindestens zweimal im Jahr die Hecke der Eltern zu schneiden, kann hingegen Inhalt einer Reallast sein. Sie verlangt die Ausübung eines wiederkehrenden („*mindestens zweimal im Jahr*") aktiven Tuns („*Hecke schneiden*"), hat grundsätzlich Geldwert (sonst müsste zum Heckenschneiden ein kostenpflichtiges Unternehmen bestellt werden) und ist in ihrem Umfang bestimmbar. Dass die Häufigkeit des Heckenschneidens im Ermessen des Verpflichteten liegt, schadet ebenfalls nicht, da eine Reallast gerade **nicht regelmäßig wiederkehrende Leistungen** zum Inhalt haben muss. D.h., auch wenn in einem Jahr bei wildem Wuchs der Hecke fünfmal geschnitten wird und im nächsten Jahr nur zweimal, handelt es sich um wiederkehrende Leistungen, die Inhalt einer Reallast sein können.

(Siehe hierzu § 2 Rdn 301 ff.).

44 **Aufgabe 4**
Fragen:

Welche Rechte gewährt die Reallast für den Fall der Nichterfüllung der vereinbarten Leistung? Nennen Sie auch die einschlägigen §§-Vorschriften.

Sind abweichende Regelungen möglich?

Antworten:

Die Reallast gewährt dem Berechtigten zum einen einen **dinglichen Anspruch auf die Einzelleistungen** mit der Möglichkeit, **bei Nicht- oder Schlechterfüllung** der Einzelleistungen die **Zwangsvollstreckung** in den Belastungsgegenstand, d.h. z.B. in ein Grundstück, zu betreiben (§§ 1107, 1147 BGB).

Zum anderen gewährt die Reallast dem Berechtigten einen **schuldrechtlichen Anspruch** auf die Einzelleistungen direkt gegen den Verpflichteten (§ 1108 BGB). Die **persönliche Haftung** des Verpflichteten verbessert die Möglichkeit des Berechtigten, im Fall der Nicht- oder Schlechterfüllung der Einzelleistungen „an sein Geld zu kommen", da er nicht nur den Belastungsgegenstand durch Zwangsversteigerung verwerten, sondern auch auf das sonstige Vermögen des Verpflichteten zugreifen kann.

Abweichende Regelungen sind bei der persönlichen Haftung aufgrund der ausdrücklichen gesetzlichen Anordnung in § 1108 BGB („*soweit nicht ein anderes bestimmt ist*") zulässig. Es kann somit in der Bestellungsurkunde vereinbart werden, dass keine persönliche Haftung des Verpflichteten neben dem dinglichen Anspruch aus der Reallast entsteht.

(Siehe § 2 Rdn 321 ff.).

45 **Aufgabe 5**
Frage:

Was geschieht im Fall der Zwangsversteigerung aus der Reallast mit der Reallast?

Antwort:

Im Fall der **Nicht- oder Schlechterfüllung einer oder mehrerer der Einzelleistungen**, kann der Berechtigte der Reallast die **Zwangsvollstreckung** in das belastete Grundstück, z.B. durch Zwangsversteigerung, beantragen. Voraussetzung hierfür ist, dass er zwangsvollstrecken darf, d.h., dass der Berechtigte den Verpflichteten z.B. erfolgreich verklagt hat oder in der Bestellungsurkunde der Reallast eine Regelung getroffen ist, die die sofortige Zwangsvollstreckung, also ohne vorheriges Gerichtsverfahren, gewährt. Im Vollstreckungsverfahren werden die ausstehenden und fälligen Einzelleistungen in Geldwert umgerechnet, den der Berechtigte (immer unter der Voraussetzung, der Versteigerungserlös reicht aus), aus der Zwangsversteigerung erhält. Mit dem **Zuschlag in der Zwangsversteigerung erlischt die Reallast** (= das Stammrecht), sodass an dem Grundstück, das derjenige erhält, der in der Zwangsversteigerung den Zuschlag bekommt, keine Reallast mehr eingetragen ist.

Zudem sieht das Gesetz vor, dass der Berechtigte der Reallast im Falle des Erlöschens der Reallast (wie generell im Zwangsversteigerungsrecht) Geldersatz für das erloschene Recht erhält, immer vorausgesetzt der Versteigerungserlös reicht aus; anderenfalls erhält der Berechtigte nur soweit Ersatz, wie der Versteigerungserlös reicht.

Alternativ gäbe es im **Vollstreckungsverfahren** auch die Möglichkeit, zu **beantragen**, dass die **Reallast bestehen bleibt,** d.h. der neue Eigentümer nur ein Grundstück mit Reallast und dinglichem Anspruch des Berechtigten auf Einzelleistungen ersteigern kann. Das ist auf den ersten Blick für den Berechtigten vorteilhaft, kann jedoch auch die Verwertbarkeit des Grundstücks in der Zwangsversteigerung einschränken.

Eine weitere Ausnahme von dem Grundsatz, dass mit Zuschlag in der Zwangsversteigerung die Reallast erlischt, besteht bei der Erbbauzinsreallast: Dort kann gemäß § 9 Abs. 3 Nr. 1 ErbbauRG vereinbart werden, dass *„die Reallast abweichend von § 52 Abs. 1 des Gesetzes über die Zwangsversteigerung und die Zwangsverwaltung mit ihrem Hauptanspruch bestehen bleibt, (...)"*.

(Siehe hierzu § 2 Rdn 321).

Aufgabe 6 46

Frage:

Wer ist Berechtigter der subjektiv-dinglichen und der subjektiv-persönlichen Reallast?

Antwort:

Die subjektiv-dingliche Reallast steht nach den §§ 1105 Abs. 2, 1110 BGB dem jeweiligen Eigentümer eines herrschenden Grundstücks zu. Die Formulierung ist aber eigentlich zu kurz gegriffen, da z.B. auch der jeweilige Inhaber eines grundstücksgleichen Rechts Berechtigter einer subjektiv-dinglichen Reallast sein kann. Insgesamt können Berechtigter der subjektiv-dinglichen Reallast sein:

- der jeweilige Eigentümer eines herrschenden Grundstücks,
- der jeweilige Eigentümer eines herrschenden Sondereigentums,
- der jeweilige Eigentümer eines herrschenden grundstücksgleichen Rechts.

Soll ein **realer Grundstücksteil** herrschendes Grundstück sein, muss er als neues selbstständiges Grundstück gemäß § 7 Abs. 1 GBO abgeschrieben sein und zählt somit auch zu den Grundstücken als Berechtigungsgegenstand.

Der **jeweilige Eigentümer eines Miteigentumsanteils** an einem Grundstück **kann** hingegen **nicht Berechtigter** einer Reallast sein.

Der Berechtigte einer subjektiv-persönlichen Reallast kann aufgrund des personalen Bezugs des Rechts eine zunächst **juristische oder natürliche Person** oder **eine rechtsfähige Personengesellschaft** sein. Für die aus Personen bestehende **rechtsfähige Gemeinschaft der Wohnungseigentümer** ist ihre Berechtigteneigenschaft bisher nur für die **beschränkt persönliche Dienstbarkeit** von der Rechtsprechung ausdrücklich festgestellt worden;[5] allerdings ist kein Grund ersichtlich, warum sie bei der subjektiv-persönlichen Reallast anders behandelt werden sollte, da es sich auch um eine Gemeinschaft handelt, die Rechte und Pflichten erwerben kann.

Ähnliches gilt für sonstige grundbuchfähige Personenvereinigungen, wie z.B. politische Parteien, mit dem Unterschied, dass für diese in Einzelfällen die Eigenschaft als Berechtigter eines Nießbrauchs bereits in der Rechtsprechung bejaht wurde.[6]

Juristische Personen sind z.B. die Aktiengesellschaft, die GmbH oder die SE (= Europäische Gesellschaft, abgekürzt vom lateinischen „Societas Europaea"), **rechtsfähige Personengesellschaften** sind z.B. die OHG, Kommanditgesellschaft, Partnerschaftsgesellschaft, EWIV sowie die (rechtsfähige) BGB-Gesellschaft.

(Siehe § 2 Rdn 348 ff. und 351 f.).

5 KG ZWE 2016, 23 Tz 13.
6 OLG Zweibrücken, NJW-RR 2000, 749.

47 **Aufgabe 7**

Fragen:

Wie kann eine Reallast erlöschen? Erläutern Sie die einzelnen Aspekte kurz!

Führt das Erlöschen der Reallast auch automatisch zum Erlöschen im Grundbuch?

Antworten:

Eine **Reallast** erlischt in den folgenden Fällen:

- Eintritt einer auflösenden Bedingung/Befristung
- „Löschung“ bzw. Aufgabeerklärung durch den aktuellen jeweiligen Berechtigten
- (nur subjektiv-persönliche Reallast) Wegfall des Berechtigten
- (nur subjektiv-persönliche Reallast) Ausschluss gemäß §§ 1104, 1112 BGB
- Ablösung
- Zwangsversteigerung:
  - Erlöschen aufgrund Zwangsversteigerung aus vorrangigem Recht
  - Erlöschen aufgrund Zuschlags

Bei einer **auflösenden Bedingung oder Befristung** ist als Inhalt des Rechts vereinbart, dass es bei Eintritt eines bestimmten ungewissen Ereignisses (Bedingung) oder bei Eintritt eines bestimmten gewissen Ereignisses (Befristung) erlischt.

Die Beendigung durch Aufgabeerklärung erfolgt **materiell-rechtlich** nach den §§ 875, 876 BGB durch **Aufgabeerklärung** des Berechtigten des Rechts, **Löschung** des Rechts im Grundbuch und (bei der subjektiv-dinglichen Reallast) **Zustimmung** der am berechtigten Grundstück eingetragenen Berechtigten (z.B. einer kreditfinanzierenden Bank), wenn ihr Recht durch die Aufhebung nachteilig berührt wird. Liegen alle Voraussetzungen vor, erlischt das Recht.

Formell-rechtlich erfolgt die Löschung auf Antrag des Berechtigten oder des Verpflichteten sowie Bewilligung des Berechtigten oder Unrichtigkeitsnachweis (§ 22 GBO). Handelt es sich um eine **subjektiv-dingliche Reallast** und ist am herrschenden Grundstück ein Aktiv- oder Herrschvermerk eingetragen, (§ 21 GBO, siehe hierzu § 2 Rdn 93 ff.), muss auch die Zustimmung der nach § 876 S. 2 BGB betroffenen Drittberechtigten dem Grundbuchamt vorgelegt werden.

Eine subjektiv-persönliche Reallast kann zudem durch **Wegfall des Berechtigten** erlöschen, wenn das Recht durch Vereinbarung oder aus der Natur der Sache auf die Lebenszeit des Berechtigten beschränkt ist und die Einzelleistungen somit nicht übertragbar und nicht vererblich ausgestaltet sind.

Die subjektiv-persönliche Reallast gibt ferner die Möglichkeit, einen **unbekannten Berechtigten** im Wege des Aufgebotsverfahrens durch gerichtlichen Beschluss ausschließen zu lassen. Mit erfolgreichem Abschluss des gerichtlichen Verfahrens erlischt das Recht im Grundbuch.

Das Erlöschen durch **Ablösung** ist dann möglich, wenn als Inhalt der subjektiv-persönlichen oder der subjektiv-dinglichen Reallast vereinbart wurde, dass sie durch Zahlung einer bestimmten Summe an den Berechtigten zum Erlöschen gebracht werden kann. In einigen Bundesländern gibt es zudem eine nach Landesrecht vorgesehene Ablösungsmöglichkeit, nicht jedoch in Bayern.

Die Reallast kann **durch Zwangsversteigerung** in zweierlei Wegen erlöschen: Steht sie im Nachrang hinter einem Verwertungsrecht, erlischt sie (grundsätzlich, wenn es sich nicht um eine versteigerungsfeste Reallast handeln sollte) im Fall des Zuschlags im Zwangsversteigerungsverfahren, das aus einem vorrangigen Recht betrieben wird. Wird die Zwangsversteigerung aus der Reallast selbst betrieben, erlischt sie ebenfalls mit Zuschlag an den neuen Erwerber; der Berechtigte erhält jedoch – soweit der Versteigerungserlös ausreicht – einen Anteil am Versteigerungserlös (siehe hierzu auch die Ausführungen in § 2 Rdn 321).

Hinsichtlich der **Eintragung im Grundbuch** ist zwischen dem **materiell-rechtlichen Erlöschen** des Rechts in den vorstehenden Konstellationen und der **formell-rechtlichen Entfernung** des Rechts im Grundbuch zu unterscheiden. Unproblematisch erfolgt diese im Zwangsversteigerungsverfahren (von Amts wegen, d.h. automatisch ohne Tätigwerden der Beteiligten), bei Ausschluss im Aufgebotsverfahren (Löschungsantrag unter Vorlage des rechtskräftigen Ausschließungsbeschlusses) und bei der Aufhebung durch den Berechtigten, der ja auch die Löschungsbewilligung abgeben muss. Der Wegfall des Berechtigten, die erfolgte Ablösung und der Eintritt der Bedingung/Befristung ist jedoch, soweit sie nicht offenkundig sind, jeweils dem Grundbuchamt in **grundbuchfähiger Form**, d.h. durch öffentliche oder öffentlich beglaubigte Urkunden (z.B. Sterbeurkunde bei eingetragener Vorlöschungsklausel) nachzuweisen. Ist dies nicht möglich, ist zur Löschung im Grundbuch zusätzlich die Bewilligung des Berechtigten/Rechtsnachfolgers erforderlich, obwohl das Recht materiellrechtlich schon erloschen ist.

(Siehe hierzu § 2 Rdn 361 ff. und 163 f.).

II. Beispielsfall 1: „Crazy Catlady“

1. Sachverhalt

Ihre Katzen sind für die 80-jährige, ledige und kinderlose Julia Zuckermann das Wichtigste. 48
Sie lebt auf einem großen, entlegenen und etwas verwilderten Grundstück mit Garten (Flurnummer 25) zusammen mit 25 Katzen unterschiedlichen Alters im bayerischen Wald. Das benachbarte, gärtnerisch sehr gepflegte Grundstück Flurnummer 26 bewohnt die ruheliebende, 40-jährige Elvira Waldschrat. Im Übrigen sind weit und breit keine Nachbarn zu erkennen; die Grundstücke Flurnummer 25 und 26 sind von Wald umgeben.

Zunächst hatten Frau Waldschrat und Frau Zuckermann ihre liebe Mühe miteinander, da die Katzen von Frau Zuckermann ständig auf das liebevoll gepflegte Grundstück von Frau Waldschrat liefen und dort den Baldrian und andere Pflanzen zerzausten. Mit der Zeit hatten sich die beiden Damen jedoch aneinander gewöhnt und Frau Waldschrat begann, Frau Zuckermann, die mit fortgeschrittenem Alter immer gebrechlicher wurde, bei Einkäufen zur Hand zu gehen, sich um ihren verwilderten Garten zu kümmern und ihr bei der Pflege der Katzen zu helfen. Frau Zuckermanns gesundheitlicher Zustand hat sich jedoch leider nicht gebessert, sodass sie nun ins Altersheim umsiedeln muss, wo Katzen nicht erlaubt sind.

Da die Verwandtschaft von Frau Zuckermann weit entfernt lebt und ihre katzenliebende Verwandte auch scheinbar vergessen hat, hat Frau Zuckermann beschlossen, ihr Grundstück Flurnummer 25, was neben ihren Katzen ihren einzigen wesentlichen Besitz darstellt, ihrer Nachbarin Frau Waldschrat zu überschreiben. Das Grundstück Flurnummer 25 ist schön, aber nicht viel wert, da ein Großteil nicht bebaut werden darf. Ganz ohne Gegenleistung möchte Frau Zuckermann ihr Grundstück jedoch nicht an Frau Waldschrat weggeben, schließlich kostet das Altenheim ja auch Geld. Da Frau Waldschrat Frau Zuckermann das Grundstück Flurnummer 25 auch nicht in einem Betrag abkaufen kann, einigen sich die beiden darauf, dass Frau Waldschrat an Frau Zuckermann eine monatliche Rente von 1.000 EUR auf Lebenszeit zahlen soll.

Frau Zuckermann war jedoch schon immer „euroskeptisch“ und befürchtet seit Jahren, dass es in der Eurozone wegen der ganzen Krisen, von denen sie in der Zeitung liest, bald zu einer erheblichen Geldentwertung durch Inflation kommt. Sie ist besorgt, dass die Rentenzahlung als Altersvorsorge nicht so sicher ist, wie ihr Grundstück Flurnummer 25, und hofft, dass eine Absicherung „*irgendwie im Grundbuch*“ möglich sein könnte und auch eine „*rechtliche Regelung*“ gegen die erwartete Inflation helfen könnte.

Wichtiger noch als das Geld sind ihr jedoch ihre Katzen. Auch wenn Frau Waldschrat sich in der letzten Zeit durchaus katzenfreundlich gezeigt hat, traut Frau Zuckermann dem Ganzen nicht. Sie möchte Frau Waldschrat das Grundstück nur geben, wenn diese sich verpflichtet, sich auch nach ihrem, Frau Zuckermanns Ableben, um die Katzen zu kümmern und wenn abgesichert ist, dass die Katzen auch weiterhin auf Frau Zuckermanns Grundstück verbleiben können sowie auf das Grundstück von Frau Waldschrat laufen dürfen, ohne dass Frau Waldschrat das unterbinden sollte. Eigentümer der Katzen soll in Zukunft ebenfalls Frau Waldschrat werden, aber erst nach dem Tode von Frau Zuckermann. Diesbezüglich hat Frau Zuckermann einen Passus in ihr Testament aufgenommen. Ihr restliches Hab und Gut soll aber schon die Verwandtschaft bekommen.

Frau Zuckermann hofft, dass alle ihre Wünsche durch ein Recht im Grundbuch, das die Zwangsversteigerung ermöglicht, abgesichert werden können. Denn wenn es ihren Katzen nicht gutgeht, will sie ohne aufwändiges Verfahren zwangsversteigern können, um möglichst viel Ärger zu machen. Frau Waldschrat hingegen befürchtet, dass die Grundbücher auf ewig mit „Katzenrechten" belastet sind und hofft, dass es eine Möglichkeit gibt, nach dem Ableben von Frau Zuckermann oder zumindest nach einer gewissen Zeitspanne die für sie einzuräumenden Rechte wieder zum Erlöschen zu bringen.

2. Fragen

49 **a)** Können alle geplanten Nutzungen (Geldrente, Katzenpflege, Katzenfreilauf) durch ein Recht, das die Zwangsversteigerung ermöglicht, abgesichert werden? Falls nicht, welche anderen Rechte sind denkbar?

b) Sollten die Rechte zugunsten eines herrschenden Grundstücks oder zugunsten einer Person bestellt werden? Oder sollte von einigen Rechten generell abgeraten werden?

c) Könnte es mit der Rechtsbestellung Probleme durch den beabsichtigten Eigentumswechsel an Flurnummer 25 geben?

d) Kann die Inflationsangst von Frau Zuckermann hinsichtlich ihrer Geldrente beseitigt werden?

e) Ist es möglich, dass Frau Zuckermann ohne aufwendiges Verfahren die Zwangsversteigerung betreiben kann?

f) Wie kann sichergestellt werden, dass die Grundbücher nicht *„auf ewig"* mit *„Katzenrechten"* und sonstigen Rechten zugunsten von Frau Zuckermann belastet sind, sondern eine schnelle und einfache Löschung der Rechte möglich ist?

3. Lösungen

50 **Zu a)**

Nach dem Sachverhalt wünscht Frau Zuckermann erstens die Zahlung einer Geldrente in Höhe von 1.000 EUR monatlich, zweitens die Pflege ihrer Katzen durch Frau Waldschrat und drittens, dass ihre Katzen sowohl auf ihrem Grundstück Nummer 25 als auch auf dem Grundstück Flurnummer 26, das bereits Frau Waldschrat gehört, verbleiben dürfen und sich dort frei bewegen können. All diese Rechte sollen durch ein Recht, das die Zwangsversteigerung gewährt, im Grundbuch abgesichert werden.

Eine **Grundschuld** gewährt die einmalige Möglichkeit, für einen bestimmten Betrag in das Grundbuch zu vollstrecken. Die hier beabsichtigten Nutzungen gewähren jedoch nicht einen einmaligen Zahlungsanspruch, sondern verschiedene wiederkehrende Leistungen. Hierfür gibt es spezialisierte Rechte, die die Vollstreckung wegen wiederkehrender Leistungen ermöglichen.

Denkbar wäre eine **Rentenschuld**, § 1199 BGB (siehe hierzu § 2 Rdn 298). Diese umfasst jedoch nur aktive Leistungen, die auf die Zahlung bestimmter Geldsummen gerichtet sind. Sie begründet ferner, anders als die Reallast, neben der Zwangsvollstreckungsmöglichkeit keine persönliche Haftung des Verpflichteten. Von den beabsichtigten Leistungen könnte somit **nur die Geldrente als Inhalt einer Rentenschuld** vereinbart werden. Die Katzenpflege und der Katzenfreilauf sind jeweils nicht auf die Leistung bestimmter Geldsummen gerichtet und scheiden somit von vorneherein als Inhalt einer Rentenschuld aus.

Die **Reallast** gibt die Möglichkeit wegen (nicht notwendig regelmäßig) wiederkehrender, aktiver Leistungen, die zwar Geldwert haben, aber nicht auf Zahlung von Geld gerichtet sein müssen, die Zwangsvollstreckung in ein Grundstück zu betreiben (siehe hierzu § 2 Rdn 301 ff.).

Zu überprüfen ist somit, ob die beabsichtigten Nutzungen jeweils Inhalt einer Reallast sein können.

Die monatliche Zahlung einer Geldrente von 1.000 EUR kann unproblematisch als Inhalt einer Reallast vereinbart werden. Es handelt sich um eine aktive Leistung, die monatlich **wiederkehrend** beabsichtigt ist und nicht nur in **Geldwert bestimmt** werden kann, sondern sogar Geldwert hat.

Die **Pflege und Versorgung der Katzen** durch Frau Waldschrat ist ebenfalls eine aktive Leistung, die Frau Waldschrat erbringen soll. Damit die Katzen gut gepflegt sind, wird die Pflege natürlich auch wiederkehrend, wenn vielleicht auch nicht immer ganz regelmäßig erforderlich sein. Ausgeschlossen ist jedoch, dass es sich um ein einmaliges Tätigwerden handeln könnte. Die beabsichtigten Pflegeleistungen haben auch einen bestimmbaren Geldwert, schließlich kostet die Fütterung und Versorgung von Katzen Geld. Auch die Pflege und Versorgung der Katzen kann somit als **Inhalt einer Reallast** vereinbart werden.

Problematisch ist jedoch, ob auch der beabsichtigte **Katzenfreilauf** auf den Grundstücken Flurnummer 25 und 26 Inhalt einer Reallast sein kann. Hier ist kein aktives Tun, das Frau Waldschrat regelmäßig zu erbringen hätte, zu erkennen. Sie muss die Katzen schließlich nicht über die Grundstücke tragen. Sie soll sich nur nicht dagegen wehren, wenn sich die Katzen auf den Grundstücken bewegen. Damit ist Frau Waldschrat aber lediglich verpflichtet, zu **dulden**, dass sich Katzen auf den Grundstücken bewegen. Eine **Duldungspflicht kann jedoch kein Inhalt einer Reallast sein**. Sie kann lediglich als Inhalt einer Dienstbarkeit vereinbart werden.

Die Eintragung eines Nießbrauchs am Grundstück von Frau Waldschrat zugunsten von Frau Zuckermann würde dieser **auch** die Berechtigung geben, ihre Katzen auf dem Grundstück von Frau Waldschrat laufen zu lassen. Allerdings wäre es auch ein „Schießen mit einem Panzer auf Mücken", schließlich dürfte Frau Zuckermann auch **alles andere**, einschließlich im Haus von Frau Waldschrat zu wohnen. Diese wiederum dürfte ihr Grundstück nicht mehr betreten. Das ist natürlich mitnichten gewünscht. Die Einräumung eines umfassenden Nutzungsrechts wie des Nießbrauchs kommt folglich nicht in Betracht.

Es ist somit ausreichend, ein Recht zu bestellen, das eine **Nutzung in einzelnen Beziehungen** gewährt. In Betracht kommen somit eine **Grunddienstbarkeit** und eine **beschränkt persönliche Dienstbarkeit**. Zu beachten ist, dass der örtliche Ausübungsbereich der Rechte geschickt gewählt wird, schließlich will Frau Waldschrat ggf. nicht, dass die Katzen auch in ihrem Wohnhaus auf Flurnummer 26 frei ein- und ausgehen.

Zu b) 51

Nach dem in vorstehend a) (Rdn 50) Ausgeführten kommt für die Geldrente und die Katzenpflege die Bestellung einer Reallast, für den Katzenfreilauf hingegen die Bestellung einer beschränkt persönlichen oder einer Grunddienstbarkeit in Betracht.

Die **Geldrente** soll **Frau Zuckermann persönlich** auf **Lebenszeit** zustehen. Sie überträgt Frau Waldschrat ihr Grundstück Flurnummer 25 und möchte dafür eine Gegenleistung erhalten. Niemand sonst soll aber von der Gegenleistung profitieren, insbesondere nicht die untreue Verwandtschaft. Die Bestellung der Reallast als **subjektiv-dingliche Reallast** würde in dieser Konstellation keinen Sinn machen. In diesem Fall würde die Reallast als Belastung am Grundstück Flurnummer 26 von Frau Waldschrat zugunsten des Grundstücks Flurnummer 25 von Frau Zuckermann, das jedoch ebenfalls bald Frau Waldschrat gehören würde, eingetragen. Somit wäre gerade nicht sichergestellt, dass Frau Zuckermann die Geldrente erhielte (die dann dem jeweiligen Eigentümer des Grundstücks Flurnummer 25, also Frau Waldschrat zustünde, was zu einem Nullsummenspiel für Frau Waldschrat führen würde) und sie, sollte die Geldrente nicht erbracht werden, die Zwangsvollstreckung betreiben könnte. Für die Geldrentenzahlung eignet sich somit nur die Eintragung einer **subjektiv-persönlichen Reallast**. Diese soll lediglich auf Lebenszeit von Frau Zuckermann bestehen, muss also als **höchstpersönlich**, somit **nicht übertragbar und nicht vererblich** ausgestaltet werden. Dies kann als

Inhalt einer **subjektiv-persönlichen Reallast** vereinbart werden (siehe hierzu § 2 Rdn 358 ff.).

Exkurs:

Diese Reallast könnte natürlich auch an beiden Grundstücken Flurnummer 25 und 26 eingetragen werden, wenn die Beteiligten dies wünschen.

Die **Katzenpflege** soll schon jetzt von Frau Waldschrat übernommen werden, soll aber natürlich nicht mit dem Tode von Frau Zuckermann enden. Schließlich ist es denkbar, dass einige ihrer „*Katzen unterschiedlichen Alters*" sie überleben und weiter durch Frau Waldschrat versorgt und gepflegt werden sollten. Eine Bestellung des Rechts **auf Lebenszeit von Frau Zuckermann** würde somit nicht ausreichend sein, da das Recht mit dem Tode von Frau Zuckermann erlöschen würde (siehe hierzu § 2 Rdn 363 f.).

Ebenfalls nicht möglich ist es, das Recht direkt **zugunsten der Katzen** zu bestellen. Tiere sind nach unserer Rechtsordnung nicht rechtsfähig, sodass ihnen keine Ansprüche und Rechte zustehen können. Sie können somit weder Erben noch **rechtlicher** Empfänger (tatsächlicher Empfänger hingegen natürlich schon) von Leistungen aus der Reallast sein.

Eine Bestellung des Pflegerechts als **subjektiv-dingliche Reallast** zugunsten des jeweiligen Eigentümers des Grundstücks Flurnummer 25 macht aus den gleichen Gründen wie bei der Geldrente keinen Sinn: Da das Grundstück Flurnummer 25 bald im Eigentum von Frau Waldschrat stehen wird, würde sie selbst überwachen, ob sie die Katzenpflege gut erbringt und somit ohne jegliche Kontrolle sein.

Nachdem Frau Zuckermann jedoch vorhat, grundsätzlich ihr restliches Habe ihrer Verwandtschaft zugutekommen zu lassen, könnte eine **übertragbare oder zumindest vererbliche subjektiv-persönliche Reallast** zu einer gewissen Kontrollfunktion führen. Die Reallast würde zunächst zugunsten von Frau Zuckermann bestellt, die sich somit zu ihren Lebzeiten noch selbst um die Überwachung der Versorgung ihrer Katzen kümmern kann und ggf., sollte die Versorgung nicht so erfolgen wie gewünscht, wie beabsichtigt „*Ärger machen*" und die Zwangsversteigerung betreiben kann. Nach ihrem Ableben würde eine solche **übertragbare und/oder vererbliche subjektiv-persönliche Reallast** jedoch auf ihre Erben, also die Verwandtschaft übergehen. Es wäre sodann deren Aufgabe, zu überwachen, was mit den Katzen geschieht.

Rechtlich wäre dies selbstverständlich möglich. Faktisch ergibt sich aber natürlich das Problem, dass es den Verwandten schlichtweg egal ist, wie Frau Waldschrat mit den Katzen umgeht. Wenn aber niemand die Erfüllung einer Verpflichtung überwacht und auch nicht von der Möglichkeit, im Fall der Nichterfüllung die Zwangsvollstreckung zu betreiben, Gebrauch macht, geschieht einfach nichts („*wo kein Kläger, da kein Richter*"). Es gibt keine zentrale Stelle, die die Einhaltung von solchen Verpflichtungen aus einer Reallast überwachen würde. Frau Zuckermann ist somit deutlich darauf hinzuweisen, dass das **Pflegerecht** spätestens nach ihrem Tod vom **guten Willen von Frau Waldschrat und ihrer Verwandtschaft** abhängt und nicht zu hundertprozentiger Sicherheit ihren Willen umsetzen wird. Vor diesem Hintergrund ist mit Frau Zuckermann zu besprechen, ob sie die Bestellung des Pflegerechts trotzdem wünscht. Ganz ohne Nutzen ist es schließlich nicht, da die Überwachungsbefugnis ja zu Lebzeiten Frau Zuckermann zusteht, die sie sicherlich mit Genauigkeit ausüben wird, soweit es ihr körperlicher Zustand zulässt.

Exkurs:

Eine Behelfskonstruktion in solchen Fällen kann sein, die Befugnis aus dem jeweiligen Recht nach dem Ableben einem örtlichen Tierschutzverein (oder einer anderen Interessenvereinigung, die an der Durchführung des Rechts ein Interesse hat) zuzuwenden. Das wäre bei einem übertragbaren und vererblichen Recht ohne Weiteres möglich und würde ggf. dazu führen, dass die Pflege der Katzen besser eingefordert wird.

Hinsichtlich des Katzenfreilaufrechts könnte eine Grunddienstbarkeit oder eine beschränkt persönliche Dienstbarkeit in Betracht kommen.

Die **beschränkt persönliche Dienstbarkeit** ist nicht übertragbar und nicht vererblich (siehe hierzu § 2 Rdn 228 ff. und 235 ff.). Würde das Freilaufrecht also zugunsten von Frau Zuckermann eingeräumt, würde es mit ihrem Ableben erlöschen. Da anzunehmen ist, dass zumindest einige ihrer Katzen sie überleben werden, wäre ab dem Tode von Frau Zuckermann gerade nicht mehr abgesichert, dass sich die Katzen frei auf den Grundstücken Flurnummer 25 und 26 bewegen können. Dies entspricht nicht den Wünschen von Frau Zuckermann.

Zur Absicherung des Freilaufrechts könnte jedoch an beiden Grundstücken Flurnummer 25 und 26 zugunsten des jeweils anderen eine **Grunddienstbarkeit** eingetragen werden. Schließlich sollen sich die Katzen sowohl auf Grundstück 25 als auch auf Grundstück 26 frei bewegen können. Bisher ist an Grundstück Flurnummer 25 keine Eintragung eines Freilaufrechts im Grundbuch erfolgt, da dieses Grundstück bisher Frau Zuckermann gehörte und diese selbstverständlich nichts dagegen hatte, dass ihre Katzen sich auf ihrem Grundstück bewegen. Frau Zuckermann möchte aber ja gerade mit Vollzug des Eigentumsübergangs Frau Waldschrat zu einem katzenfreundlichen Verhalten anhalten, da sie *„dem Ganzen nicht traut"*. Nach Eigentumsübergang steht jedoch auch Grundstück Flurnummer 25 im Eigentum von Frau Waldschrat, sodass auch dort eine Eintragung erforderlich wäre.

Das Problem an dieser Gestaltung ist jedoch das gleiche wie bei der **subjektiv-dinglichen Reallast**: Da beide Grundstücke im Eigentum von Frau Waldschrat stehen, müsste sie sich selbst kontrollieren. Oder anders gesagt: Wenn sie von den durch die Dienstbarkeit gewährten Nutzungen, die Katzen freilaufen zu lassen, keinen Gebrauch macht, wäre das genauso zulässig. Niemand unterliegt als Berechtigter einer Dienstbarkeit einer Ausübungspflicht. Die Eintragung solcher Grunddienstbarkeiten würde also Kosten bei Notar und Grundbuchamt verursachen und keinen Mehrwert bringen. Frau Zuckermann ist diese Idee auszureden.

Exkurs:

Eine Möglichkeit zur Absicherung des Freilaufrechts wäre, dem örtlichen Tierschutzverein eine beschränkt persönliche Dienstbarkeit an beiden Grundstücken einzuräumen. Dieser könnte als grundsätzlich dem Tierschutz verpflichtete Organisation ein gewisses Interesse an der Nutzung der Grundstücke als Freilaufflächen haben. Allerdings kann eine Dienstbarkeit nur tatsächliche Nutzungen gewähren: Tauglicher Inhalt einer Dienstbarkeit kann also sein *„Nutzung der Fläche durch Katzen"* jedoch nicht *„Nutzung der Fläche nur durch bestimmte Katzen"*. Denn ob die Katzen von Frau Zuckermann oder die Katzen des Tiervereins die Fläche überlaufen, die tatsächliche Nutzung (*„Überlaufen der Fläche durch Katzen"*) bleibt die gleiche. Die Unterscheidung „meine Katze"/„deine Katze" ist eine rein rechtliche Unterscheidung, da sie sich an den Eigentumsverhältnissen orientiert.

Exkurs:

In der Praxis wird diese Unterscheidung bei den sog. Bierbezugsrechten häufiger relevant. Dort versucht eine Brauerei in der Regel auf einem Gaststättengrundstück abzusichern, dass die Gaststätte nur ihr Bier ausschenkt. Es ist unzulässig, dem Eigentümer den Ausschank aller Biermarken bis auf eine bestimmte Biermarke zu untersagen, da es sich hierbei ebenfalls nicht um eine tatsächlich unterschiedliche Nutzung handelt (in allen Fällen ist die Nutzung *„Bierausschank"*). Behoben wird das Problem durch ein generelles Verbot des Bierausschanks durch eine Unterlassungsdienstbarkeit, von deren Wirkungen dann schuldrechtlich für eine Biermarke Befreiung erteilt wird.

Zu c) 52

Durch den beabsichtigten Eigentumswechsel an Flurnummer 25 wird Frau Waldschrat Eigentümerin der Grundstücke Flurnummern 25 und 26. Es könnte problematisch sein, dass auf der Verpflichteten- sowie der Berechtigtenseite eines beschränkt dinglichen Rechts die gleiche Person steht.

Hinsichtlich der Geldrente besteht diese Gefahr nicht: Die Geldrente ist Frau Zuckermann **höchstpersönlich** eingeräumt und könnte sowohl an Grundstück Flurnummer 25 als auch an Flurnummer 26 eingetragen werden. An beiden Grundstücken bestünde nach dem Eigentumswechsel Personenverschiedenheit zwischen Berechtigten und Verpflichteten.

Lediglich wenn die Eintragung der Geldrente bereits **vor Vollzug des Eigentumswechsels an Flurnummer 25** erfolgt, könnte dies problematisch sein. In diesem Fall wären die Berechtigte der Reallast (Frau Zuckermann) und die Noch-Eigentümerin von Flurnummer 25 (Frau Zuckermann) die gleiche Person. Das Recht wäre in dieser Konstellation eine sog. **Eigentümerreallast** (siehe hierzu § 2 Rdn 353, deren Zulässigkeit ohne weitere erschwerende Erfordernisse heute allgemein anerkannt ist. Gleiches gilt für die **subjektiv-persönliche Reallast** zur Absicherung der Katzenpflege.

Bei den **Grunddienstbarkeiten** zur Regelung des Katzenfreilaufs, von denen aus den vorgenannten Gründen abzuraten ist, ist zumindest der Eigentumswechsel kein Problem. Hier würde, wie bereits dargestellt, nach dem Eigentumswechsel Frau Waldschrat jeweils gegenseitig Berechtigte und Verpflichtete der Rechte sein. Es würde sich somit um zwei „**Eigentümergrunddienstbarkeiten**" handeln. Deren Zulässigkeit ist jedoch wie bei der Eigentümerreallast nunmehr anerkannt. Es ist ausreichend, wenn der Eigentümer an der Doppelstellung ein realisierbares, d.h. mögliches Interesse hat (siehe hierzu § 2 Rdn 152 f.).

53 **Zu d)**

Frau Zuckermann äußert Besorgnis, dass ihre 1.000 EUR monatlich aufgrund einer von ihr erwarteten erheblichen Geldentwertung durch Inflation bald nur noch einen Bruchteil ihrer Kaufkraft haben und sie dann ihr Pflegeheim nicht mehr zahlen könnte. Sie wünscht hiergegen eine rechtliche Absicherung.

Für die Geldrente soll eine **subjektiv-persönliche Reallast** in das Grundbuch eingetragen werden. Es ist möglich, im Rahmen der Vereinbarung einer Reallast auch Regelungen zur **Anpassung der Reallast** an veränderte Lebensverhältnisse zu treffen, solange der Leistungsumfang der Reallast bestimmbar bleibt. § 1105 Abs. 1 S. 2 BGB stellt ausdrücklich klar, dass eine automatische Anpassung der Leistungen als Inhalt einer Reallast geregelt werden kann, solange sie bestimmbar bleiben (siehe hierzu § 2 Rdn 313 ff.). Im Rahmen der Bestellung der Reallast sollte somit eine an den Verbraucherpreisindex gekoppelte „**Wertsicherungsklausel**" vereinbart werden. Der Verbraucherpreisindex zeigt die Entwicklung der Verbraucherpreise. Durch einen Vergleich früherer und aktueller Verbraucherpreise lässt sich eine Inflationsrate gewinnen, die dann zur Anpassung der Zahlungsverpflichtung verwendet wird. Um den Beteiligten Sicherheit über die geschuldeten Zahlungen zu geben, sollte zudem als Voraussetzung der Anpassung der Geldzahlung als Inhalt der Reallast vereinbart werden, dass die Anpassung **erst auf Aufforderung** von Frau Zuckermann erfolgt.

54 **Zu e)**

Die **subjektiv-persönlichen Reallasten** hinsichtlich der Geldrente und hinsichtlich der Katzenpflege gewähren beide die Möglichkeit, wegen einer Nicht- oder Schlechterbringung der Einzelleistungen „*Geldrente*" und „*Katzenpflege*" die **Zwangsvollstreckung in den jeweiligen Belastungsgegenstand** zu betreiben (siehe hierzu § 2 Rdn 318 ff. und 333 ff.). Da die Zwangsvollstreckung, die bei einem Grundstück z.B. durch Zwangsversteigerung erfolgt, für den Betroffenen erhebliche Nachteile hat, ist sie nach dem Gesetz „nicht einfach so" zulässig. Damit die Zwangsvollstreckung zulässig ist, muss ein „**vollstreckbarer Titel**" vorliegen, der mit einer **Vollstreckungsklausel** (= eine Erklärung auf dem Titeldokument) vollstreckbar gestellt und dem Verpflichteten **zugestellt** wird (= ein bestimmtes Verfahren, in dem der Verpflichtete den vollstreckbaren Titel ausgehändigt erhält).

Ein **vollstreckbarer Titel** ist in erster Linie ein **gerichtliches Urteil**. Frau Zuckermann müsste also aus dem Altenheim heraus Frau Waldschrat erst einmal verklagen, um sich z.B. ihre

Geldrente im Wege der Zwangsvollstreckung auf anderweitigem Wege bei Frau Waldschrat zu holen, sollte diese nicht zahlen. Das ist für eine alte und gebrechliche Dame keine befriedigende Lösung, schließlich muss sie trotzdem jeden Monat ihre Heimkosten bezahlen, erhält aber keine Geldrente.

Nach § 794 Abs. 1 Nummer 5 ZPO ist es jedoch möglich, bereits ohne vorheriges gerichtliches Urteil **aus einer notariellen Urkunde** die Zwangsvollstreckung zu betreiben, wenn in der notariellen Urkunde wegen bestimmter, in der gesetzlichen Regelung genauer definierter Ansprüche eine **Unterwerfung unter die sofortige Zwangsvollstreckung** erklärt wird. Diese Erklärung kann sowohl hinsichtlich des dinglichen Anspruchs auf die Einzelleistungen als auch hinsichtlich der persönlichen Haftung nach § 1108 BGB abgegeben werden.

Da sowohl die Geldrente- als auch die Katzenpflege-Reallast jeweils zu notarieller Urkunde bestellt werden, wäre es unproblematisch möglich, in beide Bestellungsurkunden eine sofortige Zwangsvollstreckungsunterwerfung mitaufzunehmen und somit Frau Zuckermann einen einfacheren Vollstreckungsweg an die Hand zu geben.

Zu f) 55

Die **Geldrentenreallast** erlischt materiell-rechtlich **grundsätzlich**, da sie **höchstpersönlich** zugunsten von Frau Zuckermann ausgestaltet werden soll, mit deren Ableben. Bestehen jedoch Rückstände des Rechts, weil z.B. eine oder mehrere Geldzahlungen nicht richtig erbracht wurden, können die Rechtswirkungen der Reallast ausnahmsweise das Ableben des Berechtigten überdauern (siehe hierzu § 2 Rdn 187 ff.). **Formell-rechtlich** bleibt das Recht sowieso zunächst im Grundbuch eingetragen, da Veränderungen im Grundbuch grundsätzlich nur auf Antrag und Bewilligung erfolgen. Eine Löschung lediglich unter Vorlage der **Sterbeurkunde** von Frau Zuckermann durch Frau Waldschrat wird somit kaum Erfolg haben: Grundsätzlich ist zur Löschung eines Lebenszeitrechts, bei dem Rückstände entstehen können, für den Zeitraum eines Jahres oder wenn ein Widerspruch vorliegt, die Bewilligung des Rechtsnachfolgers (nach Versterben von Frau Zuckermann also die Bewilligung ihrer Erben) erforderlich. Schließlich weist die Sterbeurkunde zwar nach, dass Frau Zuckermann verstorben ist, jedoch nicht, **dass keine Rückstände der Geldrentenreallast bestehen**.

Als Erben von Frau Zuckermann sind ihre Verwandten vorgesehen, die weit entfernt wohnen, Frau Waldschrat unbekannt sind und somit Frau Waldschrat vor erhebliche logistische Probleme stellen würden, wenn sie diese Verwandten zum Zwecke der Löschung der eingetragenen Rechte zum Notar bitten müsste.

Eine Ausnahme von diesem Grundsatz besagt jedoch, dass eine Löschung unter lediglich der Vorlage der Sterbeurkunde, d.h. ohne Mitwirkung der Erben, möglich ist, wenn bei dem jeweiligen Recht eine **Vorlöschungsklausel** (d.h. ein Vermerk) eingetragen ist, dass zu seiner Löschung lediglich der Nachweis des Todes des Berechtigten genügen soll. Diese Klausel kann bei der Geldrentenreallast ohne weiteres vereinbart werden, da es sich um ein höchstpersönliches Lebenszeitrecht handelt, bei dem Rückstände entstehen können.

Eine weitere Variante wäre die Löschung der Geldrentenreallast nach **§ 5 GBBerG**. Nach Ablauf von 110 Jahren nach seiner Geburt wird ein Berechtigter nicht vererblicher und nicht veräußerlicher Rechte, insbesondere von Nießbrauch, beschränkt-persönlicher Dienstbarkeit und Wohnungsrecht, als verstorben vermutet. Das Recht gilt dann als **erloschen** und kann vom Grundbuchamt von Amts wegen gelöscht werden. Auch wenn Frau Zuckermann bereits 80 Jahre alt ist, würden bis zum Alter von 110 Jahren doch noch 30 Jahre vergehen, in denen Frau Waldschrat die Rechte weiter im Grundbuch hätte. Eine schnelle und effiziente Lösung ist das also nicht.

Hinsichtlich der **Katzenpflegereallast** ist ebenfalls die **Eintragung einer Vorlöschungsklausel nach § 23 Abs. 2 GBO** zu überlegen. Damit eine solche Löschungserleichterung im Grundbuch eingetragen werden kann, muss es sich jedoch grundsätzlich um ein **Lebenszeitrecht** handeln, beim dem Rückstände entstehen können. Die Katzenpflegereallast soll aber gerade vererblich sein, also Frau Zuckermann überdauern. Eine Löschungserleichterung durch § 23 Abs. 2 GBO ist somit nicht möglich. Ebenso scheidet eine Lösung nach **Zeitablauf von**

30 Jahren über § 5 GBBerG aus, da auch dort nur unveräußerliche und nichtvererbliche Rechte gelöscht werden können.

Möchte man trotzdem verhindern, dass sich die Katzenpflegereallast nicht zu einem endlosen Recht ausweitet, kann sie mit einer Bedingung oder Befristung versehen werden. Eine denkbare Bedingung wäre z.B. das Ableben aller im Zeitpunkt der Übergabe von Frau Zuckermann an Frau Waldschrat lebenden Katzen. Problematisch wird jedoch sein, diese Bedingung im Einzelfall dem Grundbuchamt in öffentlich beglaubigter Form nachzuweisen. Alternativ könnte man über eine **zeitliche Befristung** anhand eines **Schätzwerts eines durchschnittlichen Katzenlebens** nachdenken. In diesem Fall könnte Frau Waldschrat das Recht beim Grundbuchamt einfach durch Nachweis des Zeitablaufs (der offenkundig ist) nach den Regelungen der §§ 23, 24 GBO (= mit eingetragener Vorlöschungsklausel sofort, ohne eingetragene Vorlöschungsklausel nach Ablauf von einem Jahr) zur Löschung beantragen, ohne die Bewilligung der Verwandten von Frau Zuckermann zu benötigen, die nunmehr als deren Rechtsnachfolger zur Abgabe der Löschungsbewilligung zuständig wären. Natürlich berücksichtigt die Lösung nicht, dass die Katzen sich ja theoretisch fortgepflanzt haben könnten und somit weiterer Pflegebedarf bestehen könnte, jedoch ist angesichts der einschneidenden Wirkung einer Reallast (Zwangsversteigerungsmöglichkeit) der Wunsch von Frau Waldschrat nachzuvollziehen, dass sie von diesen Verpflichtungen auch irgendwann wieder frei werden möchte.

Die Grunddienstbarkeiten (die sowieso nicht eingetragen werden sollten) haben hingegen keinen **personalen Bezug**, sodass die Eintragung einer Vorlöschungsklausel und auch die Anwendung von § 5 GBBerG von vorneherein ausscheidet. Auch hier wäre, wenn die Eintragung denn trotzdem erfolgen soll, eine Lösung über eine **Bedingung oder Befristung** wie bei der Katzenpflegereallast sinnvoll. Ohne eine solche Beschränkung könnten die Grunddienstbarkeiten als „ewiges Recht“ bis in alle Zukunft den **Katzenfreilauf** gewähren.

E. Vorkaufsrecht

I. Verständnisfragen

56 **Aufgabe 1**

Aufgabe:

Beschreiben Sie kurz den Inhalt eines dinglichen Vorkaufsrechts und welche zwei Formen des dinglichen Vorkaufsrechts das Gesetz unterscheidet!

Lösung:

Das Vorkaufsrecht ermöglicht dem Vorkaufsberechtigten, ein Grundstück, wenn es an einen Dritten verkauft wird, zu denselben Konditionen zu kaufen. Das Vorkaufsrecht gibt dem Vorkaufsberechtigten also **nicht das Recht,** dem Vorkaufsverpflichteten **wann immer er möchte** das Grundstück abzukaufen, sondern nur, wenn der vorkaufsverpflichtete Eigentümer das Grundstück **sowieso verkauft**. In diesem Fall kann der Vorkaufsberechtigte den eigentlich beabsichtigten Käufer durch Ausübung des Vorkaufsrechts „zur Seite schieben“ und selbst an seine Stelle treten.

Das Vorkaufsrecht kennt zwei Varianten: Das **subjektiv-dingliche Vorkaufsrecht**, welches wie die Grunddienstbarkeit oder die subjektiv-dingliche Reallast dem jeweiligen Eigentümer eines herrschenden Grundstücks zusteht (§ 1094 Abs. 2 BGB) und das **subjektiv-persönliche Vorkaufsrecht**, welches wie Nießbrauch, beschränkt-persönliche Dienstbarkeit oder subjektiv-persönliche Reallast einer Person oder Personenmehrheit zusteht.

(Siehe hierzu § 2 Rdn 373 ff.).

Aufgabe 2 57
Frage:

Wann liegt grundsätzlich ein Vorkaufsfall vor?

Antwort:

Ein Vorkaufsrecht gibt dann die Möglichkeit zum Vorkauf, wenn der Verpflichtete des Vorkaufsrechts (= Vorkaufsverpflichteter) **nach Entstehung des Vorkaufsrechts** einen **wirksamen Kaufvertrag mit einem Dritten** abschließt und keine Ausnahme greift („**Vorkaufsfall**"). Der Kaufvertrag muss sich auf den Belastungsgegenstand des Vorkaufsrechts (oder einen Teil dessen) als Kaufgegenstand beziehen. Andere Vereinbarungen wie z.B. der Erbteilskauf, bei dem nicht der Belastungsgegenstand, sondern ein Erbteil, der eine Berechtigung am Belastungsgegenstand vermittelt, übergeht, reichen nicht aus.

Ausnahmsweise ist ein Vorkaufsfall auch beim Abschluss eines **Überlassungsvertrags** gegeben, wenn er sich nach seinem Gesamtcharakter als Umgehungsgeschäft erweist.

Der Kaufvertrag muss mit **einem Dritten** abgeschlossen werden, d.h. mit einer Person, die nicht Berechtigter oder Verpflichteter des Vorkaufsrechts ist.

Es darf **keine gesetzliche Ausnahme** greifen: Nach den §§ 1098 Abs. 1 S. 1, 470 BGB erstreckt sich ein Vorkaufsrecht im Zweifel nicht auf einen Verkauf, der mit Rücksicht auf ein künftiges Erbrecht an einen gesetzlichen Erben erfolgt. Nach den §§ 1098 Abs. 1 S. 1 und 2, 471 BGB ist die Zwangsversteigerung und die Versteigerung durch den Insolvenzverwalter nicht vom Vorkaufsrecht erfasst; der freihändige Verkauf durch den Insolvenzverwalter unterliegt diesem hingegen ganz normal.

(Siehe hierzu § 2 Rdn 377 ff.).

Aufgabe 3 58
Frage:

Was geschieht mit dem dinglichen Vorkaufsrecht bei einem Verkauf aus der Insolvenzmasse?

Antwort:

§ 471 BGB enthält die gesetzliche Anordnung für das **schuldrechtliche Vorkaufsrecht**, dass im Falle der **Zwangsvollstreckung** und dem Verkauf aus der Insolvenzmasse, d.h. im Fall des Verkaufs **durch den Insolvenzverwalter**, ein Vorkaufsrecht ausgeschlossen ist. Die Vorschrift wird nach § 1098 Abs. 1 S. 1 BGB ebenfalls auf das dingliche Vorkaufsrecht für anwendbar erklärt; allerdings trifft § 1098 Abs. 1 S. 2 BGB eine für das dingliche Vorkaufsrecht geltende **Ausnahmeregelung** dahingehend, dass der freihändige Verkauf durch den Insolvenzverwalter, d.h. der Verkauf im üblichen notariellen Verfahren nicht vom Ausschluss umfasst ist. Vom Verbot des § 471 BGB erfasst ist beim dinglichen Vorkaufsrecht somit neben der Zwangsversteigerung nur die Versteigerung durch den Insolvenzverwalter.

(Siehe hierzu § 2 Rdn 386 ff.).

Aufgabe 4 59
Fragen:

Worauf erstreckt sich der „*sachliche Ausübungsbereich*" des dinglichen Vorkaufsrechts? Sind hierzu Regelungen veranlasst?

Antworten:

Nach der Regelung des § 1096 BGB umfasst der Ausübungsbereich des Vorkaufsrechts im Zweifelsfall das **Zubehör**. Beim Zubehör handelt es sich um Gegenstände, die in einem räumlichen Bezug zum Grundstück als Hauptsache stehen und ihrem wirtschaftlichen Zweck dienen. Das entspricht der Regelung in § 311c BGB, nach der auch ein Kaufvertrag sich in der Regel auf das Zubehör der Kaufsache erstreckt und stellt somit einen Gleichlauf zwischen Vorkaufsrechts- und Kaufvertragsumfang her.

Die notarielle Praxis soll jedoch auf klare und eindeutige Regelungen hinwirken und sich nicht auf Zweifelsregelungen verlassen. Daher sollte in der Vorkaufsrechtsbestellungsurkunde eine Entscheidung **für oder gegen die Erstreckung** auf das Zubehör getroffen werden. Aufgrund der Parallelität zum Kaufvertrag sollte in der überwiegenden Mehrzahl der Fälle eine Erstreckung auf das Zubehör geregelt werden.

(Siehe hierzu § 2 Rdn 396 f.).

60 **Aufgabe 5**

Frage:

Wie erfolgt die Ausübung des Vorkaufsrechts?

Antwort:

Ein im Grundbuch eingetragenes dingliches Vorkaufsrecht kann ausgeübt werden, wenn nach seiner Bestellung ein wirksamer Kaufvertrag mit einem Dritten geschlossen wird, keine Ausnahme greift und noch nicht all die Verkaufsfälle, für die das Vorkaufsrecht bestellt ist, erschöpft sind.

Zur Ausübung muss der **Berechtigte** die **Ausübung gegenüber dem Verpflichteten erklären**, wobei er nicht die Form des Kaufvertrags einhalten muss, §§ 1098 Abs. 1 S. 1, 494 Abs. 1 BGB. Obwohl ein Grundstückskaufvertrag nur durch notarielle Beurkundung wirksam geschlossen werden kann, kann die Ausübung des Vorkaufsrechts somit auch durch eine nicht-notarielle Erklärung erfolgen.

Damit der Berechtigte weiß, dass er sein Vorkaufsrecht ausüben kann, muss der Verpflichtete ihn **unverzüglich** über den **Inhalt** des mit dem Dritten geschlossenen **Kaufvertrags informieren** (§§ 1098 Abs. 1 S. 1, 496 BGB). Gleichermaßen kann der Dritte diese Information vornehmen.

Nach der gesetzlichen Regelung hat die Ausübung bei Grundstücken **binnen zwei Monaten** ab der Mitteilung über den Inhalt des mit dem Dritten geschlossenen Kaufvertrags zu erfolgen (§§ 1098 Abs. 1 S. 1, 469 Abs. 2 S. 1 BGB), wenn nicht durch Regelung als Inhalt des Vorkaufsrechts eine kürzere oder längere Frist bestimmt wurde.

Bei **mehreren Berechtigten** regeln die §§ 1098 Abs. 1 S. 1, 472 BGB die Ausübung: **Ein jeder** der mehreren Berechtigten kann das **ganze Vorkaufsrecht ausüben**.

(Siehe hierzu § 2 Rdn 399 ff.).

61 **Aufgabe 6**

Frage:

Welche Folgen hat die Ausübung des Vorkaufsrechts zwischen Vorkaufsrechtsverpflichtetem und Vorkaufsrechtsberechtigtem?

Antwort:

Mit Ausübung des Vorkaufsrechts tritt der Berechtigte an die Stelle des Dritten und wird Käufer eines Kaufvertrags, der die gleichen Konditionen hat, wie der Kaufvertrag mit dem Dritten. Bei **mehreren Vorkaufsberechtigten** wird der Grundbesitz **grundsätzlich zu Miteigentum** zu gleichen Bruchteilen erworben, es sei denn, es ist bei Bestellung eine anderweitige Regelung getroffen, wie z.B. der Erwerb zur Gütergemeinschaft oder zu ungleichen Bruchteilen.[7]

Durch die Ausübung des Vorkaufsrechts kommt automatisch ein schuldrechtlicher Vertrag zustande. Um jedoch den Übergang des Eigentums zu bewirken, muss neben dem schuldrechtlichen Vertrag auch auf sachenrechtlicher Ebene die Übereignung des Grundstücks vorgenommen werden. Diese Erklärung (die „**Auflassung**") ist trotz Ausübung des Vorkaufsrechts **zu notarieller Urkunde abzugeben**. Ebenfalls geht eine etwaige **sofortige Zwangsvoll-**

7 BGH NJW 1997, 3235, 3236.

streckungsunterwerfung des ursprünglichen Käufers wegen des Kaufpreises **nicht automatisch** auf die Vorkaufsberechtigten über. Ist eine solche vollstreckbare Kaufvertragsforderung von Seiten des Verkäufers gewünscht, muss die Unterwerfung unter die sofortige Zwangsvollstreckung von Seiten der Berechtigten neuerlich zu notarieller Urkunde erklärt werden. Gleiches gilt für in der ursprünglichen Kaufvertragsurkunde erteilte Vollmachten, wie z.B. eine Finanzierungsvollmacht. Ebenso müssen erforderliche behördliche Genehmigungen neuerlich eingeholt werden.

(Siehe § 2 Rdn 405 ff.).

Aufgabe 7 62
Frage:

Welche Schutzwirkung hat das dingliche Vorkaufsrecht im Vergleich zum schuldrechtlichen Vorkaufsrecht?

Antwort:

Das dingliche Vorkaufsrecht hat anders als das schuldrechtliche Vorkaufsrecht eine **eingebaute Vormerkungswirkung**. Das schuldrechtliche Vorkaufsrecht hingegen wirkt grundsätzlich nur zwischen den Parteien, die es vereinbaren, hat also keine solche Schutzwirkung. Es ist jedoch möglich, zur Absicherung eines schuldrechtlichen Vorkaufsrechts eine Vormerkung in das Grundbuch einzutragen und somit ein ähnliches Schutzniveau zu erreichen.

Mittels der Vormerkungswirkung schützt das dingliche Vorkaufsrecht gegen Maßnahmen des Eigentümers, wie z.B. einen Eigentumswechsel oder eine Belastung („*vorkaufsrechtswidrige Verfügungen*“), die die Ausübung des Vorkaufsrechts vereiteln könnten. Der Eigentumserwerb durch einen anderen ist bereits ab Eintragung des Vorkaufsrechts dem Vorkaufsberechtigten gegenüber relativ unwirksam. Die Belastung des Gegenstandes, der dem Vorkaufsrecht unterliegt, wird ab Eintritt des Verkaufsfalls von der Vormerkungswirkung erfasst. D.h., Belastungen, die nach diesem Zeitpunkt im Grundbuch eingetragen werden, sind dem Vorkaufsberechtigten gegenüber relativ unwirksam.

Das Vorkaufsrecht schützt zudem genauso wie die Vormerkung gegen vormerkungswidrige Verfügungen eines Insolvenzverwalters und zwingt diesen, den Anspruch des Vorkaufsberechtigten zu erfüllen. Im Fall der **Zwangsversteigerung** ist wichtig, dass das Vorkaufsrecht, sollte es für mehrere Verkaufsfälle bestellt sein, dem Verwertungsrecht, aus dem die Zwangsvollstreckung betrieben wird, vorgeht. In diesem Fall muss auch der neue Erwerber in der Zwangsversteigerung das Vorkaufsrecht übernehmen und akzeptieren, wenn das Eigentum bei einem späteren Verkaufsfall aufgrund des gesicherten Anspruchs auf den Vorkaufsberechtigten übergeht. Grundsätzlich würde eine Vormerkung auch **rangwahrende** Wirkung entfalten. Dies ist jedoch beim Vorkaufsrecht nicht von großer Bedeutung, da das Eigentum an Grundstücken keinen Rang hat.

(Siehe hierzu § 2 Rdn 410 ff.).

Aufgabe 8 63
Aufgabe:

Sie sehen sich in der Mustersammlung ihres Notariats das Muster für die Bestellung eines subjektiv-persönlichen Vorkaufsrechts für mehrere Beteiligte an. Dort wird eine Bestellung zugunsten der mehreren Beteiligten als Gesamtgläubiger nach § 428 BGB geregelt.

Was machen Sie?

Lösung:

Sie sprechen mit ihrem Notar oder einem erfahrenen Mitarbeiter und weisen sie auf das aktuelle Urteil des BGH hin,[8] nach dem die früher häufig verwendete Bestellung des Vorkaufsrechts im Beteiligungsverhältnis der **Gesamtgläubigerschaft nach § 428 BGB** nicht mehr zu-

8 BGH MittBayNot 2018, 30.

lässig ist. Die Bestellung eines Vorkaufsrechts zur Gesamtgläubigerschaft nach § 428 BGB hätte bedeutet, dass der Vorkaufsrechtsverpflichtete bereits durch Leistung an einen der Berechtigten von seiner Verpflichtung frei würde. D.h. kein Berechtigter hätte die Sicherheit, bei Ausübung des Vorkaufsrechts Eigentümer zu werden. Dies wird in der Regel nicht gewollt sein und wurde nunmehr noch ausdrücklich für unzulässig erklärt. Das Vertragsmuster ist somit zu ändern.

Leider hat sich um die Frage des zulässigen Berechtigungsverhältnisses beim dinglichen Vorkaufsrecht eine umfangreiche und widersprüchliche juristische Literatur gebildet. Es ist jeweils umstritten, ob ein Vorkaufsrecht zu Bruchteilen, zur Mitberechtigung nach § 432 BGB oder nach § 472 BGB gehalten werden kann. Weiter zulässig ist auch die Möglichkeit, das dingliche Vorkaufsrecht in **gesamthänderischer Berechtigung**, d.h. z.B. in Gütergemeinschaft oder einer Errungenschaftsgemeinschaft nach ausländischem Recht, zu halten.[9]

Für die Beteiligten, die jedoch nicht im Güterstand der Gütergemeinschaft oder Errungenschaftsgemeinschaft verheiratet sind und auch nicht sonst zu gesamthänderischer Berechtigung erwerben können, ist zu empfehlen, nunmehr Vorkaufsrechte mit einem Berechtigungsverhältnis nach § 432 BGB oder § 472 BGB zu bestellen. Angesichts der unsicheren Rechtslage empfiehlt sich jedoch eine Abstimmung mit dem Grundbuchamt im Vorfeld und ein Hinweis an die Beteiligten.

(Siehe hierzu § 2 Rdn 445 ff.).

II. Beispielsfall: „Die ortsgebundene Alpakaherde"

1. Sachverhalt

64 Der örtliche Reitverein „Pferdetraum e.V." des kleinen Städtchens Reese Valley, der der Nachfolger des Vorgängervereins „Reeser Ponyfreunde e.V." ist, leidet wie der nicht mehr existente Vorgängerverein unter Mitgliederschwund. Die großen Wiesen und Waldflächen, die zu dem Reitverein gehören, werden nicht mehr alle zur Nutzung durch den Reitverein benötigt, da er nur noch wenige Ponys beherbergt. Gleichzeitig benötigt der Verein Geld, weil weniger Mitglieder weniger Mitgliedsbeiträge zahlen. Das idyllisch gelegene Wiesengrundstück Flurnummer 15, das an das Grundstück des benachbarten Biobauern Herrmann Quinoa angrenzt, hat der Reitverein daher seit mehr als 5 Jahren an Herrn Quinoa verpachtet, der darauf seine Alpakaherde hält. Das Hauptgrundstück Flurnummer 18, auf dem sich die Ställe und die Reithalle befinden, muss der Verein nunmehr renovieren. Die mageren Einnahmen aus Mitgliedsbeiträgen und Pachtzahlungen reichen jedoch für die Renovierung hinten und vorne nicht aus. Daher beschließt der Verein schweren Herzens, die Wiesenfläche Flurnummer 15 Herrn Quinoa zum Verkauf anzubieten, um einen Teil des Grundbesitzes des Reitvereins zu „*versilbern*" und die Renovierung finanzieren zu können. Der Verein hofft jedoch, dass die beabsichtigten Erneuerungsarbeiten die Krise des Vereins beenden und zu neuem Mitgliederzustrom führen werden. Der Verein möchte daher das Grundstück Flurnummer 15 nicht ganz aufgeben, sondern eine Möglichkeit behalten, es zurückzubekommen. In Vorgesprächen zeigte sich Herr Quinoa dieser Idee gegenüber aufgeschlossen, jedoch betonte er, dass er, wenn er das Grundstück Flurnummer 15 kaufe, auch eine gewisse Sicherheit benötige. Schließlich könne er seine Alpakaherde, die sich auch an das Wiesengrundstück gewöhnt hätte, nicht von einem Tag auf den anderen auf eine andere Wiese umsiedeln, wann immer es dem Reitverein beliebt, das Grundstück zurückzukaufen. Eine freie Rückkaufmöglichkeit würde er daher ablehnen, eine Rückkaufmöglichkeit, wenn er selbst verkaufen wollte, wäre aber in Ordnung.

Herr Quinoa hat sich Zeit seines Lebens gesund ernährt und ist deshalb auch mit 87 Jahren noch sehr fit, möchte aber trotzdem in absehbarer Zeit kürzer treten und den Biobauernhof mitsamt der Alpakaherde an seinen Sohn Franz Quinoa übertragen. Ob er den Bauernhof seinem Sohn Franz schenkt oder verkauft, ist ihm aber noch nicht ganz klar. Zudem sei schon

9 *Schöner/Stöber,* Rn 1406.

länger geplant, auf dem Grundstück Flurnummer 15 ein Viehtriebrecht für den ebenfalls anliegenden, konventionellen Landwirt Ignaz Ochsensepp einzuräumen, der seine Kühe seit Jahren über einen nicht eingezäunten Teil der Wiese treibt. Das geplante Recht für den Reitverein soll bei der Bestellung dieses Viehtriebrechts möglichst „*wenig Probleme machen*".

Der Vorstand des Reitvereins und Herr Quinoa kommen in Ihr Notariat und berichten das Vorstehende. Sie zeigen Ihnen einen handschriftlichen Vertrag, in dem sie bereits unterschrieben haben, ein „*Rückkaufsrecht*" beim Notar zu regeln und bitten darum, nunmehr diesen Vertrag zu vollziehen. Das Recht solle zugunsten des Vereins eingetragen werden und am Hauptgrundstück des Vereins, Flurnummer 18 vermerkt werden, damit für jedermann ersichtlich sei, dass dem Verein dieses Recht zustehe. Gleichzeitig soll das Recht Herrn Quinoa nicht so übermäßig einschränken, dass der Verkauf des Grundstücks deutlich schwieriger werden würde, schließlich bezahlt er jetzt auch für das Grundstück und möchte von dessen Wert profitieren. Herr Quinoa weist zudem darauf hin, dass die Reitvereine in Reese Valley in der Regel nicht ewig bestehen. Er habe gehört, dass es die Möglichkeit gibt, sollte eine Eintragung im Grundbuch erfolgen, dort eine „*Löschungserleichterung*" eintragen zu lassen, damit das eingetragene Recht im Fall der Fälle ohne Mitwirkung des dann nicht mehr existenten Vereins wieder gelöscht werden könnte. Die Beteiligten sind zudem beide der Ansicht, dass das Recht „*nicht ewig*" bestehen bleiben muss; eine Zeitspanne von 25 Jahren sei völlig ausreichend.

Die Beteiligten würden sich von Ihrem Notar oder einem erfahrenen Mitarbeiter gerne beraten lassen, was für Regelungen in ihrer Situation in Betracht kommen.

2. Fragen

a) Welche Rechte kommen für den Reitverein und Herrn Quinoa grundsätzlich in Betracht? **65**

b) Befürworten Sie die Idee, das Recht zugunsten des Reitvereins einzutragen oder würden Sie eine andere Alternative vorschlagen? Wenn ja, warum?

c) Was kann getan werden, dass Herr Quinoa und etwaige Rechtsnachfolger nach ihm in ihrer Verkaufsmöglichkeit des Grundstücks Flurnummer 15 nicht zu sehr eingeschränkt werden?

d) Sind Regelungen erforderlich für den Fall, dass Herr Quinoa tatsächlich bald den Biobauernhof an seinen Sohn übergibt? Wenn ja, welche?

e) Was sagen Sie zu dem handschriftlichen Vertrag über die Bestellung eines Rückkaufrechts?

f) Ist es möglich, dem Wunsch des Reitvereins nachzukommen, einen Hinweis auf das Recht im Grundbuch am Hauptgrundstück des Vereins, Flurnummer 18, zu vermerken?

g) Ist es möglich, dem Wunsch von Herrn Quinoa nachzukommen und eine „Löschungserleichterung" im Grundbuch einzutragen? Erläutern Sie zudem die Grundsätze einer solchen „Löschungserleichterung"!

3. Lösungen

Zu a) **66**

Die Wünsche der Beteiligten zielen auf die Möglichkeit, den Eigentumsübergang an einem Grundstück durch Rückkauf wieder auf die Ausgangssituation zurückzudrehen. Dingliche Rechte wie Nießbrauch, sonstige Dienstbarkeiten und Reallast passen nicht auf diese Situation.

Der Wunsch der Beteiligten könnte jedoch durch ein **Ankaufsrecht** geregelt werden. Ein Ankaufsrecht gibt dem Berechtigten die Möglichkeit, beim Eintritt gewisser, frei definierbarer Voraussetzungen, unabhängig davon, ob der Verpflichtete des Ankaufsrechts gerade selbst verkaufen möchte, den Rückkauf zu veranlassen. Herr Quinoa möchte jedoch kein Recht, das dem Berechtigten die Möglichkeit gibt, das Grundstück Flurnummer 15 auch dann zurückzukaufen, wenn er, Herr Quinoa, gerade nicht verkaufen wollen würde. Er wünscht sich im Interesse seiner Alpakaherde Planungssicherheit, damit diese nicht plötzlich und überraschend umsiedeln muss.

Eine weitere Möglichkeit wäre die Vereinbarung eines **schuldrechtlichen Vorkaufsrechts**. Allerdings würde die rein schuldrechtliche Vereinbarung bei der Übertragung eines Grundstücks dem Reitverein wenig Sicherheit geben, da ein Vertrag zwischen dem Reitverein und Herrn Quinoa im Grundbuch nicht erkennbar ist. Das bedeutet, dass Herr Quinoa jederzeit gegen das schuldrechtliche Vorkaufsrecht verstoßen und an einen Dritten verkaufen könnte. Er würde sich in diesem Fall gegenüber dem Verein schadensersatzpflichtig machen, jedoch könnte der Verein das Grundstück Flurnummer 15 in der Regel nicht zurückerlangen, da es ja im Eigentum an einen Dritten übergegangen wäre.

Auch das schuldrechtliche Vorkaufsrecht kann jedoch **durch Eintragung einer Vormerkung** (siehe hierzu § 2 Rdn 484 ff.) in gewisser Form **im Grundbuch abgesichert werden**. Das schuldrechtliche Vorkaufsrecht gibt dem Verein schließlich das Recht, ein Grundstück zurück zu erwerben und enthält somit einen **Anspruch auf dingliche Rechtsänderung**, der durch eine Vormerkung abgesichert werden kann. Mit Eintragung der Vormerkung zur Absicherung des schuldrechtlichen Vorkaufsrechts zugunsten des Reitvereins im Grundbuch wäre sodann auch die Übereignung an den Dritten dem Reitverein gegenüber **relativ unwirksam**. In diesem Fall würde der Reitverein also das Grundstück zurückerlangen.

Problematisch ist jedoch, dass neben dem beabsichtigten Vorkaufsrecht in absehbarer Zeit noch ein Viehtriebrecht für den Landwirt Ignaz Ochsensepp eingetragen werden soll, um dessen jahrelange Praxis des Kühetreibens im Grundbuch abzusichern. Die Schutzwirkung der Vormerkung betrifft bereits ab ihrer Eintragung alle nach ihr eingetragenen Belastungen. Würde das **Viehtriebrecht** für Herrn Ochsensepp somit nach der Vormerkung eingetragen, könnte der Reitverein bei Ausübung seines Vorkaufsrechts die Löschung des Viehtriebrechts im Grundbuch bewirken und Herr Ochsensepp stünde wieder genauso schlecht abgesichert da wie vor Eintragung des Viehtriebrechts. Alternativ könnte z.B. ein **Rangrücktritt** der Vormerkung hinter das Viehtriebrecht erwirkt werden, was jedoch nur bei Mitwirkung des Reitvereins möglich wäre und zusätzliche Kosten auslöst. Denkbar wäre lediglich, einen Rangvorbehalt bei der Vormerkung zugunsten des Reitvereins zu vereinbaren, sodass Herr Ochsensepp zu gegebener Zeit sein Viehtriebrecht in einen Rang vor der Vormerkung einweisen könnte. Auch diese Eintragung müsste jedoch mit dem Reitverein abgesprochen werden. Herr Quinoa wollte aber gerade, dass die Einräumung des Rechts zugunsten von Herrn Ochsensepp „*ohne Probleme*“ weiter möglich wäre.

Dem schuldrechtlichen Vorkaufsrecht daher vorzuziehen ist das **dingliche Vorkaufsrecht**. Dieses entfaltet nach § 1098 Abs. 2 BGB ebenfalls **Vormerkungswirkung**, hinsichtlich Belastungen jedoch erst ab dem Eintritt des Vorkaufsfalls (siehe hierzu § 2 Rdn 410 ff.). Das Viehtriebrecht könnte beim unausgeübten dinglichen Vorkaufsrecht somit ohne Weiteres auch nach dem Vorkaufsrecht eingetragen werden, ohne dass die Einholung eines Rangrücktritts oder ähnliches erforderlich wäre. Gleichzeitig schützt das dingliche Vorkaufsrecht jedoch ab Eintragung wie die Vormerkung des schuldrechtlichen Vorkaufsrechts gegen vorkaufswidrige Veräußerungen. Auch hier könnte also Herr Quinoa nicht einfach an einen Dritten verkaufen und so dem Reitverein den Zugriff auf das Grundstück Flurnummer 15 nehmen. Der Verkauf an den Dritten wäre aufgrund der Vormerkungswirkung des dinglichen Vorkaufsrechts dem Reitverein gegenüber relativ unwirksam, sodass dieser die Rückübertragung des Grundstücks Flurnummer 15 verlangen könnte. Ferner gibt das **dingliche Vorkaufsrecht** wie das **schuldrechtliche Vorkaufsrecht** und anders als das **Ankaufsrecht** dem Verein nur die Möglichkeit des „*Rückkaufs*“ wenn Herr Quinoa sich selbst für den Verkauf entscheidet.

Das dingliche Vorkaufsrecht passt somit am besten auf die Wünsche der Beteiligten.

67 **Zu b)**

Die Frage, ob das dingliche Vorkaufsrecht zugunsten des Reitvereins eingetragen werden soll oder nicht, ist die Frage nach der Bestellung eines **subjektiv-persönlichen oder** eines **subjektiv-dinglichen Vorkaufsrechts** (siehe hierzu § 2 Rdn 373 ff.). Nach § 1094 Abs. 2 BGB kann ein Vorkaufsrecht auch zugunsten des jeweiligen Eigentümers eines anderen Grundstücks bestellt werden (subjektiv-dingliches Vorkaufsrecht). Die Bestellung des Vorkaufsrechts zugunsten des Reitvereins wäre hingegen die Bestellung eines subjektiv-persönlichen Vorkaufsrechts: **Berechtigte** eines subjektiv-persönlichen Vorkaufsrechts können u.a. **juristische Personen** sein (siehe hierzu § 2 Rdn 444) zu denen auch der eingetragene Verein „Pferdetraum e.V." zählt (§ 21 BGB: *„Ein Verein, dessen Zweck nicht auf einen wirtschaftlichen Geschäftsbetrieb gerichtet ist, erlangt Rechtsfähigkeit durch Eintragung in das Vereinsregister des zuständigen Amtsgerichts."*).

Der Unterschied zwischen den beiden Rechten liegt in der Person des Berechtigten: Beim **subjektiv-persönlichen Vorkaufsrecht** steht die Befugnis zum Vorkauf immer dem Verein „Pferdetraum e.V." zu. D.h. auch wenn dieser seinen Vereinsbetrieb nicht mehr im Örtchen Reese Valley auf dem Hauptgrundstück Flurnummer 18, sondern auf einer ganz anderen Reitanlage durchführt, könnte er weiterhin das Grundstück Flurnummer 15 zurückkaufen. Sinnvoll wäre das weniger. Schließlich ist es wenig praktikabel, Pferde von einer ggf. weit entlegenen Reitanlage auf das Grundstück Flurnummer 15 auf die Weide zu bringen. Der Reitverein würde in diesem Fall das Grundstück höchstwahrscheinlich weiter verkaufen (wenn er überhaupt das Vorkaufsrecht noch ausüben würde) und das Geld anderweitig einsetzen. Hinzu kommt, dass die Reitvereine in Reese Valley in der Regel nicht von langer Dauer sind. Da auch der Reitverein „Pferdetraum e.V." unter Mitgliederschwund leidet, ist es zumindest denkbar, dass er sich in absehbarer Zeit auflösen wird und ein subjektiv-persönliches Vorkaufsrecht, sollte es nicht übertragbar ausgestaltet sein, mit Vollbeendigung des Vereins **erlöschen** würde (siehe hierzu § 2 Rdn 462 ff.).

Ein übertragbar ausgestaltetes **subjektiv-persönliches Vorkaufsrecht** könnte den Zusammenhalt zwischen Flurnummer 18 und 15 eher erhalten: Schließlich könnte in diesem Fall der Reitverein „Pferdetraum e.V." das Recht vor seiner Auflösung an einen neuen Betreiber übertragen. Nachteilig hierbei ist jedoch, dass diese Übertragung von der Eigeninitiative des Reitvereins „Pferdetraum e.V." abhängen würde.

Das **subjektiv-dingliche Vorkaufsrecht** hingegen könnte zugunsten des jeweiligen Eigentümers eines herrschenden Grundstücks eingeräumt werden. Hier würde sich das Hauptgrundstück Flurnummer 18 als herrschendes Grundstück anbieten. So könnte die Einheit der Reitanlage gewahrt werden, da ein jeder Eigentümer des Hauptgrundstücks die Möglichkeit hätte, das anliegende Grundstück Flurnummer 15 wieder zur Reitanlage hinzuzufügen. Die Nutzung des benachbarten Wiesengrundstücks Flurnummer 15 würde von der Flurnummer 18, die direkt danebengelegen ist, natürlich auch in Zukunft weiterhin Sinn machen. Zudem wäre es in diesem Fall irrelevant, ob der Reitverein „Pferdetraum e.V." weiterbestehen oder durch fortgesetzten Mitgliederschwund in der Bedeutungslosigkeit und Vollbeendigung versinken würde. Denn in diesem Falle würde lediglich das Eigentum am Grundstück Flurnummer 18 wechseln und mit diesem automatisch auch die Berechtigung am Vorkaufsrecht.

Da ein subjektiv-dingliches Vorkaufsrecht jedoch potenziell ewige Wirkungen haben kann und Herr Quinoa in seiner Verkaufsmöglichkeit des Grundstücks nicht zu sehr eingeschränkt werden möchte, sollte das Recht zudem durch **geeignete Bedingungen und Befristungen beschränkt** werden. Nachdem beide Beteiligte mit einer Rechtsdauer von 25 Jahren ihr Einverständnis erklärt haben, empfiehlt es sich, das **subjektiv dingliche Vorkaufsrecht** auf die Dauer von 25 Jahren zu beschränken, d.h. zu befristen.

Die Bestellung eines **(befristeten) subjektiv-dinglichen Vorkaufsrechts** ist unter Berücksichtigung aller Aspekte vorzuziehen.

Zu c) 68

Eine Möglichkeit, dass Herr Quinoa in seiner Verkaufsmöglichkeit des Grundstücks nicht zu sehr eingeschränkt wird, ist die **Befristung** des **subjektiv-dingliche Vorkaufsrechts** auf eine Dauer von 25 Jahren (siehe hierzu § 2 Rdn 398 und soeben Rdn 67). Nach Ablauf dieser 25 Jahre erlischt das Vorkaufsrecht materiell-rechtlich und kann von Herrn Quinoa oder seinem Rechtsnachfolger im Eigentum formell-rechtlich ohne Bewilligung des Berechtigten aufgrund **Zeitablaufs** nach den Regelungen der §§ 23, 24 GBO (= mit eingetragener Vorlöschungsklausel sofort, ohne eingetragene Vorlöschungsklausel nach Ablauf von einem Jahr) aus dem

Grundbuch gelöscht werden. 25 Jahre sind jedoch trotz allem eine lange Zeit, sodass weitere Möglichkeiten zu bedenken sind.

Eine solche weitere Möglichkeit ist die Bestellung des Vorkaufsrechts für lediglich einen Verkaufsfall: Ein Vorkaufsrecht kann für **einen oder mehrere Verkaufsfälle** bestellt werden (siehe hierzu § 2 Rdn 399 ff.). Nach der gesetzlichen Regelung beschränkt sich das Vorkaufsrecht auf den ersten Verkaufsfall durch den Eigentümer des Grundstücks bei Bestellung des Vorkaufsrechts oder dessen Erben. Das bedeutet, dass das Vorkaufsrecht grundsätzlich **beim ersten Verkauf nach Bestellung** des Vorkaufsrechts ausgeübt werden kann. Wird es nicht ausgeübt, gibt es **keine zweite Chance**, sondern das Vorkaufsrecht erlischt. Zudem muss der Verkauf durch den **Eigentümer bei Bestellung** oder dessen Erben erfolgen.

Ein Vorkaufsrecht für den ersten Verkaufsfall bewirkt somit ebenfalls, dass ein Grundstück nicht „auf ewig" mit dem Vorkaufsrecht belastet ist. Schließlich nimmt das Vorkaufsrecht dem Eigentümer die Möglichkeit zu entscheiden, an wen er verkauft. Sowohl der Eigentümer als auch sein Käufer haben bis zu dem Zeitpunkt, in dem sich der Berechtigte über die Ausübung des Vorkaufsrechts erklärt, keine Gewissheit, ob der Verkauf an den eigentlichen Käufer tatsächlich zustande kommen wird. Viele Käufer lehnen aber diese Unsicherheit ab. Schließlich will man, wenn man sich für eine Immobilie entschieden hat, diese auch sicher erhalten. Ein **Vorkaufsrecht im Grundbuch** belastet daher die Verkaufsfähigkeit eines Grundstücks. Ist das Vorkaufsrecht für mehrere Verkaufsfälle bestellt, wird die Verkaufsfähigkeit anders als bei der Bestellung für lediglich einen Verkaufsfall noch ungleich weiter beeinträchtigt, da auch der neue Käufer, selbst wenn er „Glück hat" und das Grundstück erwerben durfte, selbst wiederum, wenn er verkaufen möchte, das gleiche „Problem mit dem Vorkaufsrecht" haben wird.

Herr Quinoa wünscht sich aber gerade, dass das Grundstück Flurnummer 15 nicht über die Maßen in seiner Verkaufsfähigkeit beeinträchtigt wird. Einen guten Kompromiss dürfte daher die Bestellung eines **auf 25 Jahre befristeten** Vorkaufsrechts für den **ersten Verkaufsfall** darstellen. Der Reitverein (bzw. der jeweilige Eigentümer des Grundstücks Flurnummer 18) soll, sollte es zum Verkauf kommen, einmal in den 25 Jahren Rechtsdauer die Chance haben, das Grundstück Flurnummer 15 zurückzukaufen. Entscheidet er sich dagegen, hat der Käufer, der von ihm erwirbt, bereits vor Ablauf von 25 Jahren die freie Verkaufsmöglichkeit.

69 **Zu d)**

Nach § 1098 Abs. 1 S. 1 BGB sind die Vorschriften des schuldrechtlichen Vorkaufsrechts (§§ 463–473 BGB) ebenfalls auf das dingliche Vorkaufsrecht anzuwenden. Diese Regelungen enthalten auch **gesetzliche Ausnahmen** von der Wirkung des Vorkaufsrechts. In den gesetzlich definierten Fällen kann somit das Vorkaufsrecht nicht ausgeübt werden, obwohl eigentlich die Voraussetzungen für die Ausübung sonst vorliegen würden.

§ 470 BGB regelt, dass sich das Vorkaufsrecht im Zweifel nicht auf einen Verkauf erstreckt, der mit **Rücksicht auf ein künftiges Erbrecht** an einen **gesetzlichen Erben** erfolgt. Herr Quinoa ist sich laut seiner eigenen Aussage noch nicht sicher, ob er den Biobauernhof seinem Sohn Franz Quinoa verkaufen oder (teil-)unentgeltlich übergeben wird. Als Sohn ist Franz gesetzlicher Erbe seines Vaters. Die Übertragung an Franz soll zur Erhaltung des Betriebs und zu dessen Weiterführung in der nächsten Generation erfolgen, also zumindest auch mit Rücksicht auf ein künftiges Erbrecht. Sollte die beabsichtigte Übertragung durch Verkauf erfolgen, ist es somit denkbar, dass § 470 BGB eingreift. Würde nun das Vorkaufsrecht wie beabsichtigt lediglich für den **ersten Verkaufsfall** bestellt, könnte es bei einem Verkauf an den Sohn Franz nicht ausgeübt werden und würde trotzdem, weil ja ein Verkaufsfall erfolgt ist, in Folge des Verkaufs an den Sohn Franz erlöschen.

Dieses Problem bleibt auch bestehen, sollte sich Herr Quinoa entscheiden, doch nicht an Franz zu verkaufen, sondern ihm den Biobauernhof (teil-)unentgeltlich zu übergeben. In diesem Fall greift § 470 BGB nicht mehr, da es sich nicht mehr um einen Verkauf handelt. Allerdings sieht die gesetzliche Regelung des ersten Verkaufsfalls in **§ 1097 BGB** vor, dass das Vorkaufsrecht nur ausübbar ist, wenn die Person, die **im Zeitpunkt der Bestellung des Vorkaufs-**

rechts Eigentümer war (also Herr Quinoa) oder **sein Erbe** den Verkauf vornimmt. Bei einer Übergabe des Biobauernhofs an Sohn Franz und darauffolgenden Verkauf durch Franz würde das Vorkaufsrecht somit auch nicht greifen. Denn der Verkauf würde nicht durch Herrn Quinoa, also nicht die Person, die im Zeitpunkt der Bestellung des Vorkaufsrechts Eigentümer war, erfolgen und auch nicht durch seinen Erben, da Franz den Biobauernhof ja nicht durch Erbe erhalten hat. Auch in diesem Fall würde somit der Berechtigte des Vorkaufsrechts „leer ausgehen" und sein Vorkaufsrecht erlöschen, ohne dass er jemals die Chance gehabt hätte, es auszuüben.

Diesem Problem kann jedoch begegnet werden, indem das Vorkaufsrecht für den **ersten echten Verkaufsfall** bestellt wird. Das bedeutet, dass das Vorkaufsrecht zwar grundsätzlich nur im ersten Verkaufsfall ausgeübt werden darf, der erste Verkaufsfall aber derjenige ist, bei dem das Vorkaufsrecht **tatsächlich erstmalig ausübbar** ist.

Mit dieser Regelung würde das Vorkaufsrecht sowohl beim Verkauf als auch bei einer Übergabe an Franz Quinoa nicht erlöschen, sondern könnte weiterhin ausgeübt werden, wenn wiederum Franz an einen Dritten verkauft. So würde Herrn Quinoas Wunsch nach keiner übermäßigen Einschränkung der Verkaufsfähigkeit des Grundstücks durch die Bestellung für lediglich den ersten Verkaufsfall Rechnung getragen und gleichzeitig dem Wunsch des Berechtigten nach der realistischen Möglichkeit des Rückkaufs.

Zu e) 70

Verträge können, wenn das Gesetz nicht eine andere Regelung trifft, grundsätzlich in **jeder Form geschlossen** werden, also auch mündlich oder eben handschriftlich. Für Verträge, die die Verpflichtung enthalten, das Eigentum an einem Grundstück zu übertragen oder zu erwerben, sieht das Gesetz jedoch die **Form der notariellen Beurkundung** vor, § 311b BGB. Ein solcher Vertrag ist auch ein Vertrag, der zur Bestellung eines Vorkaufsrechts (oder hier von den Beteiligten untechnisch „**Rückkaufrecht**" genannt) verpflichtet. Der handschriftliche Vertrag ist somit **rechtlich unwirksam.** Es ist den Beteiligten daher vorzuschlagen, die im handschriftlichen Vertrag enthaltenen Verpflichtungen noch einmal wirksam in einer notariellen Urkunde zu regeln.

Zu f) 71

Nach dem vorstehenden Gesagten soll ein **befristetes subjektiv-dingliches Vorkaufsrecht** für den **ersten echten Verkaufsfall** für den jeweiligen Eigentümer des Grundstücks Flurnummer 18 bestellt werden. Ist ein herrschendes Grundstück Berechtigter des Vorkaufsrechts, ist es möglich, im Grundbuch des herrschenden Grundstücks einen sog. Aktivvermerk oder Herrschvermerk anzubringen (siehe hierzu § 2 Rdn 421 ff.). Dies hat den Vorteil, dass im Falle der Teilung des herrschenden Grundstücks eindeutig aus dem Grundbuch ersichtlich ist, welche Grundstücke nunmehr alle die Befugnis zur Ausübung des Vorkaufsrechts gewähren. Für das Entstehen des subjektiv-dinglichen Vorkaufsrechts ist der Herrschvermerk ohne Bedeutung. Er verbessert jedoch die Transparenz der Berechtigungsverhältnisse. Die Eintragung eines „*Hinweises auf die Berechtigung*" wie von Seiten des Reitvereins gewünscht, ist also möglich und sinnvoll.

Zu g) 72

Beim **subjektiv-persönlichen Vorkaufsrecht,** welches, sollte es unübertragbar und unvererblich ausgestaltet sein, mit Ableben des Berechtigten erlischt, ist die Eintragung einer „**Vorlöschungsklausel**" möglich (siehe hierzu § 2 Rdn 424 ff.). § 23 GBO trifft Regelungen für Lebenszeitrechte, bei denen im Zeitpunkt des Erlöschens Rückstände an Leistungen denkbar sind, die somit zu einem teilweisen Fortdauern der Rechtswirkungen des Rechts führen. Zur Löschung ist für den Zeitraum eines Jahres oder wenn ein Widerspruch vorliegt grundsätzlich eine Bewilligung erforderlich, § 23 Abs. 1 GBO. Das Erfordernis gilt hingegen nicht, wenn im Grundbuch eine Vorlöschungsklausel eingetragen ist, indem bei dem Recht vermerkt ist, dass zu seiner Löschung lediglich der Nachweis des Todes des Berechtigten genügen soll, § 23 Abs. 2 GBO.

Nach der Formulierung dieser Vorschriften könnte sich der Eindruck aufdrängen, dass sie nur für natürliche Personen und nicht auch für juristische Personen gelten würden. Hiervon sollte man sich jedoch nicht verwirren lassen: Die Regelungen des § 23 GBO finden **genauso (entsprechende) Anwendung auf juristische Personen**, wenn das jeweilige Recht auf die Lebenszeit der juristischen Person beschränkt ist, auch wenn diese selbstverständlich nicht im natürlichen Sinne versterben können. Das Ableben einer juristischen Person ist ihre Vollbeendigung mit Löschung aus dem Register. Um jedoch in den Genuss der Löschungserleichterung des § 23 GBO zu kommen, würde es sich mit Blick auf die Rechtsprechung, die in Einzelfällen aus der fortbestehenden Eintragung des Rechts im Grundbuch ein Indiz gegen die Vollbeendigung der juristischen Person ableitet, anbieten, das jeweilige Recht auf die Löschung des Reitvereins aus dem Vereinsregister zu bedingen (siehe hierzu § 2 Rdn 192).

Grundsätzlich könnte also auch für den Verein eine Vorlöschungsklausel eingetragen werden. Das wäre auch an dem hier zur Eintragung kommenden (befristeten) **subjektiv-dinglichen Vorkaufsrecht** nach § 24 2. Alt. GBO möglich.

Stichwortverzeichnis

fette Zahlen = Paragrafen, magere Zahlen = Randnummern

Ablösung
– Reallast **2** 365
Abschreibung **2** 45 ff.
Absolutheitsprinzip **1** 28; **3** 6
Abstraktions-/Trennungsprinzip **1** 35 ff.; **2** 485 f.; **3** 6
Aktiv-/Herrschvermerk **2** 14
– Dienstbarkeit, beschränkt persönliche **2** 181
– Grunddienstbarkeit **2** 93 ff.
– Nießbrauch **2** 265
– Reallast **2** 328 ff.
– Vorkaufsrecht, dingliches **2** 421 ff.
Akzessorietät **2** 487
Anweisungslösung **2** 60
Aufgabeerklärung **2** 165 ff.
Aufhebung **1** 21 ff.; **3** 5
Ausschluss Rechtsausübung Eigentümer **2** 203 f.; **3** 20
– Dienstbarkeiten **2** 6, 19, 24 ff.
– Rechte, geeignete **2** 25 f.
Ausübung Vorkaufsrecht **2** 399 ff.; **3** 60 f.
Ausübungsbereich, örtlicher **2** 30 f., 175; **3** 11 f.
– Abreden **2** 40, 43
– Abschreibung **2** 45 ff.
– Ausübung, tatsächliche **2** 40, 43
– Bestimmung beschränkter – **2** 39 ff.
– Dienstbarkeiten **2** 30 ff.; **3** 11 f.
– Folgen Bestimmung **2** 43 ff.
– Grundstücksteile **2** 32
– Nießbrauch **2** 251 f.
– Rechtsgeschäft **2** 40, 43
– Übereinstimmung mit Grenzen Belastungsgegenstand **2** 34
– Verlegung **2** 43 f.
– Vermessung **2** 30, 33
– Vorkaufsrecht, dingliches **2** 394 f.
Ausübungsbereich, sachlicher **2** 175
– Änderung, nachträgliche **2** 50
– Bedingung **2** 118
– Erweiterung, qualitative **2** 51
– Grunddienstbarkeit **2** 49 ff.
– Mitbenutzung **2** 52 f.; **3** 9
– Nießbrauch **2** 253
– Verhältnisse, historische **2** 51
– Vorkaufsrecht, dingliches **2** 396 f.; **3** 59

Bedingung **2** 55 f.
– auflösende **2** 61 ff.
– aufschiebende **2** 57 ff.
– Dauerwohn-/Dauernutzungsrecht **2** 468
– Grunddienstbarkeit **2** 57 ff., 118
– Nießbrauch **2** 255, 289
– Reallast **2** 317
– Vorkaufsrecht, dingliches **2** 398
– Wohnungsrecht **2** 234
Beendigung
– Grunddienstbarkeit **2** 161 ff.
– Reallast **2** 361 ff.; **3** 47
– Vorkaufsrecht, dingliches **2** 458 ff.
Befristung **2** 55
– auflösende **2** 61 ff.
– aufschiebende **2** 57 ff.
– Dauerwohn-/Dauernutzungsrecht **2** 468
– Erbbaurecht **2** 477
– Grunddienstbarkeit **2** 57 ff.
– Nießbrauch **2** 255
– Reallast **2** 317
– Vorkaufsrecht, dingliches **2** 398
Belastung **1** 21 ff.; **3** 5
Belastungsgegenstand
– Dauerwohn-/Dauernutzungsrecht **2** 471
– Dienstbarkeit **2** 30 ff., 345 f., 434
– Erbbaurecht **2** 144 f.
– Gesamtreallast **2** 344
– Gesamtvorkaufsrecht **2** 432 f.
– Grunddienstbarkeit **2** 119 ff.
– Grundstück **2** 15, 120 ff., 272 f., 344, 432 f.
– Grundstücksteil **2** 32, 35, 123 ff., 274 f., 345 f., 434 f.; **3** 16
– Miteigentumsanteil **2** 127; **3** 16
– Nießbrauch **2** 271 ff.; **3** 17
– Reallast **2** 343 ff.
– Recht, grundstücksgleiches **2** 144 f., 347, 436
– Sicherungswohnrecht **2** 220
– Sondereigentum **2** 347, 436
– Übereinstimmung mit Ausübungsbereich, örtlichem **2** 34
– Vorkaufsrecht, dingliches **2** 381, 431 ff.
– Wohnungs-/Teileigentum **2** 136 ff., 347
– Wohnungsrecht **2** 218 ff.; **3** 16 f.
– Zuschneiden, § 7 GBO **2** 36 ff.
Berechtigter
– Aufgabeerklärung **2** 165 ff.
– Berechtigungsverhältnis **2** 98 ff., 182 f., 325 ff.
– Dauerwohn-/Dauernutzungsrecht **2** 472
– Einigung **2** 83 f.

- Grunddienstbarkeit **2** 14, 87 f., 146 ff., 165 ff.
- mehrere **2** 226 ff., 266, 281 f., 354 ff., 402 ff., 445 ff.
- Nießbrauch **2** 241, 266, 277 ff., 281 f.
- Reallast **2** 325 ff., 348 ff., 354 ff.; **3** 46
- Verhältnis Berechtigter/Dritter **2** 409
- Vorkaufsrecht, dingliches **2** 402 ff., 409, 437 ff., 445 ff.
- Wohnungsrecht **2** 221 ff., 226 ff., 235 ff.

Berechtigungsverhältnis **2** 98 ff., 182 f., 325 ff.

Besitz **1** 26; **3** 6

Bestandteil **2** 250

Bestimmtheitsgrundsatz **2** 56

Beurkundungsrecht
- Anweisungslösung **2** 60
- Aufnahme Vereinbarung, schuldrechtliche **2** 114 ff.
- Beifügung Lageplan **2** 42 ff.
- Besprechung, einseitige **2** 18, 244, 300, 372
- Dienstbarkeit **2** 18, 42 ff., 179 ff.
- Erklärungen, materiell-rechtliche **2** 79 ff., 83 f., 263, 324, 414; **3** 4, 13
- Erwerb, rechtgeschäftlicher **2** 81 f.
- Grunddienstbarkeit **2** 60, 79 ff.; **3** 4, 13
- Haftung Verpflichteter **2** 322 f., 336 f.; **3** 44 f.
- Hinweispflichten **2** 107 f.
- Inhalt, gewünschter **2** 18, 244, 300
- Leibgeding/Altenteil/Altenzucht **2** 480 ff.
- Nießbrauch **2** 263 ff.
- Reallast **2** 299 f., 324 ff.
- Vereinbarungen, schuldrechtliche **2** 342, 416, 430
- Vorkaufsrecht, dingliches **2** 370 ff., 414 ff.
- Wohnungsrecht **2** 217
- Zwangsvollstreckungsunterwerfung **2** 333 ff.; **3** 44 f.

Bruchteilseigentum **2** 227

Bruchteilsnießbrauch **2** 275

Dauer
- Dienstbarkeit, beschränkt persönliche **2** 175 f.
- Grunddienstbarkeit **2** 16, 54 ff.
- Nießbrauch **2** 255
- Reallast **2** 317
- Vorkaufsrecht, dingliches **2** 398

Dauerwohn-/Dauernutzungsrecht **2** 268, 465 ff.
- Bedingung/Befristung **2** 468
- Belastungsgegenstand **2** 471
- Berechtigter **2** 472
- Charakter, personaler **2** 472
- Erlöschen **2** 473
- Veräußerlichkeit/Vererblichkeit **2** 470

Dienstbarkeit, beschränkt persönliche **2** 1, 170 ff.; **3** 29 ff., 48 ff.
- Abgrenzung zum Nießbrauch **2** 242
- Abgrenzung zur Grunddienstbarkeit **2** 172; **3** 8
- Aktiv-/Herrschvermerk **2** 181
- Ausübungsbereich **2** 175
- Berechtigungsverhältnis **2** 182 f.
- Charakter, personaler **2** 171 f.; **3** 8
- Dauer **2** 175 f.
- Fehlen Leistungspflicht, primäre **2** 3 f.
- Fehlen Nutzung, umfassende **2** 5 ff.
- Inhalt **2** 175 ff.
- Merkmale **2** 2
- Mitbenutzung **2** 175
- Nebenpflichten **2** 3, 178
- Rangbestimmung **2** 184 ff.
- Unterhaltungs-/Kostentragungspflicht **2** 193
- Urkundsinhalt **2** 179 ff.
- Vorlöschungsklausel **2** 187 ff.
- Vorteilsgewährung **2** 177
- Wohnungsrecht **2** 194 ff.; **3** 19

Dienstbarkeit, persönlich beschränkte **3** 33

Dienstbarkeiten **2** 1 ff.; **3** 23 ff., 29 ff.
- Abgrenzung zum Nießbrauch **2** 8
- Abgrenzung zum Vorkaufsrecht **2** 369
- Abgrenzung zur Reallast **2** 3 f.
- Aktiv-/Herrschvermerk **2** 93 ff.
- Ausschluss Rechtsausübung **2** 6, 19, 24 ff.
- Ausübungsbereich, örtlicher **2** 30 ff.; **3** 11 f.
- Beifügung Lageplan **2** 42 ff.
- Belastungsgegenstand **2** 345 f., 434
- Beurkundungsrecht **2** 42 ff.
- Dauerwohn-/Dauernutzungsrecht **2** 465 ff.
- Duldung Nutzung **2** 6, 19, 21 f.
- Fehlen Nutzung, umfassende **2** 5 ff.
- Formen **2** 1
- Merkmale **2** 2; **3** 8 f.
- Unterlassung **2** 6, 19, 23
- Varianten **2** 6
- Vorteilsgewährung **2** 27 ff.

Eigentümerreallast **2** 350, 353

Eigentümerrecht **2** 224, 444

Erbbaurecht **2** 141 ff., 474 ff.
- Befristung **2** 477
- Eigentümer als Berechtigte **2** 158

- Erbbauzins **2** 476
Erbbauzins **2** 476
Erbengemeinschaft **2** 380 f.
Erlöschen **2** 473

Gemeinschaftseigentum **2** 132 f., 138 ff., 210
Gesamtgläubigerschaft **2** 227, 448 f.; **3** 63
Gesamtreallast **2** 344
Gesamtrechtsnachfolge **2** 231, 286, 380 f.
Gesamtvorkaufsrecht **2** 432 f.
Gesetz **1** 6 ff.
Gläubiger
- Gesamtgläubigerschaft **2** 227, 448 f.; **3** 63
- Mitgläubigerschaft **2** 227, 282, 355
Grundbegriffe **1** 13 ff.; **3** 2
Grundbuchverfahrensrecht **2** 45 ff.
- Abschreibung **2** 46
- Angabe Berechtigungsverhältnis **2** 98 ff.
- Antragsgrundsatz **2** 45
- Aufteilung Grundbuch **1** 14
- Bewilligungsgrundsatz **2** 45
- Bruchteilseigentum **2** 227
- Erklärungen, grundbuchrechtliche **2** 89 ff., 325 ff., 415 ff.; **3** 4, 13
- Gesamtgläubigerschaft **2** 227, 448 f.; **3** 63
- Gesamtrechtsnachfolge **2** 231, 286, 380 f.
- Grundbucheintragung **2** 85 f.
- Grunddienstbarkeit **2** 85 f., 89 ff.; **3** 4, 13
- Mitgläubigerschaft **2** 227
- Nebenbestimmungen **2** 48
- Person, juristische **2** 225, 231 ff., 280, 286, 353, 444
- Personengesellschaft **2** 231, 280, 286, 353, 444
- Personenvereinigung **2** 225, 280
- Rang **2** 101 ff.
- Umschreibung Primärpflicht **2** 92
- Unrichtigkeitsnachweis **2** 391
- Verein **2** 225
- Vorkaufsrecht, dingliches **2** 391
- Wohnungseigentümergemeinschaft **2** 280
Grunddienstbarkeit **2** 1, 11 ff.; **3** 48 ff.
- Abgrenzung zur Dienstbarkeit, beschränkt persönlichen **2** 172; **3** 8
- Aktiv-/Herrschvermerk **2** 14, 93 ff.
- Angabe Berechtigungsverhältnis **2** 98 ff.
- Anlage, bauliche **2** 74 f.
- Anpassung **2** 16
- Anweisungslösung **2** 60
- Aufgabeerklärung Berechtigter **2** 165 ff.
- Ausübungsbereich, sachlicher **2** 49 ff.
- Bedingung/Befristung **2** 55 ff.
- Beendigung **2** 161 ff.
- Beifügung Lageplan **2** 42 ff.
- Belastungsgegenstand **2** 119 ff.
- Berechtigter **2** 14, 87 f., 146 ff., 165 ff.
- Beurkundungsrecht **2** 18
- Dauer **2** 16, 54 ff.
- Einigsein bei Eintragung **2** 86 f.
- Einigung Berechtigter/Verpflichteter **2** 83 f.
- Erklärungen, grundbuchrechtliche **2** 89 ff.; **3** 4, 13
- Erklärungen, materiell-rechtliche **2** 79 ff.; **3** 4, 13
- Erwerb, rechtgeschäftlicher **2** 81 f.
- Fehlen Leistungspflicht, primäre **2** 3 f.
- Fehlen Nutzung, umfassende **2** 5 ff.
- Geh-/Fahrrecht **2** 11
- Grundbucheintragung **2** 85
- Inhalt **2** 19 ff., 79 ff., 116; **3** 4, 10, 13
- Löschung **2** 168
- Merkmale **2** 2
- Nebenpflichten **2** 3, 65 ff.
- Rang **2** 101 ff.
- Rangrücktrittserklärung **2** 107
- Recht, dingliches **2** 17
- Übertragung **2** 159 f.
- Unmöglichkeit Ausübung **2** 162 ff.
- Vereinbarung, schuldrechtliche **2** 114 ff.
- Verhältnis zu Rechten in Abt. II **2** 109 ff.
- Verhältnis zu Rechten in Abt. III **2** 106 ff.; **3** 14
- Verhältnis zu Vermerken **2** 113
- Verhältnis zum Vorkaufsrecht **2** 112
- Wegfall Vorteil **2** 162 ff.
- Weitergabeverpflichtung **2** 117
- Zuordnung Grundstück, berechtigtes **2** 13
- Zwangsversteigerung **2** 106 ff.; **3** 14
Grundstück **2** 15, 120 ff.
- Begriffe **2** 15, 120
- Belastungsgegenstand Grunddienstbarkeit **2** 121 f.
- herrschendes **2** 151; **3** 18
- mehrere herrschende **2** 154 ff.
- Miteigentumsanteil **2** 124 ff., 150; **3** 16
Grundstücksteil **2** 123 ff.
- Nießbrauch **2** 274 f.; **3** 16
- Reallast **2** 345 f., 350
- Vorkaufsrecht, dingliches **2** 434 f.

Haftung **2** 298, 322 f., 336 f.; **3** 44 f.

Informationsrecht **2** 403
Informationszweck **2** 496

Inhalt
- Dienstbarkeit, beschränkt persönliche **2** 175 ff.
- Grunddienstbarkeit **2** 19 ff., 79 ff., 116; **3** 4, 10, 13
- Inhaltsänderung **1** 21 ff.; **3** 5
- Nießbrauch **2** 246 ff.
- Reallast **2** 301 ff.; **3** 42 f.
- Vorkaufsrecht, dingliches **2** 373 ff.; **3** 56
- Wohnungsrecht **2** 201 ff.

Insolvenz
- Insolvenzvermerk **2** 502; **3** 7
- Vorkaufsrecht, dingliches **2** 386 ff.; **3** 58
- Vormerkung **2** 491 f.

Leibgeding/Altenteil/Altenzucht **2** 478 ff.
- Altersversorgung, lebenslange **2** 479
- Landesrecht **2** 479
- Sammelbegriff **2** 480 ff.
- Vorlöschungsklausel **2** 482
- Zwangsvollstreckung **2** 483

Leistungspflicht, primäre **2** 3 ff.

Löschung
- Dienstbarkeit, beschränkt persönliche **2** 187 ff.
- Grunddienstbarkeit **2** 168

Mietvertrag **3** 29 ff.
- Abgrenzung zum Wohnungsrecht **2** 198
- Nießbrauch **2** 290 ff.

Mitbenutzung
- Dienstbarkeit, beschränkt persönliche **2** 175
- Grunddienstbarkeit **2** 52 f.; **3** 9
- Nießbrauch **2** 254
- Unterhaltungs-/Verkehrssicherungspflichten **2** 69, 72 f., 76
- Wohnungsrecht **2** 205 ff.

Miteigentum
- Miteigentumsanteil **2** 124 ff., 150, 275; **3** 16
- Vorkaufsrecht, dingliches **2** 405 f.; **3** 61

Mitgläubigerschaft **2** 227, 282, 355

Nacherbenvermerk **2** 505; **3** 7

Nebenpflichten **2** 3
- Dienstbarkeit, beschränkt persönliche **2** 3, 178
- Erhaltungspflicht **2** 257 f.
- Grunddienstbarkeit **2** 3, 65 ff.
- Kostentragung **2** 77 f.
- Lastentragung **2** 215 f., 259 ff.
- Nießbrauch **2** 3, 256 ff.; **3** 21
- Verweis auf Nießbrauch **2** 211 ff.
- Wohnungsrecht **2** 211 ff.

Nichtausübung **2** 461

Nießbrauch **2** 1, 238 ff.; **3** 23 ff., 29 ff., 32
- Abgrenzung zum Wohnungsrecht **2** 197, 242
- Abgrenzung zur Dienstbarkeit **2** 8, 242
- Abgrenzung zur Reallast **2** 242
- Aktiv-/Herrschvermerk **2** 265
- Aufhebungsanspruch, schuldrechtlicher **2** 289
- Ausschluss Nutzungen **2** 247 f.
- Ausübungsbereich, örtlicher **2** 251 f.
- Ausübungsbereich, sachlicher **2** 253
- Bedingung **2** 255, 289
- Beendigung **2** 287 ff.; **3** 22
- Befristung **2** 255
- Belastungsgegenstand **2** 271 ff.; **3** 17
- Berechtigte, mehrere **2** 266, 281 f.
- Berechtigter **2** 241, 277 ff.
- Bruchteilsnießbrauch **2** 275
- Charakter, personaler **2** 241
- Dauer **2** 255
- Fehlen Leistungspflicht, primäre **2** 3 f.
- Fehlen Nutzung, umfassende **2** 5 ff.
- Gegenstand **2** 240
- Gesamtnießbrauch **2** 273
- Inhalt **2** 246 ff.
- Kreditbelastung **2** 8
- Merkmale **2** 2
- Mietvertrag **2** 290 ff.
- Mitbenutzung **2** 254
- Nebenpflichten **2** 3, 256 ff.; **3** 21
- Nutzungsumfang **2** 242
- Quotennießbrauch **2** 248
- Rang **2** 267 f.; **3** 14
- Schuldverhältnis, gesetzliches **2** 256 ff.; **3** 21
- Sondereigentum **2** 276
- Teilbarkeit **2** 282
- Übertragung **2** 283 ff.
- Umfang **2** 249
- Urkundsinhalt, weiterer **2** 263 ff.
- Verkehrssicherungspflicht **2** 245
- Vorlöschungsklausel **2** 269

Nutzung
- Ausschluss **2** 247 f.
- Dauerwohn-/Dauernutzungsrecht **2** 465 ff.
- Dienstbarkeiten **2** 6, 19, 21 f.
- Duldung **2** 6, 19, 21 f.
- einzelne **2** 8
- Kreditbelastung **2** 8
- Nießbrauch **2** 8, 242, 247 f.
- Sondernutzungsrecht **2** 134 f.

– tatsächliche **2** 70
– Umfang **2** 242
– umfassende **2** 8
– umfassende (Fehlen) **2** 5 ff.
– Unterhaltungs-/Verkehrssicherungspflichten **2** 70
– Vorkaufsrecht, dingliches **2** 441

Person, juristische **2** 225, 231 ff., 280, 286, 353, 444
Personengesellschaft **2** 231, 280, 286, 353, 444
Personenvereinigung **2** 225, 280
Publizitätsprinzip **1** 25 ff.; **3** 6

Quotennießbrauch **2** 248

Rang
– Dienstbarkeit, beschränkt persönliche **2** 184 ff.
– Grunddienstbarkeit **2** 101 ff.
– Nießbrauch **2** 267 f.; **3** 14
– Rangrücktrittserklärung **2** 107
– Rangwahrung **2** 494 f.
– Reallast **2** 338 ff.
– Vorkaufsrecht, dingliches **2** 427 ff.
– Vormerkung **2** 494 f.
Raumsicherungsklauseln **1** 32; **3** 6
Reallast **2** 293 ff.; **3** 23 ff., 29 ff., 35, 48 ff.
– Abgrenzung zum Nießbrauch **2** 242
– Abgrenzung zum Vorkaufsrecht **2** 369
– Abgrenzung zum Wohnungsrecht **2** 297; **3** 41
– Abgrenzung zur Dienstbarkeit **2** 3 f.
– Abgrenzung zur Rentenschuld **2** 298; **3** 41
– Ablösung **2** 365
– Aktiv-/Herrschvermerk **2** 328 ff.
– Anpassung **2** 313 ff.
– Bedingung **2** 317
– Beendigung **2** 361 ff.; **3** 47
– Befristung **2** 317
– Belastungsgegenstand **2** 343 ff.
– Berechtigte, mehrere **2** 354 ff.
– Berechtigter **2** 348 ff.; **3** 46
– Berechtigungsverhältnis **2** 325 ff.
– Dauer **2** 317
– Eigentümerreallast **2** 350, 353
– Geldwert **2** 304 f.
– Gesamtreallast **2** 344
– Grabpflege **2** 332
– Haftung Verpflichteter **2** 298, 322 f., 336 f.; **3** 44 f.
– Hofübergabeverträge **2** 306
– Hofübergabevertrag **2** 332
– Inhalt **2** 301 ff.; **3** 42 f.
– Leistungen **2** 303 ff.
– Leistungsumfang, bestimmbarer **2** 310 ff., 318 ff.; **3** 44
– Rang **2** 338 ff.
– Recht, dingliches **2** 299 f.
– Recht, grundstücksgleiches **2** 347
– Rechtsfolgen Bestellung **2** 318 ff.; **3** 44
– Sondereigentum **2** 347
– subjektiv-dingliche **2** 348 ff., 357; **3** 46
– subjektiv-persönliche **2** 351 ff., 358 f., 363 ff.; **3** 46
– Tun, aktives wiederkehrendes **2** 296, 303; **3** 42 f.
– Übertragung **2** 319, 356 ff.; **3** 44
– Urkundsinhalt, weiterer **2** 324 ff.
– Vereinbarungen, schuldrechtliche **2** 342
– Verwertungsrecht **2** 4, 295, 304
– Wertsicherungsklausel **2** 313 ff.
– wiederkehrend **2** 307 ff.
– Wohnungs-/Teileigentum **2** 347
– Zuschlag **2** 366
– Zustimmungserfordernis **2** 362
Recht, dingliches **1** 16 f., 17; **2** 299 f.; **3** 3
Recht, einheitliches **3** 23 ff., 29 ff.
Recht, formelles **1** 18 ff.; **3** 4
Recht, grundstücksgleiches **2** 141 ff., 347, 436
Recht, materielles **1** 18 ff.; **2** 80 ff.; **3** 4
Rentenschuld **2** 298; **3** 41, 48 ff.
Rücktrittsrecht, vertragliches **2** 408

Sachenrecht **1** 16
– Absolutheitsprinzip **1** 28; **3** 6
– Abstraktions-/Trennungsprinzip **1** 35 ff.; **3** 6
– Grundsätze **1** 24 ff.
– Publizitätsprinzip **1** 25 ff.; **3** 6
– Spezialitäts-/Bestimmtheitsprinzip **1** 29 ff.; **3** 6
– Typenzwang **1** 33 f.; **2** 20, 56; **3** 6
– Übersicht Rechte Abt. II **1** 38; **3** 6
Schuldverhältnis, gesetzliches **2** 256 ff.; **3** 21
Sicherungsmittel eigener Art **2** 484, 499; **3** 7
Sicherungswohnrecht **2** 220, 268
Sondereigentum
– Nießbrauch **2** 276
– Reallast **2** 347
– Vorkaufsrecht, dingliches **2** 436
– Wohnungs-/Teileigentum **2** 129 ff., 137
Sondernutzungsrecht **2** 134 f.

Spezialitäts-/Bestimmtheitsprinzip **1** 29 ff.; **3** 6
- Raumsicherungsklauseln **1** 32; **3** 6

Steuervorteil **2** 261

Teilung **2** 282
Testamentsvollstreckervermerk **2** 504; **3** 7
Typenzwang **1** 33 f.; **2** 20, 56; **3** 6

Übertragung **1** 21 ff.; **3** 5
- Grunddienstbarkeit **2** 159 f.
- Nießbrauch **2** 283 ff.
- Reallast **2** 319, 356 ff.; **3** 44
- Vorkaufsrecht, dingliches **2** 450 ff.
- Wohnungsrecht **2** 228 ff.

Umgehungsgeschäft **2** 379
Unmöglichkeit Ausübung **2** 162 ff.
Unterhaltungs-/Verkehrssicherungspflichten **2** 66 ff., 257 f., 262
- Anlage, bauliche **2** 74 f.
- Berechtigter **2** 72
- Dienstbarkeit, beschränkt persönliche **2** 193
- Kostentragung **2** 211 ff.
- Mitbenutzung **2** 69, 72 f., 76
- Nießbrauch **2** 245
- Nutzung, tatsächliche **2** 70
- Vereinbarung, gesonderte schuldrechtliche **2** 76
- Verpflichteter **2** 71
- Wohnungsrecht **2** 211 ff.

Unterlassung **2** 6, 19, 23

Verein **2** 225
Verfügung **1** 21 ff.; **3** 5
Verlegung
- Ausübungsbereich, örtlicher **2** 43 f.

Vermerke **2** 496 ff.
- Informationszweck **2** 496
- Insolvenzvermerk **2** 502; **3** 7
- Nacherbenvermerk **2** 505; **3** 7
- Testamentsvollstreckervermerk **2** 504; **3** 7
- Verhältnis zur Grunddienstbarkeit **2** 113
- Widerspruch **2** 497 ff.; **3** 7
- Zwangsversteigerungsvermerk **2** 503; **3** 7

Vermessung **2** 30, 33
Verwertungsrecht **2** 4, 295, 304
Vorkaufsrecht, dingliches **2** 367 ff.; **3** 63 ff.
- Abgrenzung zur Dienstbarkeit **2** 369
- Abgrenzung zur Reallast **2** 369
- Aktiv-/Herrschvermerk **2** 421 ff.
- Auseinandersetzung Erbengemeinschaft **2** 380 f.
- Ausnahmen, gesetzliche **2** 382 ff.
- Ausübung **2** 399 ff.; **3** 60
- Ausübungsbereich, örtlicher **2** 394 f.
- Ausübungsbereich, sachlicher **2** 396 f.; **3** 59
- Ausübungsfolgen **2** 405 ff.; **3** 61
- Ausübungsfrist **2** 404
- Bedingung **2** 398
- Beendigung **2** 458 ff.
- Befristung **2** 398
- Belastungsgegenstand **2** 381, 431 ff.
- Berechtigte, mehrere **2** 402 ff., 445 ff.
- Berechtigter **2** 437 ff.
- Beurkundungsrecht **2** 370 ff.
- Dauer **2** 398
- Eigentümerrecht **2** 444
- einmaliges/mehrfaches **2** 390 ff.
- Formen von Vorkaufsrechten **2** 368
- Gesamtvorkaufsrecht **2** 432 f.
- Informationsrecht **2** 403
- Inhalt **2** 373 ff.; **3** 56
- Insolvenz **2** 386 ff.; **3** 58
- Kaufvertrag mit Drittem **2** 372, 377 ff.; **3** 57
- Miteigentum **2** 405 f.; **3** 61
- Nichtausübung **2** 461
- Nutzungsrecht, eingetragenes **2** 441
- Rang **2** 427 ff.
- Recht, grundstücksgleiches **2** 436
- Rechtsnachfolge **2** 455 ff.
- Schenkungsfall **2** 372
- Sondereigentum **2** 436
- subjektiv-dingliches **2** 368, 372, 376, 418, 426, 437 ff., 456
- subjektiv-persönliches **2** 368, 372, 376, 419, 423 f., 442 ff., 453, 462 ff.
- Überlassungsvertrag **2** 379
- Übertragung **2** 450 ff.
- Umfang **2** 396 f.; **3** 59
- Umgehungsgeschäft **2** 379
- Unrichtigkeitsnachweis **2** 391
- Urkundsinhalt, weiterer **2** 414 ff.
- Vereinbarungen, schuldrechtliche **2** 430
- Verhältnis Berechtigter/Dritter **2** 409
- Verhältnis Verpflichteter/Dritter **2** 407 f.
- Verhältnis zur Grunddienstbarkeit **2** 112
- Verkauf an Erben **2** 383 ff.
- Verpflichtungen, schuldrechtliche **2** 416
- Vorlöschungsklausel **2** 421 ff.
- Vormerkungswirkung **2** 410 ff.; **3** 62
- Wohnungs-/Teileigentum **2** 436
- Zwangsvollstreckung **2** 386 ff.; **3** 58

Vorlöschungsklausel
- Dienstbarkeit, beschränkt persönliche **2** 187 ff.
- Leibgeding/Altenteil/Altenzucht **2** 482
- Nießbrauch **2** 269
- Vorkaufsrecht **2** 421 ff.; **3** 63 ff.

Vormerkung **2** 484 ff.; **3** 63 ff.
- Abstraktions-/Trennungsprinzip **2** 485 f.
- Akzessorietät **2** 487
- Anspruch auf Zustimmung **2** 490
- Insolvenzschutz **2** 491 f.
- Rangwahrung **2** 494 f.
- Sicherungsmittel eigener Art **2** 484
- Unwirksamkeit Verfügung, beeinträchtigende **2** 488 ff.
- Vorkaufsrecht, dingliches **2** 410 ff.; **3** 62
- Vormerkungswirkung **2** 410 ff.; **3** 62
- Zwangsversteigerung **2** 493

Vorteilsgewährung **2** 177

Wegfall Vorteil **2** 162 ff.

Widerspruch **2** 497 ff.; **3** 7

Wohnungs-/Teileigentum **2** 128 ff.
- Eigentümer als Berechtigte **2** 157
- Gemeinschaftseigentum **2** 132 f., 138 ff.
- Reallast **2** 347
- Sondereigentum **2** 129 ff., 137
- Sondernutzungsrecht **2** 134 f.
- Teilungserklärung **2** 135
- Vorkaufsrecht, dingliches **2** 436

Wohnungseigentümergemeinschaft **2** 280, 353, 444

Wohnungsrecht **2** 194 ff.; **3** 29 ff., 34
- Abgrenzung zum Mietvertrag **2** 198
- Abgrenzung zum Nießbrauch **2** 197, 242
- Abgrenzung zur Reallast **2** 297; **3** 41
- Ausschluss Eigentümer **2** 203 f.; **3** 20
- Bedingung **2** 234
- Beendigung **2** 232 ff.
- Belastungsgegenstand **2** 218 ff.; **3** 16 f.
- Berechtigte, mehrere **2** 226 ff.
- Berechtigter **2** 221 ff., 235 ff.
- Dauerwohn-/Dauernutzungsrecht **2** 465 ff.
- Dienstbarkeit, beschränkt persönliche **2** 196; **3** 19
- Eigentümerrecht **2** 224
- Hauptzweck **2** 202 f.
- Inhalt **2** 201 ff.
- Mitbenutzung **2** 205 ff.
- Nebenpflichten **2** 211 ff.
- Raumplan **2** 200
- Sicherungswohnrecht **2** 220
- Übertragung **2** 228 ff.
- Urkundsinhalt, weiterer **2** 217

Zubehör **2** 250

Zuschlag **2** 366

Zuschneiden, § 7 GBO **2** 36 ff.

Zwangsversteigerung **2** 106 ff.
- Grunddienstbarkeit **2** 106 ff.; **3** 14
- Reallast **2** 321; **3** 44 f.
- Vormerkung **2** 493
- Zwangsversteigerungsvermerk **2** 503; **3** 7

Zwangsvollstreckung
- Leibgeding/Altenteil/Altenzucht **2** 483
- Reallast **2** 305, 318 ff., 333 ff.; **3** 44 f.
- Vorkaufsrecht, dingliches **2** 386 ff.; **3** 58
- Zuschlag **2** 366
- Zwangsvollstreckungsunterwerfung **2** 333 ff.; **3** 44 f.